BRIDGE BUILDING

생명으로 인도하는 다리

(개정판)

알리스터 맥그라스 지음 / 김석원 옮김

서로사랑

생명으로 인도하는 다리(개정판)

1판1쇄 발행 2001년 11월 30일
2판1쇄 발행 2013년 7월 11일

지은이 알리스터 맥그라스
옮긴이 김석원
펴낸이 이상준
펴낸곳 서로사랑(알파코리아 출판 사역기관)
만든이 이정자, 윤종화, 주민순, 장완철
　　　　이소연, 박미선, 엄지일
이메일 publication@alphakorea.org

등록번호 제21-657-1
등록일자 1994년 10월 31일
주소 서울시 서초구 방배1동 918-3 완원빌딩 1층
전화 02-586-9211~4
팩스 02-586-9215
홈페이지 www.alphakorea.org

차례

서론

기독교 변증이란 무엇일까? 기독교 변증이란 기독교 신앙을 변호하는 것(apologia)이라고 할 수 있다.[1] 복음을 다양한 여러 사상(思想)과 비교하여, 복음이 진리이자 현실적으로 적용된다는 사실을 증명하고 변호하는 것이다. 오늘날 복음주의는 기독교 내에서 점점 더 중요한 위치를 차지해 가고 있으며, 이에 따라 복음주의가 강조하는 주제를 보다 설득력 있고 깊이 있게 설명할 필요도 커져 가고 있다. 기독교 변증의 목표는 복음주의적 신앙이 깊이 있는 내용을 가지도록 하는 데 있다. 말하자면, 신앙이 우리의 가슴뿐 아니라 머리에도 기초하도록 만드는 것이다. 기독교는 단순히 감정이나 느낌이 아니다. 신앙은 내용을 가진다. 예수 그리스도를 믿는다고 해서 단지 사랑하고 존경하며 신뢰하는 감정을 갖는다는 뜻은 아니다. 신앙은 도리어 '우리에게 전해진 예수'를 사랑하고 섬기며 신뢰하는 감정이 맞는지를 확인해 주는 역할을 한다. 하나님을 믿는다는 것(Belief in God)과 하나님에 대한 내용을 믿는다는 것(Belief about God)은 불가분의 관계이다. 기독교 변증의 가장 중요한 목표는 신앙을 접하고 믿음 안에서 성장하는 데 자극이 될 수 있는 지적 환경을 만들어 주는 데 있다. 이러한 환경은 신앙이 가진

깊고 풍성한 내용을 현실화시킨다.

　그렇다면 이를 위한 구체적인 방법은 무엇일까? 전통적 기독교 변증은 기독교의 진리를 이성적(rationality)으로 증명하는 데 치중해 왔으며,[2] 역사적으로 신앙을 이해하는 데 장애가 되는 논리적 문제에 초점을 맞추어 왔다. 여기엔 고난의 문제, 하나님의 존재를 증명할 때 부딪히는 어려움 등이 포함된다. 변증가는 쉽게 찾을 수 없는 문제의 핵심과 설명 방법의 미묘한 차이를 부각시켜서 기독교를 날로 강력해져 가는 세속화의 도전 앞에서 살아남을 수 있도록 도와주었던 것이다.

　전통적 변증은 기독교 고전을 사용하는 좋은 예를 보여 주기도 한다. 역사를 통해 교회는 이 방법의 도움을 크게 받아 왔고, 계속 받게 될 것이다. 그러나 모든 전통 방식이 여기에 적용되지는 않는다. 전통적 변증은 '한물간 유행'을 배경으로 하고 있는 듯하다. 다시 말해서, 전통적 변증은 기독교가 진리인지를 고색창연한 대학 강의실에서나 따지고, '이성적 설명'만이 가장 권위 있는 해답으로 취급되는 상황을 배경으로 한다.[3] 전통적으로 변증은 시대와 장소에 관계없이 똑같은 방법을 계속 쓸 수 있는 것처럼 취급되었다. 13세기의 파리대학에서도, 18세기의 옥스퍼드대학에서도, 혹은 19세기의 프린스턴대학에서도 비슷한 문제를 가지고 씨름해 왔다. 질문이 같다면 답도 같을 것이다. 다른 점이 있다면 나중 답이 더 긴 설명을 달고 나온다는 점 정도일 것이다. 답은 대부분 비슷한 형식의 옛 철학 이론으로 채워지게 된다.

　그러나 여기서 전통적 변증이 가진 심각한 문제를 찾아낼 수 있다. 이들은 꼭 짚고 넘어가야 할 신학적 핵심은 뒷전에 둔 채 서구 철학이 말하는 '상식'에만 의지한다. 한 가지 예를 든다면, 변증은 기독교의 창조론과 구원론이 가르치는 풍성한 내용을 충분히 사용하지 못하고 있기 때문에 변증의 내용과 표현의 질을 떨어뜨리는 결과를 초래해 왔다. 이성만을 의지하는 변증가는 변증이 실제로 요구하는 바를 소홀히 하는 치명적인 실수를 하게 된다. 우리는 창조론과 구원론에서 나온 접촉점이란 개념을 통해 이 문제의 중요성을 잘 이해할 수 있다. '접촉점'을 잘 사용한 변증은 신학적으로 충실하면서도 동시에 서구 이성주의보다는 복음의 진정한 핵심을 변호할 수 있다.

변증은 주요 일반 학문에 비교할 만한 긴 역사를 가진다. 신약 시대 이래로 그리스도인들은 온갖 비난과 오해에 맞서 신앙을 옹호해 왔다.[4] 이 역사는 그 자체만으로도 흥미 있는 주제다. 아리스티드, 순교자 저스틴, 그리고 아다나고라스 같은 초기 기독교 변증가들이 2세기 헬라-로마 세계를 배경으로 기독교를 옹호하고 설명하던 방법은 우리의 관심을 끌 만하다. 여기서 기독교 신앙에 대한 당시의 일반적 오해나 (당시 기독교에 깊은 영향을 주었던) 중기 플라톤주의의 성격의 문제 등이 잘 나타난다(질문 중에는 "그리스도인들은 사람을 잡아먹는가?", "성만찬은 술잔치인가?"의 문제도 포함돼 있다).

바로 여기서 우리는 주의해야 할 필요가 있다. 위 인물들이 상대했던 문제는 사상사가(思想史家)의 관심은 끌어도 현대 사회와는 거리가 있는 것 같다. 기독교 변증사에 중요한 장을 차지했던 2세기 알렉산드리아나 13세기 파리나 17세기 케임브리지는 분명히 '과거'에 속한다. 이들의 상황은 우리와 반드시 비슷할 수 없다. 이 점에서 주로 역사적 발자취를 다루는 변증 서적들은 필요 이상으로 과거와 현재를 같게 보는 위험을 안고 있다. 그러나 실제로 사람들은 이런 위험을 너무 과대 포장한다. 역사적 업적은 우리 주위의 현실 문제에 도움이 안 된다며 간단히 무시된다. "현대에 고전광(古

典狂) 말고는 누가 순교자 저스틴 따위에 관심을 쏟겠는가? 우리가 정작 신경을 집중해야 할 곳은 현재다"라고 말한다.

물론 시대는 변했다. 논쟁의 주 무대도 조금씩 변했다. 이제는 대학 강의식 변증 같은 교과서적인 접근 방법은 거부감을 주기까지 한다. 기독교는 대학 강의실이 아니라 '거리'에서 생사를 걸고 싸우게 되었다. TV 방송국이나 신문사, 대학 구내식당, 지역 쇼핑센터가 기독교의 진리 여부를 심판받는 장이 되어 버린 것이다. 그러므로 기독교는 합리성뿐만 아니라 일상생활 속의 타당성도 중요하게 다루어야 한다. 미래에는 '고난' 같은 전 인류적 문제뿐만 아니라 평범한 문제도 다룰 수 있어야 한다. 평범한 문제는 '평범한 변증'을 요구한다. 기독교가 지역 사회에서 선택될 수 있으려면 이 문제를 피할 수가 없다.

우리는 무엇보다도 변증이 기독교의 인기 있는 부분을 추천하는 것 이상임을 기억해야 한다. 전통적 변증은 기독교를 여러 개념의 집합처럼 취급한다. 이 개념을 잘 정리해서 설명하면, 제기되는 이의(異意)를 무력화하거나 극복할 수 있다고 말한다. 전통적 변증은 그렇게 많은 사람들이 그리스도인이 아닌 이유를 생각해 보지도 않은 채 기독교를 권하는 데만 열심이다.[5] 기독교가 그렇게 많은 사람들에게 '끌리지 **못한 이유**'를 바로 알아보려는 노력이 진지하게 따라오지 않는다면 기독교의 인기 있는 점을 칭찬하는 일 따위는 무의미해진다. 우리는 **사람들이 왜 신앙 공동체 안으로 들어오지 않는지**를 알아보는 데 소홀한 것 같다. 물론 아무도 고의로 그런 것은 아니지만, 전통적 변증의 가장 심각한 문제점은 아직 신앙이 없거나 거부하는 사람들을 전혀 이해하고 있지 못하는 데 있다. 불신앙의 원인을 파악하여 반영하는 변증만이 문제에 제대로 답할 수 있다.

기독교 변증이 이 꼴이 된 이유는 무엇일까? 역사적으로 정치-사회적 억압과 정교(政敎) 결탁 같은 정당화시킬 수 없는 전력 때문에 사회는 기독교에 대해 부정적인 인상을 가지게 되었다. 더욱이 문화적 유행이 복음과 반대로 나가기 때문에, 사람들은 '그리스도인이 되는 것'을 비정상으로 취급하기까지 한다. 그리스도인이 되면 종종 사회가 따라가는 흐름에 반대되는 가치를 받아들여야 한다. 이를 통해 그리스도인은 '문화적 이방인'이 되며, 자기가 속해 있던 무리에서 소외되는 결과를 가져오기도 한다. 이것은 기독교를 반문화(反文化)적으로 만든다.

이런 유의 압력은 기독교의 내용 자체와는 별 상관이 없다. 이러한 비판은 생각해 볼 가치도 없는 내용이 수두룩하다. 그러나 이러한 비판은 피할 수 없는 현실이며, 더욱이 많은 사람들이 신앙에 대한 선입견을 만들어 내는 데 직접적인 영향을 끼친다.[6] 이러한 영향은 기독교에 대한 오랜 비판적 전통에서 나온 보다 광범위한 반신앙적 가치 체계의 한 부분이다. 변증학은 이 점을 소홀히 함으로써 현대 사회가 기독교에 던지는 심각한 도전 앞에서 전혀 손을 쓸 수 없을 만큼 불구가 돼 버렸다. 그러한 도전은 반드시 전체적으로 해결해야 한다. 그리고 도전은 대답—변증을 요구한다.

위와 같은 이유로 전통적 변증학 체계는 격류 속에서 좌초된 난파선처럼 보인다. 기독교 변증은 여론에게 무시당하고 실제 논쟁에서 소외되고 있다. 원상회복이 긴급하게 요구되는 상황이다. 슬프게도 변증학은 왕년의 위업에도 불구하고 현대 사회의 흐름과 공격에 점점 더 무력해지는 것 같다. 사실 이렇게 된 이유는 변증이 사회의 별 관심을 끌지 못하는 장(場)—대학에서 하는 학문적 토론 같은—에서나 관심을 쏟고 있었기 때문이다. 그 결과 변증은 결국 현대 사회가 거의 관심을 가지지 않는 여론의 말석(末

席)으로 밀려나게 된 것이다. 이제 신앙의 최전방은 비그리스도인에게 도전하고 신앙인에게 확신의 말씀을 전하는 설교자, 직장에서 동료와 자신의 신앙을 나누는 직장인, 아니면 학교에서 친구들에게 신앙을 설명하는 학생들이 담당하고 있다. 이제 변증학은 효과적이고 창조적인 모습으로 부활할 필요가 있다. 우리는 전통적 변증 방법을 새로운 상황의 필요와 기회에 맞도록 적응시켜야 한다. 변증학은 내용의 기술적인 보완을 통해 완성될 필요가 있다.

이 책은 변증을 새로운 필요와 기회에 맞도록 제자리를 찾아 주는 데 목적을 둔다. 우리의 목적은 결코 변증학에 대한 전통적 접근 방법을 무시하거나 뒷전에 밀어 두려는 것이 아니다. 오히려 전통적 방법을 보충하고 개발해서 변증학의 임무를 바로 이해하고 감당할 수 있게 하는 데 목적이 있는 것이다. 말하자면 전통적인 접근법을 보충하여 완성시킨다고 할 수 있다. 이 작업은 분명 학문적인 면이 있지만, 어떤 학문을 세우려는 것은 아니다. 말하자면 어떤 변증 법칙이나 접근 방법, 혹은 유명한 변증가의 이론을 말하려는 것이 아니다. 이 책은 기독교 변증이 전통적으로 사용했던 핵심을 가지고 해당 상황과 대상에 가장 큰 효과를 발휘할 수 있도록 만드는 데 목표를 둔다.

무엇보다 독자 각자의 특별한 필요와 기회에 맞추어 적절한 복음의 변호 방법을 개발하고 탐구하도록 격려하고 싶다. 우리는 '이슈 중심의 변증학 체계'가 가지는 장점을 인식하는 한편, '사람 중심의 접근 기술'을 권한다. 설득력 있는 변증은 복음과 대상 청중 모두를 제대로 이해하는 데서 출발한다. 사람들이 그리스도인이 되지 않는 이유는 다양하다. 그 이유들은 복음과 접촉할 수 있는 여러 기회를 제공한다. 개인적 특성과 상황의 다양성에 민감하지 못한 변증가는 아무것도 할 수 없다. 긴장하라.

변증가는 공급원이다. 현대인의 삶과 접촉점을 찾아내는 것은 변증가에게 달려 있다. 삶과 접촉점이 없는 이론은 현실과 무관한 공허한 추상적 설명이 돼 버린다. 교회의 역사는 접촉점이 반드시 개발되지 않으면 안 된다고 가르치고 있으며, 변증학의 역사는 그 성공 사례를 보여 준다. 변증가의 임무는 말로 표현할 수 있는 모든 것을 준비해서 논쟁에서 이기는 것 가지고는 끝나지 않는다. 변증은 바로 사람을 얻는 것이기 때문이다.

효과적인 변증가는 말하기 전에 듣는다. 이들은 상대방의 필요와 생각, 상상력을 최선을 다해 이용함으로써 기독교를 변증하는 사람이다. 효과적인 변증가의 기술이란 힘써 노력하는 태도에 있다. 그 속에서 효과적인 변증가는 기독교 전통의 완전성, 전향적으로 듣는 태도, 그리고 청중의 이해를 돕는 수준과 방법으로 생각을 표현한 것 등에 따르는 씨름을 마다하지 않는다. 열심히 노력해서 만든 결과는 이러한 지적 노력과 목회적 관심을 정당화시켜 줄 것이다.

변증이 교과서의 고리타분한 내용에 파묻혀 있거나 종교 철학 시험에나 필요한 그런 모습이어선 안 된다면, 창조성은 변증의 핵심이 된다. 왜냐하면 변증학이란 실제적인 학문이며 학문적으로 다루어지지만, 행동이 지배하는 실제 삶을 항상 대상으로 삼기 때문이다. 흔히 사람들은 변증이 강의실에서 어떤 개념을 가지고 논쟁하는 것이라고 생각하지만, 실제로 그곳에서 해야 할 일은 청중들의 마음과 정신을 변화시키기 위한 바탕을 만드는 작업인 것이다.

이 책은 옥스퍼드대학의 강의에서 시작되어 미국과 호주의 강의 여행 중에 발전된 것이다. 나는 이 강의 내용에 매우 적절한 제안을 해 준 학생과 청중들에게 감사한다. 여러 사람들, 특히 댄버신학교 고든 루이스 교수의 특별한 충고에 대해 감사하지 않을 수 없다. 그는 이 책의 초고를 읽고 더 나은 책이 될 수 있도록 여러 가지 좋은 제안을 해 주었다. 나는 이 책이 다가오는 미래의 하나님의 백성들을 격려하고 준비하는 데 있어 다양하게 쓰였으면 한다. 그들의 임무는 매우 막중하기 때문에 이용 가능한 모든 자료가 필요하다.

이제 어떻게 임무를 달성할 수 있을까? 어떻게 변증의 기술과 체계를 서로 관련시킬 수 있을까? 이 문제에 대한 신학적 기초를 다져 봄으로써 이야기를 시작해 본다.

제1부

•

믿음을 위해서 마음의 문을 열기

BRIDGE BUILDING

1장

· · ·

접촉점: 효과적인 변증의 신학적 기초

이 제목은 이 책의 기본 접근 방법을 비유적으로 말해 준다. '다리/가교 (架橋)'는 두 지점 사이의 간격이나 골짜기를 전제한다. 다리가 놓이지 않는 다면 두 지점은 영원히 분리되어 있을 것이다. 효과적인 기독교 변증이란 세상에서 복음과 개인, 사회의 단절된 곳을 찾아 최적지에 다리를 놓고 연결시키는 데 있다. 다리가 위치와 설계에 따라 여러 가지 방식으로 만들어지듯, 변증이 발견하는 간격의 상태와 위치는 개인과 문화에 따라 다양하다. 다행히도 기독교 변증가는 하나님께서 인간의 마음과 세상 속에 이미 만들어 놓으신 다리의 기초를 발견할 수 있다. 우리의 임무는 이러한 기초 위에 필요한 다리를 놓고 연결하는 것이다. 1장의 제목인 '접촉점'은 기초를 의미한다. 이 장은 변증의 신학적 기초를 찾아보는 데 있다.

1. 변증은 구원론과 창조론에 바탕을 둔다

성경을 읽는 사람이 처음 접하는 내용인 '하나님이 세상을 창조하셨다' 라는 사실은 매우 중요한 의미를 가진다. 그 내용이 사실이라면 세상이 하나님을 증명한다는 이야기는 충분히 있을 수 있지 않을까? 그리고 창조의 결정체인 인간이 하나님을 닮았다는 것, 그 점이 변증의 출발점으로 중요한 가치를 가진다고 충분히 예상할 수 있지 않겠는가?[1] 사도 바울은 창조가 말하는 신학의 변증적 중요성을 확신했다(롬 1~2장).

인간의 삶 속에서 피터 버저(Peter Burger)가 말한 '초월자를 가리키는 표시'를 발견할 수 있다는 사실은 놀랄 만한 일이 아니다. 접촉점이 이미 존재한다면, 변증가가 기독교의 하나님을 이해시키기 위해 기초를 만들 필요는 사라진다. 창조 질서의 성격을 접촉점, 곧 하나님이 주신 출발점으로 쓰면 되기 때문이다. 창조 속에서 발견되는 하나님의 증거는 우리로 하여금 그의 실재(實在)와 우리 삶의 의미를 생각해 보도록 자극한다. 이런 접촉점은 이용될 차례를 기다리고 있는 현실이다.

하나님의 은혜를 통해 창조 세계는 창조자를 드러낼 수 있게 되었고, 우리는 하나님에 대한 잠재된 기억을 되살려 온전히 재생할 수 있게 되었다. 이상과 현실, 타락된 세계와 구원받은 창조 사이에 있는 엄청난 거리에도 불구하고, 이 둘이 같았던 시절은 항상 기억 속에 남아 있다. 하나님과의 관계가 '구원'을 통해 회복된 후에도 이 상황은 계속된다. 홉킨스의 시 〈봄〉은 위에서 말한 '기억'을 비유로 사용해서 잃어버린 이상에 대한 향수를 노래한다.

이 활력과 즐거움은 모두 무엇인가?
그것은 태초, 이 땅의 가장 달콤했던 시절,
에덴동산으로부터 비롯된 것이 아니었던가.

그렇다면 이 점을 어떻게 사용할 수 있을까? 이러한 접촉점을 변증의 수
단으로 이용하는 방법은 무엇이 있을까? 이 장은 기독교 변증의 접촉점의
중요성을 보여 주는 데 목적을 둔다.

더 나아가기 전에 우리는 접촉점의 내용과 기능에 대한 심각한 오해를
생각해 보고 넘어갈 필요가 있다. 접촉점은 그 자체만으로는 인간을 하나
님 나라로 인도할 수 없으며, 그 목적을 위한 출발점에 불과하다. 접촉점은
사람들을 '반드시 기독교 신앙'으로 인도하는 데도 충분하지 않다. 아마도
이것은 창조자나 피조물에게 호의를 지닌 최고의 존재를 가르쳐 줄 수는
있을 것이다. 우리 주 예수 그리스도의 아버지 하나님과의 접촉은 이미 만
들어져 있다. 저명한 이론 물리학자 존 폴킹혼(John Polkinghorne)은 복음과의
접촉점을 자세히 정리하면서 위와 같은 결론을 확인한다.

> 이전에 검토된 내용은 나로 하여금 '유신론적 우주관'을 받아
> 들이도록 이끈다. 내가 이 검토만 가지고 이를 수 있는 결론이
> 란 여기서 멈춘다. 그러나 내가 기독교 공동체 안에 몸담은 진
> 짜 이유는 2천여 년 전 유대 땅에서 있었던 '한 사건'(예수 그리
> 스도의 성육신) 때문이다.[2]

접촉점은 나름대로 기독교를 포함한 여러 유신론(有神論)으로 인도해 주

지만, 그 자체로는 정답을 주지 않는다. 변증가는 기독교 복음과 접촉점이 모순되지 않다는 사실을 증명하는 데서 더 나아가 그 이상의 설명을 요구받는다. 그것은 현실 속에 있는 암시들(접촉점)을 계속 사용해서 복음이 약속하는 모든 내용을 전달하는 일이다.

접촉점이란 하나님의 계시를 위해 준비하신 발판이다. 이것은 하나님의 계시를 확인시켜 주는 것이지, 대신할 수 있는 것은 아니다. 마치 군대의 척후병 같이 뒤에 올 주력 부대를 준비한다. 피뢰침 같이 엄청난 번개의 에너지가 지면 속으로 사라질 수 있도록 땅으로부터 하늘까지 통로를 준비한다. 하나님은 계시 중에 자신을 드러내실 때 그 기초도 같이 준비하셨다. 이 기초는 결과를 능동적으로 끌어오지도, 올 것을 불필요하게 만들지도 않는다. 다만 최종적 결과가 효과적으로 이루어질 수 있도록 돕는다.

그렇다면 여기서 인간의 죄성은 어떤 관계를 가지고 있을까? 기독교가 말하는 구원론과 우리 주위를 보면, 현재의 인간은 하나님이 원하셨던 모습이 아니라는 사실을 확인할 수 있다. 이 점은 원래의 인간과 타락 이후 인간 사이에 분명한 구분선을 긋는다. 이것은 이상과 현실, 원래의 모습과 실제의 모습 사이의 구분이기도 하다. 그러나 우리 안에 있는 하나님의 형상은 가리어졌을 뿐 파괴되지 않았다. 우리는 하나님의 피조물로 계속 남아 있다. 하나님의 형상은 우리의 죄 때문에 아직 현실화되지 않았을 뿐이다. 그러나 하나님의 형상과 영광과 지혜가 있어야 할 자리는 폐허가 된 성채처럼 허전하게 비어 있다.

여기에 창조와 구원의 관계에 자리한 변증적 핵심이 있으며, 이를 바탕으로 효과적인 기독교 변증이 가능하게 된다. 우리는 하나님과의 관계가 파괴되었기 때문에 허전함과 갈급함을 느낄 수밖에 없다. 창조는 가능성을 열어 놓았지만, 죄는 이것을 파괴해 버렸다. 우리는 이 파괴가 가져온 아픔과 상처를 매일 경험한다. 그러나 이 갈급함은 접촉점의 기반이 된다.

이러한 공허함은 대중문화 속에서도 찾아볼 수 있다. 유명한 테니스 선수인 보리스 베커(Boris Becker)는 공허함에서 온 절망감 때문에 자살을 기도했었다. 그는 운동선수로서 출세했음에도 불구하고 무엇인가를 잃고 있었다.

> 나는 두 번이나 윔블던 대회를 휩쓸었으며, 그중 한 번은 최연소 선수로 이룬 것이다. 나는 부자였다. 돈이든 자동차든 여자든, 모든 물질적인 것을 가지고 있었다. 그러나 이것들이 곧 나의 행복을 의미하지는 않았다 … 옛날 영화의 주제가 가사같이 자살해 버린 팝 스타들을 안다. 그들은 모든 것을 가지고 있었지만 행복하진 못했다 … 나는 내적 평안을 가지고 있지 못했다. 꼭두각시 인형 같을 뿐이었다.

또 다른 예로 영국의 인기 절정의 공포물 작가인 잭 히긴스(Jack Higgins)를 생각해 볼 수 있다. 그는 "좀 더 일찍 깨달았으면 좋았겠다고 생각하는 것이 있는가"라는 질문에 대해 "최정상에 올라가도 거기엔 아무것도 없다는 사실"이라고 대답한다. 베커나 히긴스는 대중문화에서 찾을 수 있는 접촉점의 좋은 예들이다. 많은 이들이 삶 속에서 확실히 짚을 수는 없어도 뭔가를 놓치고 있다고 느낀다. 그러나 이 문제에 대해 우리는 뾰족한 해결책을 가지고 있지도 못하다. 기독교의 복음은 이러한 갈증과 공허함을 하나님이 없는 데서 오는 증상으로 해석한다. 기독교는 더 나아가 그 공허함을 채울 길을 말해 줄 수 있다. 누구든 일단 무능력, 무엇인가가 부족하다는 사실을 깨닫게 되면, 어떻게 이 영적 공백을 채울 수 있는지 알고 싶어 한다.

어거스틴(Augustine)의 유명한 고백에도 이와 같은 경험이 깔려 있다: "하나님은 하나님 당신을 위해 우리를 만드셨다. 그러기에 우리의 마음은 당신 안에서 쉬게 될 때까지는 불안에서 벗어날 수 없다."[3] 성경이 말하는 창조와 구원은 연결되어, 이러한 상태의 원인을 '하나님과의 관계를 잃었을 때 나타나는 불만족과 공허감' 으로 해석한다. 이들은 인간의 불구 상태와 이러한 상실을 깨달을 수 있는 능력을 아직 가진다는 점, 그리고 회복될 수 있다는 희망을 보여 준다. 어거스틴의 '하나님의 사랑에 대한 그리움'[4]은 이 점을 완벽하게 짚어 내고 있다. 이것이 바로 하나님에 대한 기억이며, 이 속에서 창조와 구원의 교리를 통해 죄로 인해 잃어버린 부분이 확인된다. 하나님의 은혜는 우리가 무엇을 잃어버렸는지 깨닫게 해 준다. 이러한 그리움은 신에 관한 관심, 영적 동경으로 체험된다. 우리가 가지는 갈증이 적어도 부분적으로는 여기서 나온다.

하나님에 대한 느낌이나 개념, 그에 대한 갈증의 경험은 원상회복을 하도록 자극하는 접촉점이 된다. 그러나 이것은 하나님의 은혜를 통해서만 성취된다. 이 경험은 아직은 가까이 오지 않은 것에 대한 자극 혹은 맛보기 같은 것이다. 동시에 현재의 부족한 상태를 드러내 준다. 어거스틴의 단어를 빌리자면, 접촉점은 하나님의 창조물을 대할 때 재확인되는 '하나님을 찾는 기억' 이다. 이것은 희비가 교차하는 그리움을 만족시켜 주는 근원으로 우리를 인도해 줄 실마리를 제공한다.

바로 이 점이 기독교 변증에 있어서 매우 중요하다. 기독교 신앙 밖의 이들에게는 하나님이란 추상적이고 형체가 없는, 이해하기가 매우 어려운 존재다. 그러나 하나님은 비록 제한된 영역으로나마 이 창조된 세계를 통해 자신을 알 수 있도록 해 주셨다. 창조된 세계는 안내판 같이, 창조자로부터 멀찍이 떨어져 있긴 하지만 주인을 가리키면서 계속 우리의 관심을 끌고 있다. 자연은 바로 보고 느낄 수 있기 때문에 우리의 관심을 끌기가 훨씬 쉽다. 그러나 안내판은 가리키는 역할 이상을 하지 않기 때문에 안내 목적지가 아닌 안내판에 집착한다는 것은 우스운 일이다. 이런 사람은 '자연 숭배자'와 같이 헛된 것을 경배하는 경우라고 말할 수 있다. 안내판이 가리키는 방향을 따라가는 것은 살아 있는 하나님에 대한 진정한 지식에 도달하는 길이며, 이 길을 따라가는 것은 창조 안에서 요구되고 주 예수와 성경을 통해 완벽하게 표현된, 영광으로 가득한 내용인 것이다.

창조 세계의 매력을 말하는 가장 훌륭한 한마디는 미국이 낳은 가장 위대한 신학자 조나단 에드워즈(Jonathan Edwards, 1703~1758)의 글 속에서 찾을 수 있다. 그는 신학의 기초로서 하나님이 그의 아들을 통해 세계를 창조했다는 삼위일체적 교리를 통해 대단히 호소력 있는 자연 변증을 전개한다.

> 하나님의 아들은 그 자신의 위대한 형상 안에서 인간과 교통
> 할 수 있도록 하기 위해 이 세상을 창조하셨다. 그는 자신의
> 위대성을 한 조각의 흔적을 가지고도 알 수 있도록 해 주셨기
> 에, 우리로 꽃동산과 산들바람을 가지고도 기뻐할 수 있도록
> 하셨다. 그런 의미에서 우리는 예수 그리스도의 달콤한 은혜
> 를 항상 구하고 있다고 할 수 있다.[5]

인간의 마음은 하나님에 의해 가꾸어진 정원 같아서, 비록 불완전하고 잠시나마이지만, 하나님의 아름다움에 대해 즐길 수 있도록 허락해 준다.[6]

기독교 변증은 하나님의 계시에 대하여 성경의 내용과 존 칼빈, 에드워즈 등의 믿을 만한 설명 이상으로 설명할 방법은 없다. 그러나 우리는 성경이 허락하는 최대 한계까지 나아갈 수 있어야 한다. 이 작업은 무비판적으로 피조 세계를 증거로 삼는 일은 매우 위험하다는 것을 항상 인식하면서 이루어져야 한다. 이 중 다음의 위험이 특별히 심각하게 지적될 수 있다.

1) 인간 이성이 자연에 의지한 증거만 가지고 하나님을 깨닫는 데에는 한계가 있다. 이 사실은 기독교 역사 속에서 특별히 배워야 할 부분이다. 어거스틴은 '구름으로 가려진 마음' 이란 주제를 가지고 이 문제에 대해 자세히 분석한 적이 있다. 그의 말은 우리에게 특별한 의미를 준다. 어거스틴은 하나님을 아는 우리의 자연적인 지식의 한계가 가지는 문제를 말하면서, 그 이유가 인간의 죄성 때문이라고 설명한다.[7] 칼빈과 루터도 조심스럽게 이와 비슷한 내용을 말한다. 그들에 의하면 자연으로부터 알 수 있는 하나님의 지식은 인간의 죄 때문에 마치 이 지식이 하나님에 대한 **모든** 것처럼 이해되기 쉬운 위험을 항상 가지고 있다는 것이다. 여기서 자연은 쉽게 우상화될 수 있어서, 창조주 대신 창조물이 자리를 차지하고 예배 받게 된다. 이런 문제에 대해 칼빈은 창조하신 하나님과 자연을 혼돈하지 않으면서도 동시에 창조 세계의 가치를 재확인할 수 있도록 정교한 신학적 체계를 만들어 제공한다.

죄는 왜곡시키는 경향이 있기 때문에, 창조 세계 속의 하나님의 계시는 우리가 만든 우상으로 쉽게 변화된다. 사무엘 C. 테일러(Samuel C. Taylor)는 18세기 후반기 유행하던 무조건적 이성주의를 강력히 비판하면서 죄가 인간의 의지에 끼치는 영향을 강조한다.

그들의 화려하고도 그럴듯한 주장에도 불구하고 나는 인간이 과거나 현재나 **타락한** 창조물이라고 말할 수 있다. 왜냐하면 죄는 신체 속의 한 부분처럼 떼어 내거나, 인간의 지혜로 시간의 흐름 속에서 없애 버릴 수 있는 그런 문제가 아니기 때문이다. 죄는 바로 인간의 의지 안에 침투되어 있는 질병이다.[8]

죄는 타락해 버린 인간의 의지 속에 자리 잡고 사람을 '자기중심'적으로 만든다. 이 점은 자기 이미지대로 하나님을 만들어 내길 원하는 인간의 심각한 타락에서도 잘 나타난다. 이것은 하나님의 자기 계시에 순종하는 반응과는 다른 것이다. 이러한 불순종은 용서가 없다(롬 1:18~2:16). 그러나 자연 계시가 흔히 오용된다고 해서 자연 계시를 조심스럽게 사용한 설득력 있는 변증의 가치를 깎아 내려선 곤란하다. 이러한 변증은 자연을 창조하시고 예수님의 영광 안에서 자연을 재창조하실 하나님에게 향하여 있다.

그러나 창조 세계 안에 허점이 있다. 타락된 인간성은 타락된 창조 세계에서 잘 드러난다. 보는 자나 보이는 것이나 모두 타락되었기 때문에 왜곡은 심해질 수밖에 없으며, 쉽게 볼 수 있는 하나님의 증거조차 가리어지게 된다. 그러나 이 점이 아무리 부정적으로 표현되어도, 하나님을 우리는 전혀 알 수 없다거나 하나님의 실제를 느낄 수 없다는 것을 의미하지는 않는다. 도리어 이 점은 (자연으로부터) 지식이 불완전하며, 혼란과 어두움 속에 가리어져 있다는 사실을 확인해 줄 뿐이다. 자연은 마치 부서진 거울이나 먼지 낀 창문처럼 우리를 삐뚤게 비춘다. 하나님에 대한 자연적 지식은 뒤틀어져서 하나님을 엉성한 외형으로나 간신히 볼 수 있도록 해 준다. 그러나 '자연'은 **출발점**이 될 수 있는 현실적인 가능성과 가치를 가진다. 설득력 있는 기독교 변증가들이 강조하는 것은 그 이상이 아닌 것이다. 자연으로부터 얻어지는 하나님에 대한 개념은 이용될 수 있으며, 예수 그리스도와 성경을 통한 기독교 신앙 속에서 바로 탈바꿈할 수 있다.

2) 인간을 포함한 창조 세계는 유한하지만, 하나님은 제한되지 않는 분이다. 그렇다면 이런 무한한 분이 어떻게 유한한 것을 통해서 나타날 수 있을까? 이것은 우리가 좀 더 신경 써야 할 중요한 문제다. 자연보다 훨씬 위대한 하나님이 자연 속에서 또는 자연을 통하여 자신을 보이실 수 있을까? 많은 초대 기독교 교부들은 하나님을 이해하는 것을 한낮에 뜬 태양을 보는 것에 비교하곤 했다. 인간의 눈이 태양의 작열하는 빛과 열을 감당할 수 없는 것 이상으로 인간의 지식은 하나님을 감당해 낼 수 없다. 그렇다면 문제투성이의 연약한 피조물을 통해 창조자를 어떻게 이해할 수 있는가?

이 문제에 대한 가장 포괄적인 대답은 '유추의 원칙' 등을 통해 나온다. 이 방법은 성경에 깊게 자리 잡고 있는 내용으로, 토마스 아퀴나스나 존 칼빈 등의 글을 통해 신학적으로 보다 자세하게 발전된다. 유추의 원칙으로 불리는 개념은 기본적으로 다음과 같은 순서로 설명된다. 하나님은 세상을 창조하시면서 자신의 흔적을 남겨 놓으셨다. 예술가가 자신의 작품임을 나타내려고 사인을 남기는 것처럼, 하나님께서는 창조 질서 속에서 자신의 성격을 각인해 놓으셨다. 이 각인은 하나님 당신을 자연 속에서 표현한 것이지, 역사 속에서 드러나는 사실은 아니다. 우리가 선글라스를 통하면 엄청난 태양도 볼 수 있는 것처럼, 하나님은 당신을 깨달을 수 있도록 창조 속에서 자신을 보여 주시기로 하셨다. 칼빈은 다음과 같이 설명한다.

"인간이 거만함과 의심을 통해 하나님의 본질을 찾으려고 한다면 결코 바른 방법이 될 수 없다. 하나님의 본질은 자로 길이를 재듯 알아 낼 수 있는 것이 아니다. 하나님은 예배의 대상이다. 도리어 우리는 하나님의 창조 세계 안에서 하나님의 본질을 알 수 있으며, 그 속에서 발견되는 하나님은 바로 자신을 우리에게 보다 가깝고, 친숙하게 만드시고, 동시에 대화할 수 있게 허락하신 분이시다."[9]

이 말은 자연이 곧 하나님이란 뜻이 아니다. 창조자와 창조물이 하나라고 말하는 것이 아니다. 여기서 칼빈은 하나님 자체에 대해 말하고 있지 않다. 하나님을 가리키는 화살표나 힌트, 그리고 소문이나 안내판 같은 것—그 자체는 하나님이 아니다.

3) 사람들은 보통 자연 신학이 하나님을 찾으려는 인간의 노력이라고 잘못 이해하고 있다. 자연 신학 사상의 출발점은 자신을 보이시고 구원하시는 하나님이 아니라, 타락한 인간이 된다. 우리는 스위스의 신학자 칼 바르트(Karl Barth)의 글 속에서 이런 유의 자연 신학에 대한 비판을 찾아볼 수 있으며, 이 비판은 심각하게 받아들일 필요가 있다. 바르트는 자신의 이름을 위해 신학의 바벨탑을 쌓아 가는 사람들을 강력히 비난했다. 그러한 시도는 애당초 인간에게 허락된 것이 아니기 때문에 실패할 것이라고 말한다. 바르트는 그의 「로마서 주석」에서 여러 이미지들을—'위기', '무한한 질적 차이', '빙하의 골짜기'—뒤섞어 사용하여 우리와 하나님 사이의 간격을 강조한다. 이 간격은 결코 우리 쪽에서 연결될 수 있는 것이 아니다.

이 문제는 우리가 나중에 보게 될 코넬리우스 반 틸(Cornelius van Til)의 후기 저작 속에 다시 나타나는 주제다(1장 4편 참조). 바르트는 그의 「기독교 교의학」 속에서 이 주제를 새롭게 조명한다. 여기서 우리는 에밀 브루너(Emil Bruner)의 온건한 자연 신학적 접근에 대한 바르트의 극한 부정을 찾을 수 있다—Nein!(아니요!) 이 문제에 대한 바르트의 불편한 심기는 그의 보다 온건한 글 속에서도 찾을 수 있다.

> 하나님은 인간의 지식으로 이해할 수 없으며, 오직 하나님 당신의 자발적인 결정과 행동에 의해서만 이해되어진다. 인간의 이해력과 느낌에 의해 찾을 수 있는 것이란 잘해 봐야 최고의 존재나 절대적 성질, 그리고 '완전히 자유로운 힘' 같은 이상형이나 모든 것을 지배하는 존재 같은 것뿐이다. 절대적인 최고의 존재, 궁극과 가장 깊은 심연 같은 이런 인간의 이해는 하나님과는 아무 상관도 없다.[10]

아무 상관도 없다고까지 말하는 것은 확실히 웅변조의 과장인 것 같다. 어쨌든 우리가 기억해야 할 접촉점의 원칙은, 접촉점이 그 이상의 것에 대한 힌트에 불과하며, 우리의 생각이 이르지 못하는 어떤 존재에 대한 암시라는 것이다.

바르트의 지적은 과장된 것 같다. 그러나 불행히도 우리 역시 이런 과장이 필요한 경우를 경험한다. 우리가 자연이나 우리 자신을 돌아봄으로써 하나님의 모든 것을 알 수 있다는 생각은 확실히 비현실적이다. 인간은 하나님을 제멋대로 상상하기가 쉽다. 기독교는 우리에 대한 하나님의 추적이

며, 하나님의 아들이 죄인 된 우리를 귀향시키기 위해 이 먼 땅까지 오신 것이다.[11]

'하나님을 아는 진정한 지식' (칼빈)은 오직 계시를 통해서만 온다. 그러나 자비로운 하나님은 이 세상을 통해 '구원을 주는 지식'의 힌트를 볼 수 있도록 허락해 주셨다. 하나님에 대한 자연적 지식은 자연 질서 속에 독자적으로 존재하지 않는다. 도리어 하나님에 대한 온전한 지식이 가능하며 필요하다는 것을 보여 줄 때 원래의 자기 목적대로 쓰이는 것이지, 그 자체로서 완전한 지식이라고 주장하면 자신에게 반역하는 것이 된다.

2. 변증은 인간 언어를 통해 당신과 교제할 수 있게 하신 하나님의 능력에 기초를 둔다

하나님은 언어를 통하여 인간과 교제하실 수 있다. 지극히 당연하게 들리는 이 사실이야말로 기독교 변증의 근본이다. 인간의 언어는 하나님의 영광과 위엄을 제대로 표현할 수 없지만, 그를 가리키는 역할은 할 수 있다. 여기서 제대로 표현할 수 없다는 말은 신뢰할 수 없다는 뜻이 아니다. 인간의 언어는 단편적이며 한계가 있지만 하나님 당신을 드러내실 수 있는 매개물 역할을 할 수 있으며, 이를 통해 부활하신 하나님(예수님)과 신자 간의 변화된 만남이 생기게 된다.

성경 속에 나타나는 '하나님의 말씀'은 인간 언어의 창조적이며 변화시키는 능력을 보여 준다. 한 구약 학자는 성경 속에서 언어가 하나님의 자기 계시 속에서 차지하는 중요성을 말하면서 '말씀'을 이렇게 설명한다.

말씀은 능력을 지닌 독특한 실제다. 말씀의 능력은 그 원천에서 나온 것으로, 능력이 나오는 과정에서 원천 역시 드러날 수밖에 없게 된다 ⋯ 아무도 자신을 완전히 숨기고 대화할 수 없다. 더욱이 그가 속한 현실도 그 자신과 같이 드러나게 된다. 그러기에 말씀은 ⋯ 대상을 지적으로 인식할 수 있도록 해 준다. 이것은 말하는 사람의 성격을 드러낸다.[12]

하나님의 말씀은 강력하고 역동적이며, 말씀을 접하는 사람들에게 말하는 존재를 깨닫게 만드는 능력을 가지고 있다. 여기서 '말씀'은 웹스터 사전이 정의하는 것처럼 단순히 '정해진 의미를 가진 단어들의 일상적인 연결을 통해 만들어지는 소리나 발음의 집합으로, 아이디어를 상징하고 전달해 주는 개체'를 뜻하는 것이 아니다. 우리가 무감각하게 쓰는 '말씀'이라는 단어는 바로 살아 있는 하나님의 존재를 가르쳐 주며, 동시에 말씀 안에서 하나님과 닿을 수 있도록 해 준다.

인간 언어의 결함에도 불구하고 이를 통해 당신의 영광과 위엄을 잘 표현하는 하나님의 능력을 믿었던 인물 중에는 존 칼빈이 포함된다. 하나님의 존재를 알려 주는 인간 언어의 능력에 대한 그의 주장 밑바탕에는 인간 언어의 기능과 상태에 관한 굉장히 치밀한 이론이 깔려 있다. 16, 17세기 유럽의 인문주의(휴머니즘) 속에서—여기엔 오늘날과 같은 세속주의적 흐름이 거의 없었다는 것을 덧붙일 필요가 있을 것 같다—인간 경험을 새롭게 발전시키고, 그것을 표현할 수 있는 문장과 단어에 대하여 새로운 관심(이것을 수사학이라고 부른다)을 나타낸다. 칼빈은 '하나님의 말씀'의 개념과 성경 본문 안에서 구현된 방식을 설명하기 위해 인문주의적 개념을 빌려 쓴다.

칼빈은 이 개념을 완전히 자기 것처럼 사용함으로써 아무도 '빌린 개념' 임을 눈치 챌 수 없도록 만든다. 그럼에도 불구하고 전체적으로 그의 글 속에서 울려 나오는 수사학에서 우리는 칼빈이 인문주의를 이용하고 있다는 사실을 볼 수 있다. 이러한 성격은 특히 그의 「세네카 관용론 주석」(1532)의 전개 방식과 「로마서 주석」(1540)의 섬세하고 깊은 세련미 속에서 잘 드러나지만, 가장 두드러진 증거는 「기독교 강요」의 최종판에서 찾을 수 있는 것 같다.[13]

칼빈은 "하나님은 성경 속에서 언어적, 말하자면 단어라는 형식 속에서 자신을 드러내셨다"고 말한다. 그러나 어떻게 인간의 단어가 하나님의 영광을 제대로 표현할 수 있을까? 어떻게 이런 단어로 죄인 된 인간과 하나님 간의 엄청난 간격을 메울 수 있을까? 여기에 대한 칼빈의 답은 기독교 사상에 대한 그의 가장 값진 공헌 중 하나로 인정된다. 그가 발전시킨 생각은 일반적으로 '적응의 원칙'(Principle of Accommodation)이라고 불린다.[14] 적응이란 단어는 '상황의 필요에 따라 맞추는 것'을 의미한다.

칼빈의 주장에 따르면, 하나님은 계시 속에서 인간의 정신과 마음이 이해할 수 있는 수준으로 자신을 맞추셨다. 하나님은 우리가 이해할 수 있도록 자신의 모습을 보여 주셨다. 우리는 칼빈의 생각을 '웅변가의 비유'를 통해 이해할 수 있다. 훌륭한 웅변가는 그의 청중이 가지는 한계를 파악하여 말하는 방식을 맞춘다. 화자(話者)가 청중에게 무언가를 전달하려고 한다면 먼저 양자의 간격이 메워져야 한다. 청중이 가지는 한계는 화자가 쓰는 단어와 개념의 수준을 결정한다. 예수님의 예화는 완벽한 예를 보여 준다. 예수님은 유대 땅 농촌 지역에 사는 그의 청중들에게 가장 적절한 단어와 예화(목자와 양을 통한 비유 같은 예)를 사용한다. 바울 역시 청중의 수준에 맞

는 생각(그의 독자 대다수가 살던 도시의 법이나 경제 지식 등으로부터 끌어온 개념)을 사용한다.[15]

고대 그리스·로마 사회에서 웅변가는 수준 높은 교육을 통해 언어 사용에 잘 훈련된 반면, 일반적으로 교육의 기회가 적었던 청중들은 효과적으로 말을 할 기술이 부족했다. 결국 청중에게 메시지를 전달하기 원하는 웅변가는 자신의 수준을 낮출 수밖에 없었다. 자신의 언어와 사상, 사용되는 개념을 이해시키는 데 따르는 문제를 고려해서 자신과 청중 간의 간격을 메울 수밖에 없었던 것이다. 칼빈은 하나님도 이와 비슷한 방식으로 우리에게 나타나시기 위해 자신을 우리 수준으로 낮추셨다고 말한다. 마치 엄마나 간호사가 아기를 안기 위해 허리를 숙여야 되는 것처럼—이럴 때 아이에게 어른처럼 일어나라고 할 수는 없지 않은가?—하나님은 우리의 수준으로 자신을 숙이셨다.[16]

이러한 '적응'의 예는 성경이 묘사하는 하나님상(像)에서도 나타난다. 칼빈은 하나님은 흔히 입과 눈, 손과 발을 가진 것처럼 표현된다고 지적한다.[17] 이것은 마치 하나님이 하나의 인간 같은 존재라고 들린다. 영원하고 영적인 하나님이 육체적이고 인간적인 존재로 격하된 것 같다. 이러한 경우를 흔히 신인동형론(anthropomorphism, 하나님이 인간의 형상으로 묘사되는 것)이라고 하는데, 칼빈은 하나님께서 우리의 제한된 이해 능력 때문에 이런 식으로 자신을 나타내실 수밖에 없었다고 설명한다. 하나님이 입이나 손으로 표현하는 하나님이 하시는 '아기 말'(아기들에게 접근하기 위해 어른들이 흉내 내는 아기 소리) 같은 것이다. 이 방법 속에서 하나님은 자신을 낮추어 우리가 이해할 수 있는 모습을 사용하신다. 이 방법으로는 하나님을 제대로 설명하지 못한다고 비판하는 사람들에게 대하여 칼빈은 이렇게 대답한다: "이 방법이야말로 복음의 지적 장벽을 확실하게 무너뜨리시는 하나님의 준비 방법이다. 교육받지 못한 가장 단순한 사람도 하나님을 깨닫고 믿을 수 있도록 배려해 주신 것이다."[18] 칼빈은 하나님이 자신을 인간의 능력에 낮추어 맞추신 의지와 능력이야말로 우리에 대한 완전한 자비와 관심의 증거라고 말한다.[19]

이쯤 해서 강조해야만 할 것은, 칼빈은 하나님이나 기독교의 경험을 '표현 가능한 언어'의 테두리 속으로 축소시킬 수 없다고 생각했다는 사실이다. 기독교는 언어로만 표현될 수 있는 종교가 아니라 바로 경험의 종교이기 때문이다.[20] 여기서 신앙은 부활하신 예수님과의 만남, 우리를 변화시키는 그 만남에 중심을 둔다. 신학적인 관점에서 보면 (만남의) 경험은 말로 표현할 수 있는 사상 이전에 자리하며, 이후 만들어진 사상은 경험을 자극하고 넓혀 주는 역할을 한다. 기독교는 성경이라는 책 중심이 아니라 살아계신 그리스도 중심이다. 만일 당신이 기독교를 책 중심으로 생각하고 있다면, 그것은 신자들이 성경 말씀을 통해서 기독교를 만나 양육되기 때문에 그렇게 느꼈던 것에 불과하다. 성경은 목적이 아니라 도구다. 말하자면 길이지 목적지가 아니다. 칼빈의 인간 언어와 성경 본문에 대한 깊은 관심은 그의 근본적인 확신을 반영한다. 바로 성경 본문을 읽고 명상함을 통해서 부활하신 그리스도를 경험하고 만날 수 있다는 확신의 말이다. 칼빈이 중요하게 여겼던 '도구'에 대한 집중적인 연구는 그가 '목적'에 두는 절대적인 중요성을 말해 준다. 칼빈이나 성경을 통한 하나님의 자기 계시를 중요시하는 사람들을 가리켜 '성경 숭배자'(성경을 숭배하는 사람)라고 말하는 것은 칼빈의 생각과 방법의 '실제 내용'에 대한 무지에서 나온 것이다. 칼빈이 그랬던 것은 하나님을 제대로 예배하는 것을 가장 중요하게 여겼기 때문이었다. 이 중요성 때문에 자신을 그리스도 안에서 드러내신 하나님을 제대로 분명히 알 수 있는 유일한 도구인 성경에 경의를 표하고, 그 도구를 바르게 해석하는 것을 매우 중요하게 여겼던 것이다.

그렇다면 변증은 설득력 있는 단어를 고르는 작업이 아니라, 그 자체로 목적이 되어 버린다. 말하자면, 말씀을 통해 자신을 알리시고 우리와 연결하신 하나님의 능력에 바탕을 둔다는 뜻이다. 영국의 잘 알려진 기독교 작가 루이스(C. S. Lewis)는 '언어가 창조할 수 있는 **경험의 세계**'를 잘 다루는 강점을 가지고 있다. 루이스는 그의 자서전 「예기치 못한 기쁨」(Surprised by Joy)에서 몇 줄의 시(詩)가 자신의 상상력에 끼친 영향에 대해 말한다. 이 구절은 롱펠로우(Longfellow)의 「올라프 왕의 신화」(Saga of King Olaf)의 한 부분이다.

> 나는 듣는다, 부르짖는 소리를
> 아름다운 발더는
> 이미 죽은 것을.

이 시는 청년 루이스에게 큰 영향을 주었다.

> 나는 발더에 대하여 아무것도 알지 못했다. 그러나 나는 순간
> 적으로 북극 하늘 아래의 광활한 공간에 옮겨져 있음을 알았
> 다. 거기서 나는 말로 표현할 수 없는 무언가에 대한 갈망을,
> 그 욕구가 아픔이 되기까지 느끼고 있었다(이런 느낌을 제거한다
> 면 그곳은 차디찬 광활함과 엄습하는 추위로 가득 찬 먼 이국땅일 뿐이었

다). 그리고 곧 그러한 갈망의 장으로부터 이미 벗어난 나를 발
견했다. 그리고 다시 그 속으로 돌아가고픈 갈망을 찾아 낼 수
있었다.[21]

루이스는 언어가 우리의 익숙한 경험을 표현하는 것 이외에도, 아직 못
해 본 경험을 자극할 수 있다는 사실을 발견했다. 그의 에세이 「종교의 언
어」(The Language of Religion)에서 루이스는 위의 경험을 다음과 같이 설명한다.

> 시어(詩語)의 힘이 가지는 가장 위대한 면은 이것이다. 우리가
> 아직 경험하지 못한, 혹은 영원히 경험할 수 없는 내용을 경험
> 속의 한 부분이 되도록 만들어 준다. 이것은 마치 지도상에서
> 표시된 길이 지도 밖에 있는 지역도 어디쯤일는지 알 수 있게
> 해 주는 것처럼, 우리의 경험 밖에 있는 어떤 것을 가리키고
> 있는 것이다. 우리 중 대부분은 워즈워스(Wordsworth)가 「서곡」
> (Prelude XIII)의 끝부분에서 기록하고 있는 체험 같은 것을 할 방
> 법이 없다. 그러나 나는 적어도 그가 이야기로 비춰 주는 음울
> 함을 시상(詩想)을 통해 알게 되는 체험의 내부까지 닿을 수 있
> 다고 생각한다.[22]

변증 역시 이런 시어의 성격을 가지고 있다(루이스는 변증과 성격을 나누고 있
는 것이 시 자체가 아니라 시에 쓰이는 언어의 성격이라고 강조한다). 루이스는 '아무도
가는 길을 알지 못하는 마을의 소문'과 언어를 비교해서 말한다. 하나님에
대한 그리스도인의 경험도 이런 식으로 믿지 않는 사람에게 전달된다. 경
험은 그 뒤에 놓인 곳으로 인도해 준다. 경험은 목적지를 무시하고 멋대로

잘못 나가는 이들에게 '훈수를 주듯' 간섭하여 지도 밖에 있는 마을로 방향을 바로 맞추어 준다. 소문만으로는 아무도 그 마을에 갈 수 없다.

변증은 '언어'를 사용하여 안내판이 길을 찾는 사람을 도와주듯 하나님과의 관계가 어떤 경험인지 아직 모르는 이들을 도와줄 수 있다. 언어는 인간 경험과 관련된 중요한 의미의 단어들을 연결하여 '하나님을 아는 지식'을 설명할 수 있다. 예를 들어, '용서'와 같은 것이 그것이다. 만일 당신이 정말 심각한 범죄를 용서 받은 느낌이 무엇인지를 상상할 수 있다면, 기독교에서 말하는 용서의 경험을 이해할 수 있을 것이다. 또 '화해' 같은 것도 그렇다. 만일 당신이 매우 불편했던 사람과 화해하는 기쁨을 상상할 수 있다면, 그리스도인들이 말하는 하나님의 품으로 돌아간다는 경험을 이해할 수 있을 것이다. 아마도 먼 이국에서 다시 돌아올 기약 없이 오랫동안 혼자 있던 사람이 '포근한 집으로 돌아오는' 것과 같을 것이다.

그러나 변증가가 이렇게 언어를 사용할 수 있는 방법에는 무엇이 있을까? 자기 마음대로 해석을 하는 경우는 어떻게 하는가? 또 인간의 화해 경험을 감히 하나님과의 화해와 비슷한 경험이라고 주장할 수 있을까?

기독교의 창조론은 이 질문에 "예"로 답할 수 있는 신학적인 밑받침을 해 준다. 이러한 유사점은 우리가 짜 만든 것이 아니라 하나님으로부터 주어진 것이다. 다시 말해서, 만물의 질서 안에 속해 있는 것이다. 우리가 구원, 용서, 화해 혹은 해방 등을 말할 때는 확실히 인간 세계 속의 상태와 경험이 반영되어 있다. 그러나 동시에 이 단어들은 은혜의 하나님이 창조 세계 안으로 직접 들어오셔서 자신을 우리의 단어를 통해서 알 수 있도록 허락해 주신 증거이기도 하다. 누구보다도 부요하신 하나님은 우리를 위해 가난해지셨다. 바로 인간이 되신 것이다. 이렇게 하신 하나님의 의지와 실천의 정도는 바로 다음과 같은 점에서 잘 나타난다. 자신을 가리켜 주는 이 정표가 될 수 있도록 언어를 허락하신 친절함 말이다. 인간의 언어가 가지는 평범함은 은혜에 의해 탈바꿈하게 된다. 그리고 이 점은 조지 허버트가 말한 '평범 속의 천국'(평범한 곳 속에서 하나님의 나라를 찾을 수 있다)이란 구절 속에서도 재미있게 나타난다.[23]

그래서 변증가는 하나님을 표현하는 새로운 말을 만드는 언어 기교가 아니라, 새로운 방법 속에서 옛 것을 쓰시는 하나님의 은혜에 의지한다. 인간 언어의 단조로움은 은혜를 통해 탈바꿈한다. 언어는 성령의 의도와 동행에 의하여 능력으로 바뀐다. 말씀과 성령은 이러한 부드러운 신의 설득의 최종 작업에 같이 투입되어 믿음이 이해로부터 나오도록 만들어 주며, 이를 통해 성령은 우리의 말을 마음과 생활에 적용시켜 준다. 이 점이 「웨스트민스터 소요리 문답」에 나오는 내용이기도 하다: "이것은 함께하시는 하나님의 성령의 작업으로서, 우리의 죄와 고통을 확인시키고, 그리스도에 관한 지식을 우리 마음 안에서 깨닫게 하며, 우리의 의지를 새롭게 한다. 성령님은 복음 안에서 우리에게 대가 없이 주어진 예수 그리스도를 받아들일 수 있도록 해 준다."[24]

웨스트민스터 교리 문답이 말해 주는 것처럼, 성령의 사역은 전통 복음주의적 변증 안에서도 자연스럽게 '접촉점'의 역할을 찾아볼 수 있도록 해 준다. 성경적 계시 속에서 창조자를 궁극적으로 찾아 낼 수 있다는 생각은 이제 우리가 돌아볼 존 칼빈의 저서에서도 발견된다.

3. 전통적 복음주의가 말하는 '접촉점' : 존 칼빈의 예

칼빈은 부연이 필요 없는 '성경적 신학자'다. 칼빈은 그의 저작 「기독교 강요」의 1559년판 서론[25]에서 '강요'는 독자들이 성경을 전체로서 이해하려고 노력하는 경우에나 도움이 될 수 있음을 다음과 같이 암시한다.

> 성경은 하나님의 지혜의 무한한 가치를 보여 준다는 의미에서 더할 바 없는 완벽한 가르침이다. 그러나 이 점을 모르는 사람들에겐 성경의 바로 이런 면을 깨닫게 하기 위해서도 모종의 인도와 방향감이 필요하다 … 더욱이 하나님이 주시는 말씀 속에서 우리에게 가르치고자 하시는 것들을 찾을 수 있도록 영적으로 미숙한 사람들에게 도움의 손길을 제공하는 것은 그들보다 성숙한 신앙인들의 의무다. 이것을 하기 위해 할 수 있는 최선의 방법은 기독교 철학의 주요 주제들을 조직적으로 다루어 보는 것이다.

「기독교 강요」는 안경처럼 성경에 바로 초점을 맞추어 읽을 수 있도록 돕는다. 여기서 칼빈은 성경이 이어지지 않는 이야기처럼 오해하지 않도록 '성경의 통일성'을 강조한다. 19세기 스코틀랜드의 작가 토머스 거스리 (Thomas Guthrie)는 빅토리아 시대의 식물원의 예를 이용하여 칼빈의 「기독교 강요」와 기초가 되는 성경 간의 관계를 설명한다. 그에 따르면 성경은 자연과 같다. 자연 속에서는 꽃과 나무들이 인간의 간섭에서 벗어나 자연적인 생활 터전에서 자유롭게 자란다. 반면 탐구심이 많은 인간은 식물을 종류별로 식물원에 수집하고 정리해서 보다 자세한 개별 연구를 할 수 있도록 만든다. 우리는 같은 두 식물을 하나는 자연 속에서, 다른 하나는 인위적인 결과(식물원) 속에서 발견한다. 인간은 성경을 보다 잘 이해하기 위해 논리적인 방법으로 성경을 정리한다. 교리는 바로 이러한 인간의 노력을 보여 주는 것이다.

1559년판 「기독교 강요」는 '어떻게 하나님을 알 수 있는가?' 라는 긴 역사를 지닌 문제와 더불어 시작한다. 칼빈의 '하나님에 대한 지식' 이란 사상은 자연이 주는 지식과 계시된 지식 간의 변증법적 관계에서 나온다. 칼빈은 이 문제를 「기독교 강요」 1권에서부터 직접 다루고 있지만,[26] 본론으로 들어가기 전에 먼저 '하나님에 대한 지식과 우리 자신에 관한 지식은 연관되어 있다' 는 점을 강조한다(I.i.1). 하나님을 아는 지식이 없이는 우리 자신을 제대로 알 수 없다. 이 두 형태의 지식은 많은 지점으로 연결돼 있어서, 구분할 수는 있어도 분리할 수는 없다. 이 둘을 분리해서 다루는 것은 불가능하다. 이 원칙은 칼빈의 신학이 가진 매우 긍정적인 세상관을 이해하는 데 굉장히 중요하다. 하나님에 대한 지식은 세상이나 인간 상태에 관한 지식과 분리할 수도, 같게 볼 수도 없다. 하나의 변증법적 관계가 조심스런 균형과 상호 역할 속에서 하나님과 세계, 창조자와 창조물 사이에서 나타난다.

칼빈은 '세계의 창조자, 주권적인 통치자' 로서 하나님에 대한 우리의 지식을 설명하면서, 하나님에 대한 일반적 지식은 창조 세계─인간성, 자연 질서 그리고 역사의 진행─를 통해 얻을 수 있다고 분명히 말한다. 이러한 지식은 주관적 및 객관적인 경험에서 얻어지는 두 가지의 기초에 기인한다. 첫 번째 기초는 '신에 대한 직감'(sensus divinitatis) 혹은 '종교성의 씨앗'(*semen religionis*)이란 말로 불리는, 하나님에 의해 모든 인간 속에 심겨진 의식을 말한다(I.iii.1; I.v.1). 하나님은 그의 존재에 대한 직감을 우리 마음속에 넣어 두셨다. 이것은 마치 모든 인간의 마음속에 하나님에 대한 무엇인가가 묻혀 있는 것과 같다(I.x.3). 칼빈은 이러한 신에 대한 전제된 의식이 만드는 세 가지 결과를 다음과 같이 지적한다: ① 종교의 범세계성(기독교 계시가 알려지지 않은 곳에서도 우상 숭배 같은 '신'을 섬기는 현상이 퍼져 있는 것을 통해 알 수 있음: I.iii.1), ② 인간 의식의 불안(I.iii.2), ③ 신에 대한 절대적인 경외감(I.iv.4). 칼빈에 의하면 이 모든 것은 기독교의 말씀 선포를 위한 접촉점으로 이용된다.

하나님을 아는 지식의 두 번째 기초는 우리가 경험하는 우주의 질서에 있다. 하나님이 창조자라는 사실은 그의 지혜와 정의에 대한 계시와 함께 창조된 질서와 창조의 정점으로서 만들어진 인간 속에서도 찾을 수 있다(I.v.1-15). "하나님은 이렇듯 아름답고 멋진 땅과 하늘의 창조 속에서 자신을 매일 나타내셔서, 우리로 하여금 눈을 감지 않는 이상 하나님을 발견할 수밖에 없도록 만드신다(I.v.1)."

칼빈이 창조 세계로부터 얻는 이러한 하나님 지식이 그리스도인에게만 적용된다고 말하지 않는 점은 주목할 만하다. 아마도 이 점에서 칼 바르트와 코넬리우스 반 틸은 자신들의 관점이 칼빈의 생각과 전적으로 같지 않다는 점을 발견할 것이다. 칼빈은 **모든 사람**이 창조 질서에 대한 이성적인 판단과 지성으로도 하나님을 생각할 수 있다고 말한다. 그는 창조 질서가 신의 존재와 본질, 성격을 보여 주는 하나의 '극장'(I.v.5) 혹은 '거울'(I.v.11)이라고 말한다. 인간은 하나님을 보거나 이해할 방법이 없지만, 창조물을 통해 '볼 수 있는 모양'으로 자신을 보여 주셨다(I.v.1). 우리는 하나님의 본질을 알 수는 없지만, 그의 창조물들을 통해 하나님을 알 수 있게 되었다 (I.v.9).

칼빈은 더 나아가, 창조의 질서는 불신자들조차 하나님의 존재를 부인할 수 없게 만든다고 주장한다. 물질세계와 인간 육체 모두 하나님의 성격과 지혜를 말해 주고 있다.

> 하나님은 행복으로 가는 길로부터 아무도 제외시키지 않으시기 위해 이 작은 신앙의 씨앗을 우리의 마음 안에 넣어 주셨을 뿐 아니라, 우주의 전체 구조 안에서 그의 완벽성을 볼 수 있게 하셨다. 하나님은 우리가 눈만 떠도 하나님을 매일 볼 수 있도록 만드신 것이다 …
>
> 히브리서의 기자는 보이는 이 세계가 보이지 않는 천국의 반영이라고 인상 깊게 적고 있는데, 이것은 볼 수 없는 하나님을 볼 수 있게 하는 일종의 거울 역할을 한다 … 이것은 말로 표현할 수 없을 만큼 훌륭한 반영이다. 하나님의 기막힌 지혜를 증명하기 위해 하늘과 땅 모두는 우리에게 단순하지만 수많은 증거를 보여 준다—천문학, 의학 그리고 위의 예를 잘 보여 주는 다른 자연 과학들의 보다 나은 수준의 증거뿐 아니라 전혀 문맹인 농민들의 관심거리가 될 수 있는 증거들. 눈만 뜨면 볼 수 있는 증거들이 같이 존재한다(I.v.1-2).

칼빈은 여기서 천문학과 의학을 예로 든다. 그는 이 분야의 일하는 사람들을 약간 질투하고 있다고 고백한다. 이 분야에서 일하는 사람들은 자연 속의 창조 질서의 증거와 창조자의 지혜를 보다 깊게 이해하고 증거할 수 있다.

그러나 우리에게 보다 중요한 사실은 칼빈이 **기독교적** 자료만 가지고 계시를 설명하고 있지 않는다는 점이다. 그의 관점은 경험에 의한 관찰과 논리적 추론에 기초한다. 칼빈이 성경 구절을 인용할 때는 하나님에 대한 일반 자연 지식을 증명하기 위해서보다는 그것을 견고하게 만들기 위해서이다. 칼빈은 기독교 공동체 안과 밖의 사람들에게 공통으로 하나님을 인식할 수 있는 방법이 있다고 강조한다(*exteris et domesticis communem*: I.v.6).

그러나 하나님에 대한 일반적인 지식의 기초를 놓으면서, 칼빈은 다음과 같은 부족한 부분을 강조한다. 다음의 이야기에서 그의 대화 상대는 「신에 관하여」(de natura deorum)를 쓴 키케로(Cicero)다. 그의 고전적 작품 「신에 관하여」는 아마도 자연에서 얻을 수 있는 하나님에 대한 지식에 관한 가장 영향력 있는 연구 중 하나일 것이다.[27] 우리가 인식하는 인간과 하나님 사이의 거리는 근본적으로 엄청나게 크지만, 인간의 죄는 그나마 약간의 가능성마저 완전히 쓸어가 버렸다. 우리가 가진 하나님에 대한 자연 지식은 불완전하고 혼란스러운 것이며, 때때로 역효과를 내기까지 한다. 하나님에 대한 자연 지식은 인간이 하나님을 모른 척할 수 있는 변명 거리를 빼앗아 가는 역할을 한다. 그럼에도 불구하고 이것은 하나님의 성격과 목적과 자연의 완전한 모습을 보여 주는 근거로는 적합하지 않다. 여기서 칼빈은 성경적 계시라는 개념을 소개한다. 성경은 자연을 통해서 알 수 있는 하나님에 대한 것을 반복하고 있지만, 의도적으로 자연 계시를 분명하고 강력하게 만든다: "하나님에 대한 지식은 모든 창조물과 우주의 질서 속에서도 분명히 찾아볼 수 있지만, '말씀' 안에서 보다 명확하고 친숙한 방법으로 설명된다"(I.x.1). 더욱이 신자가 역사의 구원자인 하나님에 대한 지식에 닿을 수 있는 길은 오직 성경을 통해 이를 수 있다. 이 구원자 하나님에 대한 지식은 예수 그리스도의 공생애와 죽음, 그리고 부활에서 정점에 이른다 (I.vi.1-4). 칼빈에게 있어서 계시란 예수 그리스도 개인에 초점이 맞추어져 있으며, 하나님에 대한 지식은 예수를 통해서 전해진다(I.vi.1).

예수 그리스도는 오직 성경의 기록을 통해서만 알 수 있기 때문에, 신학자와 신자 모두 칼빈이 말하는 성경의 중심성과 절대 필요성을 이해할 수 있게 된다. 칼빈은 성경이 오직 성령의 감동을 통해서만 바로 읽어지고 이해될 수 있다고 부언한다(I.vii.1). 그렇지만 칼빈은 성경의 감동에 대한 기계적이고 문자적인 해석 방법을 만들지는 않았다. 물론 그는 종종 성경 해석에 필요한 감동을 기계적 과정처럼 비유하기도 한다. 예를 들어, 성경의 기자들을 서기관이나 속기사 등으로 말하거나 '성령에 의한 받아쓰기'에 대해서 설명한 것이다. 그러나 이러한 비유는 쉬운 이해를 위해 잘 알려진 예들을 이용한 것이기 때문에 말 그대로 비유로 이해해야 한다. 성경의 내용은 더 말할 나위도 없이 신성하다. 그러나 그 내용이 구현된 외형은 인간적인 것이다. 성경은 *verbum Dei*(하나님의 말씀)이지 *verba Dei*(하나님의 목소리)가 아니다. 이 점에서 칼빈은 그의 다른 사상에서도 나타나는 깊은 성육신 사상을 보여 준다. 신성과 인성은 타협이나 한쪽의 희생 없이 공존한다. 성경은 하나님의 말씀을 인간 언어라는 외형을 통해 보여 주고 전하지만, 기원에 있어서 신성한 권위의 무게를 항상 싣고 다닌다.

하나님은 여기서 예수 그리스도를 통해서만 자신을 완전하게 알리셨으며, 예수는 오직 성경을 통해서만 알 수 있다. 그러나 창조된 질서는 계시의 부분적인 결과와 접촉점을 제공하는 중요한 부분이다. 칼빈은 하나님을 알 수 있는 다른 방법도 생각해 본다. 이 지점에서 자연 계시는 뒤로 밀려난다. 칼빈은 하나님의 성격을 이해하는 데에는 삼위일체가 매우 중요하다고 말한다. 그러나 삼위일체는 자연이나 자연 계시를 통해 얻어질 수 있는 지식이 아니라 특별 계시로 나타난 성경적 내용이다.

칼빈의 설명을 종합해 보자. '창조자 하나님을 아는 지식'과 '구원자 하나님을 아는 지식' 사이에는 구분선이 그어진다. 창조자로서 하나님을 아는 지식은 성경과 자연 모두에서 얻지만, 성경을 통해서 자연에서 얻는 것을 확대하고 분명하게 만든다. 구원자이신 하나님을 아는 지식은 오직 성경 안에 있는 예수 그리스도를 통해서만 찾을 수 있다. 성경이 그리스도를 가리키고 있듯이, 자연은 성경을 가리키고 있다. 폭포같이 쏟아지는 증거 앞에 우리는 창조로부터 창조자, 더 나아가 구원자에게 가까워진다. 그러기에 하나님에 대한 자연적인 지식은 칼빈의 변증의 기초 같은 것이다. 칼빈은 1559년판 「기독교 강요」의 첫 페이지부터 하나님에 대한 자연적 지식을 적극적으로 변호하고, 여기에 따르는 변증상 관련성을 치밀하게 따져 나간다. 이것은 결코 우연히 그 자리에 있는 것이 아니다.

창조 질서를 하나님 자기 계시의 접촉점으로 여기는 칼빈의 관점은 19세기까지 개혁 신학계를 이끌어 왔다고 말할 수 있다. 버틀러(Butler)의 「종교의 유비」(Analogy of Religion)와 같은 저작을 통해 이어져 온 이러한 전통은 서구 기독교에 분명한 효과를 남겨 왔다. 그러나 이 전통은 20세기에 들어 코넬리우스 반 틸의 변증학에 의해 심각한 도전을 만난다. 이 점이 우리가 이제 돌아볼 대목이기도 하다.

4. 접촉점은 없다? 인간의 신에 대한 본능적 직관만을 조건하는 변증의 문제

1920년대 말엽 미국 장로교회는 보수-자유주의자 간의 분쟁으로 흔들렸다. 결국 이 분쟁은 고등 종교 교육의 매우 중요한 재편성을 가져왔다. 바로 프린스턴 신학교 교수 네 명이 학교를 떠나 필라델피아에서 웨스트민스터 신학교를 만든 사건을 말하는 것이다.[28] 프린스턴 신학교가 원래의 전통 신학을 버렸다고 확신한 그레샴 메이천과 코넬리우스 반 틸 등의 다른 세 명의 프린스턴 교수들은 새로운 신학교의 핵심 교수진이 되어 프린스턴이 잃어 가고 있는 전통을 유지하는 데 헌신하게 된다. 그러나 웨스트민스터 신학교에 관련하여 발전된 변증 방법은 역설적으로 1920년대까지 미국 개혁신학을 주도했던 구 프린스턴 학파를 이어 가고 있지 못한 것 같다. 웨스트민스터 변증학의 대표자인 코넬리우스 반 틸의 변증학 체계는 일반적으로 전제주의(presuppositionalism)라고 불린다.[29] 그의 변증학은 구 프린스턴 학파의 워필드(Benjamin B. Warfield)의 위치와는 근본적으로 차이가 있으며, 도리어 카이퍼(Abraham Kuyper) 등의 반 틸 이후 네덜란드 개혁 신학자들과 가깝게 관계되어 있다.

전제주의의 핵심 전제 중 하나는 '독립적인 사고에 대한 비판'이다. 이 책의 관심인 변증학에 있어선 반 틸의 사상 체계를 보여 주는 핵심이라고 말할 수 있다. 반 틸에게 있어서 변증의 논리적인 출발점은 하나님에 대한 성경적 개념만이어야 했다. 그러나 칼빈과 에드워즈의 책에서 찾아볼 수 있는 전통적 복음주의적 변증학은 하나님이라는 전제를 세우지 않고 시작하며, 인간의 경험이나 자연과 같은 '잘 알고 있는 것'으로부터 하나님의 존재와 같은 '알려지지 않은 것'으로 나아가는, 보다 교육적으로 실용적인 생각을 기초로 한다. 중세 영국의 캔터베리대주교 안셀름(Anselm)으로부터 흔히 인용되는 *'Cur Deus homos'* (하나님이 인간이 되심)를 통해 볼 때, 전통적 변증학은 *remoto Deo*(하나님으로부터 떨어진 곳)에서 시작되어, 이 세계의 현상에 대한 가장 설득력 있는 설명이 바로 하나님임을 보여 주는 데서 결론을 내린다. 반 틸도 구 프린스턴 신학의 전통을 이렇게 정리한다.

> 이 방법에 따르면 자연 상태의 인간은 다음과 같은 것을 할 수 있다고 전제된다.
> ① 유신론이 다른 어떤 현상에 대한 설명보다 그럴 듯한 진실임을 보여 줄 수 있는 자연 신학을 구성해 낼 수 있다.
> ② 기독교가 죄와 구원에 관한 다른 어떤 이론보다 개연성 있는 진실임을 보여 줄 수 있다.[30]

그러나 반 틸이 보기엔 이 접근법은 인간이 자기의 형상대로 하나님을 만들어 내는 것으로 인도할 뿐이며, 신에 의해 허락된 기준 대신 합리성과 증거라는 인간적 기준이 사용된다고 주장한다. 결국 우상 숭배의 죄에 빠지게 되는 것이다.

'왜 그렇게 되는가?'에 대한 반 틸의 대답은 좀 복잡하고 해석하기 힘든 문장으로 표현된다. 그러나 그의 주장의 기본 골격은 다음과 같다. 우리가 하나님에 대해 생각하기 위해선 그가 존재한다고 전제하게 된다. 그렇다면 실제로 이미 이 지점에서 하나님이 배제된 혹은 순전히 인간적인 방법으로 파악된 비성경적인 세계관에 매여 있게 되는 것이다. 우리는 하나님과 떨어져 있는 '출발점'에서 생각하기 시작한다. 그 출발점이 우리의 결론까지 이미 결정해 버린다. 적절하고도 유일한 출발점은 하나님의 존재에 대한 전제를 말하는 것이다. 그것은 단지 하나님에 대한 개념이 아니라 성경에서 명확히 드러나는 하나님의 모습을 뜻한다. 반 틸에 따르면 변증학은 사건과 경험의 일상 세계 같은 '아래로부터'가 아니라 '위에서부터'인, 말하자면 하나님으로부터 시작되어야 한다.

여기서 반 틸은 기독교 신앙 밖에 있는 사람과는 대화가 불가능하다고 선언한다. 이들과는 공통분모가 없다. 만일 당신이 하나님이란 전제와 거기에 달려 나오는 내용을 받아들인다면, 당신은 이미 그리스도인이다. 만일 그렇지 않다면 당신은 기독교가 가지는 장점을 알 방법이 없다. (성경적) 하나님이라는 전제에 대한 전적인 항복만이 비그리스도인이 기독교가 가진 장점을 볼 수 있게 해 준다.

그러나 반 틸은 성경과 (칼빈주의로 대표되는) 개혁주의적 전통 속에서 죄에 빠진 인간도 창조 세계를 통해 하나님에 대한 지식을 얻을 수 있다는 많은 증언을 만나게 된다. 다시 말하자면, 아래서부터 시작된다는 관점 말이다. 반 틸은 이 점을 염두에 둔다.

> 사도 바울은 자연 상태의 인간은 하나님에 대한 지식을 정말 가지고 있다고 말한다(롬 1:19-21). 인간 죄성의 심각성은 잘 따져 보면 다음과 같은 곳에 있다. "그들은 하나님을 알고 있을 때도 하나님께 드릴 영광을 돌리지 않았다." 어떤 인간도 하나님을 알게 되는 것으로부터 벗어날 수 없다. 이 점은 자신과 관계된 어떤 것에 대한 인식과도 지울 수 없게 연결돼 있다.

그러므로 칼빈이 표현한 것처럼, 인간은 하나님을 인식해야만 한다. 만일 그렇지 않다면 용서란 없다. 하나님을 인식하는 데 실패하는 이유는 전적으로 그에게 있다.[31]

이것은 우리의 현실을 요약, 설명한 내용이다. 그러나 반 틸의 다음 내용은 우리를 어디로 이끄는가? 그는 다음과 같이 선언한다: "모든 인간은 내부의 죄성 때문에 항상 하나님에 대한 인식을 억누르려고 한다. 자연 상태의 인간은 그가 끌 수 없는 불에 계속 물을 쏟아 붓는 사람과도 같다. 그는 사탄의 유혹에 무릎 꿇고 죄에 매인 노예가 된다."[32] 이것이 (반 틸이 다른 곳에서도 자주 사용하는) '하나님에 대한 자연적 지식에 대한 고의적-조직적 억압' 이라는 개념이다. 그러나 이 개념은 바른 재검토가 요구된다.

이런 신학은 굉장히 취약하다. 이런 신학의 변증학적 결과는 증명하기가 어렵고 문제점도 많다. 창조된 세계와 대화는 배제된다. 더욱이 반 틸의 접근법은 일관성이 없는 것 같다. 반 틸은 모든 사람이 하나님에 대한 지식에 닿을 길이 있다는 것을 말하면서도, 동시에 누구도 예외 없이 그 지식을 억누른다고 주장한다. 그러나 하나님에 대한 바른 지식이 존재한다면 그것이 비록 기독교 공동체 밖에 있고 억눌려 있다 해도 변증가는 이 지식을 회복시키고 이것을 명확하게 의식할 수 있는 수준으로까지 올릴 수 있는 기회를 가지게 되는 것이 정상이다. 반 틸은 이런 접근법이 변증학적으로 타당성이 없으며, 잘해 봐야 변증가가 회의적 청중에게 하는 항복 선언 정도밖에 되지 않는다고 생각하는 것 같다. 그러나 실제로 그렇지 않다. 변증가는 각자가 선 자리를 잘 정탐해 볼 뿐이다(reculer pour mieux sauter). 하나님에 대한 지식을 억누르지 않은 사람들은 변증학적 기술이라는 무기를 현명하게 이용해서 이 눌려졌던 하나님에 대한 기억을 다시 끌어 낼 수 있다.

반 틸이 보기엔 하나님에 대한 자연 상태의 지식―인간의 하나님과 분리된 상태에서 얻은 하나님의 지식―은 우상 숭배로 이어질 수밖에 없다. 칼빈과 루터 같은 16세기 종교 개혁자들도 확실히 이러한 위험을 의식하고 있었다. 칼빈은 하나님에 대한 자연적 지식은 우상 숭배로 쉽게 떨어질 수 있다고 강조했다. 이러한 하나님에 대한 지식은 불완전한 것이다. 이것은 계시를 통한 보충이 필요하다. 이 점을 제대로 이해할 때 우리는 하나님에 대한 자연적 지식이 하나님의 온전한 자기 계시의 풍성함을 향한 하나의 출발점이지, 그 이상은 아니라는 결론을 내리게 된다. 문제의 초점은 하나님에 대한 자연 지식을 썼는지의 유무가 아니라, 이 지식을 '제대로' 쓰지 않은 데 있다. 만일 출발점(창조자로서 하나님에 대한 자연 지식)이 최종 목적(구원자로서 계시된 하나님에 대한 지식)과 혼돈된다면, 반 틸이 우려했던 종류의 심각한 곡해가 생길 것이다. 그러나 칼빈이 강조했듯이 이것은 필요 없는 걱정이다. 변증의 성공 여부는 이 억눌려진 지식에 대한 최선의 활용법을 찾고 개발하는 데―말하자면 명확한 의식의 차원으로 승화시키는 데―달려 있으며, 이를 통해 하나님에 대한 이해는 보다 중요한 차원으로 발전되게 된다.

앞에서 말했듯이, 하나님에 대한 자연 지식을 오용하는 위험은 일찍부터 변증가들이 잘 알고 있던 문제였다. 반 틸은 바르트가 말한 것처럼 우리가 자연과 인간의 경험에 대해 변증적 관심에서 호소하기 위해서는 보다 책임 있고 성경적일 필요가 있다는 점을 일깨워 준다. 그러나 비록 제한적이나마 우리는 조심스럽게 자연 세계로부터 얻은 정보를 바탕으로 호소할 수 있다. 반 틸과 바르트는 이러한 방법이 가진 신학적 정당성을 뒤집는 데 성공하고 있지 못한 것 같다.

더욱이 역사적으로나 신학적으로 반 틸의 위치는 심각한 약점을 가지고 있다. 우리는 이미 이 문제를 살펴보았으며, 우려되는 점도 지적했다. 비판될 내용은 다음과 같이 정리될 수 있다. 반 틸은 **신학적으로** 기독교 안에서 창조론과 구원론을 연결시키는 것에 실패하고 있다. **역사적으로** 반 틸의 변증학은 전반적인 개혁 신학 전통의 성격을 잇지 않는 것이다.

반 틸은 순수 개혁 전통을 대표한다고 주장한다. 그러나 이 특정 전통의 창설자로 불릴 수 있는 칼빈이 반 틸의 입장을 지지할까? 그것은 매우 부정적이다. 이 전통의 보다 충성스런 대표자는 도리어 아브라함 카이퍼를 불신했다고 알려지는 벤자민 워필드가 아닐까? 반 틸이 어떻게 칼빈이 전제주의 입장의 대표자라고 주장했는지는 잘 모르겠다. 반대로 워필드는 일반과 특별 계시에 관한 칼빈의 입장을 다음과 같이 정리한다.

> 각각(일반 계시와 특별 계시)은 다른 한쪽이 없이는 불완전하다 …
> 자연 계시가 없는 특별 계시는 강하고, 지혜롭고, 의롭고, 선하시며, 조물주이자 모든 것의 통치자이신 하나님에 대한 근본적인 지식의 기초로서 너무 빈약하며, 자연 계시를 떠나서는 위대한 하나님의 이 세계의 죄인 구원을 위한 간섭하심에 관한 계시인 특별 계시를 이해할 수도, 신뢰할 수도, 성취될 수도 없을 것이다.[33]

특별 계시만이 하나님의 '구원케 하시는 지식' 임에는 틀림없지만, 일반 계시는 특별 계시를 위한 접촉점을 제공해 준다.

반 틸의 입장은 칼빈 이후 개혁 신학의 특징과는 차이점을 보인다. 옥스퍼스대학 동료인 존 플랫(Dr. John Platt)이 1575~1650년의 기간 동안 네덜란드 개혁 신학 안에 하나님의 존재에 대한 논쟁의 기능에 관해 연구한 것에는 여기에 관련된 근본적 문제점이 소개되어 있다.[34] 반 틸과 네덜란드 개혁 신학의 전통에 대한 소개나 적용을 따른다면, 칼빈을 포함한 개혁 전통의 지도자들은 확실히 이성적 변증 방법을 포기한 것 같다. 그러나 실제로 그런 증거는 찾아볼 수 없다. 이성적 변증이 무책임하고 자기 멋대로의 인간 중심적 독자 노선이 될 수밖에 없다는 증거는 없는 것이다. 아무도 이성적 변증 자체가 하나님께 대적하는 것이라고 생각하지 않았다. 도리어 이성적 변증은 개혁주의적 전통이 가르치는 하나님에 대한 설득력 있고 신뢰할 수 있는 기초를 제공하는 매우 적절한 도구로 존중된다.

변증사를 연구해 본 결과 반 틸의 생각은 개혁 신학 주류보다는 유명한 암스테르담의 신학자이자 철학자인 아브라함 카이퍼에서 나온 학파를 따라가고 있다고 나타난다. 워필드 등의 글에서 발전된 구 프린스턴 학파의 변증학은 반 틸로부터 개혁 전통의 보다 충실한 대변자의 권리를 남김없이 빼앗아 간다. 이들 저작에서 발전된 변증의 접근법은 보다 전통적 핵심을 통찰해서 나온 결과다. 우리가 반 틸을 이렇게 비판하는 것은 별로 내키는 일이 아니지만, 그에 의해 발전된 이론은 하나님께서 변증을 위해 허락하신 재료를 제대로 쓰는 데 실패하고 있기 때문에 문제가 되는 것이다.

그러나 반 틸의 문제가 무엇이든, 변증학은 적절한 신학적 기초 위에 세워야 한다는 점을 보여 준 것은 분명히 그의 공헌이다. 그래서 이렇게 말하는 것이 정당할 것이다: "반 틸은 그의 변증학 이론보다는 신학적 노력 때문에 동시대의 변증가들보다 더 존경받을 수 있게 되었다." 이러한 점에서 우리는 변증의 실제와 관련된 신학의 중요성을 생각해 보게 된다.

5. 변증은 신학적으로 내용을 갖추어야 한다

신학은 두 가지 면에서 훌륭한 변증의 조건이 된다. 첫 번째로, 신학은 변증가가 상대방 세계관의 약점과 기독교의 강점을 파악할 수 있게 해 주는 교리라는 체계를 제공한다. 고통의 문제 앞에서 기독교 변증이 부활과 영생에 대한 교리를 항상 필요로 하는 것처럼, 뉴에이지 운동을 상대할 때는 그리스도의 신성에 관한 교리가 절대적으로 필요하다.

두 번째 이유 역시 중요하다. 이것은 변증가가 만나는 상황을 해결할 수 있는 데 필요한 전체적인 믿음의 질을 알려 주는 구체적인 내용 체계를 제공한다. 신학은 기독교라는 복잡한 전체를 구성 부분으로 나누어 분석하여, 변증가가 최선의 효과를 위한 최선의 방법을 찾을 수 있도록 도와준다. 신학을 통해 그리스도의 죽음과 부활에 대한 기독교의 복잡한 사상은 분석되고, 그 안의 다양한 요소들을 사용할 수 있게 된다. 다음의 예가 이 점을 분명하게 보여 준다.

18세기, 아이작 뉴턴(Isaac Newton)은 케임브리지에 있는 트리니티 대학의 연구실에서 중요한 발견을 한다. 그는 어두운 연구실에 스며들어온 한 줄기의 빛이 유리 프리즘을 통해 빨, 주, 노, 초, 파, 남, 보라색으로 나누어지는 현상을 발견한다. 연구실에서 한 조각의 유리를 이용하여 재현된 현상을 통해 아름다운 무지개가 태양빛이 유리 프리즘처럼 작용한 빗방울에 의해 분해되어 연출하는 색상의 연속체란 사실을 찾아낸 것이다.

유리 프리즘은 백광선 위에 새로운 색깔을 **첨가**시키지 않는다. 이것은 원래 가지고 있던 색상을 볼 수 있도록 도와준다. 우리가 흔히 단순한 한 색으로 취급하던 흰색은 이제 여러 색상의 복잡한 연합체임이 드러난다. 프리즘은 백광선의 구성 색깔들, 말하자면 백광선 안에 있던 색상이 분리될 수 있도록 도와주어 각 구성 요소를 따로 연구할 수 있도록 만들어 준다. 태양의 백광은 많은 색상의 빛을 포함하고 있었다. 자연 안에서는 이 모두가 조합되어 있다. 그러나 연구실에서는 이들 모두가 분리될 수 있다.

똑같은 사실이 복음주의 기독교 신학에도 나타난다. 기독교 신학은 십자가와 부활의 메시지로부터 구성 부분으로 나뉘어 각각을 생각해 볼 수 있도록 만들어 준다. 십자가의 메시지는 하나의 연합체이지만 **복잡한 내용**을 가진다. 우리는 내부 구성 요소를 따로 분석하여 전체 메시지를 이해하고 받아들이기 쉽게 만들어 줄 수 있다. 복음주의 신학은 새로운 요소를 만들어 내는 것이 아니라 단순히 있던 것을 재발견하는 것이다. 복음주의 신학은 어떤 과장된 신학적 상상력의 부산물이 아니다. 십자가의 메시지는 우리의 분석을 통해 원래 포함하고 있던 내용들을 보여 준다. 신학이 하는 일이란 바로 이들을 구분시켜 따로 연구할 수 있도록 만들어 주는 것이다.

뉴턴의 백광선과 프리즘에 관한 실험은 백광이 구성 요소로 각각 나누어질 수 있다는 결과에서 끝나지 않았다. 그는 곧 백광을 분산시켰던 프리즘이 색깔을 다시 조합하여 원래의 백광선을 만들 수 있다는 사실을 발견했다. 이 사실은 다음의 실험에 의해 완전하게 증명된다. 백광선이 프리즘을 지나면 아름다운 여러 가지의 색깔 연속체로 나누어진다. 이 여러 가지 색깔의 광선을 두 번째 프리즘에 투과하면 이들은 즉시 조합되어 처음과 같은 백광선을 만들어 낸다.

신학에서도 같은 진리가 통용된다. 신학자들은 십자가의 메시지를 보다 적절하게 설명하기 위해 이를 분석하고 그 속에 자리한 은혜의 내용을 파악한다. 그런 뒤 다시 이들을 재조합하여 십자가의 메시지를 전한다. 이것은 전과 같은 메시지이지만 훨씬 이해가 쉽고 사람들에게 여과될 수 있는 메시지다. 그렇다면 이러한 분석을 꺼릴 이유가 있을까? 무엇이 이유가 되는 것일까?

대답은 중요한 만큼이나 단순하다. 해야 한다. 우리는 청중과 메시지를 연결할 필요가 있다. 우리는 십자가의 메시지가 가장 효과적으로 선포될 수 있도록 확실히 할 필요가 있다. 어떻게 하면 이 방법이 사람들의 가려운 데를 긁어 준다고 확신할 수 있을까? 잠시 어려운 단어들을 사용해 보자: 복음의 내용은 반드시 수용자 위주여야 한다. 말하자면, 복음은 청중을 끄는 기회에 맞추어 전해야 한다는 것이다. 변증의 과학이 부분적으로 기독교 선포의 신학적 분석에 관심을 가지고 있는 것처럼, 변증의 기교는 청중에게 해당하는 문제에 대하여 상상력을 발휘하여 창조적으로 원칙을 적용하는 것에 초점을 맞춘다.

이 과정을 보여 주기 위해 우리는 신학의 프리즘을 통해서 십자가와 부활이라는 교리가 사용하는 비유(image)를 생각해 보자.[35]

전쟁터의 이미지: 그리스도는 십자가와 부활을 통해 죄와 죽음, 그리고 악의 세력에 대해 승리하셨다. 신자는 믿음을 통해 이 승리에 동참할 수 있으며, 자신의 승리처럼 주장할 수 있다.

법정의 이미지: 그리스도는 십자가의 복종을 통해 죄인을 용서해 주셨다. 죄에서 씻긴 죄인은 하나님 앞에서 '의롭게' 되었다. 그들은 죄에서 벗어나 하나님 앞에서 의롭다 하는 자격이 주어진다.

관계의 이미지: 죄인으로서 우리는 하나님으로부터 소외되었다. 그러나 하나님은 예수 안에서 세상과 화해하셨다. 마치 갈라졌던 남녀가 용서

와 화해의 과정을 통해 다시 합쳐지게 된 것처럼, 하나님으로부터 멀리 떨어졌던 우리도 그리스도의 죽음을 통해 그분에게 다시 가까워질 수 있게 되었다.

감옥의 이미지: 악과 죄, 그리고 죽음에 대한 공포의 압력에 의해 갇힌 사람은 그리스도의 십자가의 복음을 통해 해방될 수 있게 되었다. 마치 그리스도가 죽음을 이기신 것처럼, 신자도 믿음에 의해 죄의 구속에서 벗어나 가장 풍성한 삶으로 나아갈 수 있게 되었다.

병원의 이미지: 죄로 병든 사람들은 '갈보리의 상처 입은 치료자'(예수 그리스도)의 사역을 통해서 다시 온전해질 수 있다. 그리스도는 십자가와 부활을 통해 우리의 상처를 감싸시고 치료하여 우리의 영적 건강을 온전하게 회복시키실 수 있게 되었다.

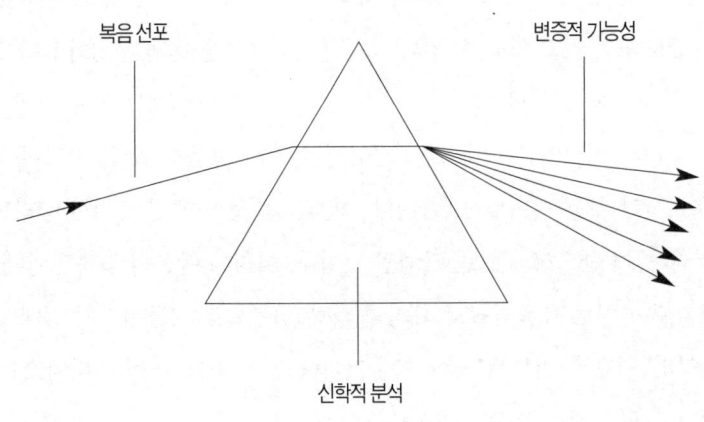

복음 선포

변증적 가능성

신학적 분석

〈그림 1.1〉 신학적 분석과 변증과의 관계

여기서 주의할 점은 신학이 십자가의 메시지를 한 가지로만 단순화시켜 분석하지 않는다는 사실이다. 이것은 일종의 '단순화' 일 수 있으며, 단순화된 만큼 미완성으로 남을 수 있다. 이 작업은 이미 메시지 안에 있던 여러 개념과 이미지를 파악하는 데 목적을 둔다. 흔히 볼 수 있듯이 이 중 하나 이상의 요소가 복음을 처음 듣는 이에게 결정적인 영향을 끼치게 된다. 신학적인 분석은 변증적 가능성을 찾아낸다(그림 1.1을 보라).

예를 들어, 어떤 사람이 범죄한 사실 때문에 하나님을 거북하게 느끼고 있다고 하자. 이 사람은 십자가 메시지 중 법정의 이미지를 통해 자기에게 해당되는 사항을 찾을 수 있다. 용서의 선포는 그의 삶을 변화시킬 수 있다. 그러나 이것이 십자가의 메시지가 이 주제로 단순화되어 버렸다는 이야기는 아니다. 신학자는 변증가가 자료를 파악할 수 있게 도와주어, 변증가의 관심 대상의 필요를 가능한 한 효과적으로 연결시켜 준다.

십자가 메시지의 많은 요소들이 모든 상황에 해당되지만, 개인은 각각 다른 특별한 필요를 가지고 있다. 예를 들어, 어떤 사람은 죽음에 대한 유별난 공포를 가지고 있을 수 있다. 복음은 이 사람을 위해 특성화될 필요가 있으며, 상황에 맞춰서 재단될 필요가 있다. 이 사람에게는 죽음의 공포에 대한 승리의 이미지를 매우 깊이 공감할 여지가 충분히 있다. 이것이 복음을 **축소시킨** 것을 의미할까? 아니다. 이것은 특정 인생길에 적합한 타이어를 골라 주는 반드시 필요한 작업인 것이다. 이것이 복음의 접촉점이다. 트로이의 목마처럼 복음의 모든 내용을 향해 성문으로 쳐들어가기 전에 일단 비신앙의 캠프로 침투해 들어가는 것이다. 나머지는 자연히 따라오거나, 우리가 기회를 잡아 도울 수 있다.

십자가의 전(全) 메시지를 찾아내는 것은 이후 거쳐야 할 경험으로 남게 된다. 어쨌든 그는 부분적으로 회복된 것이다. 전체가 주는 풍성함은 그 속에 조금씩 침투되어 가며, 그 안에서 훌륭한 그리스도인의 재훈련이라는 필수불가결한 신나는 탐구 과정이 기다린다. 그리고 신앙인들이 흔히들 고백하듯 복음의 제일 좋은 메뉴는 흔히 마지막 순서까지 기다려야 나온다. 사람들을 믿음으로 유인하는 복음의 요소는 흔히 그리스도인의 삶의 과정에서 나타나고, 이를 통해 복음의 다른 요소들이 안전하게 이해되고 맛보게 되는 것에 있다.

이미 확실히 밝혀진 것처럼, 우리가 청중의 필요를 알고 이해하는 것은 절대적으로 중요하다. 이러한 중요성 때문에 우리는 이것을 좀 더 탐구할 것이다.

6. 변증학은 특정 청중을 상대로 한다

당신의 청중을 파악하라! 이 점은 책 전반에 걸쳐 생각해 볼 내용이다. 유능한 변증가는 접촉점이라는 변증적 잠재력을 이용하기 위해서 청중을 파악할 필요가 있다. 그들에겐 어떤 접촉점이 있을까? 그들의 세계가 '어떤 것'이어야 한다고 밀어붙이는 것보다 청중들의 인식과 경험의 세계를 먼저 이해하는 것은 무엇보다도 필요하다. 우리는 청중이 어떻게 생각하고 느끼는지, 무엇을 경험해 왔고 그 경험으로부터 무엇을 생각하게 되는지 알아볼 필요가 있다.

기독교 변증학의 최고 효과는 '응답 위주'에서 나타난다. 이것은 청중이 알 수 있는 방법으로 복음 안에서 하나님께서 먼저 행하신 일을 보여 주는 것이다. 크레머는 이렇게 말한다: "우리는 사람들 각자가 처한 현실적 도전으로 기독교를 발견하여 이를 영접할 수 있도록 도와주어야 한다."[36] 우리 시대의 가장 위대한 변증가였던 루이스[37]는 이 점을 확실히 지적한다.

> 우리는 청중의 언어를 읽어야 한다. 형식면에서 내가 강조하고 싶은 것은, 보통 사람이 이해할 수 있는 기준을 먼저 정의해 놓는 것은 소용이 없다는 것이다. 도리어 그 점은 경험을 통해 찾아내야 한다. 당신은 신학의 모두를 일상 용어로 풀어야만 한다. 매우 귀찮은 일이긴 하지만 이것은 절대적으로 필요하며, 동시에 당신 자신의 사고력에도 큰 도움을 준다. 만일 당신이 자신의 생각을 어려운 어휘로밖에 표현할 수 없다면, 내가 보기엔 당신 생각은 결국 혼란에 빠지게 될 것이다. '풀이' 하는 힘은 당신 자신이 그 뜻을 정말 이해했는지 점검해 준다.[38]

16세기의 종교 개혁자들은 농민들에게 키케로 이래로 사용된 높은 억양의 웅변조 라틴어로 복음을 설교하는 것이 얼마나 무의미한지를 깨닫는다. 아무도 무엇에 대해 말하고 있는지 전혀 이해할 수 없었으니 말이다. 그래서 개혁자들은 대신 일상 언어를 사용했다. 우리도 청중에게 낯선 문화의 틀과 단어를 사용하는 것을 피해야 한다.

부분적인 해답은 대화는 분명할 때만 전달될 수 있다는 간단한 이유 때문이다. 대화의 장벽은 복음의 장벽을 의미한다. 그러나 여기엔 보다 깊은 문제가 있다. 복음이 세계와 단절되어 버리는 상황이 생기게 된다. 복음은 세상을 지배하는 세속의 기준과 형식, 개념에 강력히 도전한다. 그렇다면 어려움을 만날 수밖에 없음을 뜻한다. 선입견과 이해의 부족, 그리고 혼돈과 상대하게 된다. 복음의 성격 자체가 주는 어려움도 많은데 왜 문제를 더 복잡하게 만들어야 하는가? 상대하는 문화에 낯설게 말하는 방식으로 복음을 표현해서 더 먼 거리감을 만들 필요가 있는가 말이다. 복음은 이미 중산층이나 억눌린 노동자의 것으로, 서양이나 아시안 청중의 것으로 너무 간단히 표현되어 왔다. 슬픈 사실은 이런 과거는 기독교의 부주의한 표현 때문에 생긴 왜곡이며, 매우 불필요한 사건이었다는 점이다. 여기서 변증가의 문화적 기준은 검토할 틈도 없이 복음 선포에 합쳐졌던 것이다.

같은 예로, 19세기와 20세기 초반까지 복음화에 있어서 영미의 주도적인 역할 때문에, 여러 아프리카와 아시아 문화에서는 '기독교는 서구의 종교'라는 생각이 자리 잡게 되었다.

> 거의 200년 동안 기독교가 앵글로색슨 문화와 결합돼 있던 시대 이후, 미국의 교회와 신학은 탈 문화화의 과정이 절박하게 필요하게 되었다. 마이클슨의 주장에 따르면 미국의 복음화는 복음의 탈 미국화에서 시작되어야 한다고 말하고 있는데, 이것은 간단히 넘길 수 있는 지적이 아니다. 그러나 탈 미국화의 과정은 반대로 현재 미국의 현실 속에서 성육화(聖肉化)의 과정으로 일어나야 한다. 그렇지 않으면 미국의 기독교 신앙은 내세 위주의 도피 신학으로 더더욱 기울어질 것이다.[39]

기독교의 초창기부터 복음의 표현은 복음 설교자가 처한 문화적 조건에 주로 맞춰져 있다. 거기서 우리가 배울 것은 많다. 복음을 문화와 이질적으로 만드는 경계는 그 문화에 익숙한 단어와 개념, 사건과 가치를 활용함으로써 무너뜨릴 수 있다. 기독교 초창기에 이런 복음의 표현은 세 가지 예를 통해 볼 수 있다. 예수님의 비유, 바울 서신의 구원론에 관한 비유 그리고 (바울이 아테네에서 했던) 아레오바고 설교다.

예수님의 비유는 복음을 대중의 일상생활의 경험을 통해 표현하는 가장 좋은 방법이었다. 이 비유는 특정 문화 환경과 그 시대에 살았던 특정한 사람들에 대한 이야기다. 이 비유를 듣는 팔레스타인의 청중들은 비유 속의 문화 배경을 바로 이해할 수 있었다. 여기서 예수님은 청중의 한 사람으로서 이야기하여 새로운 개념을 설명하는 데 있어 거부감을 최소화할 수 있는 방법을 사용한다. 소개하고 있는 개념은 새롭고 낯설었지만, 이것을 표현하는 단어와 비유는 확실히 익숙한 것이었다. 복음이 가질 수 있었던 심각한 장애가 훌륭하게 극복되었던 것이다.[40]

이 개념들이 당시에 있어서 얼마나 생소한 것인지, 오늘날의 청중들은 느낄 수 없을 것이다. 우리는 집으로 돌아오는 탕자 아들을 반기는 아버지에 대하여 읽는다. 예수님의 청중은 우리는 알 수 없었던, 아버지가 그 마을을 다스리고 있는 족장 급이 된다는 사실을 금방 파악할 수 있었다. 당시엔 지위가 높을수록 **보다 천천히 점잖게** 걸었다.[41] 때문에 아버지가 아들을 반기기 위해 뛰어 나갔다는 사실은 아들에 대한 관심과 사랑을 선명하게, 그리고 극적으로 보여 준다. 그의 사랑을 보여 주기 위해 자신의 위신을 버렸던 것이다.

예수님의 설교는 실제 사람들의 삶의 터전―갈릴리 지역 농촌의 일상생활―에서 출발한다.[42] 그는 청중의 세계가 반영된 이야기를 들려주고 있다.

그는 사업을 하는 상인에 대하여, 고용한 일꾼에 대하여, 포도원의 실패에 대하여, 또는 밀 사이에 자라나는 잡초에 대하여, 맨 땅에 잘못 뿌려진 씨에 대하여 그리고 무리로부터 떠나서 방황하는 양들에 대하여, 길에서 노는 어린이에 대하여 이야기한다. 그러나 이런 친숙한 일상의 일들은 이야기에 포함된 예상 밖의 '꼬임'에 의해 묘한 방향으로 나간다. 아버지는 이 삐뚤어졌던 젊은이가 자신의 행동에 대해 용서를 빌 기회를 가지기도 전에 아들을 마중하러 뛰어 나간다. 한 시간 동안 일했던 사람들이 하루 종일 일한 사람들과 똑같은 품삯을 받는다. 죄를 용서받은 사람은 거룩한 바리새인이 아니라 죄인 된 세리였다. 여기서 '평범함 속에서 발견되는 하나님의 나라'가 나타난다—초월적이고 거룩한 복음이 일상생활의 흐름 속에서 드러나고 형상화되는 것을 말한다.

이와 비슷한 경향이 바울의 서신들 속에서도 발견된다. 예수님이 팔레스타인 농촌 지역 청중들에게 말씀하셨던 것에 반해, 바울은 로마 제국의 도시에 속한 헬라어 사용자들에게 편지를 쓴다. 그가 그리스도인의 생활을 이해시키기 위해 사용한 비유들은 독자들의 도시 생활 속에서 흔히 발견되는 것이었다.

빌립보 시는 크레니데스 지방에 아테네 출신의 추방자 칼리스트라투스에 의해 세워졌다. 이곳에서 기원전 41~42년 로마 공화국의 마지막 장을 장식한 유명한 전투가 벌여져 안토니우스와 옥타비아누스가 브루투스와 카시우스를 패퇴시키게 되고, 동시에 이 도시는 로마의 식민지로 재편성된다—이 상황은 셰익스피어의 작품 「줄리어스 시저」에 나오는 유명한 구절에 의해 영원히 기억된다: "때가 되면 나는 너를 빌립보에서 보게 될 것이다." 11년 후 안토니우스의 군대가 악티움에서 패하고, 옥타비아누스는 이

식민지를 재건설한다. 마케도니아에서 전략적으로 중요한 위치에 있던 이 도시는 정기적으로 통과했었던 로마 병단, 많은 이탈리아 주민들이 살았던 흔적, 로마 풍으로 발전되어 왔던 흔적들을 보여 준다.[43] 여기에 사는 바울의 청중들은 전형적인 로마 식민지의 언어와 분위기 그리고 외관을 가지고 살았을 것이다. 빌립보는 언어와 법률 등을 포함해서 로마와 밀접하게 연결되었었다[거기선 라틴어가 헬라어보다 널리 쓰인 구어(口語)였던 것 같다]. 여기서는 로마의 제도가 공공 생활에 널리 적용되었던 것이다.

바울은 그리스도인의 위치를 여러 각도로 보여 주기 위해 '하나님 나라의 개척 식민지'(politeuma)라는 비유를 사용한다(빌 3:20). 바울은 기독교 공동체를 이런 식으로 설명함으로써 자연스럽게 독자의 생각을 일정한 방향으로 몰아간다. 교회는 천국의 개척 기지다. 교회를 둘러싼 세계는 다른 언어를 말하고 다른 종류의 법을 따르지만, 교회는 고향의 언어를 사용하고 나름대로의 법에 의해 통치된다. 이러한 제도들은 본향(本鄉)의 제도에 바탕을 둔다. 때가 이르면 이곳 시민들은 고향으로 돌아가 그곳 시민권에 따르는 특권과 권리를 누리게 될 것이다. 이 비유는 특별히 '지금'과 '올 것' 사이에 있는 긴장 속의 삶, 그리고 현실 속에 살지만 아직 현실의 일부분은 아닌 '문화적 이방인'으로서의 거북한 경험을 이길 긍지와 희망을 준다.

이와 비슷한 경향은 변증학의 최선의 예로서 인정받아 온 바울의 아레오바고 설교에서도 찾아볼 수 있다(행 17:22~31). 이 설교는 바울이 모든 이들을 기쁘게 해 주는 행동을 하기 원했다는 사실을 보여 준다(고전 10:33). 바울은 아테네인들의 종교와 철학에 관한 궁금증을 가지고 신학적 변증을 시작했던 것이다.[44] 여기서 각 개인 속에 있는 '신에 관한 관념'은 강력한 변증의 도구로 사용되며, 이를 통해 바울은 그리스인들의 유신론적 상식을 이용하여 이야기를 진전시킨다. 바울은 스토아 철학이 가진 변증적 가치를 잘 이해하고 사용하여 스토아 철학의 중요 관심사에 맞춰 복음을 설명함으로써 '상식'과의 접촉점을 넓혀 나간다. 바울은 그리스인들 사이에서 알 수도, 알 능력도 없다고 생각되던 내용을 그리스도의 부활을 통해서 알려졌다고 선포한다. 이 모든 것이 믿음의 내용을 타협하지는 않으면서도 청중들의 상황을 이용했던 바울의 접근법을 보여 준다.

아레오바고 설교는 신약성경의 경향, 곧 케리그마(교리)와 변증이라는 두 가지의 핵심 요소가 결합된 예를 보여 준다. 복음 내용의 선포(케리그마)와 이성적인 변호(변증)는 최근까지 기독교 역사에 상처를 주어 왔던 신학의 경직된 조직화에 의해 완전히 나누어져 왔다. 그러나 이 둘은 그리스도를 선포하는 신약성경의 개념의 핵심적 구성 요소다. 신약성경은 보다 창조적이고 생산적인 상호 작용 속에서 이들을 묶어 놓는다. 마치 복음을 변호하게 되면 복음을 선포하게 되는 것처럼, 복음을 선포하게 되면 곧 복음을 변호하게 된다.[45]

이러한 논의의 핵심은 간단하다. 효과적인 기독교 변증은 청중들에 대한 이해에서 나온다. 청중들은 시대나 사회적 환경, 언어, 출신 등에 따라 예측을 불허할 만큼 다양하다. 변증가는 청중을 파악할 필요가 있으며, 그들의 언어로 말하고 같은 삶의 흐름 속에 살아야 한다. 최고의 변증가는 자신을 사용해 사회에 다가가기보다는 사회 안에서 자신을 찾아낸다. 사회의 일원은 그 사회의 희망과 두려움의 내용을 안다. 이들은 형식과 분위기를 함께한다. 그리고 이들은 거의 본능적으로 복음을 위해 존재하는 접촉점을 찾아낸다.

이런 의미에서 예수님이 아람어로 말했고, 바울과 이후 선교사들이 당시 로마 사회의 일상어(코이네 헬라어)를 썼다는 사실은 변증적으로 볼 때 보통 이상으로 중요하다. 예수님과 바울은 민중의 언어를 말했고 적었다. 이들은 민중으로부터 결코 거리를 두려고 하지 않았다. 예를 들어, 어려운 종교적 전문어나 신비로운 상징, 혹은 사람을 사로잡는 말재주 같은, 잘해 봐야 몇 안 되는 사람만 구원하게 될 방법을 쓰진 않으셨던 것이다. 쉬운 일상어는 은혜의 가치를 수용할 수 있도록 만들어져 있다. 하나님이 주신 계시를 표현할 수 있는 능력을 가졌다는 말이다. 만일 우리가 여기에 따라오는 문제와 씨름할 의지가 있고, 하나님께서 주시고 인정하신 성경을 그대로 따르려고만 한다면, 우리가 쓰는 일상어 또한 같은 일을 할 수 있다.

그렇다면 우리가 놓을 수 있는 접촉점은 무엇이고, 또 어떻게 사용할 수 있을까? 이론의 효과적인 적용이 이제 우리를 기다린다.

2장

. . .

접촉점: 그 성격과 잠재력

앞 장에서 우리는 접촉점이라는 개념을 돌아보았다. 이 개념을 어떻게 사용할 수 있을까? 이 장에서는 접촉점의 예를 소개하고, 어떻게 접촉점의 잠재력을 모두 이용할 수 있는지를 알아보고, 이론적으로 검토하여 실제적으로 적용할 수 있는 답을 찾아볼 것이다.

1. 채워지지 않은 욕구

창조에 관한 기독교의 설명에 따르면, 우리는 하나님의 형상을 따라 지음을 받았다. 다시 말하자면, 우리는 하나님과 관계를 가질 수 있는 '근본적 능력'을 가지고 있다. 더욱이 그렇게 해야 할 '근본적 필요'도 가졌다고 말할 수 있다. 하나님과의 관계의 실패는 '온전한 인간'이 되는 것에도 실패를 의미한다. 여기에서 성공은 하나님께서 우리를 만족시켜 주시는 상태를 말한다. 변하는 것은 무엇이든 이 필요를 전혀 채울 수 없다. 하나님을 제외한 다른 어떤 것도 그 자리를 대신할 상상조차 할 수 없다. 그러나 인간의 타락된 본성은 이 필요를 채워 줄 대체물을 만들려는 경향이 있다.

죄는 하나님으로부터 우리를 멀어지게 만들었으며, 하나님의 자리에 다른 것을 대신하도록 유혹한다. 그러나 하나님 자리에 피조물을 대신 넣어도 결국 만족할 수 없게 된다.

이런 현상은 인간 문명이 시작된 이후로 계속 나타난다. 플라톤(Platon)은 그의 「대화록」에서 인간을 새는 물병에 비교한다.[1] 어떤 면에서 우리는 항상 채워져 있지 않다. 우리는 인생이라는 그릇에 무엇인가를 붓지만, 무엇인가에 의해 결코 끝까지 채워지지 못하게 방해당한다. 우리는 부분적으로 항상 비워져 있다. 이런 이유로 우리는 행복과 만족감을 항상 더 필요로 하게 되는 것이다. 사람들은 이미 효력이 사라진 것에 의지하여 견디지만, 자신이 숨길 수 없는 허기 혹은 공허함을 피할 수 없다는 사실을 느낀다: "이것을 만족시킬 것은 아무것도 없다."[2] 만족을 향한 인간의 열망에는 건너야 할 또 다른 강이 남아 있다. 그러나 그 강을 넘기 전까지는 개인별로 알아서 채울 수밖에 없다. 이 점에서 미국의 플라톤 철학의 권위자 폴 엘모 무어(Paul Elmerr Moore)가 그리스도인이 된 이유를 생각해 볼 필요가 있다.

무어는 완벽한 이상의 플라톤적 세계가 가진 아름다움에 빠져, 여기에 항상 만족해 왔다. 그러나 그는 어느 틈엔가 이 사상에 대해 말할 수 없는 삭막함과 환멸을 경험하기 시작했다. 아무도 살지 않는 이상 세계의 적막함 때문에 하나님을 찾게 되었던 것이다. 그는 이러한 비인격적 형태가 아닌 인격적인 어떤 것을 갈망했다. 말하자면 '상대자의 얼굴'을 보길 원했던 것이다: "영원한 침묵으로부터 어떤 소리를 듣기 원했던 나의 갈망은 아픔이 되었다. 만족을 위해 나는 누군가를 만나길 원했으며, 상대하고 느낄 수 있길 원했다. 그러나 어떻게 말인가?"[3] 무어의 경우를 통해, 우리는 기독교가 말하는 성육화(聖肉化)만이 근본적인 필요를 채워 줄 수 있는 대상이라는 사실을 쉽게 발견할 수 있다. 여기서 하나님은 인격이 된다. 여기서 하나님은 얼굴을 가진다. 여기서 우리는 하나님을 만날 수 있고, 느낄 수 있고, 이름을 부를 수 있다(요일 1:1~3을 참조하라). 채워지지 않는 갈증은 인격적인 하나님을 발견할 수 있는 확실한 길로 우리를 인도한다.

인간 경험에 관한 마르크스주의적 분석에 따르면, 이러한 불만족감을 파악하고 치료할 길이 따로 있다고 주장한다. 혁명이 이루어지면 (자본주의의 직접적인 결과인) 이러한 공백감은 사라지게 된다. 그러나 혁명이 성공한 세계 각처에서도 이러한 소외와 불만족은 그대로 남아 있다. 보다 최근 들어 사르트르는 우리는 인간적인 것이나 창조된 것 속에서는 행복을 찾을 수 없다는 사실을 끊임없이 지적하여 우리를 당황하게 만든다. '내일엔 다 채워질 것'이라고 약속하는 마르크스주의의 모순되고 순진하기까지 한 주장에 만족하지 않았던 사르트르는, 이 세상에서 만족을 찾을 수 없는 무능력함을 부인하려는 인간의 본성을 지적하는 데까지 나아가게 된 것이다. 이것은 마치 우리는 영원히 만족을 얻을 수 없다고 말하는 고통스런 이야기로 들린다.

인간의 불만족감을 잘 말해 주고 있는 이런 지적은 복음 선포를 위한 가장 중요한 접촉점 중 하나이며, 복음은 이러한 막연하고 분명하지 않은 느낌을 '하나님을 갈망하는' 것으로 이해한다. 그리고 이어 이 불만족을 해결할 방법을 제시한다. 채워지지 못한 내용은 바로 신에 관한 것이다. 이것은 하나님을 가지고도 만족할 수 없다고 말하는 것이 아니라, 하나님이 아닌 어떤 것을 가지고도 만족할 수 없음을 말한다. 답은 하나님께 있으며, 결국 해결책도 하나님으로부터 온다. 사르트르는 제대로 맞추고 있었다.

세계는 만족을 가져다줄 수 없다. 여기에서 그는 기독교적 세계관 같이 우리가 경험하는 세계의 이면에 궁극적으로 무엇인가가 존재하는 것을 긍정하는 듯한 말을 한다. 우리는 하나님을 경험하기 위해 영원히 기다릴 필요가 없다. 불완전한 정도지만 이 경험은 지금 시작되었다. 아마도 이러한 느낌의 가장 위대한 증언이자 가장 섬세한 신학적 해석은 '히포의 성 어거스틴'의 유명한 어록 속에서 찾아볼 수 있다: "하나님 당신은 당신 자신을 위해 우리를 창조하셨습니다. 그래서 우리의 마음은 당신 품에서 쉬게 되기 전까지는 불안합니다."[4]

어거스틴의 사상을 살펴보면 특별히 그의 「고백록」에서 같은 주제가 반복되어 나타난다. 우리는 현재의 존재 속에서 불완전하게 남아 있도록 예정되었다. 우리의 희망과 가장 깊은 갈망은 항상 그대로 남아 있게 된다. 이 희비가 교차하는 긴장 관계는 하나님의 기사와 이런 기사에 대한 이해의 부족을 점점 더 인식하게 되는 그리스도인들에게조차 해결되지 않는 현실 문제로 남는다. 여기엔 많은 것을 약속하는 미래에 기댄 사람에게 갈망과 동경을 제공하며, 현재 굴레를 견디는 인내 속에서 고통을 가져다주는 '지연'이라는 개념이 자리 잡고 있다.[5] 아마도 이런 처절한 고통에 대한 가장 섬세한 증언은 성 어거스틴의 부르짖음 속에서 찾아진다: "나는 표현조차 할 수 없는 고통을 안고 방황자의 길에서 괴로워한다. 그러나 가슴속에서 예루살렘을 기억할 때 나의 마음은 이미 저 위를 향하여 있었다. 나의 고향 예루살렘, 나의 어머니 예루살렘을 향해."[6] 우리는 우리의 고향에서 추방되었다. 그러나 그곳의 기억은 계속 되살아난다.

성 어거스틴의 말이 가진 의미는 현대에 와서 루이스에 의해 가장 훌륭하게 변증적으로 해석된다. 루이스는 창조와 구원이라는 거창한 주제를 구체적인 관심사가 될 수 있도록 창조적으로 재구성한다. 우리는 하나님에 의해 그의 형상대로 만들어졌기 때문에 하나님을 찾게 된다. 우리는 하나님을 어떤 다른 것으로 대신하거나 우리 마음대로 만들어 내려고 해도, 우리의 죄성 때문에 그 욕구를 채울 수 없다. 좌절을 체험하고 더한 불만족이 발전되어 나간다. 이 불만족 자체는 신학적인 해석이 아니라 일반적인 인간 경험의 일부분이다. 변증은 신학적 해석을 더하여 우리가 볼 순 없어도 실제로 존재하는 미지의 먼 나라에 대한 '그리움과 희망'을 충족할 수 있는 길로 열어 주는 데 초점을 맞춘다.

루이스의 책 속에 가장 독창적인 요소 중 하나는 성 어거스틴의 표어기도 했던 '*desiderium sinus dordis*'(갈망은 나의 영성을 깊이 있게 만든다)란 개념을 '종교적 상상력'의 일관성과 호소력를 가진 이용을 통해 발전시킨다는 점에 있다. 루이스는 성 어거스틴처럼 인간이 가진 시공을 초월하는 차원을 암시해 주는 인간의 깊은 감성 같은 것을 염두에 둔다. 루이스는 인간 안에는 이 세상의 어떤 경험이나 물질로는 채울 수 없는 깊고 강한 갈망이 있다고 말한다. 루이스는 이 갈망의 대상을 '근원적인 기쁨'이라고 이름 붙이며, 이것은 최종 목적과 원천으로서의 하나님을 가리키는 감정을 뜻한다고 말한다(그의 자서전의 제목인 「예기치 못한 기쁨」처럼 말이다). 루이스에 따르면 "이 기쁨의 추구는 무엇보다도 만족을 구하게 되는 채워지지 않은 갈망 같은 것이다. 이것을 경험한 사람은 누구나 다시 원하게 된다".[7]

루이스를 제대로 이해하기 위해선 '근원적인 기쁨'이란 개념을 좀 더 자세히 설명할 필요가 있다. 벨파스트에 있는 그의 집에서 청년 루이스는 창문을 통해 멀리 떨어진 캐슬레이 언덕을 바라볼 수 있었다. 멀리 떨어진 언덕은 루이스에게 있어서 그의 손이 닿지 않는 어떤 것을 상징했던 것 같다. 깊은 생각에 잠긴 루이스는 일종의 격렬한 갈망이 일어남을 느끼게 된다. 갈망하는 것이 무엇인지 정확히 말할 수는 없었다. 단지 그 속에는 공허함이 있었다는 것, 그리고 높아져만 가는 저 알 수 없는 언덕을 바라보며 루이스는 불만족을 더해 간다. 그의 「순례자의 귀향」(The Pilgrim's Regress)에서 언덕은 마음 안에 있는 미지의 갈망을 상징적으로 나타낸다.

루이스는 이러한 경험을 (독일 낭만주의를 공부하는 학생들에겐 아마도 '그리움' 이란 제목으로 더 잘 알려진) 그의 자서전을 통해 좀 더 자세히 기록한다. 그는 어린 시절 꽃으로 가득했던 까치나무 숲속에 섰던 기억을 떠올리면서, 어떤 설명할 수 없는 이유로 시작된 알 수 없는 생각을 말한다.

> 그 자리에서 나는 이른 아침, 나의 옛 집에서 자기의 장난감을 정원 꽃밭으로 가지고 나오던 우리 형의 그 가물거리는 기억─몇 년 전이 아니라 몇 세기 전의 일 같은─이 놀랄 만큼이나 갑자기 되살아났다. 나에게 온 이 충격을 충분히 설명할 수 있는 단어를 찾기는 힘들다. 밀턴이 말한 '에덴의 놀라운 축복'이 가까이 있는 것 같았 … 이것은 어떤 갈망이 주는 충격이었다. 그러나 무엇에 대한 갈망이란 말인가? 물론 이끼 덮인 과자 상자나 내 자신의 과거를 향한 것도 아니었다(물론 이것은 과거의 기억을 통해서 오긴 했다) … 그리고 내가 무엇을 갈망하는지를 알기도 전에 그 갈망은 사라졌다. 잠시나마 볼 수 있었던 것들은 빠져나가고 세상은 다시 평범하게 변했지만, 막 중단된 갈망을 파악하길 원하는 갈망에 의해 더욱 심란해졌을 뿐이었다. 겨우 단 한순간 동안의 일이었을 뿐이었다. 그러나 어떤 면에서는 나에게 지금껏 일어난 어떤 것도 이 경험보다

는 중요하게 느껴지지 않았다.[8]

루이스는 여기서 깨달음의 한순간―평범한 경험의 세계 너머에 있는 어떤 것을 향해 당겨졌던 불가항력적인 순간―을 묘사하고 있다. 도대체 이것이 의미하는 것은 무엇일까? 무언가를 가리키고 있다면, 그것이 무엇이란 말인가?

루이스는 1941년 6월 8일 옥스퍼드대학에서 설교했던 '영광의 의미' (The Weight of Glory)란 제목의 유명한 설교를 통해 이 질문에 대답한다. 루이스는 '세상의 어떤 행복도 채울 수 없는 갈망', '아직 방황하는, 목적에 대하여도 불분명한, 잘해 봐야 목적이 정말 어디에 놓여 있는지 방향을 볼 수 없는 그런 갈망'에 대해 이야기한다. 이런 상태에서 무엇을 갈망해야 하고 언제 이루어질까 하는 문제는 인간 속에 있는 자포자기적 태도로 채워지지 못한 채 그냥 남아 있다. 루이스는 성 어거스틴이 애용했던 비유를 사용해서 이것을 '아름다움에 대한 영원한 추구'라고 설명한다.

> 우리가 아름답다고 생각하는 글이나 음악들을 신뢰할 때, 그
> 들은 우리를 배신할 것이다. 아름다움은 그들 속에 있지 않고
> 단지 그것을 '통해' 올 뿐이며, 갈망은 이와 함께 오게 된다.
> 이러한 것들―내 자신의 먼 과거에 대한 기억 등―은 우리가
> 진정으로 무엇을 갈망하는지를 잘 비춰 준다. 그러나 갈망의
> 진짜 대상이 그 자체라고 오인된다면, 이것은 바보 같은 우상
> 으로 변하며, 숭배자들의 마음을 부수어 놓게 된다. 왜냐하면
> 그들 자체가 대상이 아니기 때문이다. 그들은 단지 우리가 본

적이 없었던 꽃의 향기며, 들은 적이 없었던 음악의 음률이고,
갈 수 없었던 곳에서의 소식 같은 것이다.[9]

인간적인 갈망과 우리의 만족케 할 것에 대한 깊은 갈망이 주는 희비의
교차를 통해 우리는 볼 수 있는 대상과 인간(갈망을 채워 줄 수 있을 것만 같아도
결국은 그렇게 할 수 없다는 것이 밝혀질 것들) 너머로 무엇인가를 가리키고 있다.
이 대상들과 사람들이 가리키고 있는 것은 바로 하나님 안에서 찾아지는
진정한 목적과 만족인 것이다. 예수님의 비유에서처럼 인간적 사랑이 그
이상의 것을 가리키고 있는 것과 같다.

쾌락주의의 모순—쾌락은 만족될 수 없다는 간단한 사실—은 이러한 이
해하기 힘든 상태를 보여 주는 다른 예이다. 우리가 느끼는 만족에서조차
우리는 무엇인가 정의할 순 없지만 부족한 어떤 것의 필요성을 느낀다. 이
것은 하나님이 우리에게 자연에 대해 어떤 권태감을 남겨 주어, 자연 이면
의 하나님 안에 있는 원천과 목적으로만 계속 채워질 수 있도록 만드신 것
이라고 말할 수도 있다. 허버트(George Herbert)의 시 〈도르래〉(The Pulley)는
세상에 대한 이러한 권태의 경험에 대해 훌륭하게 음미하고 있다. 여기서
사람들은 하나님을 찾고 구한다. 허버트는 인간이 어떻게 자연의 온전한
풍성함을 찾을 수 있는지 생각한 뒤, 그래도 남아 있는 불만족을 이야기한
다. 이 불만족의 경험은 하나님을 찾는 데로 나아간다.

그를 쉬도록 해 주자.
불안으로부터 그를 벗어나게 해 주자.
적어도 선(善)이 곤고함을 대신하여 이끌어 주지 못한다면,

그를 피곤하나마 풍성하게 해 다오.
그를 나의 품속으로 던져 다오.

만일 하나님의 선에 대한 생각이 우리를 하나님에게로 끌어내지 않는다
해도 세상의 쾌락에 대한 식상함과 권태로움은 충분히 그렇게 할 수 있을
것이다.

쾌락, 아름다움, 인간관계. 이 모두는 굉장히 많은 것을 약속해 주는 것
같다. 그러나 일단 그것을 쥐면 우리가 구하던 것이 그 속에 있지 않고 그
이상에 존재한다는 사실을 발견한다. 인간의 경험 속에는 종교적 불만족이
있으며, 이를 통해 "우리의 내면 욕구를 충족하고자 하는 인간적인 추구를
만족시킬 수 있는 것은 무엇인가?" 하는 질문이 생긴다.

루이스는 정답이 있다고 주장한다. 그에 따르면, 배고픔은 실제 육체적
필요에 상응하는 인간 감각이며, 여기서 우리는 아주 좋은 예를 찾을 수 있
다. 이러한 필요는 음식의 존재를 암시해 주며, 그 음식에 의해 채워질 수
있다. 시몬 웨일(Simon Weil) 역시 이 주제가 가지는 변증적 중요성을 지적한
다: "정말 위험한 것은 정신이 빵 같은 것은 없다고 의심하게 되는 것이 아
니라, '배고프지 않다고 자기를 설득하는' 거짓말이다. 왜냐하면 배고픔의
현실은 하나의 믿음이 아니라 분명한 현실이기 때문이다."[10]

루이스에 따르면, 우리가 느끼는 갈증은 인간의 필요를 자세히 가르쳐
주는 예로서, (목마른 당사자가 살고 싶다면) 물을 마시면 해결된다는 것을 암시
해 준다. 루이스는 모든 인간적 갈망도 인간의 참다운 필요를 암시하며, 그
필요에 상응하는 진정한 대상을 지적한다고 주장한다. 우리가 공개적으로
하는 이야기는 아니지만, 성적 관계에서도 비슷한 예가 나타난다. 같은 맥

락에서 어떤 육체적, 혹은 유한한 것으로는 만족시킬 수 없는 인간의 무한한 갈망이라는 깊이 내재된 의식은 어떤 인간적인 필요를 분명히 암시하고 있다. 그렇다면 이 갈망을 풀 수 있는 길이 있을 것이라고 기대하는 것은 훨씬 자연스럽지 않을까? 루이스는 이러한 갈망이 그 원인과 해결책이 하나님께 있다는 것을 암시한다고 말한다.

루이스보다 좀 둔한 그의 비판자들은—불행히도 생각보다 훨씬 많다—루이스의 논리에 근본적 오류가 있다고 주장한다: "배고픔을 경험할 때마다 먹을 것을 항상 구할 수 있는 것은 아니기 때문에, 배고픔을 가지고 빵이 주위 어딘가에 있다는 것을 증명할 수는 없다." 루이스는 이런 반박이 핵심을 놓치고 있다고 말한다.

> 한 인간의 육체적인 허기로는 인간이 빵을 손에 쥐게 될 것이라는 것을 증명할 수 없다. 망망대해를 헤매는 조난자는 뗏목 위에서 굶어 죽을 수도 있다. 그러나 인간의 배고픔은 인간이란 먹음으로써 몸을 회복하는 종(種)에 속한다는 것과, 먹을 수 있는 물질들이 존재하는 세계에 살고 있다는 사실을 확실히 보여 준다. 이와 같은 이유 때문에 파라다이스에 대한 나의 소망이 그것을 즐기게 될 것임을 증명한다고는 믿지 않으나, 그런 것이 존재하며, 어떤 사람들은 그것을 즐기게 될 것이라고 상당히 괜찮은 암시를 준다고 생각한다. 한 남자가 한 여자를 사랑할 순 있지만 그녀와 결혼하게 되는 것은 다른 문제다. 그러나 '사랑에 빠진다'라고 불리는 현상이 성(性)이 존재하지 않는 세계에서 나타난다면 이것은 매우 이상한 현상일 것이다.[11]

여기서 루이스는 전통적 기독교가 인간의 기원과 목적에 대해 가르치는 주제를 반복하고 있다. 우리는 하나님에 의해 만들어졌으며, 하나님을 동경하는 깊은 의식을 경험한다. 루이스가 '기쁨의 추구'라고 이름 붙인 '갈망'이란 개념은 그의 개인적 경험에서 나왔지만, 이러한 동경이 인간 내면에 있음을 경험할 수 있다는 사실은 누구도 인정할 수밖에 없을 것이다. 여기서 복음 선포를 위한 중요한 접촉점을 찾게 된다.

루이스는 하나님에 대한 인간의 동경을 말하는 잘 알려진 성경 구절의 깊은 의미를 새롭게 밝혀 준다: "사슴이 시냇물을 찾기에 갈급함 같이 내 영혼이 주를 찾기에 갈급하니이다"(시 42:1). 이 구절은 하나님에 대한 강한 동경을 표현한다. 여기서도 루이스의 '기쁨' 처럼 저자가 '더 풍성한 의미'를 갈망하고 있다는 사실에 주의하라. 또한 성경이 동물의 갈증과 하나님에 대한 인간의 갈망을 비슷한 것으로 비교하고 있다는 사실에 주의하기 바란다.

그렇다면 어떻게 이 접촉점을 적용할 수 있을까? 앞에서 말했던 예에서 도움을 받을 수 있을 것 같다. 접촉점을 이용한 변증적 설교의 예가 여기서 잘 나타난다.

당신이 무엇인가를 간절히 원할 때 어떤 일로 인해 그것을 얻은 적이 있는가? 새 직장? 결혼 상대자? 중요한 자격증? 월급 인상? 당신은 곧 다른 것을 동경하게 될 수 있다. 그리고 '내가 이것을 얻는다면 나는 틀림없이 만족할 것이다. 그리고 더 이상은 요구하지 않을 것이다'라고 생각한다. 그러나 실제론 전혀 그렇게 되지 않는다. 당신은 좀 더, 그리고 다른 것을 원하게 된다. 오래된 경구 하나도 이러한 면을 지적한다: "도착했을 때보다 희망을 가지고 여행할 때가 좋다." 쾌락주의의 모순—쾌락의 추구는 결국 자기기만이라는 사실—은 이러한 관찰에서 비롯된다. 세상의 어떤 것도 우리 안에 있는 깊은 갈증을 만족시킬 수 없다. 그러나 어디에 이러한 갈증의 원인이 내재되어 있을까? 그리고 어떻게 하면 희비가 교차하는 이 갈급함을 해결할 수 있을까?[12]

이 설교의 나머지 부분은 당신에게 남겨 둔다. 접촉점은 실재한다. 이것은 어떻게 당신이 최선으로 사용하느냐에 달려 있다.

2. 인간의 합리성

인간의 본질은 우주의 수수께끼를 담고 있다. 그러기에 인간의 수수께끼는 우주에서 그 답을 찾을 수 있는 것 같다. 매우 당연하게 들리는 이 말은 사실 깊게 생각해 봐야 할 대목이다. 저명한 이론 물리학자 폴킹혼 교수는 이 점에 대해 다음과 같이 말한다.

대개 우리는 우주를 이해할 수 있다고 매우 당연하게 생각한다. 그러나 과학이 가능해지는 것은 바로 이 점 때문이다. 우주는 지금과 전혀 다를 수도 있었다. 질서의 우주가 아니라 무질서의 혼돈일 수도 있었으며, 합리적으로 전혀 이해할 수 없었을는지도 모른다 ⋯ 이 점에서 우리의 정신과 우주, 인간이

경험하는 내면의 합리성과 외부에서 볼 수 있는 우주의 합리
성 사이에는 일치하는 면이 있다.[13)

인간의 정신이 가진 합리성과 우주가 드러내는 **질서정연함**에는 맞아떨
어지는 점이 있다. 왜 그럴까? 당신도 잘 알다시피 우주를 연구하는 물리학
은 수학을 사용해서 이론을 정립한다. 그렇다면 인간 정신이 자유롭게 창
조해 낸 추상적 체계인 순수 수학 같은 것이 어떻게 우주를 설명하는 데 중
요한 단서를 제공할 수 있었을까?

이 점에서 접촉점이라는 개념이 중요해진다. 창조주 하나님에 의해 우
주와 인간 정신이 만들어졌다고 가정해 본다면, 두 세계 속에서 같은 합리
성을 기대할 수 있지 않을까? 우주와 인간 정신 모두 신이 질서를 부여한
흔적을 보여 주지 않을까? 인간 정신은 이 질서를 알 수 있는 능력과 잠재
된 중요성을 알아낼 수 있지 않을까? 만일 그렇다고 말할 수 있다면, 과학
이 하나님을 부정한다는 생각은 더욱 의심스럽게 들린다.

우리의 토론은 위와 같은 사실을 생각하는 데서만 시작될 수 있다. 우리
에게 출발점은 실제 상황이다. 여기서부터 어떻게 연결시켜 나가야 할까?
루이스는 문제의 답을 이렇게 정리한다. 답은 우리가 방금 했던 생각과 맞
물려 있다. 루이스에 따르면, 문제의 핵심은 "인간과 자연의 합리성이 비슷
하게 나타나는 이유는 무엇인가?"에 있다.

자연에 대한 어떤 설명도 우리의 생각이 발견한 사실을 생각
해 볼 수 있도록 해 줄 때만 진실이 된다. 자연 전부를 설명할
수 있다 해도 우리의 생각이 옳다는 것을 믿는 것이 불가능하

게 만드는 그런 설명은 검토 대상에서 완전히 제외시켜야 한다. 사고 자체를 불가능하게 만드는 상황에서는 머릿속에서 어떤 결론이 나오든 부정되고 만다.[14]

인간이 이성을 통해 우주를 탐구할 수 있는 이유는 우주의 합리성 때문이다. 그렇다면 합리성이 처음부터 존재하는 이유가 궁금해지기 시작한다. 루이스는 이 두 세계—보편적인 우주와 인간 이성이란 특정 개체—가 하나님께서 질서를 부여하신 흔적을 지니고 있다고 주장한다. 우주를 창조하신 하나님이 인간의 정신도 만드셨다는 사실은 피조물이 가진 신의 흔적이(물론 하나님께서 남기신) 보여 주는 유사성으로 증명된다.

우주의 이면에 있는 존재는 아마 우리가 아는 무엇보다도 '인간 정신'과 비슷할 것이다. 말하자면, 생각하고 목적의식을 가지며 무엇인가를 더 선호하는 등 … 우주는 한편으로는 우리가 알 수 없는 목적을 가진 듯하지만, 다른 한편으로는 자신과 비슷한 피조물들을 생산해 내기 위해 존재하는 것 같다 … '정신'까지 포함해서.[15]

이성이 보여 주는 하나님은 합리성의 조화에서 찾을 수 있으며, 인간은 본성적으로 하나님의 이미지를 아직 가지고 있는 듯하다. 기독교가 묘사하는 합리적이고 창조적인 하나님은 우리의 합리적 자아와 합리적 우주에 대한 지식과 잘 조화된다.

우리가 할 일은 우주 질서의 비밀을 벗겨낼 수 있는 인간 이성에서 하나님의 흔적을―조금이라도―찾을 수 있다고 증명하는 것이다. 이성의 힘은 창조자로서 하나님의 성격에서 나온다. 이 점은 루이스가 태어나기도 전부터 기독교 신학에서 오랫동안 이용되어 왔다. 대표적인 예는 13세기 토마스 아퀴나스의 글 "다섯 가지 신 존재 증명"에서 구체적인 설명을 찾아볼 수 있다. 아퀴나스는 기독교적 하나님관과 우리가 알고 있는 이 우주는 완벽하게 일관성을 가지고 있음을 보여 주는 다섯 개의 논리를 전개한다.[16]

아퀴나스의 논리는 하나님의 존재를 증거할 때 흔히 인용된다. 그러나 이것은 초점을 잘못 맞추고 있는 것이다. 아퀴나스는 합리적인 주장을 통해 하나님의 존재를 증명하려기보다는 궁극적으로 하나님을 믿는 믿음을 합리적으로 변호하고 있다. 그는 하나님의 존재를 믿는 가장 중요한 이유는 하나님의 자기 계시 때문이라고 분명히 밝힌다. 아퀴나스는 독자들도 하나님을 믿고 있다고 전제한다. 그래서 그는 애당초 하나님을 증명해야 할 필요를 못 느낀다. 이러한 사실에도 불구하고 아퀴나스는 하나님의 존재를 성경 밖의 증거를 통해 증명하는 것이 순서라고 생각했기 때문에 그렇게 한다. 그러나 이러한 증명과 논리는 하나님의 존재를 보여 주는 증거에 불과하지, 진실 여부를 밝히는 증거로 쓰이지는 않았던 것이다. 말하자면, 이미 존재하는 신앙을 뒷받침하기 위해 쓰일 뿐, 신앙을 만들어 내기 위한 수단이 아니었던 것이다.

이것은 중요한 지적이다. 왜냐하면 많은 기독교 비판자들은 그리스도인들이 이미 의미를 잃어버리거나 애매한 논리를 가지고 신앙을 유지한다고 비난하기 때문이다. 대표적인 예로 아퀴나스의 "다섯 가지 신 존재 증명" 등을 들면서 말이다. 이러한 비판에 대해 우리는 이렇게 답해 줄 수 있다. 이런 비판은 아퀴나스의 글을 제대로 이해하지 못하고, 개인이 영접하는 과정을 심각하게 오해하는 데서 출발하고 있다. 아퀴나스의 논지는 신앙의 설득력을 보여 주는 예일 뿐, 진실 여부를 가려 주는 증거가 아니다. 궁극적으로 신앙의 기초는 그리스도 안에서 구현된 하나님의 자기 계시인 성경에 있는 것이다.

아퀴나스의 논리는 전체적으로 유사성의 원칙을 따라가고 있다. 우리가 아는 우주는 창조자인 하나님을 비추고 있다는 생각이다. "다섯 가지 신 존재 증명"을 자세히 연구해 보면 아퀴나스의 논리가 '유사성의 원칙'과 매우 비슷하다는 사실이 더욱 분명해진다. "다섯 가지 신 존재 증명"의 궁극적인 기원(起源)을 따라 올라가면 하나님이 나온다.

1) 첫 번째 방법은 우주 속에서 물질이 동적으로 변화하는 현상을 보면서 시작된다. 우주는 정적이지 않고 동적이다. 그렇다면 자연이 움직이기 시작한 원인은 무엇일까? 정적으로 남지 않게 되는 이유는 무엇일까? 아퀴나스는 모든 움직임은 움직이게 만든 존재를 가진다고 주장한다. 모든 동작은 원인이 있다. 사물은 단순히 혼자서 움직이지 않는다. 다른 것에 의해 움직여지는 것이다. 그래서 모든 동작의 원인은 자기 밖에서 찾아야 한다. 그리고 그 원인 역시 원인이 있을 것이다. 아퀴나스는 우주 이면에는 모든 동작의 원인이 이어 가는 고리가 있다고 말한다. 이 고리는 무한정하게 이어질 수 없으며, 하나의 근본적인 원인을 필요로 하게 된다. 궁극적으로 여기서부터 모든 다른 동작이 나오게 된다. 아퀴나스는 사물이 움직이는 현상을 보면서 모든 동작의 궁극적인 단일 기원의 존재를 주장한다. 그리고 하나님이 그 결론이라고 주장하는 것이다.

2) 두 번째 방법은 인과관계의 개념에서 시작된다. 다른 말로, 아퀴나스는 이 우주 속에서 '원인과 결과가 같이하는' 현실에 주의를 기울인다. 하나의 사건(결과)은 다른 사건(원인)의 영향에 의해 설명된다. 위에서 잠시 본 동작의 관념은 이러한 원인-결과 관계에 대한 좋은 예이다. 위에 사용된 것과 비슷한 생각의 방법을 사용해서 아퀴나스는 모든 결과는 하나의 근원적인 원인까지 거슬러 올라갈 수 있다고 주장하며, 그것이 바로 하나님이라고 말한다(이 논지는 위에서 종종 지적되었듯이 무한정으로 셈하는 것은 불가능하다는 매우 의심스런 가정에 의지하고 있다).

3) 세 번째 방법은 부수적인 존재에 관심을 둔다. 다른 말로, 세계는 반드시 있어야 할 필요가 없는 것들(우리 같은)을 포함하고 있다는 것이다. 아퀴나스는 이러한 종류의 존재를 반드시 필요한 존재와 대조한다. 아퀴나스는 하나님은 필요한 존재인 반면 우리는 부수적인 존재라고 주장한다. 우리가 여기 있다는 사실은 설명이 필요하다.

아퀴나스는 이어서 존재는 이미 존재하는 것에 의해 창조됨으로써 존재하게 되었다고 주장한다. 다른 말로 하면, 우리의 존재는 다른 존재에 의해 비롯되었다. 우리는 일련의 인과관계의 결과다. 그에 따르면, 이 관계의 기원까지 되짚어 올라가면 모든 존재의 근원적 기원은 반드시 있어야 할 존재에 이른다는 것이다. 이 존재란 다른 말로 하나님을 말한다.

4) 네 번째 방법은 진실, 선 그리고 우아함과 같은 가치에서 시작된다. 어디서 이러한 가치들이 나오게 되었을까? 무엇에 의해 생긴 것일까? 아퀴나스에 따르면, 그 자체로 선하고 좋고 우아한 어떤 것이 틀림없이 있다는

것이다. 그리고 이것이 우리의 진실, 선 그리고 우아함 같은 개념을 가능케 한다고 말한다. 그는 이러한 개념들의 기원은 바로 이들의 근원적인 원인 이신 하나님이라고 말한다.

5) 마지막 방법은 목적론적 논리라고 흔히 알려진 것이다. 아퀴나스는 우주는 치밀한 계획에 의해 움직이고 있음을 분명하게 보여 준다고 지적한다. 자연 질서와 만물은 어떤 객관적인 규칙 속에서 움직이듯이 나타난다. 이들은 하나의 목적을 가지고 있는 듯하다. 말하자면 계획에 따라 움직이고 있는 것 같다는 말이다. 그러나 사물은 자신을 계획할 수 없다. 자기 이외의 존재에 의해 계획되어야 한다. 아퀴나스는 이러한 관찰로부터 자연 질서의 원천은 하나님일 수밖에 없다고 결론을 내린다.

이러한 논리를 볼 때 어떻게 하나님을 믿지 않을 수 있는가라고 아퀴나스는 지적한다. 그러나 그는 이러한 논리를 단 한순간도 하나님의 존재를 증명하는 완벽한 논리나 증거처럼 주장하지는 않는다. 이성은 신앙인들에게 하나님을 가리키는 내용들을 찾아 주는 데 도움을 줄 뿐이다.

이성은 복음을 위한 중요한 접촉점을 공급한다. 이성은 타락의 영향을 받았지만, 아직도 하나님의 존재를—아무리 숨어 있어도—가르쳐 주고 찾아내는 능력을 가지고 있는 것이다. 그러나 이성은 변증가에게 쓸모 있는 동맹자이자 위험한 적이다. 타락의 현실을 생각해 보라! 이 점은 변증가에게 매우 중요한 내용이다. 존 던(John Donne)은 그의 14행시 〈때려 부수소서 내 심장을, 삼위일체의 하나님이시여〉(Batter my heart, three person'd God)에서 인간 혼자서는 하나님을 찾을 수 없는 타락된 인간 본성의 무능력함을 말하면서 우리에게 중요한 지적을 한다.

나는 포로가 되어 포로의 몫의 일을 해야 했다.
그러나 나에게 허락된 일은 희망이 보이지 않는다.
나를 지배해야 할 이성은 나에게 힘을 주려고 하지만,
잡힌 몸은 허약하고 거짓되기만 하다.

이성은 죄에 의해 포로로 잡혀 있기 때문에 우리 안에 계신 하나님이 바로 통치하실 수 없게 되어 버린, 마치 적에 의해 점령된 마을 같다. 이성은 어거스틴이 말한 것처럼, 하나님에 대한 달콤한 기억을 회상할 여력은 아직 가지고 있지만, 이미 죄의 노예가 된 것이다. 이런 본질 때문에 우리는 포로로 남아 아무 데로도 도망갈 수 없다. 하나님은 우리를 그의 품 가까이로 올리시려고 하지만, 죄는 반대로 하나님으로부터 우리를 멀리 떨어뜨려 놓는다. 이성주의―말하자면 어떤 종류의 계시도 거부하고 이성에만 의지하는 사상―는 인간의 죄에 의해 제한된다. 마치 적에 의해 점령된 도시의 갇힌 사람처럼 죄에 잡혀 버렸다는 말이다.

이러한 구속에서부터 이성이 해방되려면 하나님께서 우리 속에 남기신 흔적을 회복할 필요가 있다. 진정한 합리성은 하나님의 본질과 일치할 때 가능하다. 경험적 이성―말하자면 우리가 알고 있는 이성―은 반드시 죄의 한계를 자각해야 하며, 하나님을 바라면서 자신을 초월해야 한다. 프란시스 쉐퍼(Francis Schaeffer)는 「이성에서의 도피」(Escape from Reason)에서 우리에게 다음과 같은 문제를 환기시킨다.

기독교는 인간 사고를 엮어 갈 능력을 상실한 현대인의 절망
에 대한 답을 가지고 있다고 분명히 선언할 때가 되었다. 기독

교는 삶 전체에 대한 통일된 답을 공급한다. 먼저 인간은 자신의 합리주의를 부정해야 한다. 그럴 때만이 그의 합리성을 회복할 가능성을 가지게 된다.[17]

기독교는 전혀 비합리적이지 않다. 그러나 기독교가 인정하는 합리성은 '합리주의적 접근법'—이 세계는 오직 이성에 의해서만이 전적으로 파악된다는 관점—과는 다르다. 우리가 나중에 볼 것처럼, 기독교의 합리성에 의해 재확인되는 합리주의적 세계관의 치명적 단점은 우리가 기독교의 합리성을 다시 되새겨 보도록 도와준다. 이성은 단순히 하나님을 가리키지만은 않는다. 이성이 하나님을 찾게 되면—하나님에 의해서만이 바로 찾아질 수 있다는 점을 발견하게 되면—하나님 중심으로 흡수되어 버린다.

3. 우주의 질서

현대 과학의 가장 중요한 업적 중 하나는 우주의 질서를 증언해 주고 있다는 점이다. 과학을 통해 우리는 우주의 섬세한 구조적 조화를 알 수 있게 되었지만, 다른 한편으로는 '과학'을 초월하는 질문과 답을 찾도록 좀 더 깊은 지적 궁금증을 불러일으킨다. 인간이 본능적으로 우주의 질서를 파악할 수 있다는 사실은 구약성경의 지혜 문학에서 매우 분명히 나타난다.[18] 지혜 문학은 자연과학의 발견만큼이나 우주의 탄복할 만한 질서를 증언하고 있다. 이 증언은 다음 질문을 자극한다. 한 단어로 자극의 핵심을 요약하면 '왜?'가 된다.

이렇게 우주의 질서를 생각해 보는 것은 평판이 나쁜 '하나님 끼워 넣기' 와는 전혀 다르다. 한때 사람들은 과학이 아무리 연구한다 해도 영원히 해결할 수 없는 공백을 가질 것이라고 주장했다. 그래서 그 공백 사이에 하나님을 끼워 넣어서 설명하는 것이 효과적인 변증으로 취급되었다. 그러나 과학적 연구는 이러한 공백을 계속 채워 나가고 있으며, 이로 인해 하나님은 사라져 가는 공백에서 쫓겨나온 꼴이 되었던 것이다.

기독교 변증가 사이에서 애용되는 보다 건전한 접근법은 자연과학적으로 '비어진 쪽' 보다 과학적으로 '채워진 쪽' 에 중점을 둔다. 과학은 우주가 매우 세밀하게 구성된 체계라는 점을 설명해야 할 사명을 가진다. 자연과학은 우주를 이해하는 매우 중요한 열쇠를 쥐고 있지만, 모든 것을 설명할 능력은 없다. 우리는 이러한 과학의 약점을 가장 잘 이용하는 예를 목회를 위해 케임브리지대학의 수리물리학 교수직을 사임했던 폴킹혼의 글에서 찾을 수 있다.[19]

여기서 질문의 핵심은 다음과 같다: "우주의 질서는 어디서 비롯되었는가?" 혹자는 객관적 의미의 '질서' 란 인간이 상상하는 것일 뿐, 실제로는 없다고 말한다. 질서란 머릿속에나 있는 세계일 뿐 현실이 아니라는 것이다. 매우 그럴듯하게 들리는 이러한 주장은, 사실 역사적으로 계속 부정되어 왔던 괴변에 불과하다. 아직도 혹자는 경험적 증거의 '별 중요하지도 않은 약점' 을 비판하며 이런 유의 논리를 전개한다. 그러나 보다 중요한 사실은, 인간은 자연 질서를 충분하게 설명하는 데 항상 문제점을 발견하기 때문에 더 나은 방법을 요구한다. 인간이 정의한 질서는 우주에 의해 드러나는 증거와 계속 비교되어 부적절한 부분이 나타날 때마다 교정되어야 한다.

최근 들어 '지구 기원론' 이라고 알려진 우주 질서에 관한 이론은 우리의 특별한 관심을 끈다. 이론은 창조가 이루어지기 위해서는 매우 치밀하게 연결된 일련의 조건이 갖춰져야 한다고 지적한다. 폴킹혼 교수는 이렇게 말한다.

> 우리가 깨닫게 되는 사실은 생명이 탄생하기 위해선 매우 섬세하고 복잡한 조화가 전체 자연 구조 속에 필요하다는 것이다. 예를 들어, 우주의 처음 3분이라는 '결정적인' 순간에 4분의 1의 헬륨과 4분의 3의 수소로 되어 있던 원자 구성이 약간 달랐다고 가정해 보자. 분자들이 약간만 빠르게 활동했어도 모든 것이 헬륨이 되었을 것이다. 그러면 산소는 존재하지도 않게 되었을 것이고, 생명에 절대적으로 필요한 물 역시 만들어질 리가 없었을 것이다.[20]

폴킹혼 교수는 이어 다른 증거들 속에서도 자연 속에 있는 매우 섬세한 수준의 조율이 가진 중요성을 말한 뒤, 이 점들이 기독교 신앙이 말하는 하나님을 이해하는 바탕이 될 수 있음을 지적한다. 이것이 반드시 기독교 신앙으로 사람들을 인도하지는 않지만, 기독교의 가르침과 같은 흐름임을 보여 준다. 변증가는 이 분야를 골치는 좀 아파도 꼭 이해하고 넘어가야만 한다.

자연과학이 가진 변증적 잠재력을 사용할 방법을 다 사용하고 싶은 유혹은 들지만, 과학 개념을 설명하는 데 포함된 어려움 때문에 이 책의 범위 너머에 있는 것 같다. 어쨌든 대학가에서 활동하는 변증가는 자연과학계 학생들과 정기적으로 만날 수 있기 때문에도 이 주제의 연구가 생산적이고

가치 있음을 발견할 수 있을 것이다. 다음에 살펴볼 인간 윤리의 접촉점에
서도 같은 사실이 나타난다.

4. 윤리

대다수의 사람들은 어떤 윤리적 의무를 느끼는 것이나 윤리에 대한 일
종의 (사회적) 합의가 필요하다고 생각한다. 이 사실은 그 자체로 복음을 위
한 하나의 중요한 접촉점이다. 어떻게 말일까? 한때 윤리는 종교와 무관하
다고 주장되던 때가 있었다. 예를 들어, 닐슨(Kai Nielsen)은 그의 「하나님이
없는 윤리학」(Ethics without God)이란 책에서, 인간의 윤리 개념과 이를 바탕
으로 세워진 윤리 체계는 '하나님' 이라는 개념에 전혀 영향을 받지 않는다
고 주장했다. 그러나 최근 스토트의 연구[21]가 보여 주었듯이, 닐슨의 주장
을 자세히 살펴보면 상당한 문제가 발견된다. 도리어 현재는 포스트모더니
스트 사회의 윤리를 종교적 기초 위에 세울 수 있는지를 다시 생각해 보자
는 새로운 공감대가 일고 있다. 여기서 합리주의라는 어리숙하게 실패한
이상은 그의 윤리관과 함께 검토 대상에서 제외된다.

우리는 이러한 접촉점의 가치와 가능성을 알아보기 위해 잘 알려진 논
리 하나를 검토해 보자—루이스는 「순전한 기독교」(Mere Christianity)의 첫 장
에서 매우 평범한 경험에 직접 호소하여 기독교를 설명한다.

사람들은 흔히 이런 식으로 말한다: "입장을 바꾸어 놓고 생각해 봐, 넌
기분 좋겠니?", "그러면 되니? 그건 내가 잠시 비웠던 자리야", "상관하지
말고 그냥 둬. 그는 너에게 아무 불편도 주지 않잖아?"[22] 사람들은 하나같

이 윤리적 기준에 대한 무의식적 호소를 통해 자기주장을 펼친다. 윤리적 합의가 없는 상태는 윤리적으로 옳고 그른 것이 있다는 것을 포기하는 것을 뜻하지 않는다. 사람들은 저마다 윤리관이 다를 때조차 마치 맞고 틀린지에 근본적 합의가 있는 것처럼 행동한다. 실제로 윤리관의 차이란 몇몇 특정 문제에 몰려 있다.

> 사실 이것은 양자가 공평한 게임, 바른 행동, 윤리 혹은 그게 뭐든지 간에 절대적 법이나 룰을 가지고 서로 동의하는 것처럼 보인다. 여기서 분쟁은 다른 쪽이 틀리다는 것을 보여 주려는 시도를 뜻한다. 이 말은 양자가 무엇이 틀리고 맞는 데 일종의 공통점을 가지고 있다는 것을 의미한다. 그렇지 않고는 그런 시도 자체가 말이 안 된다. 이것은 마치 양 팀이 같이 따르는 축구 규칙이 없을 때 '파울'이란 개념 자체가 무의미해지는 것과 같다.

만일 설득하는 이가 설득하는 상대가 무엇이 맞는지를 같이 전제하고 있지 않다면, 이야기는 전혀 계속될 수 없다. '누가 뭐라 하건 내 생각만 맞다'가 되어 버리기 때문이다.

물론 맞고 틀린 것에 대하여 여러 가지 다른 생각이 있는 것도 사실이다. 그러나 루이스의 지적은 인간 문명은 어떤 윤리적 핵심이 항상 깔려 있었다는 사실에 있다. 루이스는 '자기에게 가장 친절한 사람을 배신하는 것을 자랑스러워하는 나라에 사는 사람'을 상상할 수 있느냐고 우리에게 묻는다. 그런 나라가 가능하다면 '2+2=5일 수 있는 나라'도 충분히 있을 것이다. 만일 루이스가 '자신에게 친절한 사람을 속이기를 자랑스럽게 생각하는 개인'을 말한다고 생각한다면 그건 잘못 이해하고 있는 것이다. 많은 스파이 소설이나 영화의 악역들은 거의 그런 성격을 가진다. 루이스가 말하는 것은 '그런 행동이 일상적이고 당연히 받아들여지는 덕목으로 취급되는 사회에 사는 사람을 상상해 보라'고 말하는 것이다. 개인은 그가 속한 사회 전체의 윤리를 반영한다.

루이스는 이렇게 말할 수 있는 근거가 모든 인간이 윤리적 의무감을 가진다는 사실에 있다고 말한다. 과학 법칙이 물질이 존재하는 양식을 설명해 주듯, 윤리는 만물의 자기 자리를 가르쳐 준다. 이것은 어디서 기원된 것일까? 어떤 기초에서 이러한 윤리를 가질 수 있을까? 루이스는 윤리성에 대한 유일한 설명은 하나님이라고 주장한다. 우리는 그의 주장을 다음과 같은 삼단논법으로 정리할 수 있다.

1) 만일 하나님이 없다면, 객관적으로 윤리적 의무를 질 수는 없다.
2) 객관적으로 주어지는 윤리적 의무가 존재한다.
3) 그러므로 하나님은 존재한다.

많은 사람들은 이러한 루이스의 과감한 주장을 별로 환영하지 않으며, '개연적 접근점'과 접목하는 것을 더 좋아한다. 그들의 주장에 따르면 '윤리는 하나님을 의지한다'란 주장은 확실하게 증명할 수 없지만, 적어도 가장 그럴듯한 설명이라는 것이다. 이것을 삼단논법으로 만들어 보자.

1) 만일 하나님이 없다면, 객관적으로 해야만 할 윤리적 의무도 없을 것

이다.

2) 객관적으로 따라야 할 윤리적 의무가 존재한다.

3) 그러므로 아마도 하나님은 있을 것이다.

이 방법은 루이스의 분명한 확신과는 거리가 있지만, 나름대로 분명한 장점을 가진다. 왜냐하면 윤리와 하나님 존재의 관계를 떼려야 뗄 수 없다고 증명하는 것은 어렵기 때문이다. 개연적 결론은—다시 말해 하나님의 존재는 가장 그럴듯한 답이라는 것은—척 보기에는 너무 온건한 것 같다. 그러나 변증가는 이 결론에만 매달려 있어서는 곤란하다. 변증가는 접촉점으로 모아 가야 한다. 위의 결론은 그중 하나에 불과하며, 이를 통해 결국 하나님에 대한 보다 믿을 수 있고 설득력과 흥미를 가진 논리로 발전시킬 수 있는 것이다.

문제는 이 접근법이 그동안 비판의 대상이 되어 왔다는 사실이다. 우리는 그중 한 경우를 자세히 살펴볼 필요가 있다. 윤리 문제를 통해 하나님을 찾을 수 있다는 주장을 반박하는 논리에는 '에우튀프론의 모순'이 포함되어 있다. 문제는 에우튀프론과 플라톤의 대화에 처음으로 선보인다. 여기서 나타나는 모순은 하나님이 윤리와 아무런 상관이 없다고 말하는 것 같다. 일반적으로 문제점은 이렇게 시작된다.

1) 하나님은 자신에 의해 정의된 선을 명령하는가?

2) 아니면 하나님은 선으로 정의된 것을 명령하는가?

만일 1)이 옳다면, 선이란 하나님의 변덕에 달린 자의적인 내용이 된다.

만일 하나님이 선량한 사람을 고문하거나 전 인류를 몰살시키라고 명령하신다면 그 행동은—확실히 악인데도 불구하고—선이 될 것이다. 우리가 그런 행동을 악이라고 생각하는 것은 무엇이 선이고 악인지를 결정하는 주체가 하나님이 아니라 우리임을 의미한다. 만일 2)가 옳다면, 하나님은 윤리와 관련이 없다. 그가 할 수 있는 것이라곤 '선으로 이미 존재하는 것'을 재확인시키는 일이다. 윤리학자는 하나님을 토론에 끌어들일 필요가 전혀 없다. 하나님은 윤리 자체에 영향을 주실 수 없기 때문에 생각할 필요도 없게 된다.

그러나 이 논리는 기독교의 창조론을 전혀 고려하고 있지 않다. 창조론은 접촉점의 핵심이기도 하다. 인간은 하나님의 형상을 따라 만들어졌다. 그러므로 우리의 본질 속에 신과 관계된 선의 정의나 개념이 어떻게든 심겨 있을 것이라고 기대할 수 있다. 창조물이 창조자의 흔적을 지니고 있는 것과 같이, 인간 본성은 하나님의 윤리의 모양을 배어 내고 있다. 의에 대한 우리의 개념은 자의적이 아니라 하나님의 본성을 우려내는 것이다.

에우튀프론의 모순은 인간과 신의 정의와 선이란 개념이 완전히 분리되어 있다고 생각할 때만 말이 된다. 사실 플라톤이 살았던 고대 그리스 문화는 다신론 사회였기에 그는 당연하게 그런 전제를 받아들였던 것이다. 기독교적 신관은 인간의 타락에도 불구하고 선에 대한 인간과 신이 가진 개념 간에 분리될 수 없는 깊은 연관성이 있다고 주장하며, 이를 통해 에우튀프론의 모순을 무효로 만든다. 우리는 정의로운 하나님의 형상에 따라 창조되었기 때문에 무엇이 정의인지를 안다. 인간과 신의 선에 대한 이해는 서로를 반영한다. 기독교적 하나님관과 인간 본성을 고려할 때, 플라톤이 전제하고 있던 부조화는 존재하지 않게 된다. 에우튀프론은 그리스도인에게 모순을 던지지 않는다.

여기서 우리는 윤리 관념을 복음의 접촉점으로 사용하고 있다. 윤리적 의무감이 반드시라고는 못해도 하나님이 매우 존재할 만하다고는 가르쳐 주는 것 같다. 이것은 대화를 시작하는 데 매우 유용한 재료다. 이 방법은 어떤 것을 반드시 **증명**하진 못해도, 하나님의 존재가 윤리적 의무감이 왜 있는지를 가장 그럴듯하게 설명하고 있다고 말할 수 있다. 이와 같은 점이 이제 옮겨 갈 우려, 혹은 실존적 불안에도 나타난다.

5. 실존적 불안과 소외감

영어가 표현력이 떨어지는 언어라고 느낄 때가 많다. 왜냐하면 영어는 매우 기초적인 개념을 표현하기 위해 외국어의 풍성함을 빌려오지 않으면 안 되기 때문이다. 사람들은 '외래어'를 이탤릭체로 찍지 않으며 마치 평범한 영어 단어처럼 쓴다. 한 실제가 지난 세대 중 일반화가 되어 버린 두 단어에서 나타난다. 독일어 *Angst*와 프랑스어 *anomie*이다. 이 둘은 인간 속에 존재하는 근본적 무질서, 격변하는 상태, 변태적 상황(anomaly)을 뜻하지만, 무엇보다도 실존적인 면에 특별한 의미를 가진다. 일반적으로 *Angst*라고 간단히 표현되는 실존적 불안의 경험은 복음의 매우 중요한 접촉점이다.

실존적 불안이란 무엇일까? 어떻게 하면 이 문제를 바로 설명함으로써 그 속의 변증상의 가능성을 이용할 수 있을까? 하이데거에서 사르트르까지 이어지는 현대 실존주의자들은 *Angst*의 여러 성격을 연구해 왔지만, 무엇보다도 제2차 세계대전 이후 수십 년간 구미에서는 소외의 경험에 특별히 관심을 쏟아 왔다. 우리는 이들의 가능성을 이용해 보기 전에 먼저 그 경험의 기본 성격을 보도록 하자.

영어 단어 'existence' (실존)는 기본적으로 '구분' 이란 뜻을 가진 라틴어 'existere' 에서 나왔다. 단어의 의미상 '존재' 라는 것은 주위 환경으로부터의 구분을 의미한다. 여기엔 돌 같은 부동체는 존재하지만 주위 환경에서 구분될 수 없다는 의미에서 '존재' 하지 않는다는 뜻이 포함되어 있다. 헬라어가 생명을 표현하는 데 쓰는 두 개의 단어는 '존재' 를 이해하는 데 큰 도움이 된다. 'Bios' 는 생물학적인 면의 존재란 뜻으로 생명의 개념을 가지며, 'zoe' 는 실제 삶이란 의미를 가진다. 인간의 '존재' 는 단순히 생물학적 면에서 살아남는 것을 의미하지 않는다. 인간이 존재하는 것은 주체적인 한 존재로 살아가는 것을 의미한다. 이 속에서 인간은 인간만의 능력으로 인해 자연과 분명히 구분된다.

그러나 세계에 퍼져 있는 비인간화의 요소는 인간을 비인간적 수준으로 전락되도록 위협한다. 우리는 인간만의 개별성을 인정받지 못하는 마치 '물건' 같은 존재로 전락될 위험을 안고 있다. 우리는 '세상으로 추락할 위험', 말하자면 주위 환경 속에 묻혀 독특성을 잃어버릴 위험을 가지고 있다 (하이데거). 우리 속에 깊이 자리하고 있는 자신의 의미를 상실할 위험은 많은 실존주의 문학 속에서 지적된다. 이들은 무의미해진 삶이나 존재의 의미가 사라진 상태를 발견한다. Angst는 이런 공포를 가리키는 총체적인 단어로, 인간이 비인격적인 세계의 황량함 속에서 갈 길을 잃고 우주 속에서 무의미하게 전락할 불안을 뜻한다. 인간은 의미 상실과 자기 실종을 본질적으로 두려워하고 있으며, 이러한 두려움은 삶의 연약성을 반영한다. 결국 이 점은 우리를 하나의 숫자—결국 자살자의 명단 속에 더해지는 숫자—로밖에 보지 않는 소스라치는 위기 앞에서 망연자실할 수밖에 없는 인간에게서 확인된다.

그와 같은 불안은 이미 우리 청중 사이에서도 발견된다. 이런 경험은 특별히 '장년기' 중에 가장 심해진다. 젊음의 에너지와 열정은 이와 같은 불안을 무시하거나 부인할 수 있도록 도와준다. 사람들은 불안을 억누르기 위해 열심을 내지만, 그래 봤자 잠시 연기시키는 데만 성공할 뿐이다. 이러한 문제점은 삶의 긍정적인 의미를 소홀히 할 수밖에 없는 약점이 있지만, 인간 존재를 보면서 나타나는 가장 심각한 문제에 답이 될 수 있다.

변증가는 이러한 불안을 지적하고 의식적으로 자기 확인할 수 있는 단계까지 이끌어 가야 한다. 이 방법은 복음에 대한 매우 경험적인 접촉점이다. 우리는 이 세계 안에서 평안을 느끼지 못한다. 이러한 불안한 의식은 그 자체만으로도 좀 더 나은 확신을 찾고자 하는 강력한 자극이 된다. 루터가 "내가 어디서 자비의 하나님을 찾을 수 있을까?"라고 던졌던 질문을, 현대의 많은 이들은 "내가 어디서 마음의 안정과 평화를 찾을 수 있을까?"라고 한다. 이 두 질문은 역설적으로 같은 내용이다. 먼저 것은 신학적으로 자비의 하나님을 찾는 마음을 명확히 표현한다. 변증가는 이러한 깊은 불안과 복음을 연관시켜 해석하여, 살아 계신 하나님의 존재로서 그 불안을 채울 수 있음을 전해 줄 임무를 가진다. 인간의 불안감은 궁극적으로 하나님을 잃어버렸기 때문에 생긴 것이다. 어거스틴의 말에 더한다면, "우리의 마음은 불안하다. 왜냐하면 이것은 쉴 만한 곳을 찾아내야만 하기 때문이다." 이러한 이유 하나만으로도 오직 참다운 휴식을 허락해 주는 쉴 만한 곳은 하나님밖에 없다는 것을 발견하게 된다.

부분적으로 Angst는 죽음의 공포라고 하는 인간 속에 깊이 뿌리 내린

지배자에게서 출발한다. 우리는 이 주제를 다음 장에서 좀 더 생각해 보려고 한다.

6. 유한성과 죽음에 대한 의식

내가 열두 살쯤이었을 때, 나는 겨울 동안 밤마다 침대에 누워 창문을 통해 밤하늘을 쳐다보길 좋아했다. 나는 천문학에 관심을 가지고 있었기 때문에 별들에 대한 정보뿐만 아니라 별자리 대다수의 이름도 알고 있었다. 나는 밤하늘이 매우 아름답다고 느끼면서도 동시에 우울해지곤 했다. 왜 이렇게 아름다운 대상이 나를 슬프게 만들었을까? 이유는 내가 별들에서부터 나오는 빛이 지구까지 수천 년이 걸려야 닿을 수 있다는 사실과, 지금 별에서 막 떠난 빛은 지구에 닿기도 전에 사라진다는 사실을 알았기 때문이었다. 밤하늘은 나에겐 나 자신의 하잘것없음과 죽음의 강력한 상징이었다. 나는 그것을 참아 낼 수 없었던 것이다.

우리 가족은 딸아이가 일곱 살이었을 때 영국 북서부 체서에 있는 중세 성채를 구경한 적이 있다. 거기서 내 딸은 죽음과 인간 무상에 대해 생각하기 시작했다. 우리는 휴가기라 시간이 많았기 때문에 어디든 다닐 수 있었는데, 성의 긴 역사에 깊은 인상을 받았던 내 딸은 사람들이 살았던 방에 특별히 관심을 보였다. 딸아이는 "여기서 살던 사람들은 이젠 매우 늙었을 거야"라고 말했다. 그 사람들은 이미 오래전에 모두 죽었다고 말해 주자 딸아이는 매우 놀랐다. 사람들은 각각 다른 방법으로 죽음을 발견한다. 교통경찰은 끔찍한 사고 현장으로 향할 때마다 인간의 죽음을 다시 떠올리게 된다. 죽음은 병원의 일과다. 어떤 경우에는 가족 중에 누가 죽어서야 경험할 수 있게 된다. 죽음은 다른 사람에게만 일어나는 일이 아니다. 이것은 나에게도 일어나게 된다.

현대 서구 사회는 죽음을 무시하려고 애써 왔다. 어네스트 베커는 잘 알려진 「죽음의 부정」이라는 연구를 통해, 현대 서구인들이 수단과 방법을 다해 죽음의 문제를 피하려고 애쓰는 것을 지적한다. 병원에서는 환자가 죽었을 때 검진 결과를 '부정적'이라고 표현한다. 죽음이란 단어는 삭제되고 '잠'에 관한 단어로 포장된다. 시체가 분장이나 화장에 의해 처리되기 위해 준비하는 건물을 영어로 '휴식처'(rest home)라고 부른다. 화장터는 완곡한 표현으로 '침실'(sleeping room)이라고 부른다. 이러한 완곡한 표현은 죽음이라는 삭막한 현실을 부정하려는 일종의 세계관이다.

우리는 개인이 죽음에 대해 근본적으로 느끼는 무능력감 속에서 죽음의 공포를 읽을 수 있다. 죽음의 공포는 인간의 본질 속에 깊이 뿌리 내리고 있다: "나는 죽음이 두렵지 않아. 단지 죽을 때 같이하고 싶지 않을 뿐이야"(우디 앨런). 최근 호주 남부의 학생들과 만나면서 확인할 수 있었던 것은 학생층의 자살률이 항상 가장 높다는 사실이었다. 많은 평론가들은 이것을 희망 상실과 절망감으로 표현한다. '의미 상실'에서 오는 충격은 견딜 수 없는 듯하다. 인간의 많은 유혹들이 아마도 죽음을 피하려는 잘못된 희망과 관련되어 있다는 점이 이 공포를 확인해 준다: "뱀이 여자에게 이르되 너희가 결코 죽지 아니하리라 너희가 그것을 먹는 날에는 너희 눈이 밝아져 하나님과 같이 되어 선악을 알 줄 하나님이 아심이니라"(창 3:4~5).

죽음은 우리를 누에고치같이 촘촘히 얽어 싸서 믿음의 방어막에 도전하고 위협을 가한다. 우리는 이렇게 많은 시간과 노력을 투자하고 있는 이 세상이 우리 눈앞에서 사라지게 될 것이라는 사실에 심각한 위협을 느낀다. 우리와 이 세상이 영원하리라 믿고 나면 무엇보다도 마음이 편해진다. 왜냐하면 우리는 누릴 수 있는 모든 몫을 다 거머쥘 수 있을 것이기 때문이다. 그러나 현실은 전혀 반대로 나타난다. 우리는 고난의 경험을 통해 불멸이라는 환상에서 깨어난다. 이 고통스런 방향을 바꾸고 싶어진다. 그래서 우리는 환상에서 깨어나 삶의 거친 현실을 직시하고 어려운 자문(自問)을 던진다. 이러한 답을 찾는 과정을 통해, 우리는 세상의 거짓된 위안과 약속을 뒤로하고 하나님께 돌아가게 된다.

죽음을 느끼면 누구든 불안감에 빠진다. 이는 복음을 위한 현실적인 접촉점이다. 죽음이 빼앗아 갈 수 없는 것을 원함, 영생에 대한 동경, 마지막 한계를 초월할 수 있다는 희망—이 모두가 기독교의 창조와 구원론에 의미상 연결되어 있다. 죽음에 대한 불안은 영적 공허감의 외적 증상이며, 죄로 부서진 자아를 다시 회복할 수 있다는 가능성을 암시한다. 기독교의 창조와 구원의 메시지를 통해 볼 때, 불안은 우리의 타락을 보여 주는 증거이자 구원의 가능성에 대한 암시인 것이다.

위의 설명은 루터가 말했던 '하나님의 기이한 역사와 합당한 역사' [23] 사이의 변증적 관계를 새롭게 표현한 것이다. 하나님은 자신의 본질을 완벽하게 반영하시는 방법—루터가 'opus proprium Dei'(하나님의 합당한 역사)라고 말한 방법—으로 일하신다. 이 역사는 종종 다시금 깊이 생각해 보지 않고서는 완벽한 일관성을 찾을 수 없는, 말하자면, 언뜻 보기에 당신 자신의 본질과 모순되는 것 같은 방법으로 일하신다는 것을 말한다. 루터는 이것을 'opus proprium Dei', 말하자면, '하나님의 기이한 역사'라고 부른다.

루터는 죄인에 대한 하나님의 징계를 예로 든다. 이것은 그냥 듣기에는 우리가 아는 하나님과 모순되는 것 같다. 하나님은 자비롭고 동정적인 분이 아니신가? 그러나 곧 우리는 하나님의 이런 식의 정의가 얼마나 피상적인지를 깨닫게 된다. 여기서 하나님은 죄의 전반적 문제를 무시하는 감상적인 존재처럼 취급된다. 인간의 죄는 심판을 필요로 한다. 우리는 용서나 자비를 구할 어떤 권리도 없으면서 결백을 우기는, 하나님의 분노 아래의 죄인임을 인식해야 한다. 그럴 때 하나님은 용서와 자비로 우리를 절망적 상태에서 건지신다. 하나님은 우리의 본질과 완벽하게 맞는 목적을 위해 같은 본질에서 나온 도구를 사용하신다.

우리는 피할 수 없는 죽음 앞에서도 비슷한 '하나님의 기이한 역사'를 발견한다. 이러한 현실을 인식하게 함으로써 영원한 생명을 찾도록 인도하는 것은 매우 '합당한 역사'이다. 죽음에 대한 불안은 영생의 길로 인도한다. 이 불안이 제기한 문제점에 대해 복음은 답을 던져 준다. 육체적 죽음에 대한 현실은 영적 필요성─자신을 죽이고 그리스도와 함께 고난을 받고 새생명으로 부활해야 하는 것의 필요성─을 가르쳐 주는 방향타 역할을 한다. 잘 알려진 옥스퍼드의 변증가 오스틴 파러(Austin Farrer)는 우리가 다루고 있는 점과 같은 지적을 한다.

> 하나님은 우리가 인간의 상상력을 잘 살리고 사용하고 개발해서 풍성하게 사용하는 훌륭한 창조물이 되기를 바라신다. 또한 하나님은 우리가 자신을 죽이고, 예수 그리스도의 십자가의 고난을 받고, 우리가 가진 것과 우리 자신을 하나님께 내어 놓기를 바라신다. 그는 우리가 육체적으로 죽기 전에 영적으로 그러한 죽음을 경험하길 바라신다.

그렇다면 이제 우리의 친애하는, 똑똑한 비그리스도인 친구들에게 결국 무엇을 말해야 할 것인가? 그들의 삶은 참으로 인간적인, 살고자 하는 욕구를 강력하게 표현해 왔다. 그러나 그들은 아직 죽음에 대해서는 잘 모른다. 그들은 예수 그리스도가 우리에게 열어 놓으신 '죽음의 이해'를 시작해 볼 생각도 하고 있지 않다.[24]

인간을 할기는 본질적인 공포감은 하나님이 우리 삶의 문을 살짝 두드리고 계시는 것으로 해석할 수 있으며, 우리의 삶이 셋방살이 신세 같은 것임을 기억하게 해 준다. 우리는 피할 수 없는 문제에 대해 어떤 결단을 내려야만 한다. 하나님의 은혜는 죽음의 공포에서 용서의 기쁨, 예수 그리스도의 발견과 영생의 희망으로 나아가도록 만들어 준다. 인간의 공포감은 평강이라는 장미가 가진 가시 같은 것이다. 우리는 이 가시에도 불구하고 장미를 사랑한다. 하나님은 우리가 이 장미를 딸 수 있도록 허락하셨다.

7. 접촉점과 전도 설교

이 장에서 우리는 복음 선포를 위한 여러 주요 접촉점을 보았다. 이제 우리는 설교와 교육을 통해 이 접촉점들을 쓰는 방법에 눈을 돌린다.

여기서 바닥을 질질 끄는 외투의 이미지를 떠올려 보면서 이야기를 시작해 보자. 전도를 하는 설교자는 복음을 한 가지 접촉점에만 치중해서 표현하여 상당수의 사람들을 제외시키는 메시지를 전해서는 곤란하다. 설교자는 사람들이 공감할 수 있는 부분을 이곳저곳에서 찾도록, 말하자면, 그의 외투의 끝자락이 사방을 다 훑고 지나갈 수 있도록 해 주어야 한다. 이곳의 접촉점을 통해 한쪽 교인들에게 특별한 의미를 주고, 저곳의 접촉점을 통해 다른 한쪽의 관심을 사로잡는 것이다. 우리가 가진 시간의 한계를 생각해 본다면, 가능한 한 많은 접촉점을 가지고 시작하는 편이 청중들의 '개별적인' 필요와 선포되는 복음을 쉽게 관련시킬 수 있도록 도와준다.

이것을 어떻게 해야 할지는 물론 현지 환경과 청중에 대해 약간이라도 알고 있는 '설교자' 당사자만이 알 수 있을 것이다. 이 점은 내가 호주 멜버른의 오먼드 신학대학에서 한 변증학 강의(요약)에서 좋은 예를 찾을 수 있을 것이다.[25]

한번은 시장에 간 적이 있었다. 거기서 '거울의 홀'이라고 쓰인 곳으로 들어갈 기회가 있었는데, 그곳에서 나는 거울 속에서 전에 본 나와는 전혀 다른 모습을 발견했다. 모든 것이 있어야 할 자리를 떠나 딴 곳에서 헤매고 일그러져 있는 모습이었다. 나의 모습은 완전히 잘못 비추어지고 있었던 것이다. 나는 삶에 대하여 생각할 때마다 '거울 속의 일그러진 나'를 떠올린다. 모든 것이 잘못되어 있는 것 같다. 물론 우리는 속으로는 그렇지 않다는 사실을 알면서도 모든 것이 정상적인 척한다. 많은 사람들은 죽음을 두려워한다. 그들은 죽음에 대해 말조차 꺼내길 싫어한다. 여기서 죽음의 공포가 드러난다. 어떤 이는 죽음을 생각조차 하기 거부하며, 말만 나오면 불안해 갈팡질팡하는 사람들도 있다. 그들은 이러한 공포를 이길 수 있는 방법을 찾는다. 어떤 이들은 자신들이 찾고 있는 내용을 정확히 정의할 수 없을 것 같다고 말한다. 사람들은 직장생활을 계속하거나 학교를 마치거나 인간의 관계 속에서 그 갈망을 채울 수 있으리라고 생각한다. 그러나 곧 그렇지 못하다는 사실을 깨닫게 된다. 왜 그럴까? 우리의 욕구는 항상 넘어야 할 다른 산, 건너야 할 다른 강을 향해 있다. 우리는 뭔가가 잘못된 것 같다. 그리고 궁금해 한다. 도대체 어떻게 손을 쓸 수 있을까 하면서 말이다.

나는 이 예를 통해 어떤 분명한 주제를 설명하려는 것이 아니다. 단지 나는 두 접촉점을 사용하여 학생 청중의 생각과 관심을 모을 수 있는 방법을 보여 주려고 했던 것이다. 여기서 청중들이 자신의 필요와 불안을 직시할 수 있도록 함으로써 그리스도를 통해 답을 찾게 되는 예를 볼 수 있다. 이를 통해 청중 몇 사람이라도 기독교의 메시지와 연결되기 시작한다. 복음은 청중이 쉽게 경험하는 생활 속의 현실 문제로 다가가는 것이다(물론 이것은 그들의 반응을 보고 판단해야 할 문제다). 이 지점에서 내가 소개한 복음은 그들에게 매우 '적절한 것'이 된다.

물론 여기에 더해야 할 많은 내용은 전도 후 '제자화' 과정을 통해 이루어진다. 창조적이고 잘 준비된 접촉점은 청중을 복음에 끌리도록 도와준다. 이것이야말로 변증의 묘미라고 할 수 있다. 이것은 전도에 큰 효과를 더해 주는 강력한 도구로 쓰일 수 있다.

지금까지 우리는 접촉점을 사용함으로써 선포된 복음이 개인의 삶에 자리 잡는 방법을 생각해 보았다. 이제 우리는 기독교를 '개연성' 있다고 믿는 것과 그리스도를 믿는 살아 있는 신앙 간의 관계를 생각해 볼 것이다.

어떻게 하면 이 두 단계 사이의 넓은 간격을 이을 수 있을까?

3장

. . .

신앙의 단계: 동의로부터 헌신까지

어떻게 하면 기독교가 진리임을 인정하는 것으로부터 죄인을 용서, 새 삶을 주는 '살아 있는 신앙'으로 이어 줄 수 있을까? 이런 변화와 복음의 진리는 무슨 관계를 가지고 있을까? 변증가와 전도자는 복음의 설득력을 다리로 이용하여, 하나님이 우리 삶에 들어와 변화, 소생시키시는 과정을 설명할 수 있어야 한다. 변증가의 이 문제를 통해 보다 실제적인 장애물을 찾아낼 수 있게 된다. 물론 '파악하는 과정'도 매우 중요한 요소다. 변증가는 임무의 목적과 한계를 잘 인식하고 있을 때 자기의 능력을 다 발휘할 수 있다. 이 점을 염두에 두고, 사람들이 믿음으로 나아가는 전 과정에서 변증의 역할을 찾아보도록 하자. 우리의 관심이 필요한 첫 번째 문제는 믿음의 성질이다.

1. 믿음의 성질

대부분의 비그리스도인들은 기독교를 '일종의 종교'로 취급한다. 학문적으로도 이러한 생각은 널리 퍼져 있다. 기독교는 특정한 내용을 진리라고 받아들이는 것이다. 하나님을 믿는다는 말은 하나님의 존재를 믿는다는 뜻이다. 기독교를 믿는다는 말은 기독교의 사상이 옳다는 것을 믿는다는 뜻인 것이다. 보통 '신앙'이라는 단어는 '저급한 형태의 지식'이라는 뉘앙스가 담겨 있다. 이런 인식 속에는 계몽기적 잔재가 아직도 강하게 남아 있다. 다음 설교자의 이야기는 이러한 잔재를 잘 보여 준다: "교인들이 몇이나 모였는가는 '사실의 문제'이다. 그러나 그들이 얼마나 내 설교를 경청하고 있는가는 '믿음의 문제'인 것이다."

그러나 '신앙'이라는 짧은 단어에는 히브리-헬라어적 어원과 하나님에 대한 깊은 이해가 포함되어 있다. 말하자면, 자기 백성을 감찰하시는 하나님에 대한 깊이 느껴지는 성도들의 체험을 가리키는 것이다. 간단하게 보이는 '신앙'이라는 단어는 사실 보통 쓰이는 뜻 이상의 깊은 의미를 가지고 있으며, 그리스도인들조차 오용하는 경우가 흔하다. 우리는 청중들에게 일반적인 정의의 '신앙'을 접어 두고 기독교적 정의에 귀 기울여 보라고 권해야 한다.

이 말은 비그리스도인에게는 이상하게 들릴 것이다. 마치 루이스 캐럴의 「이상한 나라의 앨리스」에 나오는 험프티 덤프티를 보는 것 같다. 거기서 험프티 덤프티는 단어를 자기 맘대로 정의해서 말한다. 이 장면은 사실 언어학이 발견한 언어의 심각한 문제점을 이해하기 쉽게 보여 준다. 이 문제는 비트겐슈타인의 글을 통해 등장한, 잘 알려진 20세기 철학의 주요 이

슈 중 하나다: "언어는 특정한 형태의 삶을 전해 준다. 언어는 인간의 어떤 활동이나 삶의 형태를 표현하고 있는 것이다."[1] 페르디낭 드 소쉬르 (Ferdinand de Saussure) 이래로[2] 현대 언어학은 단어의 뜻을 정의하는 데 있어 '사회'가 가진 중요성을 강조해 왔다. 단어가 가진 의미는 실제 삶이 이루어지는 사회 안에서 사용되는 방법을 반영한다.[3] 사전적 단어를 정의해서는 어떤 신적 권리처럼 영구적 혹은 절대적으로 사용할 수 없다. 반대로 단어의 정의란 삶의 실제 상황 속에서 사용되는 용례들(여기서 '들'이라는 복수형에 주의하라)을 적을 뿐이지, 이상적으로나 사용할 수 있는 절대적 의미를 정하는 것이 아니다.[4] '신앙'이란 단어에도 같은 성격이 나타난다. 이 단어는 일상적 의미와 다르게 기독교적 의미를 가진다. 두 용례가 서로 관련되어 있는 것은 분명하지만, 의미에서는 차이가 있다. '일반적 정의'와 '기독교적 정의'를 비교하면 세 가지의 유사점과 차이점을 찾아낼 수 있다.

1) 신앙이란 어떤 것을 진리라고 믿는 것이다. 우리가 하나님을 믿는다고 말하면 최소한 그의 존재를 믿고 있는 것을 의미한다. 우리가 하나님의 약속을 믿는다고 말하면 그런 약속이 실제로 있거나, 그럴 수도 있다고 받아들이고 있다는 뜻이다. 이런 면에서 신앙은 근본적으로 '동의'가 된다. '나는 하나님을 믿는다'는 '나는 하나님이 있음을 믿는다' 혹은 '나는 하나님이 존재한다고 생각한다'를 뜻한다. 신앙은 하나님의 존재와 그의 약속에 대한 믿음에 동의하는 것이다. 어떤 종류의 기독교이든 이러한 동의는 출발점이 된다. 하나님을 설명하기 위해서는 먼저 하나님이 있다는 전제가 필요하다.

이 점은 '일반적 정의'의 신앙과도 한편 잘 맞아떨어진다. 대다수의 사람들에게 신앙이란 '어떤 것을 진리라고 믿음'을 뜻한다. 유감스럽게도 비그리스도인들은 기독교가 하나님의 존재에 동의하는 것 이상의 의미는 없다고 '오해'하고 있다. 이들은 기독교가 믿을 내용을 정리한 목록—사도신경 같은—을 두루 섭렵하는 것에 불과하다고 생각한다. 그러나 그것만으로는 신앙을 제대로 이해하지 못하고 있는 것이다.

2) 신앙은 신뢰다. 내가 하나님의 약속을 믿는다고 말하는 것은 그 약속을 신뢰한다고 선언하는 것이다. 이 말은 약속이 존재한다고 인정하는 것만은 아니다. 바로 내가 약속을 신뢰하고 의지할 수 있다고 고백하는 것이다. 신앙은 우리의 마음속에 와 닿지 않고도 존재할 수 있는 학문적 혹은 논리의 문제가 아니다. 신앙은 하나님의 인격에 대한 우리 전체의 반응이다. 이것은 하나님의 사랑—원래 우리가 감당할 수조차 없었지만 예수 그리스도를 통해 이해할 수 있는 방법으로 계시된 내용—에 대한 우리 쪽의 신나는 반응이다. 이것은 예수님을 따르기 위해 모든 것을 버리는 단순한 응답이다. 신앙은 예수 그리스도의 삶과 죽음, 그리고 부활을 통해 어떤 놀라운 사건이 일어났음을 인정하는 것뿐만 아니라, 그 사건에 대한 우리의 반응이기도 하다. 신앙은 하나님이 우리를 사랑하신다는 사실을 체험시켜 주며, 그 사랑에 대해 응답하는 것이다. 신앙은 약속의 하나님을 신뢰하는 것이다.

이 점 역시 신앙의 일반적인 뜻과 비슷하다. 우리가 친구를 믿는다고 말하는 것은 그에게 무엇이나 맡길 수 있음을 뜻한다. 우리가 비행기 조종사의 기술을 믿는다고 할 때, 대양 위를 건너는 동안 조종사에게 나를 맡길수 있는 것이다. 어떤 정당이 사회에 필요한 개혁을 이루겠다고 약속하는 것을 믿는다면, 다음 선거에서 그 당에 표를 찍을 것이다. 보통 언어에서 믿음은 신뢰의 개념과 자동적으로 관련되어 있다. 그러나 기독교적 개념의 신앙은 지금까지의 설명으로는 충분하지 않다. 이제 볼 세 번째 요소는 일상 언어와 비슷한 점이 거의 없다.

3) 신앙이란 하나님의 약속을 의지하고, 약속이 제공할 것을 받아들이는 것을 뜻한다. 정말 약속이 있다고 믿는다면, 여기에 의지하는 삶과 이를 통해 약속된 축복을 얻는 것은 당연히 따라와야 할 순서가 된다. 우리는 하나님이 우리 죄를 용서하시기로 약속하셨다고 믿을 수 있다. 우리는 그 약속을 신뢰할 수도 있다. 그러나 그 약속에 응답하지 않으면 용서를 얻을 수 없다. 믿음의 처음 두 단계는 세 번째 단계로 인도한다. 세 번째 단계 없이 믿음은 완성될 수 없다.

이 점은 다음 비유를 통해 보다 분명히 설명할 수 있다. 알렉산더 플레밍이 만든 유명한 항생제 페니실린을 생각해 보자. 페니실린은 옥스퍼드의 래드클리프 병원에서 최초로 개발, 여러 종류의 혈독에 의해 죽을 수밖에 없었던 수많은 사람들을 살리는 데 중요한 역할을 했던 치료약이다. 다음 상황을 상상해 보자.

① 페니실린이 내 침대머리에 얹어져 있다.
② 나는 혈독으로 죽어 가고 있다.

나는 무엇을 할 수 있을까?

① 나는 페니실린 병이 머리맡에 있는 것을 알고 있다.

② 나는 이 약이 내 혈독을 치료할 수 있는 유일한 길임을 믿는다.

③ '나는 그 신뢰를 바탕으로 페니실린을 복용한다.

③이 따라오지 않으면 ②는 실현되지 않는다. 받아들이고 신뢰하는 것은 믿음의 최종적인 요소를 위해 길을 예비해 준다. 우리는 약속된 관계로 들어가 약속된 것을 제공받아야 한다. 나는 약이 있다고 인정할 수 있고, 그 약이 혈독을 치료한다고 믿을 수도 있다. 그러나 내가 병 속의 약을 먹지 않는다면, 믿음이 주는 이익은 나와 상관없게 된다. 우리가 아무리 생명을 구할 수 있는 길이 있다고 수긍한대도, 여기서 아무 이익도 얻지 못한다면 결국 죽게 될 것이다.

이 세 가지 요소 모두 절대적으로 중요하지만, 세 번째 요소는 특별히 요즘에 잘 적용되는 것 같다. 우리가 페니실린을 신뢰하는 데서 출발하여 혈독을 치료할 수 있는 것처럼, 예수 그리스도의 십자가와 부활 사건은 믿음을 통해 우리가 처한 비극적인 현실을 해결할 수 있도록 인도해 준다. 십자가 사건은 우리가 신앙을 의지할 수 있음을 확인해 주고, 하나님을 신뢰하도록 인도해 준다. 이후 믿음은 부활하신 그리스도와 우리가 연합할 수 있도록 만들어 주며, 주님의 복종과 부활을 통해 얻을 수 있는 모든 것—용서, 은혜, 영생 등—을 제공한다. 필립 멜랑히톤의 명언[5]이기도 한 '그리스도가 주는 혜택'은 믿음을 통해 우리 것이 된다. 이러한 이익은 그리스도와 별개로 얻을 수 있는 것이 아니다. 바로 믿음을 통해 경험되는 예수의 함께하심과 구원하심이 함께 주어진다.

믿음은 단순히 한 편의 추상적 교리에 동의하는 것이 아니다. 믿음은 일종의 '결혼반지' (루터) 같은 것으로, 그리스도와 신자 간의 상호 헌신과 결합을 표시한다. 믿음은 신자가 하나님께 온몸으로 드리는 대답이며, 신자 안에서 그리스도가 인격적으로 거하고 계심을 체험하게 한다. 믿음은 신자가 그리스도와―용서, 이신칭의(以信稱義), 희망 같은―약속된 혜택을 함께 이용할 수 있도록 해 준다. 칼빈은 특유의 명쾌함으로 이 점을 지적한다: "그리스도는 우리를 그의 몸에 접목시켜 주심으로 그의 이익뿐 아니라 자신의 한 부분으로 만드셨다."[6] 칼빈은 "우리는 그리스도를 단순히 머릿속으로나 상상으로만 이해할 수는 없다. 왜냐하면 (그리스도를 통한) 약속은 하나님을 단순히 이해시키기 위해 주어진 것이 아니라 그와 진정한 교제를 누리는 데 목적이 있기 때문이다"라고 말한다. 우리는 믿음을 통해 그리스도가 성육신과 십자가의 복종, 죽음에서의 부활을 통해 인류를 위해 성취하신 혜택을 모두 누릴 수 있게 되었다. 믿음은 일종의 수로(水路) 같이 우리의 삶으로 흘러오는 그리스도의 인격과 혜택을 모두 우리 쪽으로 끌어 준다. 빈 그릇에 무언가를 채워야 하는 것처럼, 믿음도 그리스도와 그가 성취하신 사역으로 채워야 할 필요가 있으며, 이를 통해 우리는 영적으로 자라게 된다. 그런 의미에서 믿음은 부활하신 그리스도와 그로부터 나오는 엄청난 혜택을 잡으려는 몸부림 같은 것이다.

루터는 이러한 기독교 믿음의 핵심을 설명하기 위해 결혼이라는 비유를 사용한다. 이 비유는 이후 널리 애용된다. 루터는 믿음이란 결합된 부부가 가지는 상호 구속력 같다고 말한다. 그는 이 원칙을 1520년 판「그리스도인의 자유」라는 글에서 이렇게 설명하고 있다.

믿음은 신부가 신랑과 연합하듯 영혼과 그리스도를 하나로 만든다. 사도들이 우리에게 가르쳤듯이 이러한 신비에 의해 그리스도와 우리의 영혼은 한 몸이 된다(엡 5:31~32). 그리고 우리가 진정한 결혼을 통해 한 몸이 되었다면—여기서 말하는 진정한 결혼은 문제투성이의 일반적 결혼으로는 제대로 설명할 수 없는, 가장 완벽한 결혼을 말한다—맺어진 두 사람은 서로가 가진 모든 것—선이든 악이든—을 나누게 된다. 따라서 신자의 영혼은 그리스도 안에서 그리스도가 가진 것을 마치 내 자신의 것처럼 자랑하는 영광을 누리게 되었고, 동시에 그리스도는 우리의 영혼이 가진 것은 무엇이든지 자신의 것으로 요구하게 되었다. 관계의 당사자들을 비교해 보면 더 큰 이익을 보는 쪽은 우리다. 그리스도는 은혜와 생명, 그리고 구원에 풍성하시다. 영혼은 죄와 죽음, 정죄로 막혀 있다. 이제 믿음이 이들 사이에 오게 하자. 그러면 죄와 죽음과 정죄는 그리스도의 것이 될 것이며, 은혜, 생명과 구원은 우리 영혼의 것이 될 것이다.[7]

결혼은 법적 구속만을 의미하지 않는다. 결혼은 두 사람 사이에 성적 결합과 상호 헌신, 공통의 삶과 재산의 공유를 포함하는 정말 중요한 관계다. 신자와 부활하신 그리스도 사이에도 확실히 이런 관계가 성립된다. 신자는 그리스도 안에 들어오게 된다. 믿는 사람과 구원하시는 그리스도 간에 하나의 역동적인 결합이 만들어지며, 그리스도의 복종을 통해 우리를 위해 성취하신 모든 것을 우리도 분배받게 된다. 그러나 이 글 서두에서 말한 것처럼, 보통 쓰이는 '신앙/믿음'이란 단어 속에는 기독교가 말하는 이러한 중요한 설명이 완전히 빠져 있다. 변증가는 이것을 찾아 설명해 주어야 한다.

지금까지 우리는 믿음에 대한 기독교적 이해의 깊이와 문제점을 해부해 봤다. 이제 이것을 어떻게 변증 기술과 연결시킬지 생각해 보자.

2. 변증가는 믿음을 만들어 내지 못한다

변증가는 믿음에 '가장 유리할 수 있는' 환경을 만드는 데 목적을 가진다. 그러나 이 자체로는 믿음을 만들지 못한다. 우리는 지금까지 효과적인 기독교 변증을 위해 접촉점이 가진 가치에 많은 강조를 두었다. 그러나 주의해야 할 점이 있다. 변증가는 교회의 훌륭한 봉사자지만, 또한 너무 쉽게 교회의 주인이 될 수도 있다. 진정한 기독교 변증가란 겸손한 변증가를 말한다. 다른 말로 하면, 자신의 한계를 알고, 우리를 의롭게 해 주는 믿음을 만드신 하나님 이외의 어떤 것도 기독교의 중심이 아님을 확실히 하는 사람이다.

이 점을 자세히 생각해 보기 위해 우리는 기독교 신앙의 기본 성격으로 되돌아가자. 우리가 앞 장에서 보았듯이, 신앙은 세 가지 주요 요소를 가진다.

1) 신앙은 어떤 것을 진리라고 믿는 것이다.
2) 신앙은 하나님의 약속을 신뢰하는 것이다.
3) 신앙은 하나님의 약속 안으로 들어가, 그것이 제공하는 것을 받아들이는 것이다.

어떻게 하면 변증 기술이 이 세 요소들과 각각 연관될까?

변증은 사람들에게 기독교가 진리임을 설득하는 데 첫 번째 목적을 두기 때문에, 완벽한 논리를 통해서, 혹은 세상적으로 쓰이는 분석 방법을 통해 기독교가 완벽한 진리임을 수긍시키는 방법을 취할 수 있다. 이런 면에서 변증은 신앙을 탄생케 하는 주요 공헌을 한다.

그러나 진리라고 해도 무조건 받아들여지거나, 적용 가능성이나 신뢰 가치가 보장되는 것은 아니다. 변증의 두 번째 임무는 신앙을 신뢰할 만하다는 사실과 하나님께 믿음과 헌신을 드릴 가치가 있음을 증명할 수 있는 환경을 만드는 데 있다. 변증은 이러한 환경을 만드는 데 도움이 될 수는 있지만, 불행히도 방법이 매우 제한되어 있다. 예를 들어, 하나님의 신뢰 가치를 증명하기 위해서는 부분적으로 그를 이미 신뢰하는 사람들의 개인적 경험에 의지할 수밖에 없다. 이러한 경험은 부분적으로나마 하나님에 의해 이루어진 것임을 인식해야 한다.

셋째로, 신앙은 하나님의 약속 안으로 들어가 그것이 제공하는 모든 것을 받아들이는 것이다. 그리고 여기서 변증은 자신을 구속하는 한계를 발견한다. 다른 식으로 표현하면, 변증은 사람들을 신앙의 입구까지 인도한다. 여기서부터는 당사자가 문 안으로 들어가야 한다. 마치 단테의 「신곡」에 나오는 '바질' (Virgil)의 역할 같이 말이다. 바질은 단테의 여정 대부분을 인도해 왔지만, 마지막에서는 결국 뒤에 남아야만 했다. 이런 예는 특별히 마티아스 그뤼네발드(Matthias Grünewald)의 유명한 이센하임 봉헌 장식에 나오는 세례 요한에서도 찾을 수 있다. 요한은 어디서 그리스도를 찾을 수 있는지 가르쳐 준다. 그러나 막상 찾는 일은 우리가 해야 한다. 변증은 하나님을 찾을 수 있다는 것과 찾을 만한 가치가 있다는 사실을 확신시켜 주고,

어떻게 하면 예수 그리스도 안에서 하나님을 만날 수 있을지를 가르쳐 준다. 그러나 우리는 결국 우리를 찾아오시고 반겨 주시는 모든 과정의 주관자가 역설적으로 바로 하나님임을 고백할 수밖에 없다.

3. 변증의 한계

변증이 신앙을 만들어 낼 수 없다면, 어떤 다른 한계도 있지 않을까? 사실 변증은 많은 한계를 가지고 있다. 이러한 한계를 알아보기 위해서 우리는 기독교 변증의 가장 중요한 방법 중 하나인 역사증거주의(historical evidentialism, 역사적 주변 증거를 가지고 성경의 역사성을 증명하는 방법)란 것을 생각해 볼 필요가 있다.

역사증거주의는 신앙을 가로막는 심각한 장애―신약성경은 '날조' 된 것으로 진정한 역사적 근거가 부족하다는 의심―를 최소화시킬 수 있다. 역사증거주의는 기독교 사상을 탄생시킨 역사적 상황에 강조를 둔다. 이를 통해 기독교가 자기 희망을 만족시키는 사상에 불과하다고 말하는 사람들의 주장이 얼마나 엉성한 증거를 가지고 있는지를 보여 주고, 강력하게 반박할 수 있도록 만들어 준다.

역사증거주의는 기독교 변증이 사용할 수 있는 매우 중요하고 독특한 무기다. 역사에 호소해서 설명하는 것은 이성을 사용하는 것보다 덜 인기가 있지만, 이론적 변증이 가지는 단조로운 추상화를 피하는 흥미 있는 작업이 될 수 있다. 이 방법은 기독교 변증가들이 사용할 수 있는 무기로서 매우 유용한 자리를 차지하고 있으며, 앞으로도 계속 그럴 것이다. 역사증거주의는 신앙의 역사적 기초에 대한 자신감을 강화시켜 주기도 한다. 이것은 신앙인에게 신앙의 바탕을 이루는 역사적 사건에 관한 복음서의 기록을 신뢰할 수 있도록 재확인시켜 준다. 그러나 이런 작업이 비신앙인들에겐 의미가 있을까? 역사적 증거를 들어서 비신앙인들에게 어떤 영향을 끼칠 수 있을까? 이것이 사람들을 신앙으로 이끌 수 있을까?

여기서 역사증거주의는 약점을 드러낸다. 역사는 사건을 기록한다. 복음서는 사건의 해석에 관심을 가진다. 역사증거주의적 변증은 "정말 일어났던 일인가?"라고 묻는다. 그러나 삶이 던지는 질문의 핵심은 그 의미에 관한 것이지 사건 자체가 아니다. 역사적으로 기억할 만한 사건이란 중요성을 가지고 말하는 것이다. 그렇게 계속 기억되는 이유는 사건 자체에 대한 관심보다는 '의미'에 달려 있는 것이다. 역사증거주의적 접근은 '사실의 중요성은 의미에 달렸다'는 점을 말하려고 하지만, 실제로 나타나는 상황은 반대가 되기 쉽다. 나사렛 예수라는 사람이 진짜로 살았다가 죽었고 부활했다고 인정할 수밖에 없는 증거가 있다고 가정해 보자. 그러나 이런 증거가 복음을 설명하는가? 이것은 확실히 복음에 대한 심각한 장애물을 없애 줄 수 있다. 이런 증거가 분명히 신앙에 유리한 지적 분위기를 만들 수도 있다. 그러나 역사증거주의는 역사적 사실에 대한 어떤 특정 해석—모든 사람들이 동의하지 않을 수도 있는 방법—에서 나온 것이기 때문에, 이를 통해 모든 사람에게 복음을 증명하는 것은 불가능하게 된다.

사건과 의미 사이의 복잡한 관계는 아론(Raymond Aron) 같은 역사 철학자들에 의해 흔히 지적되어 왔다. 그는 이렇게 쓴다: "만일 (카이사르의) 암살이라는 사건이 로마 권력의 위기를 배경으로 개인 권력에 대한 원로원 귀족 정치제의 반항을 의미하지 않는다면, 사실 사건 자체는 아무런 관심의 대상도 될 수 없다."[8] 그리스도의 고난과 부활이 갖는 의미 역시 구약성경에 나오는 메시아 소망과 역사 속에서 드러난 하나님의 사역이란 큰 틀 속에서만 의미를 가진다.

전체와 부분 간의 관계를 좀 더 이해하기 위해 우리는 아론이 예를 든 카이사르의 다른 사건을 생각해 볼 필요가 있다. 기원전 49년, 카이사르는 오늘날의 프랑스 지방으로부터 군대를 이끌어 남쪽으로 향한다. 이 과정에서 카이사르는 루비콘이라는 강을 건너야만 했다. 이 강은 별로 중요한 의미가 없었던 개천에 불과했다. 이 강을 건너는 데 있어 어떤 특별한 장애물이 있는 것도, 어떤 특별한 영웅심을 요구하는 것도 아니었다. 초기 미국 개척자들이 서부로 이동할 때 만났던 것 같은 급류의 큰 강을 건널 때와는 비교조차 할 수가 없었다. 루비콘 강을 건너는 행동은 그 자체로 생각해 볼 때 역사적인 중요성이 없다. 그러나 그 강은 로마 원로원 직할 영토의 국경선이었다. 결과적으로 이 국경선을 넘는 것은 로마에 대한 카이사르의 전쟁 포고를 의미하게 되었던 것이다.

이 점은 아론이 강조했던 로마 권력의 위기에 의해 만들어진 전체적인 상황의 중요성을 확인시켜 준다. 역사 속에서 루비콘 강의 도하(渡河)에 중요성을 부여한 것은 바로 전체 상황이다. 바로 그 의미가 강을 건넜던 행위를 역사의 기록 속에 남겨 주었던 것이다.

우리는 '무슨 일이 터졌는가' 뿐만 아니라 '어떻게 이 사건을 해석해야만 하는가' 를 확실히 할 필요가 있다. 사건에 의미를 부여하는 전체 맥락은 확실히 규명되어야 한다. 우리가 루비콘 강을 건넌 카이사르를 다루든, 아니면 십자가 위에서 죽으시고 부활하신 예수님을 다루든 원칙은 같다. 사건의 역사적 중요성은 검토되어야 한다. 이 과정을 통해 신약성경, 특히 바울 서신이 가르치는 내용을 바로 보여 줄 수 있다. 사건은 해석에 의해 보충되어야 하며, 이 점에서 '무엇이 일어났는지' 를 증명하는 데 신경을 집중하고 있는 '역사적 변증' 을 주로 사용하는 것은 주춤해질 수밖에 없다.

역사적 사건과 이에 대한 특정 해석 사이에는 상당한 간격이 있다. 예수가 죽고 다시 사셨다는 것은 역사의 문제일 수 있다. 그러나 예수가 죽고 다시 사신 것은 살아 계신 사랑의 하나님과 우리가 화해할 수 있도록 하기 위한 것이며, 바로 이 내용이 복음의 핵심이다. 역사적인 사실과 기독교 신앙 사이에는 분명한 관련이 있다—그 관련성은 변증가에 의해 단단하게 구축될 필요가 있다. 이 작업은 그냥 두어도 되는 것은 아니기 때문에 우리가 잘 만들어 놓아야 한다. 역사증거주의가 '기독교의 하나님'(Deus Christianorum, 터툴리안의 유명한 문장이다)에 대한 신앙에 유리한 지적 환경을 조성한다는 것은 사실이다. 그러나 이것이 하나님이 존재한다는 것을 증명하지는 않는다.

이와 비슷한 문제가 다른 변증 방법에서도 나타난다. 예를 들어, 토마스 아퀴나스의 "다섯 가지 신 존재 증명"(2장 2편 참조)—하나님의 존재를 증명하는 다섯 가지 논지—을 생각해 보자. 이 글에서 아퀴나스는 우주의 창조자 혹은 세상의 '인과법칙' 을 주관하는 지적 존재를 믿는 것은 합리적이라고 말한다. 그럼에도 불구하고 믿음의 결정—키에르케고르가 신앙의 도약이라고 불렀던 결심—은 항상 요구된다. 우리는 창조자 혹은 궁극적 지적 존재가 그리스도인이 알고 예배하는 하나님임을 보여 줄 필요가 있는 것이다.

아퀴나스의 설명은 일종의 유신론(有神論)을 확신시킬 수 있다. 말하자면 그리스 철학자 아리스토텔레스가 선호했던 것 같은 신의 존재—부동의 유동자, 그의 세계의 일에 거리를 두고 관계하지 않는 그런 신—같은 것 말이다. 프랑스 철학자 파스칼은 이 점을 강력하게 비판한다. 파스칼은 하나님에 대한 철학적 이해 방법이 가지는 한계를 깊이 인식하고 있었다. 성경의 하나님은 매우 인격적이시다. 파스칼은 철학이 이 점을 소홀히 하고 있다고 생각했다. 파스칼의 사후, 그의 옷 속에서 꾸겨진 채 발견된 메모의 내용은 이후 유명한 명언이 된다: "아브라함의 하나님, 이삭의 하나님, 야곱의 하나님은 철학자와 교수들의 하나님이 아니라 예수 그리스도의 하나님이며, 나의 하나님이자 너의 하나님이다. 너의 하나님은 나의 하나님임에 틀림없다." 이 구절은 이 장의 주제를 설명한다. 파스칼이 직관적으로 알고 있었듯이, 하나님에 대한 철학적 개념은 예수 그리스도의 하나님—우리의 하나님—과는 별 관계가 없다. 철학적 개념의 하나님은 어떤 면에서 하나님과는 별 상관이 없는 것 같다. 그리스도인이 하나님과의 관계에서 경험하는 즐거움은 철학적 개념이 가진 삭막함과 지루함을 더욱 강조해 준다. 에드워즈가 사무엘 존슨에게 했다는 유명한 한마디는 이 점을 다시 강조한다: "존슨 박사, 당신은 철학자입니다. 나 역시 철학자가 되기 위해 평생 동안 노력해 왔습니다. 그러나 이젠 어떻게 할 수 있을지 모르겠습니다. 별로 그렇게 되고 싶지 않은 기분이 자주 들기 때문입니다."

물론 철학은 그 한계를 인식할 때 나름대로 유용하게 쓰인다. 그리스도인들에게 아퀴나스의 설명은 도움이 된다. 아퀴나스의 설명은 비신앙인들에게 하나님의 존재를 증명하는 데에는 별 실효성이 없지만, 기독교 신앙의 내적 일관성을 보여 주고 현실 세계를 이해하는 방법을 제시하는 데는 상당한 가치가 있다. 그러나 기독교 신앙 밖의 사람들에겐 별로 적용되지 못하는 이야기이다. 아마도 모든 것을 움직이게 만드는 근원이 있을 것이라는 생각을 할 수 있다. 우주의 뒤에는 특별한 신이 있을 것 같다는 합리적인 결론을 내릴 수 있다. 그러나 그 신이 우리가 신약성경에서 찾을 수 있는 하나님일까? 창조자가 분명히 있고, 그가 또한 구원자라고 말하는 것은 분명히 다른 일이다(이와 비슷한 생각이 초대 교회 시대에도 있었다. 영지주의라는 이단은 하나님은 둘이며, 하나는 이 세상을 창조했고, 다른 하나는 그것을 구원하는 보다 중요한 사역을 위해 존재한다고 주장했다).

변증은 한계를 가진다. 책임감 있는 변증가는 이 사실을 인식해야 한다. 우리는 사람들을 하나님 나라로 들어가도록 강요할 수 없다. 변증은 신앙에 유리한 환경을 만들어 주지만, 신앙을 만들어 내지는 않는다. 변증은 신앙으로 보다 쉽게 도약할 수 있도록 환경을 만들어 준다. 그러나 신앙의 도약은 신앙인이 되는 데 피할 수 없는 단계이다. 신앙과 세상 간의 접촉점이 사라지는 곳이 바로 그 단계를 설명해 줄 것이다.

4. 출발점으로서의 접촉점

기독교의 타당성에 대한 질문의 핵심은 어떻게 세속적 세계관에서 기독교적 세계관으로 이동하는가에 있다. 여기엔 세 가지 설명이 주어질 수 있다.

과거에는 기독교가 범우주적 합리성에 기초한 한 부분이라고 설명했다. 그러므로 기독교는 그 자체의 합리성과 범우주적 이성의 영역에 속해 있음을 보여 줄 수 있다. 이 전통의 훌륭한 대표자인 토마스 아퀴나스는 이런 사상을 뒷받침하기 위해 아리스토텔레스의 철학을 들어 설명한다. 우리는 이러한 접근법을 〈그림 3.1〉과 같이 그릴 수 있다. 기독교와 이성 사이에는 어떤 충돌도 없다. 그리스도인이 된다는 것은 합리주의적 세계관 속에서 특정 입장을 취하는 것을 의미한다. 이 방법에서 가장 중요한 문제는 창조자 하나님의 존재를 설명하는 데 있게 된다.

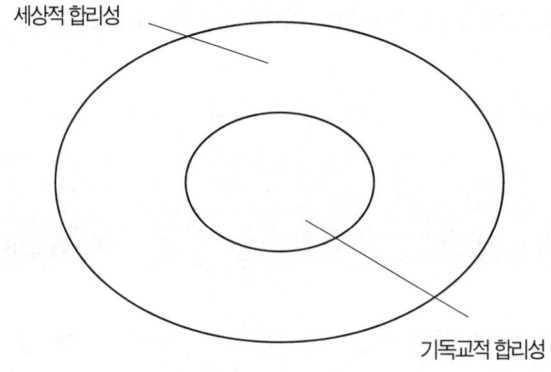

세상적 합리성

기독교적 합리성

〈그림 3.1〉 고전 변증에 있어서의 접촉점

코넬리우스 반 틸이 주장하는(1장 4편) '전제주의적' 관점은 세상과 기독교의 합리성은 전혀 상관없다고 강조한다. 혹자는 반 틸이 기독교는 비이성적이라고 말한 것처럼 오해하지만, 이것은 사실이 아님을 강조할 필요가 있다. 반 틸은 기독교가 자체의 독특한 합리성은 가지나, 세상의 합리성과는 공통점을 가지지 않는다고 말한다. 세상적 합리성의 관점에서 볼 때 기독교는 매우 비합리적인 것 같다. 그러나 여기서 '비합리적'이란 말은 '이성적 일관성이 없음'의 뜻이 아니라, '세속적 합리성과는 맞지 않음'을 의미한다. 매킨타이어(Alasdair MacIntyre)의 「누구의 정의인가? 누구의 합리성인가?」(Whose Justice? Whose Rationality?)를 읽어 본 독자는 이 말의 뜻을 쉽게 이해할 수 있을 것이다. 이 책은 우리는 수많은 종류의 합리성을 '지식의 시장'을 통해 접할 수 있다고 강조한다. 우리는 반 틸의 접근법을 〈그림 3.2〉의 '집합' 그림으로 표현할 수 있다. 세상과 기독교의 합리성 사이에는 접촉점이 없다.[9] 개종한다는 것은 세속으로부터 기독교의 견해로 도약하는 것이다.

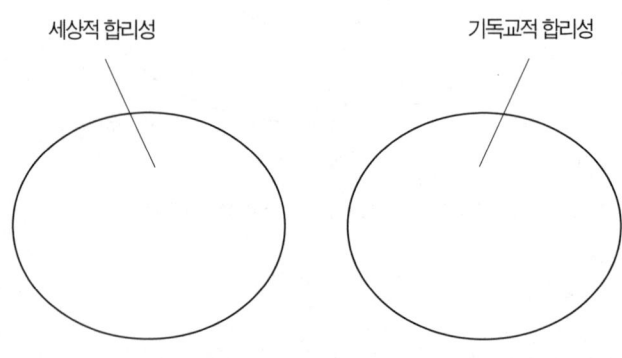

세상적 합리성　　　　　　　　　기독교적 합리성

〈그림 3.2〉 전제주의적 변증이 말하는 접촉점

'접촉점'이란 개념에 바탕하는 '창조적인' 접근법은 세속과 기독교의 합리성은 각각의 독특성에도 불구하고 여러 점에서 만난다고 강조한다. 죄는 영적인 면뿐만 아니라 지적인 면에도 영향을 끼치며, 세상과 기독교 사이의 연속성을 방해한다. 그러나 죄는 이들 간의 접촉점을 완전히 파괴하진 못한다. 변증가의 임무는 세상과 기독교가 만나는 영역을 찾아, 세상적 세계관으로부터 기독교적 세계관으로 이동하는 데 이용하는 것이다. 우리는 이것을 〈그림 3.3〉의 '교차식' 그림으로 나타낼 수 있다.

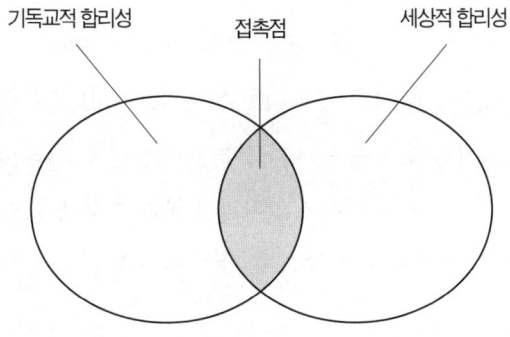

<그림 3.3> 창조적인 변증이 말하는 접촉점

세상적 관점에서 기독교적 관점으로 이동시키는 것은 접촉점을 통해서 이루어지며, 접촉점은 마치 이들 사이에 다리를 놓아 주는 역할을 한다. 여기엔 '중립 지역'—어느 쪽으로든 갈 수 있는 가능성을 가진 모호한 지역—은 없다. 창조적인 변증가는 이러한 접촉점에 주의를 가지고 연구함으로써 기독교적 세계관 속으로 사람들을 이끌 수 있는 기회를 찾는다. 접촉

점은 세상적 세계관과 기독교적 세계관 사이의 중요한 연관을 보여 줄 수 있다. 말하자면, 접촉점은 세상에 맞추던 사람이 그 세상의 기준을 통해서 세상을 비판하여 기독교적 세계관으로 이동해 갈 수 있도록 해 준다.

그러나 이러한 변화에는 마지막 단계가 남아 있다. 무슨 말일까? 이것은 이 장 마지막 편의 주제다.

5. 믿음의 결심

이 책에서 나는 기독교는 상식적임을 강조하고 있다. 이렇게 하는 이유는 한편으로 상식의 호소력을 사용해야 한다는 점과, 다른 한편으로는 우리가 아는 상식의 신뢰성 여부를 알아봐야 한다는 점에 있었다. 그러나 신앙은 이것만으로는 충분하지 않으며, 항상 마지막 단계를 기다린다. 왜 그럴까?

실제적인 예를 들도록 하자. 바나우켄은 예일대학과 옥스퍼드대학에서 영문학을 공부하는 학생이었다. 그는 1951년 봄, 옥스퍼드대학에서 루이스를 통해 신앙을 가지게 된다. 그러나 그는 다음과 같은 문제를 가지고 있었다: "기독교는 **그럴듯하게 들리며 진리일 것 같은 느낌을 준다.**" 그러나 그 럴듯한 것과 그런 것 사이에는 큰 간격이 있다. 그렇다면 어떻게 이 간격을 메울 수 있을까?[10]

바나우켄은 아래 글에서 신앙의 도약 단계에서 대다수가 거치는 갈등을 잘 표현하고 있다.

그럴듯하다는 것과 증명된 것 사이에는 차이가 있다. 어떡하면 그 간격을 넘을 수 있을까? 부활하신 그리스도에게 전 생애를 걸기 위해서 나는 증거가 필요했다. 확실성을 원했다. 나는 하나님을 두 눈으로 직접 보기 원했다. 나는 하늘 위에 유황불로 쓰인 계시라도 보길 원했다. 그러나 나는 아무것도 확인할 수 없었다. 나는 그 간격의 절벽 끝에 계속 매달려 있었다 … 여기서 나는 하나님을 받아들일지 거부할지에 대한 질문을 받게 된다. 내 하나님! 내 뒤에도 절벽이 놓여 있다! 아마 어떤 쪽으로 뛴다 해도 끔찍한 도박이다. 그러나 거부 쪽으로 뛴다면 어떻게 될까? 그리스도가 하나님임을 확실히 증명할 길은 없는 것 같다. 그러나 하나님에 의해 그가 그렇게 될 리 없음도 증명할 수 없다. 나는 예수를 확실히 믿을 수는 없지만, 그냥 부정할 수도 없는 것 같다. 내 뒤에 있는 절벽을 보며 내가 할 수 있는 행동은 단 하나, 나는 세상으로부터 등을 돌려 예수를 향해 넘어가는 것이다.[11]

바나우켄은 여기서 창조적인 기독교 변증가가 생각해야 할 '마지막 단계' 의 문제를 훌륭한 문장으로 표현하면서, 그 답까지도 매우 인격적이고 인상 깊은 방법으로 제시하고 있다. 믿음의 결심에 주목해 보자. 이 결정에는 모순이 없다. 하나님을 믿기로 하는 결정은 복음의 약속이 진실이라는 것, 그리고 때가 오면 모든 것이 눈앞에 나타날 것이라는 것을 받아들이는 것이다. 우리는 믿음의 결정을 통해 신앙의 장애물 주위에서 서성이는 주저함과 마비 상태를 극복할 수 있다. 바나우켄은 그것을 이렇게 표현한다.

나는 하나님 아버지와 그 아들 예수, 그리고 성령을 믿기로 선택했다—나의 구주, 나의 하나님으로서 그리스도를 선택했다. 기독교는 진정한 진리라는 반지—느낌—를 끼워 준다. 필수불가결한 진리 중에 … 선택은 필요한 것이다. 그리고 거기에 확실성은 없다. 그러나 어떤 자리든 선택해야만 한다. 나는 이제 나의 자리를 선택했다. 나는 아름다움을 선택했다. 나는 내가 사랑할 대상을 선택했다. 그러나 믿기로 선택하는 것은 믿음이다. 선택, 이것이 내가 할 수 있는 모든 것이다. 나는 내 의심을 고백하며 나의 주 그리스도께 나의 삶에 들어오시도록 요청했다. 나는 하나님이 누구인지 알지 못하지만, 이렇게 말할 수 있다: "당신의 뜻대로 내 안에 거하소서." 나는 의심이 눈곱만큼도 없다고 말할 수 없으며, 결정한 뒤 의심을 극복하도록 도움을 구할 뿐이다. 나는 단지 이렇게 말할 뿐이다: "주여, 나는 믿습니다. 나의 믿음 적음을 도와주소서."[12]

바나우켄은 기독교 신학의 가장 심각한 문제를 뚫어보고 있는 듯하다. 신앙의 정당성은 **믿음의 결정**에 달려 있다. 이 결정은 적어도 인간적인 관점에서는 우리의 역할이 된다. 신학적으로 다시 생각해 보면 이러한 결정 뒤에 있는 하나님의 손길을 볼 수 있다. 하나님은 우리가 나가기 전부터 우리에게 오셨다. 하나님은 우리가 찾기도 전에 우리를 찾으셨던 것이다. 신학은 우리가 하는 것이 전부라고 결론 내리는 유혹으로부터 우리를 건져 낸다. 신학은 변증가의 노력 이전에 하나님의 은혜가 있었음을 확인시켜 준다. 신학은 우리의 전 신앙 여정에서 하나님의 이끄시는 손길을 확인하고 감사하도록 도와준다.

변증은 신앙의 결정이라는 아슬아슬한 순간 뒤에 놓인 신학적 문제를 자세히 설명하는 데 목적을 두고 있지 않다. 변증은 그 순간에 이르는 사람에게 상황을 인식시켜 주는 데 관심을 둔다. 신학은 변증 뒤에 따라올 수 있다. 변증가는 오직 한 가지를 말한다: "믿음을 선택하라!" 선택을 하라! 그리스도를 결정하라! 이 결정과 함께 믿음에 이르는 간격은 사라진다. 그러면 변증가의 임무는 완성된다. 신학의 임무는 그제야 시작된다.

그렇다면 사람들과 신앙 사이에 오는 장애물은 어떤 것이 있을까? 어떤 장애물들이 개인으로 하여금 믿음을 결단하는 데 걸림이 될까? 우리는 지금까지 변증의 기초를 놓았으므로, 이제 변증가가 이 세상이라는 지식의 시장에서 만날 수 있는 문제들을 다루어 보도록 하자.

제2부

●

믿음의 장벽을 극복하기

BRIDGE BUILDING

4장

. . .

그리스도인이 되는 것을 막는 것은 무엇인가?: 신앙의 방해물을 파악해야 한다

신앙을 받아들이는 데 방해가 되는 것은 무엇인가? 변증의 주 임무는 보통 사람들을 불신앙 쪽으로 끄는 이유를 찾아내는 것이다. 이유는 학문 쪽에만 있지 않고 문화적인 압력, 관련된 역사적 배경 그리고 개인적 감정과 상황에 따라 매우 다양하다.

그런 의미에서 "무엇이 이 사람을 신앙으로 이끄는 데 방해하는 것일까?" 같은 흔한 질문에 특별히 주의해야 한다. 여기엔 두 가지 질문이 포함되어 있다. 하나는 "무엇이 방해물인가?"이며, 다른 하나는 "이 사람의 경우는 무엇이 문제인가?"이다. 물론 전자는 후자의 개별적 답들을 모두 합쳐 놓은 것이다. 효과적인 변증은 개인에나 모임 각각의 상황에 초점을 맞춘다. 이러한 변증은 항상 하던 식처럼 흔히 지적되는 신앙의 방해물을 자세히 설명하는 것이 아니라, 상황별로 초점을 맞추어 묻고 답한다. " '이 사람'을 신앙으로 인도하는 데 있어 방해하는 것은 무엇인가?" "이 모임이 복음에 긍정적으로 반응하는 것을 막는 것은 무엇일까?" 우리는 이같이 질문해야 한다.

마이클 그린(Micheal Green)은 전도자로서의 깊은 경험을 통해 변증과 전도 간의 밀접한 관계와 '개별 상황'의 중요성을 강조한다.

> 나는 존경했던 아버지의 죽음이라는 충격 때문에 무신론자가
> 되어 버린 사람을 기억한다 … 나와 항상 논쟁하길 좋아했던
> 저명한 무신론자는 어느 날 나와 식사를 하던 중 가톨릭 학교
> 에서의 학창 시절에 있었던 끔찍한 기억 때문에 무신론자가
> 되었음을 어렴풋이 비추었다. 또 다른 한 무신론자는 아우슈
> 비츠의 생존자였다. 다른 하나는 심한 반종교적 집안에서 자
> 라나 부모님의 생각을 무비판적으로 따르게 된 경우였다 …
> 우리의 접근법은 '사람 중심'이어야만 하며, 가능하다면 이들
> 의 무신론 뒤에 놓인 것이 무엇인지 찾아내야만 한다. 물론 이
> 런 추적이 우리 쪽의 상상으로 끝나 버릴 수도 있지만, 내 경
> 험으론 그런 경우가 도리어 드물었다. 우리는 그 사람을 적절
> 히 다룰 법을 찾기 전에 먼저 이유를 찾아내야 한다.[1]

효과적인 변증은 진짜 문제를 찾아내는 준비에 달려 있다. 이를 통해서만이 어떤 문제든 즉시 답할 수 있게 된다. 내 경험에 비추어 문제점은 각기 다른 접근법을 필요로 하는 여덟 그룹으로 나눌 수 있다. 이제 이 문제들을 차례로 생각해 보자.

1. 신앙에 대한 지적 장애물

어떤 이들은 논리적인 면에서 기독교 이해의 장애물을 만난다. 변증에 관계하는 사람들은 이런 문제를 많이 접해 봤을 것이다. "인간의 고통을 볼 때 어떻게 하나님을 믿을 수 있는가?", "과학은 기독교를 부적절한 것으로 만들었다", "예수 그리스도가 신이라는 생각은 논리적 모순이다" 등.

그러나 이런 논리적 장애물이라고 취급되는 것 중에는 논리적이기보다는 '그럴 것 같은' 느낌에서 제기되는 문제가 많이 포함되어 있기 때문에 우리는 항상 문제의 핵심을 정확히 파악할 필요가 있다. "나는 고난의 문제 때문에 그리스도인이 될 수 없다"란 말 속엔 두 가지 매우 다른 의미가 있을 수 있다.

1) 이러한 부정을 곰곰이 따져 보면 다음과 같은 의미일 수 있다: "인간이 당하는 현실의 고난을 볼 때 기독교는 말도 안 되는 심각한 비일 관성을 드러낸다."

2) 나는 신앙은 매우 사적인 데다 말하게 되면 강요가 되어 버리기 십상이기 때문에 가급적이면 대화 내용에서 빼고 싶다. 그러나 이런 태도 속에서 지적 자신감이나 정열 혹은 솔직함이 부족하다는 인상을 보여 주고 싶지는 않다. 기독교에 대한 나의 거부가 상당한 근거가 있다고 말할 수 있다면 체면을 유지할 수 있을 것이다. 자, 한 문제를 골라 볼까? 음… 고난의 문제는 내 의도를 잘 만족시킨다. 어쨌든 나를 전도하려는 사람들은 이 문제에 노력을 쏟아 붓게 될 것이다.

변증가가 고난의 문제에 기독교적으로 일관된 변호를 하는 것은, 처음 듣는 사람에겐 진짜 흥미 있을 수도 있지만, 닳아빠진 사람들에겐 그렇지 않다. 이런 변호를 처음 접하는 사람들은 변화될 수도 있지만, 이미 들어본 적이 있는 사람들에겐 별로 변화를 만들지 못할 것이다. 이 문제를 알고 있는 변증가라면 다음과 같은 해결할 문제가 있다.

1) 진짜 장애물은 무엇인가? 실제로 논리적인 문제인가, 아니면 무엇인가?
2) 만일 이 사람의 신앙을 막는 것이 논리적 장애물이 아니라면, 도대체 무엇 때문인가?

상대방이 지적하는 장애물은 실제가 아닐 수도 있다. 어떤 사람들은 열추적 미사일에 쫓기던 전투기가 미사일의 방향을 돌리기 위해 쏘는 조명탄처럼 논리적 문제를 사용한다. 이것은 치명적인 공격을 피하기 위한 미끼다. 그러나 어떤 사람들에겐 논리적 문제가 정말 큰 장애물이며, 변증가는 이들에게 답을 해 주어야만 한다. 이 책은 다음과 같은 논리적 문제들을 다룰 것이다.

1) "기독교는 지성사적 암흑 시대(현대 사회 이전을 말한)의 잔재다" : 기독교는 현대 사회에는 낄 자리가 없다. 그리스도인으로 현대 사회에 사는 것은 불가능하다. 이런 유의 태도는 인류학자인 막스 뮐러가 1878년에 했던 말에 잘 표현되어 있다.

매일, 매주, 매달, 매 분기마다 수많은 유명 잡지들은 경쟁하듯 이렇게 말한다: "종교를 위한 시대는 이제 지나갔다. 사람들은 신앙이 일종의 환각 작용이나 소아병적인 증상에 불과하며, 신이라는 존재는 이 세상에서 가장 찾기 어려운 대상이라고 비판한다."[2]

그러나 이러한 태도에 반영된 세계관들은 오래전부터 의문시되어 왔다. 이 문제에 대해서 다음 제목 아래서 충분히 생각해 보도록 하자.

- 계몽주의적 합리주의(2부 6장 1편)
- 과학적 세계관(2부 6장 3편)

2) 신이란 개념은 단순히 일종의 자기기만적 만족감에 불과하다. 인간은 신이 필요하다고 느끼기 때문에 신을 만들어 냈다. 이 문제는 5장 1편에서 다룰 것이다.

3) 고난은 사랑의 신이란 개념을 무의미하게 만든다. 이것은 가까운 사람을 잃었거나 직접 고통을 체험한 사람들에겐 심각한 문제로 등장할 수 있다. 여기서 문제는 단순히 논리적 수수께끼 정도가 아니라 확실히 '삶의 문제'이다. 우리는 이러한 비판을 5장 2편에서 다룰 것이다.

4) 세상엔 많은 종교가 있으며, 서로마다 진리라고 주장한다. 기독교는 그중 하나일 뿐이다. 왜 내가 다른 종교보다 기독교에만 유독 관심을 쏟아야 하는가?

'최신'처럼 들리는 이 질문은 사실 기독교 자체만큼이나 오래된 것이다. 인도나 아랍권에 사는 그리스도인들은 수백 년 동안 이 문제와 삶 속에서 씨름해 왔지만, 나머지 사람들은 최근에 와서야 이 문제의 심각성을 발견했을 뿐이다. 이러한 문제는 특별히 영국, 호주, 미국, 캐나다의 서부 해안 주들과 같은 다중문화 사회에서 두드러지게 나타나 해답을 요구한다. 우리는 이 문제를 5장 3편에서 생각해 볼 것이다.

5) 기독교는 말도 안 되는 옛날 사고방식에 바탕을 하고 있기 때문에, 현대 사회와는 상관이 없는 설득력을 잃은 사상이다. 이런 비판은 보통 세 가지 문제를 중심으로 제기된다.

- 부활(5장 4편)
- 성육화(5장 5편)
- 죄와 구원의 개념(5장 6편)

그러나 우리는 꼭 지적하고 넘어가야 할 것이 있다. 그것은 지난 300여 년간 세계의 종교 중 유독 기독교만 가장 철저하고 조직적인 비판의 대상이 되었다는 사실이다. 기독교는 굉장히 적대적인 논리와 문화적 환경에서도 살아남았다. 위에 제기된 문제들은 전혀 새로운 것이 아니다. 최근에 출판된 매우 세속적이고 반기독교적인 책들—예를 들어, 「성육신하신 하나님의 신화」(The Myth of God Incarnate, 1977)—에 따르면 기독교는 마치 최신 정보들에 밀려 신뢰성을 잃어 가고 있는 듯 말한다. 이 책들은 마치 '현대'라는 말만 나와도 기독교를 반박하는 것처럼 말한다. 그러나 현대 사회를 좌지우지했던 '모더니즘'은 생명을 다했다. 서구 사회는 계몽기의 가장 큰 악영향을 제대로 인식하고 있는 것 같지는 않지만, 확실히 모더니즘을 뒤로한 채 현대 사회 이후(포스트모더니즘) 시대로 들어갔다. 이러한 상황은 기독교계에 새롭고 흥미진진한 가능성과 문제점을 함께 던진다. 그러나 확실한 사실은, 기독교는 한물갔다는 생각 자체가 한물가 버렸다는 것이다. 이말은 마치 우리가 오래된 시를 새로운 기분으로 듣게 된 것과 비교할 수 있다. 아직도 어떤 이들은 전 세대의 구호―"과학은 기독교를 부정한다"는 등―를 앵무새나 녹음기처럼 떠들어 대지만, 이들이야말로 역사적 편견 속에서 헤어나지 못하는 사람들이다. 그동안 사상의 조류는 심각한 변화를 거쳐 왔다. 우리가 이 문제를 좀 더 다루어 보면 확인되겠지만, 이러한 변화는 신앙에 매우 호의적이다.

2. 기독교의 역사적 관련성

역사는 현재를 이해하는 열쇠다. 역사는 현재 상황이 우리 눈앞에 나타난 이유를 자문하도록 하여 현재를 바로 이해하도록 인도해 준다. 현대 사회의 상태는 과거로부터의 유산들에 의해 결정된다. 우리는 현대에 살지만, 과거로부터 배우고, 그를 통해 미래를 보게 된다. 우리가 만나는 최근의 신앙 장애물 중에는 과거로부터 기원한 것도 있다. 종종 과거의 인간관계나 사회적 문제가 신앙의 장애물이 되기도 한다.

신앙의 장애물로 작용하는 역사적 문제 중 가장 흔한 예는 교회라는 기관과 관련되어 있다. 한 예를 16세기 유럽 종교개혁 직전 유럽의 반교권주의 확산에서 찾아볼 수 있다.[3] 중세 말 교회 내에는 성도와 그들의 필요를 위해 최선을 다해 헌신적으로 바로 사역을 했던 성직자도 분명히 있었다. 그러나 이들은 교회란 조직과 지도자들의 악영향에 비하면 한참 힘에 부쳤다. 여러 가지 예가 이 사실을 증명하고 있지만, 모두들 두 가지의 공통 문제를 가지고 있었다.

첫째로, 목회자는 그들이 봉사할 공동체로부터 소원해져 갔다. 한 가지 예를 들면, 16세기 초 프랑스에서는 대부분의 고위 성직자들이 보통 사람들의 사회·경제적 문제를 전혀 경험해 보지 못한 귀족 가문 출신이었다. 성직자는 세금, 법정 고소, 군대 복무의 의무에서 제외되었다. 교회는 지역의 주요 지주였기 때문에 프랑스의 봉건 경제를 끊임없이 괴롭혔던 심각한 경제 불황과 춘궁기 때조차 성직자의 생활을 보장하는 데 문제가 없었다. 그 결과 사회에서 중산층에 속하는 계급을 중심으로 교회에 대한 불만은 거의 피할 수 없었다. 부분적으로 중산층과 교회와의 소원한 관계 때문에, 종교개혁의 급진적인 신 사상은 이들에게 쉽게 받아들여졌다.

이 문제는 불행히도 16세기에만 한정된 것은 아니었다. 내가 속한 교회―영국성공회―도 같은 문제로 지금까지 어려움을 겪고 있다. 사람들은 성공회가 백인 중산층 위주의 종교라고 이해한다. 결과적으로 여기에 속하지 않는 사람들은 자연스럽게 성공회와 거리를 두게 된다. 이러한 공백은 흑인 중심의 독립교회들을 통해 메워져 가고 있다. 오순절 성령 운동은 노동자들이 주로 사는 지역에 들어가 그들의 피부에 와 닿는 필요에 잘 답해 주고 있는 것 같다. '전통적인 기도문에 집착하는' 예배 스타일로 유명한 성공회는 다른 종류의 문화와 가까워지는 것을 꺼려하는 인상을 준다. 이러한 문제는 사역이란 우리가 봉사하는 사회의 필요와 욕구, 수준에서 나와야 한다는 사실을 상기시켜 준다.

두 번째로 종교개혁 직전까지 상황은 매우 꺼림칙한 방향으로 나아가고 있었다. 기독교가 (외형으로 나타난) 제도 교회와 같은 것으로 취급되어 가고 있었던 것이다. 제도와 교역자의 자질이 복음의 진리와 호소력을 결정해 버렸다. 일반 대중은 흔히 역사학자들이 설명하는 것처럼 단순히 중세 성직자의 무능력과 교회의 타락에 대항했을 뿐만 아니라, 실제로 중세 가톨릭교회 전체에 대항했다. 사람들은 기독교의 문제점을 지적하는 데서 멈추지 않고, 기독교를 대표한다는 사람들의 자질과 제도를 가지고 기독교 전체를 비판했던 것이다.

프랑스 혁명에서도 같은 일이 나타난다. 대중은 교회와 성직자에 대한 적개심 때문에 가톨릭교회를 버리고 세속주의로 돌아선다. 아직도 프랑스 교회는 이러한 18세기의 상처로부터 완전히 회복되지 못했다. 현대사에서 또 하나의 예로 최근 유럽의 마르크스주의에 대해 생각해 볼 수 있다. 마르크스주의는 진리였을까? 대부분의 현대 유럽인들은 이렇게 대답할 것이다: "무슨 상관입니까?" 이 태도는 마르크스주의를 대표했던 개인이나 조직 때문에 남겨진 것이다. 우리는 마르크스주의 자체가 맞든 틀리든 상관하고 싶지 않아 한다.

이 문제는 모든 기독교 사역, 특히 변증과 전도에 관계하는 모두에게 심각한 질문을 던진다. 기독교의 신뢰성 여부는 우리 사역의 효과와 헌신을 목격하고 있는 사역 대상자들의 눈을 통해 충분히 판단될 수 있다. 보통 보면 우리는 기독교가 가진 여러 논리적 문제―악의 문제 같은 것―에 대해선 놀라울 만큼이나 잘 다루어 나간다. 그러나 사람들은 남의 특정 문제를 강하게 비판하면서도 자기에게만 관용한 기독교 지도자를 보면서 기독교에 대한 신뢰성을 잃어버리고 만다. 대다수의 사람들이 불편하게 느끼는 신앙의 문제는 이론상의 문제가 아니라, 기독교가 크게는 삶과, 작게는 개인과 조직에 관계하는 방법에 있는 것이다.

기독교 신앙의 합리성을 증명하는 데 치중하던 전통적 변증은 마치 기독교가 어떤 이에게는 받아들여졌지만 다른 이들에겐 거부된 한 세트의 개념같이 취급한다. 실제로 기독교는 역사 속에서 성육화 된 사상과 실제적인 가치로 구현되는 작업을 내용으로 한다.

나는 대학 강단에 서기 때문에 이러한 질문을 하는 학생들을 종종 만난다: "기독교가 그렇게 좋은 것만 같지는 않습니다. 제 친구 중에도 그리스도인이 있지만 별로 특별하게 보이진 않습니다. 특별히 좋은 사람처럼 보이지도 않고…." 그러면 내 쪽에서 이렇게 대답한다: "음… 그렇다면 이렇게 생각해 보지. 만일 그 친구가 그리스도인이 아니었다면 얼마나 끔찍했을까를…." 이러한 이야기는 나로 하여금 사람들이 기독교를 판단할 때 사상 자체의 문제보다는 관계된 사람들과 조직 속에 나타나는 증거들을 먼저 본다는 점을 확인시켜 준다.

위에서 우리는 '연계에 의한 비판'의 좋은 예를 본다. 사람들은 복음을 합리성의 문제점보다는 과거를 들춰서 거부한다. 사람들의 생각 속에서 교회라는 조직과 기독교 신앙 자체는 쉽게 섞인다. 교회의 타락은 기독교의 타락으로 투사된다. "기독교는 억압적이다"라는 말을 생각해 보자. 실제로 복음은 우리를 '자유케' 한다. 그러나 역사적으로 교회라는 조직은 종종 사람들—예를 들어, 종교개혁기의 독일 농민들—에게 매우 억압적이었다.

그러므로 변증가는 자기 민족의 역사를 잘 알고 있을 필요가 있다. 수많은 연결점이 제대로 파악되지도 않은 채 개인이나 사회의 잠재의식 속에 남아 있을 수 있으며, 때때로 반기독교적 형태로 가공되어 표면화될 수도 있다. 사람들이 가진 기독교의 부정적인 인상은 충분히 이해할 만한 것이다. 그러나 이들은 논리적으로 인과관계가 아닐 수도 있으며, 단순히 개인적인 느낌이나 자기 생활권 안에서나 문제가 되는 것일 수도 있다. 이러한 연관은 보편적이라기보다는 개인적인 문제다. 변증가는 이 점을 파악하고 해결해야 하며, 이 과정에서 대상자에 대한 이해와 헌신이 요구된다.

여기서 변증가의 숙제는 대상자를 과거로부터 풀어 주는 것이다. 우리는 사람들이 당연히 받아들이는 기독교의 이미지를 의식적으로 부각시킬 필요가 있다. 우리는 이들의 복음에 대한 태도가 복음 자체가 아닌 다른 요소에 의해 형성되어 왔다는 사실을 볼 수 있도록 도와주어야 한다. 이를 위해 우리는 과거를 잘 살펴서 현재에 남은 부정적 영향력을 제거해야 할 필요가 있다. 그럼 어떻게 해야 할까?

첫째로, 우리는 개인적 · 역사적 인상이 문제의 진리 여부를 직접적 · 필연적으로 결정하지 않는다고 강조할 필요가 있다. 매우 매력적이고 친절하기 짝이 없는 어떤 친구가 지구는 평평하다고 정말 믿는다고 하자. 반면 다른 한 친구는 비록 가장 후하게 쳐 주어도 훈족 추장 아틸라의 야성과 개구리의 아이큐를 합한 정도밖에는 보이지 않지만, 지구가 둥글다는 것을 처음 친구만큼이나 믿는다고 하자. 후자의 생각은 그의 괴팍한 성격에도 불구하고 맞다. 부정적인 개인의 성격과 역사적 이미지만 가지고는 그 개인과 역사가 관련한 믿음이 틀리다고는 말할 수 없다.

혹자는 기독교가 사람을 **바꾼다는** 생각에 회의적일 수도 있다. 그러나 기독교는 신앙인을 이전 모습보다 낫게 향상시켜야 한다. 기독교는 신앙인을 변화시켜 그들이 만드는 개인적 · 역사적 이미지를 향상시켜야 한다. 질

나쁜 그리스도인의 존재는 기독교의 논리적 신뢰도에 문제를 제기하기보다는, 그 사람으로 인한 윤리적·영적 영향력과 타당성에 관한 문제를 제기한다. 만일 기독교가 그렇게 좋다면 왜 그리스도인들을 보다 낫게 만들지 못하는 것일까?

이것은 심각하게 생각해 봐야 할 중요한 지적이다. 나는 이 문제를 현대 영어권 신학계에선 잘 알려지지 않은 고전을 인용하여 대답하려 한다―데이비스의 「정통에 대하여」(On to Orthodoxy)라는 글은 절망한 자유주의자의 개인적 감상을 적고 있다.[4] 기독교는 근본적으로 윤리적 갱신의 종교라는 생각―기독교를 개인과 사회에 대한 긍정적인 윤리적 영향력으로 특징짓는 사상―은 19세기 말부터 20세기 초를 주름잡았던 자유주의 개신교에서 시작되었다. 이 운동은 인간 본성은 완벽하며, 복음은 완벽할 수 있도록 해주는 힘이라고 강조한다. 여기서 기독교는 인간 사회를 윤리적으로 개선하기 위한 도구로 받아들여지며, 이를 통해 인간 사회는 윤리적으로 완성되어 나간다고 생각한다. 이런 종류의 이해는 오늘날까지 계속 영향력을 발휘하면서, 위에서 제기된 질문을 만들어 낸다.

그러나 제1차 세계대전을 통해 인간이 완벽하다는 생각은 무너지고 만다. 데이비스는 이것을 이렇게 말한다.

> (제1차 세계) 대전은 전혀 준비가 되어 있지 않았던 자유주의 기독교를 불시에 덮쳤다. 이것은 자유주의 기독교의 모든 내용과 미래에 저주를 부었다. 이것은 마치 한 깡패가 한가하게 휴식을 즐기는 사람들을 덮쳐 난장판으로 만들어 버린 것 같았다. 이것은 그동안 기대했던 인간의 근본적인 선이란 껍데기

를 벗겨 버렸다. 그러고는 완벽한 사회로 진보할 수밖에 없다
는 낙관적 이상에서 엇나가 버린 현실을 드러냈다. 어딘가에
서 무엇인가가 잘못되었던 것 같다.[5]

여기서 말하는 '무언가가 잘못된 것'은 바로 자유주의 기독교가 포기했
던 죄의 개념을 말한다. 그들은 죄의 개념을 기독교 역사 중 덜 계몽된 과
거에서 나온 불필요한 잔재로 취급했던 것이다: "인간의 본성 안에 하나님
과 선에 대한 고의적인 반발이나 반항의 요소가 있다는 생각은 현대의 삶
이 그리는 지도에서 제외되어 왔었다. 인간의 죄성에 대한 전통적인 기독
교 사상은 … 포기다."[6] 데이비스는 유럽에서 파시즘과 공산주의의 확대를
보면서 인간 본성에 있는 죄성을 전적으로 인정할 수밖에 없었으며, 이후
그 확신은 더 깊어져 갔다. 그는 자기의 개인 신앙을 다음과 같이 설명하기
시작한다.[7]

1) 나는 인간이 전적으로 악하다는 것, 죄는 인간의 본성을 구성하고 있
   다는 것을 믿는다.
2) 나는 인간의 근본적이며 유전적인 죄성 때문에 정의 사회를 만들 능
   력이 없으며, 문명을 진보케 하는 인간의 능력이 바로 자신의 진보를
   무의미하게 만들고 파괴까지 하는 치명적인 모순을 가졌다는 저주
   아래 놓여 있다고 믿는다.
3) 나는 인간이 자신의 능력만으로는 파괴될 운명임을 믿는다.

데이비스는 현 상황에 대해 매우 현실적이면서도 기독교적으로 평가하

고 있다. 이것은 과거의 어거스틴, 그리고 이후 루터와 칼빈 같은 16세기 종교 개혁자들에 의해 새롭게 확인된 이해와 매우 일치한다. 루터는 인간의 본성이 *'incurvatus in se'*, 그러니까 '자기 안에서 뒤틀어진 것' 이라고 생각했다. 죄로 인해서 인간 본성은 심각한 기형으로 되어 버렸다. 기형은 사회적, 정치적, 종교적, 개인적 영역에서 잘 나타난다. 이것은 단순한 개인적 죄뿐만 아니라 인간 조직과 활동 구석구석에 깊게 자리 잡고 있는 구조적 죄를 가리킨다.

자유주의 기독교에 학문적 뒷받침을 해 왔던 '대학' 의 신학자들은 대학이라는 울타리 속에서 죄의 거친 현실로부터 많이 보호되어 왔기 때문에 인간의 죄성을 간단히 무시하는 경향이 있다. 그들에게 있어서 죄는 거부감을 일으키는 귀찮은 문제며, 더 말해 봤자 자기의 품위나 깎아 내린다고 생각했다. 이런 생각의 예로 킹즐리 에이미스(Kingsley Amis)의 「러키 짐」(Lucky Jim)이나 데이비드 로지(David Lodge)의 「아주 작은 세상」(Small World) 같은 소설의 내용들을 들 수 있다. 학생 휴게실에서 마주치게 되는 불편한 관계의 동료나 상종하고 싶지 않은 거래처 사람을 만났을 때 같은 기분 말이다. 상아탑 안에서 죄란 대단치 않은 일이다. 죄를 기독교의 주관심사로 되돌리려 해 왔던 사람들이 바로 목회자들이었다는 사실은 매우 중요하다—이러한 예의 대표적인 라인홀드 니부어(Reinhold Niebuhr)는 디트로이트의 자동차 공장에서 삶의 어두운 면을 직접 경험하고 이들과 사역했던 목회자였다.

기독교는 죄악 된 인간 현실과 싸워 나가야 한다. 죄의 정도는 사람마다 다양하지만 항상 인간 생활의 한 부분으로 남아 있다. 죄는 어떤 강제력이나 힘, 질병 같은 것이다. 어떤 위협적인 힘이 이상한 세계로부터 당장 우리의 눈앞에서 피할 수 없는 위력으로 온다고 상상해 보자. 마틴 루터가 말했듯이 그리스도인들은 'simul iustus et peccator'이다. 칭의를 받았지만 동시에 죄인이기도 한 것이다. 우리는 실력 있는 의사의 치료 중에 있는 병자들 같다. 비록 우리가 언제인가는 완쾌될 것이라고 확신하고 있지만 현실은 병자로 남아 있다. 회복은 긴 시간이 걸리며, 병의 영향은 계속 우리와 남아 있게 되는 것이다.

질 나쁜 그리스도인이 있다는 사실은 복음이 문제가 있다는 증거라기보다는 인간의 죄가 처치 곤란한 상황에 있다는 점을 보여 준다. 애석하게도 죄는 교회 안에서도 매우 넓게 퍼져서 교회가 예수님을 선전하는 만큼이나 예수를 깎아내리고 있는 것 같다. 오직 하나님의 은혜만이 조직화 된 교회가 상처 입힌 예수님과 복음의 매력을 회복할 수 있다. 죄는 매우 강력하기 때문에 예수님을 영접한 이후에도 우리를 계속 잡고 있다. 그리스도인은 이 경험의 내용을 잘 알고 있다. 죄의 힘은 신앙인이 신앙의 이상향으로 나가는 것을 방해하고 반대로 바닥으로 몰아간다. 그리스도인들이 특별히 착하지 않다는 사실은 인간의 죄의 현실과 그 힘에 대한 증거다. 동시에 그리스도인들이 특별히 착하다는 사실은 신의 은총의 현실과 힘에 대한 증거다.

이러한 관찰을 기독교 지도자들에게 특별히 적용해 본다. 안토니 트롤럽(Anthony Trollope)의 「바체스터 연대기」(Barchester Chronicles)나, 최근 들어 수잔 호와 취(Susan Howatch)의 소설 「화려한 인상」(Glittering Images)과 「마지막 훈장」(Ultimate Prizes) 속에 좋은 예가 있다. 스코틀랜드 성공회의 감독인 리처드 할로웨이(Richard Holloway)는 복음에 대한 대중적인 인식 속에 있는 죄의 부정적인 영향과 인간의 약함에 대해서 음미해 볼 만한 말 한마디를 던진다.

기독교에 관계된 전문직에 있는 사람, 교회 지도자들이나 설교자들은 자신이 모순 속에 살며, 허가받은 사기를 치고 있다는 것을 심각하게 깨닫게 된다. 한쪽에선 공인으로서 기독교의 내용을 대표하며, 사람들은 자신의 기대와 희망을 그들에게 지운다 … 그러나 우리 자신은 어떤 사람들이 상상하거나 그래야 한다고 생각하는 그렇게 신비롭고 성스런 존재가 아님을 잘 알고 있다. 우리 속에는 다른 모든 이들처럼 의심과 공포, 걱정과 욕심, 갈망 등이 가득 차 있다.[8]

할로웨이는 우리가 어떤 '이상'에 대해 찬양할 때 그 이상에 상응하는 능력을 요구받고 있다는 사실을 강조한다. 그러나 우리가 찬양하는 많은 이상은 우리 능력 밖에 있으며, 우리의 약하고 타락된 본성으로는 성취될 수 없는 것들이 그중 태반이다.

여기서 우리는 하나님의 대리자로서의 부적절성을 느끼며, 그렇다면 우리는 과연 어떤 존재인가 하는 의문에 사로잡히게 된다. 하나님은 나 같은 엉터리를, 흠투성이의 헤매는 창조물을 들어 사람들을 위로하고 도전하며 평안케 하신다. 우리는 아직도 피와 살, 바로 꿈틀하는 신경들로 이루어진 미약한 존재지만, 하나님은 이 모든 것을 통해서 사람들에게 다가가신다.[9]

은혜는 개인이나 조직의 죄를 폐기하지 않는다. 은혜는 하나님으로 하여금 그 죄를 통해 역사하시도록 한다. 은혜는 우리의 약함을 없애거나 우리를 영적 초인이나 영웅으로 만들지 않는다. 이것은 그 약함을 변화시켜서 하나님으로 하여금 우리의 육적인 도구를 통해서 그의 축복을 맛볼 수 있도록 해 주신 것이다. 죄는 실재하며, 예수를 닮아 가려는 우리의 노력을 어렵게 한다. 은혜 역시 실재하며, 우리는 각자의 갱신을 통해 하나님께 드릴 수 있는 작은 부분이 된다. 이를 통해 하나님은 놀라운 역사를 이루신다.

이 장에서 우리는 '그리스도인의 죄인 된 모습'에는 내용적 모순이 없으며, 도리어 죄악 된 이 세상이 하나님의 은혜를 필요로 하는 증거로 이해할 수 있었다. 그러나 죄는 그리스도인들에게만 침투되어 있는 것이 아니라, 기독교 조직과 활동에도 퍼져 있다. 죄는 인간 존재에 깊이 스며든 떼어 버릴 수 없는 면이며, 여기엔 그리스도인도 동일하게 적용된다. 그러므로 개인 및 역사적인 부정적 이미지의 문제는 이러한 이해를 통해 푸는 것이 매우 바람직하다. 이 문제는 세상과 그리스도인, 단체 속에서 나타나는 죄의 영향을 증명해 주며, 우리가 은혜와 용서를 필요로 하고 있음을 보여 준다. "모든 사람이 죄를 범하였으매 하나님의 영광에 이르지 못하더니"(롬 3:23). 이 말은 다른 이들에게처럼 그리스도인에게도 적용된다. 신자와 교회는 계속 죄를 짓고 있으며, 하나님이 원하시는 바를 전혀 따라가지 못하고 있다. 우리 앞에 놓인 진짜 시험은 기독교가 변화를 만들 수 있느냐 하는 점이다. '이후'가 '이전'보다 월등히 낫게 될 수 있는가 말이다. 변증가들은 외부인들이 성도의 삶과 믿음 간의 관계를 부정적으로만 보지 않도록 초점을 확실히 맞추어 줄 의무가 있다. 그리스도인의 삶은 그들이 전하는 말 못지않은 변증의 한 부분이어야 한다.

여기서 또 하나 짚고 넘어가야 할 문제가 있다. 이 점이 언급되는 것은 내키지 않는, 도리어 슬픈 일이다. 세상이 알고 있는 기독교 중에는 진리를 자기 맘대로 만드는 파(派)나 외적인 틀만 남고 생명력을 잃어버린 종류도 존재한다. 후자의 경우—명목상의 기독교—는 기독교 변증가가 만나는 가장 끔찍한 적에 속한다. 이런 유의 기독교에 따라다니는 영적·윤리적 사장 (死藏) 상태는 많은 사람들이 기독교에 대해 매우 부정적인 이미지를 남겨 놓도록 만든다. 불행히도 이미지에 강하게 좌지우지되는 현대 사회의 젊은 층들에게 이 문제는 강하게 영향을 미친다. 가톨릭 기숙학교에서 자라난 아이들이 충실한 무신론자 집단이 되어 버리는 경우를 보면서, 나는 변증 가로서 가장 끔찍한 '이미지 문제'를 발견한다.

소아마비나 장티푸스 같은 위험한 병에 대한 면역성을 주기 위해서 예방 접종은 꼭 거쳐야 할 과정이다. 죽음의 병균이 될 수도 있었던 박테리아가 거의 죽어 해가 없는 상태로 인간의 혈관 속에 주입된다. 우리 몸은 이 박테리아에 자극을 받아 항체를 만들고, 닥쳐올 유독성 병균의 공격으로부터 방어할 준비를 한다. 기독교는 쉽게 예방접종이 될 수 있는 병균 같다. 병균 중에 죽어 있거나 썩어 가는 종류를 먼저 접촉한 사람들은 진짜를 만났을 때 저항력을 가지게 된다. 고전 라틴 경구인 *'corruptio optimi pessimum est'* (최고가 부패한 것보다 더 끔찍한 것은 없다)는 이러한 문제를 잘 표현한다.

이 점이 당신의 대화 상대편이 가진 정말 문제라면, 당신은 매우 솔직하게 상황을 설명해 주어야 한다. 우리가 대표 자격이 없는 죽어 가는 종류의 기독교 때문에 많은 고통을 겪고 있다는 점 말이다. 이런 종류의 기독교를 가지고 기독교 자체를 판단하는 것은 마치 사랑과 헌신이 사라지고 그저 같이 살아가는 지치고 김빠진 결혼 생활을 보면서 '사랑에 빠지는 것' 자체를 저주하는 것과 같다. 그들에게 새로운 기회를 말해 보라. 그리고 진짜를 보여 주라. 무슨 반응이 나올지….

3. 현실과의 관련성 문제

기독교를 논리적으로 설명하면 흔히 다음과 같은 반응이 나온다: "네가 말한 것은 합리적이거나 진리일 수도 있어. 그러나 실제 생활과는 별로 상관이 없지 않아? 그게 아무리 맞다 해도, 왜 내가 그런 쓸데없는 생각에 관심을 가져야 하지?" 이러한 반응은 신앙의 합리적 설명에 치중했던 전통적 변증의 약점을 잘 보여 준다. 진실이라고 해서 현실과 관련되어 있으리란 법은 없다. 내 동료 중에는 매우 인상적인 우표들을 많이 가지고 있던 우표 수집광이 있었다. 그는 카리브 연안의 트리니다드와 타바고에서 빅토리아 여왕 재위 중 발행한 유명한 우표에 대해 모든 것을 완벽하게 설명할 수 있는 사람이었다. 나는 그의 설명이 옳다는 것을 의심하지 않지만, 내 삶과는 별로 관련되어 있지 않다는 인상을 피할 수 없다.

많은 사람들이 기독교에 대해서도 같은 것을 느낀다. 이 느낌은 대개 두 가지 문제 때문에 일어난다. 첫 번째 문제는 한편으로 사람들이 '예수가 하신 일'을 잘 모르고 있기 때문이고, 다른 편으로는 변증가가 상대방과 그의 환경 속에서 복음을 '특성화'(대상에게 특별한 의미로 확인)시키는 데 실패했기 때문이다. 두 번째 문제는 신앙의 성격을 잘못 이해하는 데 있다. 우리는 이 두 문제를 따로 보기로 한다.

우리가 이 책에서 항상 강조했듯이, 변증가는 복음에 대해 대강 중얼거리는 것 정도로는 곤란하며, '상대방 중심'의 접근을 통해 복음의 힘을 잘 표현해 주어야 한다. 복음이 개인의 삶에 주는 '특별한 의미'는 주어진 상황과 잘 관련시키지 못할 때 쉽게 사라진다. 복음은 해방에 대하여 이야기한다. 그러나 무엇으로부터 이 사람이 해방될 필요가 있을까? 이집트의 억압에서부터? 죽음의 공포에서부터? 미국 남부의 노예제로부터? 기아로부터? 아니면 자책감이 만드는 정신적인 압박으로부터 해방을 말하는 것인가? 복음이 개인의 삶과 관련이 없는 것처럼 되면, 그 책임은 '관련시키는 데 따르는 문제를 잘 풀어 나가지 못한' 우리의 실패에 있게 된다. 복음에는 아무 문제가 없다. 약한 연결고리를 찾아 손을 쓰는 것은 실제 상황을 알고 있는 우리의 사명이다. 우리는 이 문제를 뒷장에서 좀 더 다룰 것이다(결론 5편).

두 번째 문제는 '믿음'이라는 단어의 뜻을 그냥 알고 있는 척만 하지, 바로 이해하지 못하는 데 있다. 우리가 앞에서 보았듯이 믿음은 세 가지 요소를 가진다.

1) 믿음은 어떤 특정한 사실이 진실임을 믿는 것이다.
2) 믿음은 하나님의 약속을 신뢰하는 것이다.
3) 믿음은 하나님의 약속에 참여하여 그것이 제공하는 혜택을 누리는 것이다.

보통 이 중 첫 번째 정의만 기독교 신앙 밖에서도 적용된다. 이런 이해만으로는 사람들은 이렇게 질문할 수밖에 없다: "어떻게 사람이 완전히 변화될 것이라고 믿을 수 있다는 말인가?" 변증가는 신앙인의 언어와 그것이 가리키는 영적 본질을 설명해 줄 수 있어야 한다.

기독교의 현실 관련성은 삶의 여러 영역에서 찾아볼 수 있다.

1) 윤리에는 전제가 필요하다(2장 4편). 윤리적 가치는 세상과 그 속에 사

는 인간의 성질과 목적에 대한 이해를 반영한다. 윤리 철학가인 베이질 미 첼은 "모든 세계관이 인간과 우주 안에 인간의 위치를 나름대로 전제하고 있으며, 이 점은 윤리의 범위, 성격, 내용에 대한 각 세계관의 특징을 설명 해 준다"[10]라고 지적한다. 윤리는 현실과 항상 관련되어 있다. 사회와 개인 은 그들이 살아갈 방향을 가르쳐 줄 윤리적 가치와 개인적 이상이 필요하 다. 1930년대 고등교육을 받은 이상주의적 중산층 지식인 사이에서 무정부 주의가 크게 유행했던 적이 있지만, 다행히 아무도 그 결과를 경험하거나 기대하며 살 수는 없었다. 기독교는 사람들에게 세계관을 제공하며, 인간 이 알 수 있는 최선의 권위에 바탕을 둔 진리라고 가르친다. 그렇다면 기독 교는 인간에게 윤리적 의미와 가치를 가르쳐 주는 관점과 이상을 만들어 줄 수 있을 것이다.

2) 경험을 해석하는 데는 틀이 필요하다. 예를 들어, 어떤 종류의 고통 이든 보다 깊은 목적을 가지고 있다고 해석할 수 있을까? 심리학자들은 인 간은 사물을 이해하고자 하는 필요를 자기 속에 가진 것 같다고 강조한다. 이 현상은 '귀속 과정'(attributional processes)이라고 알려져 있다.[11] 인간이 경 험하는 사건마다 의미를 찾으려는 근본적인 욕구를 가졌다면, 이 작업은 가능한 가장 믿을 만한 기초 위에서 해야 한다. 변증의 과학은 기독교의 인 식학적 신뢰성을 강조하며, 변증의 기술은 어떻게 이 체계가 경험을 의미 있게 하는지 보여 준다. 효과적인 기독교 변증이 되기 위해서는 현실 관련 성과 신뢰 가치를 같이 보여 주어야 한다.

3) 인간은 영감을 주고 미래로 이끌어 줄 비전이 필요하다. 이상이 사라

졌을 때 느낄 수 있는 황량함을 기억해 보면 누구나 영감이 필요하다는 사실을 쉽게 공감할 수 있을 것이다. 그러나 우리 앞에 있는 비전은 신뢰할 만한 것이어야 한다. 마르크스주의 무계급 사회의 비전은 그것을 믿는 사람에게 확실한 목적을 가지고 헌신할 수 있도록 했다. 결국 이 비전은 신기루에 불과했다는 사실이 드러났다. 그러나 분명한 것은 그 비전을 진지하게 따랐던 사람들에게 공산주의는 영감과 용기를 주고, 인도할 수 있는 힘을 가졌었다는 점이다. 기독교는 비전을 제공한다. 그것은 하나님이 우리의 죄 된 삶에 간섭하시는 은혜의 비전이며, 그리스도의 죽음을 통해 우리 죄를 용서하시는 비전이며, 우리 삶에 계속 거하시는 하나님과 그 영향력에 대한 비전이며, 우리가 하나님의 나라에 들어가 그리스도의 부활에 참여하게 될 것이라는 비전인 것이다. 이 비전은 우리로 하여금 희망을 가지고 계속 전진할 수 있도록 한다. 이 비전은 딴 세계 이야기가 아닌, 복음의 확실한 역사적 사실에 기초한 '삶'을 위한 복음이다. 변증학 자체는 비전이 신기루가 아닌, 누구든지 진지하게 믿고 의지할 만하다는 사실 때문에 가능하다. 변증학의 기술은 비전을 통해 단조롭기 짝이 없는 이 세상을 변화시키는 방법을 찾는 데 초점을 맞춘다. "희망은 인간의 가슴에 영원히 샘솟는다"(알렉산더 포프)—그러나 그 희망은 반드시 실제적이어야 한다. 복음은 신뢰할 만한 희망을 제공한다. 우리의 신뢰를 확증시켜 주시는 그런 하나님, 바로 우리에게 신뢰 가치가 있다고 말씀하시기 위해 이 땅과 하늘을 움직이시는 하나님, 우리가 당신 앞에 설 수 있도록 그의 아들 예수 그리스도를 죽이신 그 하나님의 바위 같은 성실하심이 자리하고 있는 것이다.

그렇다면 정말로 복음의 현실 관련성에 문제가 있는 것일까? 지금까지 우리는 기독교와 우리가 관련된 세 가지 방법만 건드려 보았다. 그러나 확실히 누구든 윤리적 결정을 내리고, 이상을 만들고, 경험된 세상을 해석해야 하고, 삶 전체를 인도할 비전을 가져야 하기 때문에 기독교는 매우 현실적인 대안이 된다. 우리가 이미 강조했듯이, **현실적인 세계관만이 현실에** 의미를 가진다.

기독교는 우리가 배운 여러 재미있는 사상을 초월한다. 사람들은 사상이라는 말만 나와도 지겨워한다. 한때 새로운 사상이 금방 구식이 되고, 한때 주요 관심을 끌었던 내용이 매력을 잃어 간다. 기독교는 새로운 사상을 포함하고는 있지만, 그 사상을 단순히 제공하는 데서 끝나지는 않는다. 기독교는 우리를 변화시켜 새롭게 만들어서 하나님의 풍성한 능력과 실제를 맛보게 해 준다. 기독교는 지루한 인간의 삶에 들어와 혁명을 일으켜서, 그리스도의 부활하신 생명의 역동적인 생명력과 우리를 만나게 해 주는 것이다. 여기엔 단순한 사상으로 가득 찬 교과서가 있지 않다. 여기엔 이 땅의 제한된 삶이 결국 끝날 때까지는 삶을 계속 이어 주고 새롭게 만드는 사랑과 교제 같은 내용이 포함되어 있다. 그리고 이것은 경험이 증명하듯 실제 삶에 놀라우리만큼 높은 타당성을 가진다. 바르게만 이해된다면 말이다.

실제로 기독교 밖의 사람들은 기독교를 바로 이해하고 있지 못한 것 같다. 이 점이 바로 변증가가 당면한 가장 큰 임무 중에 하나일 것이다—예수님을 오해로부터 구해 내는 것 말이다. 순교자 저스틴 같은 2세기의 변증가들이 기독교는 식인종 집단이라거나 모임 중 성기를 가지고 논다는 청중의 오해를 풀어 주어야 했듯이, 현대 사회의 변증가 후예들도 복음을 오도하는 내용을 파악하여 무력화시켜야 한다. 우리는 이 점을 다음 장에서 더 다루어 볼 것이다.

4. 기독교 성격에 대한 오해

사람들은 나름대로의 기독교를 판단해서 거부한다. 그것이 기독교와 상관하지 않겠다는 의도적인 결정이든 무의식적인 적대감이든 마찬가지다. 문제는 실상을 바로 보지 못한 채 대강 혹은 뒤틀어진 모습을 가지고 반감을 가지고 있을 가능성이 농후하다는 점이다.

역사적으로 많은 이들이 기독교를 오해하여 신앙의 장애물로 삼았던 것을 볼 수 있다. 좋은 예가 바로 히포의 어거스틴(St. Augustine of Hippo)이다.[12] 어거스틴은 북아프리카 출신의 재능 있는 웅변가였으며, 4세기 후반 정치로 뜨거웠던 로마에서 출세하려는 야심을 가진 젊은이였다. 그는 성공 근처까지 간 것 같다. 로마에 도착한 후 별로 지나지 않아 북부 이탈리아의 주요 도시인 밀라노의 공공 웅변가의 직위가 제공되었다. 이것이 로마 정부 안에서 중요한 직위로의 출발점이란 것을 알고 있었던 어거스틴은 재빨리 수락한다.

청년으로서 어거스틴은 카르타고의 한 종교와 관계하기 시작했다. 마니키안주의는 인간의 삶과 희망 그리고 공포라는 수수께끼를 이해하는 것을 목적으로 삼는 종교였다. 여기서 정확한 세부 내용을 다 설명할 수는 없지만, 다음과 같은 성격은 꼭 기억할 필요가 있다. 마니키안주의는 기독교와 비슷한 점도 많았지만 전혀 다른 점이 몇 가지 있었다. 예를 들어, 구약의 하나님은 자기 멋대로의 악한 신으로 신약의 하나님과는 아무 관계도 없다고 가르쳤다. 세상의 모든 악과 고통은 바로 구약의 하나님의 책임이라고 설명한다. 그래서 구약의 하나님은 신약의 하나님보다 열등하며, 구약은 그리스도인에게는 해당되지 않는다고 주장했다. 여기서 우리는 마니키안주의가 기독교에 대하여 매우 비판적이라는 사실에 주목할 필요가 있다. 이러한 비판은 기독교의 실체에 대한 오해에서 출발한 것이다. 어거스틴의 기독교관은 바로 마니키안주의의 관점을 따르고 있었기 때문에, 젊은 어거스틴의 기독교에 대한 거부감은 실제로 잘못 그려진 기독교를 향해 있었다. 불행히도 그는 사실을 제대로 모르고 있었던 것이다.

밀라노에 도착한 어거스틴은 지역 교회의 감독이었던 암브로스가 굉장한 웅변가라고 듣게 된다. 그는 암브로스의 명성을 직접 두 눈으로 확인해 보기로 결심했다. 매주 일요일마다 어거스틴은 교회에 아무도 모르게 껴앉아서 감독의 설교를 들었다. 처음에는 순전히 직업적인 관심에서 암브로스의 설교를 한 편의 훌륭한 웅변이라고 평가했다. 어떤 웅변가가 좋은 아이디어를 구할 기회를 마다하겠는가? 그러나 설교의 내용이 조금씩 어거스틴을 사로잡기 시작한다.

> 나는 암브로스의 설교를 열심히 들었지만, 종교적 의무감보다는 웅변 기술을 직접 확인해서 (암브로스의 언변에 대한) 소문의 진실 여부를 알아보기 위해서 그랬을 뿐이었다 … 나는 그의 설교 내용에는 관심이 없었으며, 단지 그의 웅변 기술에만 주목하고 있었다. 나는 이런 관점에서 그의 설교를 즐길 수 있었지만, 동시에 무관심했던 주제들이 점점 내게 가까이 오는 느낌을 피할 수 없었다 … 나는 이 두 가지를 분리할 수는 없었다. 내가 그의 웅변력을 알아보기 위해 귀를 기울이자, 그가 말하는 진리에도 내 마음이 열릴 수밖에 없었던 것이다.[13]

어거스틴의 신앙 여정이 보여 주듯이, (어거스틴에겐 일종의 신학적 영웅이었던) 암브로스는 어거스틴의 신앙 앞에 놓인 중요한 장애물을 치워 준다. 암브로스는 마니키안적인 관점에서 기독교를 부정적으로 보던 어거스틴에게 답을 제공해 주었다. 실제로 암브로스가 한 일은 일요일마다 복음을 전한 것뿐이었다. 암브로스가 어거스틴이 청중에 끼여 있었다는 사실을 눈치채고 있었을는지는 모르지만, 그의 영적 상태에 대해서는 알고 있을 리가 없었다. 이것은 바로 평범한 복음 설교가 낳은 기대하지 않던 결과였던 것이다.

우리가 만나는 사람 중에는 기독교가 무엇이며 뭐가 문제인지를 말도 안 나올 만큼 엉터리로 이해하고 있는 사람들이 있다. 이러한 오해는 무의식적으로 이식(移植)되었거나 의도적 선전에 의해 만들어진 것이기 때문에, 우리는 자세한 내용을 조사하여 근본적으로 해결해 줄 필요가 있다. 어떻게 하면 될까?

여기 한 가지 방법이 있다. 당신과 어떤 사람이 기독교에 대해 이야기를 나누고 있다고 생각해 보자. 그는 기독교에 대해 거부감을 가진 사람이다. 그렇다면 당신은 그를 초대해서 기독교에 대한 자기 생각을 말하게 하고 귀를 기울여야 한다. 이러한 대화는 이후 계속될 대화를 위한 중요한 기초를 제공해 줄 수 있다. 그의 기독교관을 표현하도록 만들면, 기독교를 왜 받아들이지 못하는지도 알 수 있기 때문이다.

그런 부정적인 생각이 어디로부터 비롯된 것인지를 묻고 '대안'을 제공해 줄 준비를 갖추라. 보다 **믿을 만할** 뿐만 아니라 매력적인 우리의 대안 말이다.

5. 절대적 확실성을 요구하는 것

기독교를 설명할 때마다 "사실을 증명할 수 없다면 믿지 못하겠어!"라는 대답이 나오면 이야기는 막히기 쉽다. 변증가가 부딪히는 가장 심각하고도 흔한 문제 중에는 의심을 풀어 줄 증거를 대라는 요구가 꼭 포함되어 있다. 우리는 이 지점에서 대화를 끝내야 할 필요가 없으며, 실제로 그래서는 안 된다. 인간은 절대적인 확실성을 요구하며, 이를 통해 모든 인간이 가진 지식의 한계를 발견하는 '생산적인 경험'을 한다. 여기에는 하나님에 관한 문제도 포함되어 있다.[14]

우리가 절대적으로 확신할 수 있는 것은 무엇일까?[15] 인간 지식의 엄청난 부분이 정확성이 부족하다는 이유로 푸대접을 받는다. 여기엔 다음과 같은 내용이 포함된다.

역사적 지식: 헤이스팅스 전투가 1066년, 미국 독립선언이 1776년에 일어났다는 것은 확실히 믿을 만한 내용이다. 물론 틀릴 수도 있다. 내가 그렇게 믿는 이유는 이 사실이 목격담에서 나온 것이기 때문이지만, 물론 목격담 자체가 헛것을 보고 말하거나 오해 등에서 비롯된, 혹은 의도적인 조작에서 나왔을지도 모른다. 나는 사건이 터진 곳에 있을 수 없기 때문에 사건을 분명하게 확인할 방법이 없으며, 다른 사람들의 말에—거짓말일 수도 있는—의지할 수밖에 없다. 물론 나는 사건이 그때 일어났음을 분명히 믿자고 생각하지만, 정말 언제 일어났는지를 '절대적 확실성'을 가지고 말할 수는 없다. 잘해 봐야 '거의 확실히' 그때 일어났다고 말할 수 있다.

문제는 사람들이 이 점에는 거의 주의를 기울이지 않는다는 것이다. 변증가는 "카이사르가 언제 죽었지?"에 답을 달 때, "네가 그걸 어떻게 알아? 정말 확실해?"와 같은 한심한 질문에 대꾸해 주어야 할지도 모른다. 이 점은 별로 중요하지는 않을지 몰라도, 반드시 짚고 넘어가야 할 문제다.

과학적 지식: 사람들은 자연과학이 사물에 대한 절대적으로 확실한 정보를 준다고 주장한다. 그러나 과학을 잘 아는 사람들은 양자이론은 전자의 위치를 '불확정성'이나 '불정확성' 같은 개념으로밖에는 표현할 수 없다는 사실을 잘 안다.[16] 물리학 법칙은 그냥 보기엔 '절대적 사실'을 보여주는 예라고 생각한다. 그러나 낸시(Nancy Cartwright)의 문제작 「물리학 법칙의 거짓말」(How the Laws of Physics Lie)이 보여 주듯, 사실은 그렇게 단순하지 않다.[17] 우리는 여기에 관련된 문제들을 다음 장에서 좀 더 자세히 살펴볼 것이다. 여기서는 '과학 이론에 대한 단순한 접근이 실제로 어떻게 우리를 오도하는지'를 보여 주는 예를 살펴보려고 한다.

첫째로, 우리는 법칙은 선규정적(先規定的)이 아님을 염두에 두어야만 한다. 이들은 현상을 설명한 것이다. 이것은 자연이 있어야 할 모습을 정하는 것이 아니라, 반대로 자연이 현 상태를 묘사한다. 과학은 과거의 관찰을 정리해서 미래를 예측하려고 시도한다. 이러한 예측의 기초에는 미래도 과거와 같이 계속될 것이며, 과학적 현상은 약간의 정도의 차이에도 불구하고 반복될 것이라고 전제한다. 그러나 이러한 전제는 자연과학의 가장 난제 중에 하나인 '귀납법적 오류'가 포함되어 있다.

과학적 귀납법은 세 가지 원칙에 의거한다.[18]

1) **축적의 원칙**: 지식은 검증된 사실을 축적시킴으로 진보된다고 말한다.

2) 연역의 원칙: 자연법칙은 관찰과 실험 결과에서 유추한다고 말한다. 자연법칙은 '머릿속에 입력된 사실을 재생산하는 것'이라고 한다 (Ernst Mach).

3) 직접 확인의 원칙: 자연법칙의 현실성은 그것이 말하는 현상이 실제로 나타나는 횟수에 달렸다고 말한다.

이 원칙들은 그럴듯하게 들린다. 그러나 롬(Rom Harre)이 명쾌하게 지적했듯이, 자연철학에서 "귀납법은 치밀한 검토의 해답이 될 수 없다".[19] 특별히 자연과학의 법칙이 절대적 확실성을 가지고 상태를 설명한다는 생각은 말도 안 된다. 귀납법적 결론은 과학적으로 '개연성'이 있다고 말할 수 있지만, '확실하다'고 말한다면 웃기는 소리일 뿐이다. 예를 들어, 어떤 증거로부터 여러 가지의 '자연법칙'을 끌어낼 수 있을 때를 생각해 보자. 이런 경우가 던지는 문제를 아는 귀납법 추종자들은 '간소의 원칙'(Principle of Parsimony)—가장 단순한 이론이 정답이라는 생각—으로 해결하려 한다. 그러나 이들에게 과학의 역사가 전해 주는 비보(悲報)는, 과학자들은 보통 현실과는 거리감이 있는 복잡한 이론을 선호한다는 사실이다.

과학 철학자들은 이미 오래전부터 이 점을 잘 알고 있다. 그러나 이런 사실과는 딴판으로 대부분 사람들은 보통 과학에 대해 거의 종교에 가까운 신뢰를 가지고 있다. 그들은 과학이 우주의 신비를 벗겨 내어 기독교의 진리를 완전히 대체할 수 있다고 생각한다. 그러나 사실은 그렇게 간단히 끝나지 않는다. 우리는 이 문제를 다음 장에서 볼 것이다.

기독교 비판자들이 요구하는 완벽한 확실성 같은 것은 역사학자나 자연

과학자 모두 보여 줄 수 없는 내용이다. 이 말이 과학자나 역사가는 보통 불확실성과 혼란 속에서 몸부림치는 회의주의자라는 뜻일까? 물론 그렇지 않다. 경험을 설명하기 위해 이들은 모두 거의 비슷한 법칙을 이용한다. 이들은 자신의 이론이 현상을 설명하는 완벽한 정답임을 증명할 수 없음을 알면서도 이론을 바꿀 다른 일이 터지기 전까지는 '최선의 방법'이라고 제시한다. 경험세계의 논리는 확실성이 아니라 바로 개연성인 것이다.

나는 내일도 태양이 뜰 것을 증명할 방법이 없다. 내가 연구 중인 모든 산소 원자가 갑자기 다른 어떤 곳으로 이동해 버리는 바람에 우리 모두가 산소 부족으로 죽을 리는 전혀 없다고 증명할 방법도 없다. 내 옆 사람이 실제로 존재한다는 당연한 생각조차 흄(David Hume) 같은 철학자를 상대할 경우, 이 사실을 증명하기가 매우 어려워진다. 하나님의 존재 문제도 마찬가지다. 그러나 그렇다고 해도 내 생활은 절대적인 확실성이 없다는 이유로 전혀 지장을 일으키지 않는다. 그리스도인, 비그리스도인 모두 삶에 대한 전제가 필요하다. 이 전제는 기독교의 비판자들이 원하고 기대하는 것 같은 절대적 확실성에 바탕을 두지 않는다. 그리스도인들은 모든 사람들과 같은 배를 타고 있다. 이 배는 침몰할 징조를 전혀 보이고 있지 않다.

그러나 이런 예들은 경험에서 오지 않는다고 말할 수 있다. 역사나 자연과학 모두 오감을 통해 전달된 정보에 바탕을 둔다. '탈 해석적 경험'에 관한 최근의 논쟁이 보여 주듯, 경험을 해석하는 작업은 끔찍할 만큼 어려운 문제다.[20] 그렇다면 경험 대신 이성에 의지하면 되지 않을까? 사람들은 이성을 통해 완벽하게 확실한 정보를 찾아낼 수도 있다고 말한다. 여기에 세 가지 예가 있다.

1) 전체는 부분보다 크다.

2) 과부 된 여자의 남편은 이 여자의 동생과 결혼할 수 없다.

3) 5+5=10

누구라도 다 확인할 수 있는 사실이다. 처음 두 경우는 단어 자체의 정의로 볼 때 사실이다. 정의에 따르면 '전체'는 '부분'보다 크다. 과부라는 정의에 따르면, 과부가 된 여자의 남자는 반드시 죽어 있어야 하기 때문에 부인이 허락하든 안 하든 부인의 동생과 결혼할 수 없다. 셋째는 지극히 당연하고 다 아는 예로 수학에서 따온 것이다. 이런 방법을 쓰면 다른 지식도 확실히 알아낼 수 있지 않을까? 우리의 이성을 써서, 모두에게 당연한 사실을 정의하는 데서 출발해서 이를 바탕으로 모든 문제를 풀 수는 없을까?

이 방법을 시도한 사람들은 항상 끔찍한 실패를 경험한다. 완벽하게 확신할 수 있는 '자명한 사실'을 찾아 그 위에 어떤 확신할 수 있는 체계를 세울 수 있다는 꿈은 이제 환상에 불과해졌다(이 문제도 다음 장에서 자세히 알아볼 것이다). 여기서는 다음과 같은 문제가 지적되어야 한다. 우리에게 심각한 문제에 대한 답은 모두 '개연성'을 가진다. 우리가 정말 확신할 수 있는 문제라고는 사실 기초적이고 보잘것없는 문제들인 것 같다. 전체가 부분보다 크다는 이해가 우리 인생을 바꾸어 놓을 수 있을까? 5+5=10이라는 것이 당신에게 영생의 비밀을 알려 줄 수 있을까? 혹은 이것이 피할 수 없는 죽음을 향해 초침에 맞춰 다가가는 인생을 만들어 나가는 데 도움이 될까?

테니슨은 그의 「고대의 전설」(The Ancient Sage)에서 이 문제를 보다 시적으로 지적한다.

증명될 가치 있는 것들은 아무것도 증명되지 않으나, 아직 부정되지도 않았다. 당신이 지혜롭다면, 어디에서든지 의심이 가진 보다 밝은 면을 비집고 나아가라.

　실제로 인생의 심각한 문제들은 대개 확실히 증명할 수 없다―그것이 (인간 생명의 가치 문제 같은) 윤리적인 문제든, (민주화의 필요성의 문제 같은) 사회적 태도의 문제든, (기독교 같은) 종교 신앙의 문제든 간에 상관없이 말이다. 저명한 미국의 철학자 로티(Richard Rorty)는 이 점을 잘 지적해서 말한다: "이론의 가치가 철학적 기초에 달렸다고 믿는 사람들에겐, 철학적으로 상대주의가 극복될 때까지는 물리학이든 민주주의든 모두가 의심스럽게 들릴 것이다. 다행히도 거의 대부분의 사람들이 그렇게 생각하지 않는다."[21] 무신론은 하나님이 없다는 믿음에서 나온다. 여기엔 철학적이거나 실험적인 증거라고는 없다. 당사자들은 자신을 잘 모르고 있어도 무신론은 믿음의 문제라는 사실은 변하지 않는다. 「닥터 지바고」의 저자인 보리스(Boris Pasternak)는 이렇게 썼다: "나는 나의 무신론에 대해 믿음을 잃은 무신론자다." 이 말은 모순되지 않는다. 무신론은 다른 세계관들처럼 하나의 믿음이며, 그런 의미에서 기독교는 굉장한 친구를 가진 셈이다. 기독교를 믿는 것이나 민주주의를 신봉하는 것 같은 삶의 중요 문제에서, 우리는 확실성이 아니라 개연성을 기초해서 풀어 나간다. 당신이 이 점을 수긍할 수 없다면, 이전에 여기에 대해 생각해 본 적이 없기 때문이다. 기독교 신앙은 증명될 수 없기 때문에 위험 부담을 가진다. 신앙이란 잔잔하고 편안한 쉬는 상태가 아니라, 쉴 새 없이 문제와 싸워야 하는 모험 같은 것이다. 루터가 고백한 바 있는 '그리스도를 믿는 믿음이 주는 평강'이란 분쟁과 혼란에서의 탈출

이 아니라 그 속에 있는 상태를 의미한다. 기독교는 역사와 이성, 경험과 계시라는 잘 균형 잡힌 네 다리 탁자의 다리에 의지하여 신앙생활을 보호하고 안정시킨다.

6. 이전에 다른 종교를 믿었던 경우

어떤 사람들은 삶의 의미와 자아 완성, 우주와 자기 존재의 의미를 설명해 줄 종교를 찾아다닌다. 어떤 사람들은 이미 무엇인가를 찾았기 때문에 더 이상 찾아다닐 필요가 없다고 생각한다. 이러한 씨름은 종종 기독교로 결론 나기도 하지만, 항상 그렇지만은 않다. 이미 다른 종교를 가진 사람들을 변증가는 어떻게 다루어야 할까?

그저 보기엔 전도할 기회가 모두 사라진 것 같기도 하다. 그래도 뭔가를 조심스럽게 하려고 새롭게 대화를 시작해 보면, 아마도 무신론자나 마르크스주의자의 경우가 불가지론자(不可知論者)를 상대하는 것보다 쉬울 것이다. 왜냐하면 전자는 적어도 무엇인가를 믿고 있는 데 반해, 후자는 무관심과 불신앙을 정당화하는 삶의 모호성 뒤에 계속 숨어 버리기 때문이다. 무신론자는 종교가 보여 주는 증거를 인정할 준비가 되어 있다. 이 말이 부정적으로 들린다면 '축하할 준비가 되어 있다'라고 고치자. 다른 말로 하면, 무신론자 역시 자신과 남을 나누는 경계를 무너뜨릴 궁리를 하고, 인간의 경험과 사고 속에서 어느 쪽이 맞는지 알아낼 수 있다고 생각한다. 지금 무신론자들은 신이 없는 쪽에 서 있다. 그러나 그런 상태가 영원히 되어야만 되는 법은 없다. 대화는 가능하다.

이렇게 접근할 때는 주의할 내용이 따른다. 대화는 다루기 곤란한 문제로 지루하게 계속될 수 있기 때문에, 지식뿐만 아니라 인내를 가지고 자기주장 못지않게 상대방에게 사랑을 가지고 귀를 기울이는 자세로 임해야 한다. 이 문제는 신앙과 경험의 관계를 생각하면서 이미 충분히 살펴봤다. 경험이 어떤 종교나 세계관과 부딪히면 처음엔 즉시 부정되는 것처럼 보인다. 신앙은 자신과 맞지 않는 경험을 한 번만 해도 무너지는 것 같다. 그러나 실제는 그렇게 간단하지 않다.

하버드대학의 철학자 콰인(Willard van Orman Quine)은 우리에게 신앙 체계 또는 세계관과 경험이 서로 연결되는 방식을 잘 설명해 준다.

> 지리학과 역사의 가장 평범한 문제로부터 원자물리학의 가장 심오한 법칙에 이르기까지 … 우리가 소위 말하는 총체적 지식이나 신앙 체계는 가끔 경험할 수 있는 증거로 지탱되는 인간의 창작품이다 … 총체적 지식이나 신앙 체계가 경험과 부딪히게 되면 내적 재조정을 거치게 된다 … 그러나 그 자체는 정해진 조건 아래서 경험을 통해 만들어진 것이기 때문에, 단 하나의 경험상 모순으로도 무엇을 뜯어고쳐야 할지 다양한 의견이 나올 수 있다.[22]

다른 말로, '경험이 세계관에 끼치는 영향력은 비교적 적다' 는 뜻이다. 경험이 세계관이나 신앙과 모순되면 거기서부터 나타나는 가장 흔한 결과는 내부의 재조정이지 부정이 아니라는 뜻이다. 실제로 어떤 세계관은 생겨난 과정부터 이렇게 만들어졌기 때문에, 경험을 들어서는 전혀 부정할 수 없는 것도 있다. 콰인은 이 문제를 매우 분명하게 지적한다.

> 우리의 이론 체계는 비결정성이란 두꺼운 충격 흡수제를 통해
> 경험과 관계하기 때문에, 근본적인 수정의 압력이 나타나도 쉽
> 게 면역성을 가지고 그 영향력을 계속 지탱한다. 우리는 예상
> 치 못했던 경험에 의해 체계의 재수정이 불가피해졌을 때마다
> 그 속의 다른 영역으로 언제든지 주의를 돌릴 수 있다.[23]

　콰인의 분석은 기독교 변증에서 크게 적용된다. 이것은 다른 종교를 가
진 사람을 접하는 변증가가 만날 수 있는 문제를 보여 준다. 모든 세계관은
단순한 신조의 집합이 아니며, 설득력이 떨어진다고 해도 즉시 자동적으로
부정되지는 않는다. 도리어 모든 세계관은 개념들의 집합으로 볼 때 상당
한 유연성과 모호성을 가진, 상호작용하는 여러 내용들로 만들어진 망(網)
이다. 어떤 쟁점이 어떤 세계관을 심각하게 약화시켰다고 해도, 결국 '비결
정성의 쿠션'에 의해 대부분 흡수되어 버린다. 이 체계의 치명적인 약점을
보여 주는 어떤 경험 사건도 대상을 부정하기보다는 '체계 내부의 수정'을
만들어 낸다. 사람들은 어떤 체계가 경험과 모순될 때, 체계 자체보다는 내
부의 한 부분을 반박하게 되어 버리는 것이다.
　프로이드주의와 마르크스주의는 딱 맞아떨어지는 예를 보여 준다. 이것
은 프로이드 심리학자를 찾아간 한 사나이에 대한 유머에서 잘 나타난다.
만일 그가 일찍 왔다면 심리 분석자는 그가 불안해하고 있다고 결론을 내
린다. 제시간에 온 경우 환자는 강박관념에 사로잡힌 것이고, 늦었다면 그
는 화가 난 상태를 의미한다. 한마디로 코에 걸면 코걸이, 귀에 걸면 귀걸

이란 말이다. 그러나 우리는 이러한 이론이 얼마나 실제와 모순되는지 쉽게 경험한다. 칼 포퍼의 유명한 이론인 '부정 이론'(참다운 과학적 논리는 부정할 수 있는 방법을 가진 채로 정의되어야 한다는 생각)이 개발된 이유도 여기에 있다. 반박할 수 없다는 성격은 큰 장점처럼 보이지만, 실제로는 심각한 단점이된다. 왜냐하면 제대로 분석할 수 있는 방법이 없다는 말이니까.

그렇다면 비기독교 세계관을 반박할 수 있는 방법은 무엇일까? 어떻게하면 취약한 개념들을 파헤치고, 모순으로부터 체계를 보호하는 '비결정성의 쿠션' 속으로 뚫고 들어갈 수 있을까? 다음과 같은 방법이 효과적일수 있다.

1) 역사적 부식(腐植)의 문제를 연구해 보자

영구적이라고 생각되던 것이 종종 일시적인 것에 불과하다고 증명될 때가 있다. 구약의 선지자들은 이 점을 잘 보여 주는 예다. 고대의 대제국들은 정치적으로 영원할 것이라고 생각되었지만, 선지자들은 그들의 '피할수 없는 순간성'을 강조한다. 이들은 사라질 것이지만, 하나님의 말씀은 영원히 남을 것이다. 그래서 이사야는 미래에 있을 바벨론의 붕괴를 선포했다(사 47:1~7). 바벨론의 붕괴는 당시에 상상조차 할 수 없는 일이었던 데 반해, 선지자 이사야는 다가올 멸망을 알고 있었다. 오늘 우리 앞에 있는 것이 내일엔 없어질 수도 있다.

영원한 것은 없다는 사실이 퍼시(Percy Bysshe Shelley)의 시 〈오즈만디아스〉(Ozymandias)에 의해 재확인된다. 퍼시는 옛적 어떤 나라에 서 있던 기념비에 대해 노래한다.

나는 한 오랜 나라에서 온 여행자를 만나 이런 소릴 들었지.
"사막 한가운데 두 다리만 남은 거대한 석상을 보았다네."

이렇게 폐허로 남겨진 석상은 한 강력한 왕의 유언이 새겨진 기념물의
잔해였다.

"내 이름은 왕중의 왕 오즈만디아스.
힘 있는 자들이나 절망하는 자들이여, 내 업적을 보아라."

그러나 그의 업적은 아무 데도 남아 있지 않았다. 그의 말은 허공에 울
릴 뿐이다. 이 기념비는 지나간 영광과 현재의 퇴락해 버린 폐허, 그리고
무의미함을 보여 주는 불행한 증거다.

옆에 남은 것은 아무것도 없었다. 석주의 부서져 가는 잔해가
앙상한 모습으로 한없이 둘러서 있었다. 황량하게 밀려오는
모래가 모든 것을 덮어 가고 있을 뿐.

이 같은 역사적 관점은 세계관에도 적용할 필요가 있다. 많은 사상들이
영원히 전성기를 누리고, 마지막 때까지 기독교를 심각하게 위협하리라고
생각되었다. 그러나 각각을 깊이 들여다보면 그 실상이 드러난다. 모든 사
상들은 모두 각 시대의 좁은 틀에 박혀 있는 순간적인 것이었을 뿐이다.
테니슨(Tennyson)은 그의 〈인 메모리엄〉(In Memoriam)이란 글 속에서 다음
과 같은 표현으로 변증상 문제의 핵심을 정확히 요약하고 있다.

우리들의 작은 세계는 자기만의 전성기를 가진다.
그들의 누릴 때는 곧 끝나게 되리니,
그들은 불완전한 당신의 빛일 뿐.
오, 주여, 당신은 그들 위에 계십니다.

순교자 저스틴 등 2세기 변증가들의 글에 나오는 신앙의 심각한 도전자들은 이제 우리 주위에서 찾아볼 수가 없다. 어제의 위협거리가 지금은 역사의 골동품이 되어 버린 경우가 많이 있다.

기독교는 2천 년간이나 존재해 왔다. 적어도 서구 사회에서 기독교의 사상적 경쟁자들은 최근에 나타난 것이다. 이들은 얼마나 오랫동안 심각한 위협거리가 될 수 있을까? 1960년대에만 해도 우리는 마르크스주의가 계속될 것이라고 들었다. 기독교가 살아남기 위해서는 이러한 상황에 익숙하게 적응해야만 할 것 같았다. 마르크스주의는 지적으로 기독교보다 설득력이 있고 훌륭한 체계인 것 같았으며, 우리는 이에 맞서 영원히 방어 자세나 취하고 있어야 할 것 같았다.

1989년 베를린 장벽의 붕괴와 1991년 여름에 모스코바에서 일어난 공산당의 몰락이라는 놀라운 사건은 위의 판단이 얼마나 피상적인 것이었는지를 보여 준다. 무너져 버린 마르크스주의는 영원성과 우월성이라는 신화의 실체를 보여 주었다. 대학이라는 기관이 가진 사회적 역할—사라진 명분의 아성—을 이해하면, 적어도 대학은 마르크스주의를 계속 중요하게 취급할 것이다. 그러나 마르크스주의는 이미 대중적 호소력을 잃어버렸다. 한 세대가 만들어 낸 것을 다음 세대는 거부했던 것이다. 한 세대를 해방시켜 주었다고 생각되었던 것이 다음 세대에겐 억압이 되어 버린 것이다. 사상의 유행은 변한다.

이 점이 보여 주는 내용은 분명하다. 기독교와 겨루는 다른 체계를 검토하기 위해서는 역사적 족보를 따져 볼 필요가 있다. 이 사상은 얼마나 존재했는가? 이 사상이 백 년 후에도 계속될 것 같다면 그 이유는 무엇인가? 지금까지 그리스도인은 의외로 이러한 질문을 매우 소홀히 해 왔다. 아마도 신앙이 사람을 너무 순진하게 만들기 때문인지도 모른다. 그러나 이러한 질문은 '악착같이' 제기될 필요가 있다. 오늘 확실한 것이 내일에는 의심스런 과거가 될 수 있다는 무서운 현실을 생각해 보면, 비기독교 세계관의 설득력은 상당히 의심스러운 것이 된다.

2) 신앙의 증거를 검토해 보라

사람들이 자기의 세계관을 고르는 기준은 무엇일까? 사람들은 보통 이런저런 증거가 자기 세계관 쪽으로 기울기 때문이라고 말한다. 그러나 실제로 사람들은 이렇게 결정을 내리지 않는다. 개인이 어떤 종교를 받아들이는 이유는 자신이 속한 동료 그룹 사이에서의 유행이나 부모님에게 반발하는 데서 나온다. 성경은 이러한 오랜 인간의 경향—부모에게 반항하고, 그들의 종교를 거부하는 것—을 보다 깊은 차원에서 표현한다(눅 15장). 다른 예로는 프랑스 혁명 즈음에 독일 문학에서 찾아볼 수 있다. 당시 독일 문학은 주로 부모의 구시대적 관점을 거부하고 프랑스 혁명의 세속적 세계관을 받아들이기 원하는 젊은이들의 이야기로 가득 차 있다.

이것은 또 다른 역사적 유행의 예일 뿐이다. 사람들은 어떤 때가 되면 자기가 있던 자리를 돌아보면서 본질적인 문제를 제기하게 된다. 이 체계를 따라야 할 이유가 무엇일까? 이것이 유행이라고 해서 무조건 신뢰할 수 있을까? 이러한 유행은 자식이 부모로부터 독립하려는 표현일 수 있겠지만, 과연 최선의 결론을 가져왔다고 말할 수 있을까? 그렇게 독립하게 된 당신의 자녀들은 단지 부모의 종교를 거부하는 것에서 끝나지는 않는가? 그렇다면 그들은 당신의 신앙이 주는 혜택을 제대로 이해하고 있을지 매우 의문스럽다. 이 질문은 어떤 시점에서 꼭 제기되어야 한다. 당신은 이 질문을 꼭 짚고 넘어가야 한다.

구체적으로 어떤 문제를 끄집어내야 하는지를 알아보기 위해서, 우리는 칼 포퍼(Karl Popper)의 「역사주의의 빈곤」(The Poverty of Historicism)이라는 책 속에 나오는 마르크스주의에 대한 비판에 주목할 필요가 있다.[24] 칼 포퍼는 매우 도전적인 투로 "이 책을 파시스트와 공산주의자들이 믿는 필연적 역사의 귀결이라는 종교에 희생당한 모든 나라와 민족의 수많은 남녀 모두에게 바친다"고 말한다. 칼 포퍼의 요점은 이것이다. 마르크스주의는 역사의 과학적 분석에서 나왔다고 주장되어 왔다. 역사는 필연적으로 사회주의를 향해 나가고 있다. 사회주의의 역사적 필연성을 염두에 둔다면 우리는 사회주의의 피할 수 없는 실현을 앞당기는 작업을 해야 한다고 말한다. 마르크스가 「자본론」(Das Kapital) 서문에서 말한 것처럼, 우리는 사회주의로 가는 "출산을 앞당겨서 고통을 줄일 수 있다". 그러나 포퍼는 이러한 '역사적 필연성'은 진지한 검토의 대상이 될 수 없는 개연성의 증거만 가지고 있다고 지적한다. 역사는 마르크스가 찾아낸 양식—이 양식이 그의 이론을 세우는 데 바탕이 된다—같은 것은 보여 주지 않는다. 마르크스주의라는 사상은 약간의 오류 정도가 아니라 매우 **절대적인 오류**에서 나온 것이다.

이것은 일반적인 접근법의 한 예를 보여 준다. 모든 종교·사상 체계는 어떤 기초에서 출발한다. 당신의 임무는 그 기초를 찾아내어 문제를 제기하는 것이다. 사상사(思想史)가 보여 주는 가장 재미있는 점은 세계관의 기초가 오래전에 의심되고 무너져 버려도 세계관 자체는 계속 남아 있는 경우가 흔히 있다는 사실이다. 기초는 무너졌지만 상부 구조는 아직 남아 있다. 우리는 상대편이 믿는 내용이 사라져 가고 있는 철학이란 점을 발견할 수 있도록 도와주어, 그 세계관을 버리는 '출산을 앞당겨서 고통을 줄일 수' 있다. 기독교는 매우 눈부신 전력과 확실한 미래를 동시에 가진 체계를 제공한다. 그렇다면 사람들도 기독교에 대해 다시 생각해 보지 않겠는가?

3) 종교·사상 체계 뒤에 깔려 있는 전제를 검토해 보라

모든 종교·사상 체계는 어떤 전제에서 시작한다. 프란시스 쉐퍼는 「거기 계시는 하나님」(The God Who is There)이란 책에서 이 점을 다음과 같이 설명한다.

> 우리가 누구와 대화하더라도 … 모든 사람은 정리되어 있든 아니든 어떤 전제를 가지고 살고 있음을 기억하라 … 비기독교적 개인이든 집단이든, 그들의 체계에는 논리적으로나 실제적으로 모순이 없을 수 없다 … 어떤 사람이 이런 모순의 긴장 관계를 풀려고 할 때, 우리는 탈출구를 찾도록 도와줄 수 있다. 모든 것은 모순을 포함한다. 사람들은 완벽한 해결 방법을 찾을 수 없는 위치에 있다. 왜냐하면 문제는 단순히 개념상 모순에서 오는 긴장 때문이 아니라, 바로 한 인간으로서 그가 무엇인가 하는 데 포함된 내용이기 때문이다.[25]

쉐퍼가 말하는 핵심은 인간 중심적 변증에 매우 중요하다. 사람들은 무의식적으로라도 전제하고 살아가는 생각이 있으며, 우리는 인내심을 가지고 조심스럽게 질문하는 과정을 통해 이 생각을 분명히 밝혀야 한다. 내가 한 경험으로는 가장 조심스런 접근조차도 상대방의 삶 속에 숨어 있는 모순과 혼란상을 드러내기 때문에 충격이 될 수 있다. 그러나 동시에 우리는 위기를 해결하여, 새로운 신앙이 태어날 수 있도록 도와줄 수도 있는 것이다.

다음의 몇 가지 예는 각 세계관의 내적 모순과 긴장 관계를 밝히는 과정을 통해 세계관의 신뢰성이 얼마나 심각하게 부정되는지를 보여 준다. 우리는 그중 두 가지 예를 생각해 볼 수 있다. 첫 번째는 쉐퍼가 케임브리지 대학에서 이끌었던 토론 모임의 경우다. 모임의 참석자 중에는 힌두교를 믿던 젊은 시크교도가 있었다.

> 그는 기독교를 강력하게 반박했지만, 자기 종교의 문제는 제대로 인식하고 있지 못한 듯했다. 그래서 나는 말했다: "당신의 종교는 잔인성이나 비잔인성은 본질적 차이가 없는 궁극적으로 같은 내용이라고 말하지 않습니까?" 그는 그렇다고 대답했다 … 우리가 모였던 방 주인은 이 시크교도가 인정한 내용의 의미를 확인하기 위해, 뜨거운 김을 뿜어 대며 찻물을 끓이던 물주전자를 시크교도의 머리 위에 가까이 가져갔다. 그는 주인에게 뭔 짓을 하고 있느냐고 물었고, 주인은 매우 부드럽게, 그러나 분명히 대답했다: "잔인성과 비잔인성 사이에는 아무 차이가 없습니다." 그러자 이 힌두교도는 이미 어두워진 바깥으로 나가 버렸다.[26]

여기서 쉐퍼는 우리가 인내심을 가지고 질문을 계속하여 신앙 체계의 내적 모순을 끄집어 내야 한다고 지적한다. 이 점은 쉐퍼가 사르트르의 윤리적 허무주의를 교묘하게 반박했던 유명한 이야기에서도 찾아볼 수 있다. 사르트르의 핵심은 윤리란 쓸데없다는 것이다. 우리가 어떤 윤리적 행동을 할 때, 실제로 우리는 선택하는 작업을 할 뿐 윤리적 결정을 내렸다고 말할 수 없다는 것이다. 이 유명한 사상은 자세히 검토해 볼 필요가 있다. 당시 사르트르는 '알제리 선언'―오랫동안 계속되어 왔던 프랑스의 알제리 점령에 대한 반대 서명문―에 서명했다. 이 행동은 그의 윤리관에 의문을 던진다.

> 사르트르는 이 전쟁이 불의하며 추잡하다고 특정한 '윤리적'
> 평가를 내렸다. 그의 윤리론과 실제 삶의 이러한 비일관성은
> 사르트르가 가졌던 좌익 정치 성향에서도 나타난다. 많은 세
> 속 실존주의자들의 관점에서는 사르트르가 알제리 선언에 서
> 명한 순간 자신의 주장을 배신하게 되어 버린, 이 진보적 사상
> 의 지도자로서는 용납될 수 없는 행동을 한 것이다.[27]

이 점은 사르트르와 다른 허무주의적 사상가들이 "자기 신념의 결론으로는 실제로 살 수 없다"는 사실과 그 결론을 자세히 알아보는 일이 바로 변증가의 임무라고 지적한 쉐퍼의 말을 증명해 준다: "비기독교적인 전제로 시작된 어떤 사상도 논리적이면 논리적일수록 실제 세상과 거리를 두게 되고, 실제 세상이 가까울수록 자기 전제의 논리에 반하게 된다."[28]
쉐퍼는 세계관이 실제 세상에 맞서 방파제를 세워 자신을 보호하는 방

법을 분석하는 데까지 관찰, 발전시킨다. 변증가는 이 방파제를 해체시켜서 해당 신념의 신뢰성을 묻는 사회의 거친 실상을 이해시켜 주어야 한다.

> 이것은 산에서 때때로 터지는 낙반 사고로부터 주행 중인 자동차를 보호하기 위해 세워 놓은 큰 보호벽 같은 것이다. 비그리스도인들에게 있어서 이 낙반 사고란 그들을 둘러싸고 있는 타락되어 비정상적이 되어 버린 실제 세상을 말한다. 그리스도인들은 그 보호벽을 해체시켜서 외부 세계의 실상과 우리가 이 문제를 극복할 수 있음을 보여 주어야 한다.[29]

쉐퍼는 정치적 위기 상황 속에서 사르트르의 관점이 유지될 수 없듯이, 다른 세계관도 같은 문제를 제기할 수 있다고 말한다. 효과적인 변증을 위해서는, 세계관의 잘 알려진 내용을 자세히 살펴보는 노력만큼이나 내포한 의미를 찾는 작업도 중요하다.

우리는 6장을 통해 다른 세계관을 가진 사람들과 비판적이면서도 창조적인 대화를 갖는 방법을 살펴볼 것이다. 거기서는 기독교의 강력한 라이벌이자 잠재적 비판자들인 여섯 개의 주요 세계관들의 내용과 해결책이 정리될 것이다.

7. 개인의 자질 문제

사람의 마음을 바꾸는 것은 매우 간단한 일로 보인다. 그 과정이라고는 어떤 것을 포기하고 다른 것으로 대체하는 일 정도다. 이렇게 보면 기독교 변증가의 주 임무는 기독교 사상이 비기독교적 대안보다 옳다고—적어도 낫다고—설득하는 일이 된다. 그러면 나머지는 자연스럽게 따라오게 된다.

그러나 불행히도 실상은 그렇지 못하다. 위의 시나리오는 모든 사상이 자체 가치로만 평가되는 그런 혹성에서나 적용될 수 있다. 지구라는 혹성에서 보통 적용되는 상황은 이것과 매우 다르게 개인의 상태가 문제를 좌지우지한다.

변증가가 상대하는 것은 '살아 있는' 사람이지, 비기독교 사상이라는 추상적 대상이 아니다. 우리는 자기 입장에 매우 강렬히 집착하면서 자기 잘못을 인정하고 싶어 하지 않는 사람들을 종종 만난다. 변증가의 숙제는 사상에 국한되지 않는다. 정말 문제는 그것을 고수하는 '사람'이다. 사람들은 체면에 집착한다. 모두들 자기 입장을 그럴듯하게 설명해서 체면을 지키려고 한다. 여기엔 어디서나 발견되는 인간의 본성이 적용된다. 아무도 자신의 잘못을 들키고 싶어 하지 않는다.

일평생 무신론자인 어떤 사람과 대화하는 경우를 상상해 보자. 겉으로 드러난 문제의 핵심은 "하나님이 과연 존재하는가?"일 것이다. 그러나 우리가 눈치를 못 채는 사이, 이 사람 속에서는 힘든 씨름이 계속되고 있을지도 모른다. 그는 문득 이런 생각을 하고 있을지도 모른다: '나는 지난 25년 동안 무신론자였다. 이건 매우 긴 시간이며, 이젠 모든 사람들이 나를 무신론자로 알고 있다. 만일 지금 내 입장을 바꾼다면 사람들은 나를 비웃을 것이다. 그러면 내 체면은 포기한 무신론과 함께 엉망이 되어 버리겠지…. 그렇다면 선택의 여지가 없군. 내 정체성과 무신론 신앙은 이미 같이 섞여 있다. 만일 내가 지금 입장을 바꾼다면, 어떤 면에서 내 과거를 모두 부정하게 되고 만다.' 함부로 문제에 접근하는 변증가는 이런 생각에 더 호소력을 더해 줄 수도 있다. 그렇다면 이 문제는 어떻게 풀 수 있을까? 이것의 답은 '하버드 협상 프로젝트'에 의해 제시된다. 이 프로젝트는 윌리슨 석좌 법학교수인 피셔(Roger Fisher) 같은 하버드의 저명한 학자들에 의해 만들어진 것으로, 자기 성실성에 타협하거나 체면을 잃지 않은 상태에서 문제를 풀 수 있는 길을 찾는다.[30] 이를 통해 제시된 방법은 회사 대(對) 회사나 한 회사의 내부 분쟁, 국제적 평화 협상 등에 유용한 원칙을 제시하고 있으며, 기독교 변증을 위해서도 적용될 수 있다. 나는 지난 몇 년간 옥스퍼드대학 학생들과 함께 조그마한 '안내자 프로젝트'를 해 왔는데, 그 결과는 매우 고무적이었다. 우리는 하버드 협상 프로젝트를 옥스퍼드에 도입하여 기독교 변증에 사용했던 것이다. 여기엔 간단한 두 개의 원칙이 바탕을 이루고 있다.

1) 사람을 문제에서 분리시켜 다룰 것

사람들은 남의 사상에 논하는 경우조차 자기가 처한 상황에서 벗어나지 못한다. 나는 그런 상황을 수도 없이 보아 왔다. 엘리자베스라는 사람이 어떤 관점을 설명한다. 이 관점은 심각한 문제점을 드러냈다. 그동안 소홀히 넘겨 왔던 문제가 발견된 것이다. 로라라는 이름의 사람이 이 문제를 가지고 그 관점을 공격하기 시작한다. 엘리자베스는 문제점을 인정할 경우 자기 체면이 땅에 떨어질 궁지에 빠졌다. 그녀는 자기 입장을 변호하기 시작했다. 그녀가 실제로 변호하는 내용은 사실 **특정 관점**이라기보다는 자기의 체면인 셈이다. 로라는 엘리자베스의 생각 못지않게 엘리자베스 자신을 공격하고 있었다. 이제 그녀와 그녀의 생각은 분리시킬 수 없을 만큼이나 한 통속으로 취급되고 있다. 당신이 상대하는 비그리스도인이 사회적으로 매우 저명한 경우, 이와 비슷한 문제가 흔히 일어난다.

인간 중심적 변증은 개인의 필요와 문제를 인식하는 데서 출발하기 때문에 이 문제를 처리할 수 있다. 우리의 기본 전략은 단순하면서도 효과적이다. 사람을 사상과 분리해서 생각하라. 상대자의 정체성과 그가 가진 사상이 그렇게 따라다닐 필요가 없음을 알 수 있도록 도와주라. 이 경우 우리가 취할 수 있는 두 가지 접근법을 생각해 보자. 첫 번째는 상대방과 그의 생각 사이의 관련성을 강조하는 안 좋은 방법이고, 둘째는 이 관련성을 약화시키는 방법이라고 하자. 대화의 내용이 사람들이 흔히 궁금해 하는 '부활'의 문제일 경우를 생각해 보자. 다음의 두 가지 답변에 대해 당신 친구가 어떻게 느낄지 상상해 보자.

① 미안하지만 넌 틀렸어. 그런 변명은 설득력이 없어. 네가 그따위 쓸데없는 문제로 고민하는 것은 수치야. 좀 더 생각해 봐, 그러면 금방 알 수 있을 테니. 네가 방금 말한 문제라는 것이 생각해 보면 실제로 얼마나 무의미한 것인지를 깨달을 수 있을 거야.

② 네가 왜 그렇게 생각하는지 이해할 수 있을 것 같아. 실제로 나도 비슷한 문제를 가졌던 적이 있었어. 그 문제는 쉽게 해결될 성격이 아니기도 하고…. 안 그래? 그러나 나는 그 이후로 생각을 바꾸어 다른 각도로 문제를 보게 되었어. 내가 이해하는 방식을 설명해 줄게.

이런 대답은 둘 다 우리 주위에서 흔히 들을 수 있다. 처음 것은 매우 퉁명스럽고 귀에 거슬리고, 두 번째는 느글느글하지만 듣기 좋은 말이다. 첫번째 접근법은 사람과 그의 생각을 관련시킨다. 둘째 경우는 대상자의 생각을 대상자로부터 분리시킬 수 있음을 말하고, 그 간격을 벌어 놓으려고 시도하고 있다. 우리는 이 점을 다음 장에서 좀 더 생각해 볼 것이다.

2) 마음을 바꿀 수 있는 편한 분위기를 만들어 줄 것

사람들이 자기 입장을 바꾸는 행동이 누구에게 지는 것처럼 느껴지면 기분 좋게 마음을 바꿀 사람은 아무도 없을 것이다. 저질 변증은 마음을 바꾸면 논쟁에서 지는 것 같은 인상을 남긴다. 아무도 논쟁에서 지는 것을─특별히 다른 사람 앞에서─좋아하지 않는다. 로저 피셔와 윌리엄 어리는 하버드 협상 프로젝트의 원칙들이 어떻게 적용될 수 있는지를 설명하면서 다음과 같은 지적을 한다.

> 협상을 할 때 사람들은 종종 제시된 내용이 근본적으로 문제가 있어서라기보다는, 단순히 상대편에게 밀리고 있다는 인상이나 느낌을 피하고 싶은 나머지 자기 입장을 고수한다. 만일 본론을 다른 개념을 사용하거나 잘 표현해서 결과를 보다 그럴듯하게 만들어 내면, 보통 사람들은 상대편의 제안을 받아들인다 … 상호 체면 유지는 원칙과 협상자들의 자기 인식 사이에 조화를 수반한다. 우리는 이 점을 과소평가해서는 안 된다.[31]

그렇다면 이 원칙이 어떻게 기본적으로 적용될 수 있을까? 여기엔 두 가지의 전략이 변증에서 매우 유용하게 나타난다.

(1) 기독교를 선택하는 것이 다른 생각을 부정하는 것처럼 설명하지 말라

이 말을 쉽게 표현하면, 대화 상대자가 지는 상황으로 몰지 말라는 것이다. 이렇게 하는 가장 쉬운 방법은 다음과 같다. 기독교를 '옳은 것'이라고 설명하지 말라(이것은 대화 상대자가 '틀리다'는 것을 의미하게 되어 당연히 반발하게 만든다). 대신 기독교의 매우 **매력적인** 것을 보여 주고 이유를 설명해 주라. 기독교는 우리와 함께하시는 하나님으로부터의 평화와 죽음에 굴하지 않는 희망을 제공하고, 각 개인을 새롭게 평가하며, 갱신된 목적의식을 준다(물론 복음은 이것 말고도 수많은 매력을 가지고 있다).

그러면 상대방은 어떻게 느낄까? 아마도 그는 당신이 전하려는 내용이 자신에게 감격할 만한 가치를 가진 것이라고 생각할 것이다. 당신은 그가 틀리다고 말하지 않고도 가치 있는 무엇인가를 제공하게 된다. 마치 한 거지가 다른 거지에게 어디서 밥을 얻을 수 있는지 말해 주듯이, 당신 친구에게 내 자신이 필요했고, 찾았고, 유용하게 사용하고 있는 어떤 것을 제공하는 셈이 된다. 우리는 친구를 논쟁에서 패배시키는 불편한 상황을 피하고, 친구에게 사랑을 성공적으로 표현할 수 있게 된다. 서로에 대한 사랑과 연민이야말로 효과적인 변증의 근본적인 생명력을 제공하는 요소인 것이다.

이 말은 '기독교를 진리라고 말해선 안 된다'는 뜻이 아니다. 기독교가 가진 매력은 기독교가 진리이자 매우 흥미로운 내용이라는 점이다. 그러나 인간의 약함과 오해 때문에, 진리라는 말만 나와도 사람들은 매우 호전적

인 느낌을 받고 그렇게 이해한다. 우리는 적절한 기회가 되었을 때 기독교가 진리임을 말해 줄 수 있다. 이 단계 전까지는 상대편에게 걸림돌을 만들어 줄 필요가 없다.

앞에서 우리는 다른 세계관을 대하는 전략 속에 나타난 프란시스 쉐퍼의 지혜를 볼 수 있었다. 예를 들어, 그들의 내용상 비일관성을 지적하는 것 말이다. 그러나 의혹을 제기하는 이 과정이 위험스러운 정면충돌일 필요는 없다. 우리는 사상을 따르는 사람이 아니라 사상 자체에 맞서 도전할 필요가 있다. 예를 들어, 공산주의를 따르는 사람과 말하게 되었다고 하자. 적용할 수 있는 다음의 두 가지 방법을 비교해 보자.

① 마르크스주의는 틀린 것이며, 여기에 열중하는 사람은 뭔가 잘못된 사람이다. 이 사상을 따르는 사람은 실제 삶과 심각할 만큼이나 동떨어져 산다는 증거다.

② 솔직히 말해 나는 마르크스주의에서 문제점을 항상 발견한다. 이 점에서는 당신이 나에게 답을 찾을 수 있도록 도와줄 수 있다. 예를 들어, 20세기 동안 몇몇 나라에서 마르크스주의 체제가 도리어 종교의 재 부흥을 가져왔는데도 불구하고, 왜 마르크스는 혁명의 도래가 종교를 없앨 것이라고 생각했는지 알고 싶다.

처음 대답은 상대편이 멍청하다는 뜻 같기 때문에 반발 효과나 일으킬 것이다. 두 번째에서는 상대편이 당신이 가진 문제를 해결하는 데 도움이 될 수도 있다고 흘림으로써 상대편에 대해 훨씬 긍정적이고 공감하는 듯이 보인다. 그러나 이렇게 시작된 이야기 끝에는 이론과 경험 사이의 심각한 모순을 부각시켜 주는 장치가 되어 있다. 바로 이 이유가 수많은 사람들이 마르크스주의라는 정치 사상을 포기하도록 만든다. 당신은 상대편의 가치를 무시하기보다는 긍정함으로써 그들의 자신감을 무너뜨리기 시작할 수 있다.

(2) 당신 자신을 마음을 바꾼 사람의 예로 사용하라

물론 이 방법은 당신이 비그리스도인에서 개종한 경우에만 가능하다. 이런 경우에 속하는 사람은 상대편이 자존심과 사상을 분리시킬 수 있음을 이해하는 데 도움을 줄 수 있다. 당신의 경험은 다른 이들의 문제를 분명하게 파악하고 답을 찾는 데 효과적인 안내서가 될 수 있다. 다음과 같은 간단한 예를 생각해 보자. "나는 기독교가 현실에 맞지 않는다고 생각했었다. 이후 용기를 가지고 생각을 바꾼 지금, 나는 나의 결정을 다행스럽게 생각한다." 이를 통해 문제의 핵심이 바로 용기임을 보여 주고, 비슷한 결정의 결과가 좋았음을 증명하여 상대편을 안심시킨다. 이렇게 해서 '체면을 지키려는' 본능은 보다 강력한 다른 본능에 의해 눌리고 만다. 자기가 한 일 속의 용기를 부각시켜서 용기 있게 보이고자 하는 본능 말이다. 변증에서는 아무것도 아닌 사소한 문제들이 종종 큰 문제로 등장한다. 이 점은 이 장이 다룰 마지막 장애물에도 적용된다.

8. 죄의식이나 무능력증

다소 의외로 들리겠지만, 사람들 사이에는 죄의식이나 한없이 깊어만 가는 자기 한계 의식 같은 것이 신앙을 방해하는 실제 장애물인 경우가 많다. 이런 사람들에겐 기독교가 자신과 관계있는 진리라는 말이 편하게 들리지 않는다. 이들의 문제는 자신이 하나님과 관계할 자격이 없다고 단정 짓는 데 있다. 이들은 "하나님께서 내가 정말 어떤 인간인지 알고 계신다면 아는 척도 하지 않으실 거야"라고 말한다. "거룩한 하나님이 나 같은 죄인과 상대할 리 있는가?" 또 어떤 사람들은 자신이 무가치하기 때문에 복음의 은혜의 영향권 밖에 놓여 있다고 믿는다. 복음은 내가 아닌 다른 이들에게나 적용된다고 믿는 것이다.

이 문제는 기독교가 이치에 맞는지를 따지는 것과는 별 상관이 없어 보이기 때문에 변증 소개서들이 거의 다루지 않았던 것 같다. 그러나 '인간 중심적 접근법'은 이 점을 반드시 고려하라고 요구한다. 어떤 사람들은 이 문제를 가지고 정말로 씨름하고 있다. 그렇다면 현명한 변증가는 이 문제에 답할 수 있어야 한다. 지금까지 내 경험을 보건대, 이 방해물은 다행히도 비교적 쉽게 제거될 수 있다. 이 방법은 전도에 흔히 쓰여 왔었기 때문에 여기선 간단히 다루려고 한다. 당신이 강조해야 할 핵심은 다음과 같다.

1) 하나님은 이미 당신을 정확히 알고 계신다(시 139:1~6). 하나님은 당신을 의인으로 받으셨지만, 실제로 전혀 그렇지 못하다는 사실을 잘 알고 계신다. 우리가 하나님을 속일까 하는 걱정은 쓸데없는 것이다. 복음은 하나님이 우리를 정확히 파악하고 계시며, 그렇기 때문에 하나님의 우리에 대

한 사랑은 변할 리가 없음에서 출발한다.

2) 복음은 죄인들을 위한 것이다(막 2:17). 당신이 죄인임을 깨닫는 것은 용서를 위한 전제조건이지, 신앙으로부터 제외될 이유가 되지 않는다. 스코틀랜드의 목사이자 작가인 던컨(John Duncan)의 이야기가 여기에 해당된다. 그가 성찬식을 집례하고 있을 때, 열여섯 살 된 한 소녀가 성찬 받기를 주저하다가 결국 물러서고 말았다. 그녀의 떨리는 손은 그녀가 성찬을 받을 기분이 아니라는 것을 보여 주고 있었다. 던컨은 소녀의 문제가 자신은 성찬을 받을 자격이 없다고 느끼는 데 있음을 눈치 챘다. 그는 소녀에게 가까이 다가가서 어깨를 다독거리며 이렇게 말했다: "받아요, 래시. 이 잔은 우리 같은 죄인들을 위한 것입니다." 포도주는 하나님께서 그리스도의 죽음을 통해 죄를 용서하셨음을 상징한다. 진짜 죄를 위한 진짜 용서 말이다. 당신이 절실히 느끼는 죄의 상태는 하나님의 은혜에서 당신을 제외시키지 않는다. 이것은 단지 은혜가 당신에게 얼마나 필요한지 증명할 뿐이다.

3) 하나님께 나아가는 데 장애가 되는 죄는 이미 하나님에 의해 제거되었다. 죄의 삯은 그리스도의 십자가를 통해 치러졌고, 죄의 절대적인 영향력은 무너져 죄가 만들어 내는 끊임없는 구속은 사라졌다. 우리는 (십자가를 통해) 심판에서 풀려나 죄의 권세로부터 해방된 현실을 살고 있으며, 마지막 때가 오면 죄의 현실 속에서도 구원받게 될 것이다. 이것이 모두 그리스도가 십자가 위에서 이루신 것이다. 우리에게는 그가 이루신 일을 믿음으로 받아들이고, 감사하면서 이용할 선택만이 남아 있다.

이 장에서는 신앙의 몇 가지 장애물을 돌아보면서, 이들의 영향력을 줄일 수 있는 제안을 다루어 보았다. 다음의 두 장에서는 보다 구체적인 문제를 다루어 볼 것이다. 다음 장에서는 사람들이 기독교 복음을 받아들이는 데 머뭇거리게 만드는 개인적 문제를 다루어 보려고 한다.

5장

• • •

신앙을 가로막는 지적 장애물

변증의 주 임무는 신앙에 유리한 환경을 만드는 것이다. 여기에는 신앙의 잠재적 장애물들을 무력화시키는 일이 포함된다. 우리가 만나는 문제들은 서로 관련 있는 경우가 많기 때문에, 한 문제의 답만으로도 나머지 문제를 풀 수 있다. 이 장에서는 기독교를 받아들이지 못하게 만드는 주요 문제점을 알아보고 검토해 본다.

1. 우리가 만든 하나님?

하나님은 정말 있을까? 혹시 우리가 느끼는 하나님이란 굳이 표현하지는 않지만 마음 깊이 원하는 희망사항에 불과한 것은 아닐까? 하나님은 진짜일까? 단지 꿈같은 환상은 아닐까? 요즘 사람들은 하나님은 인간이 자기만족을 위해 만든 것이라고 생각하는 경향이 있으며, 이 생각은 반기독교 선전에도 널리 이용되고 있다. 이런 생각은 특별히 포이에르바하(1804~1872)와 프로이드(1856~1939)와 관계되어 발전되어 왔다. 이들의 주장을 평가하기 전에 우리는 그 공헌을 생각해 볼 필요가 있다.

포이에르바하는 그의 주저 「기독교의 본질」(The Essence of Christianity, 1841)에서 "하나님이란 개념은 인간 모두가 느낄 수 있는 보편적 경험에서 나온 오류에 불과하다"고 말한다.[1] 모든 종교는 초월적 존재를 상상해서 현실에 투영한 것에 불과하다.[2] 인간은 자신의 감정을 엉터리로 객관화시켰던 것이다. 사람들이 하나님을 경험한다고 말하는 것에서 실제로 그 경험 이상의 실체를 찾을 수는 없다. 하나님은 인간 정신의 희망사항을 인격화한 것에 불과하다.

우리는 꿈과 욕망을 채워 줄 대상을 찾고 만들어 낸다. 포이에르바하는 '그리스도의 부활' 이야기는 영생하고 싶은 인간의 갈망을 표현하는 것에 불과하다고 보았다. 성경은 하나님이 자기의 형상대로 인간을 만드셨다고 말한다. 그러나 포이에르바하는 반대로 인간이 하나님을 인간의 형상대로 만들었다고 주장한다: "인간이야말로 종교의 기원이자 핵심이며 결론이다." 인간의 희망을 충족시키기 위해 만들어진 하나님은 우리의 착각 속에 사는 존재다. 여기에 속한 사람들은 하나님과 대화하고 있다는 생각이 실제로 깊이 자리한 자신의 희망과 공포감을 드러내는 것에 불과하다는 것을 깨닫지 못하고 있으며, 기독교는 이들에게 숨을 곳을 제공하는 환상의 세계 같은 곳이다.

이러한 접근은 마르크스의 글을 통해 보다 반기독교적으로 발전된다. 그렇다면 우리가 이러한 사상에 대해 어떻게 대답할 수 있을까? 우리는 먼저 주의할 내용 몇 가지를 생각해 볼 필요가 있다. 포이에르바하가 저작 활동을 하던 시기는 바로 독일 자유주의 신학의 아버지 프리드리히 슐라이어마허(1736~1834)의 최전성기와 겹친다. 슐라이어마허의 신학은 인간의 경험에 대한 분석, 주로 '의존'의 경험을 바탕으로 한다.[3] 그는 신자의 경건한 종교적 체험만이 하나님의 실재를 확인할 수 있다고 결론짓는다. 이를 통해 신학은 인류학이 되어 버리고, 하나님을 이해한다는 것은 인간의 상태를 이해하는 것으로 전락되어 버리고 말았다.

포이에르바하의 분석은 슐라이어마허에 대한 가장 중요한 비판 중에 하나였으며, 이후 서구 자유주의적 기독교에 계속 영향을 끼치게 된다. 사람들은 하나님의 존재는 인간의 경험을 통해 해석될 수 있다고 생각했었다. 포이에르바하는 이러한 생각의 실제 결과는 하나님이 아니라 우리 자신의 경험을 말하는 것에 불과하다고 강조한다. 우리는 자신의 경험을 투영해서 나온 결과를 '하나님'이라고 부른다. 여기서 우리가 기억해야 할 것은 이 경험이 우리의 본질적 문제에서 나왔다는 점이다. 포이에르바하의 비판은 인간 중심적 기독교 이해에는 가장 치명적인 결과를 가져오지만, 보다 진짜에 가까운 복음은 여기에 적용되지 않는다. 복음이 가르치고 있는 내용은 인간의 경험이 아니라 '하나님 말씀'과의 만남이기 때문이다. 슐라이어마허의 관점은 기독교가 우리의 경험에 영향을 끼친다고 생각하는 성경적 인식과 맞아떨어진다. 그러나 그는 성경적 기독교의 전체를 보고 있지 못하고 있는 것 같다. 하나님은 말씀을 통해 '구원케 하는 심판'으로 우리에게 다가오셨다.

20세기에 들어와 기독교가 우리 안의 종교적 경험보다 우리 밖의 하나님 말씀에 대해 다시 강조하기 시작했다는 사실은 매우 환영할 만한 진전이다. 이러한 진전의 대표적인 예는 서양 신학 전통 안에서 슐라이어마허를 가장 강도 높게 비판했던 바르트의 글에서 나타난다.[4] 바르트가 보기에는 하나님의 실재란 인간의 경험 이전에 존재하는 독립적인 존재였다. 기독교 신학은 인간의 주관적 경험을 다루는 것에 불과하지 않다. 우리는 그리스도를 통해 하나님과 만날 수 있다는 성경의 메시지를 통해 기독교를 경험한다. 이 점에서 포이에르바하가 예수 그리스도의 역사적 정체에 무관심했다는 사실은 생각해 볼 만한 문제다. 그는 성경에서 그리고 있는 예수는 단순히 인간의 희망을 격려해 주는 환상 속의 존재라고 생각했다. 그러나 전통 기독교 신학이 말하는 내용은 이것과 다르다. 전통 기독교 신앙은 그리스도가 우리의 자연적 욕구와 기대에 도전하신 분이라고 가르치며, 우리는 이 그리스도를 통해 먼저 죄의 실상을 깨닫고 회개할 때만이 구속의 기쁨을 제대로 누릴 수 있다고 말한다(죄의 실상은 포이에르바하에 의해 소홀히 다루어졌던 내용이다).

포이에르바하가 가진 두 번째 문제는 종교를 너무 '평준화' 시켰다는 점이다. 그는 세계의 모든 종교가 근본적으로는 같기 때문에 '무신론적 투영 이론'은 어디나 적용될 수 있다고 주장하지만, 실제로 이에 대한 납득할 만한 이유나 자세한 학문적 증거를 제시하지 않는다. 모든 신과 종교가 인간 욕심의 단순한 투영에 불과하다고 말한다면 신과 상관없는 종교, 신을 분명히 부정하는 불교 같은 종교는 어디다 놓고 설명할 수 있을까?

셋째로, 포이에르바하의 가정은 단순히 가정에 불과하다. 하나님을 믿게 되는 과정에 대한 치밀한 연구 없이 내려진 실증적 바탕이 부족한 독단에 불과하다. 그의 이론은 증명된 적도 없고, 그렇게 할 수 있는 내용도 아니다. 예를 들어, 그는 희망은 사상을 만들어 낸다고 주장한다. 하나님을 원하는 인간의 욕구는 이 욕구의 투영 과정을 통해 만들어진 '하나님'으로 채워진다. 그러나 모든 인간이 하나님을 원하는가? 예를 들어, 제2차 세계대전 중 학살 수용소의 책임자를 생각해 보자. 그의 마음속에는 우리를 심판하시는 하나님 같은 것은 존재하지 **않기**를 바랄 이유가 많이 있지 않을까? 무신론이야말로 그의 욕구를 충족시키는 희망의 내용이 아닐까? 포이에르바하의 분석에 따르면 기독교뿐만 아니라 무신론도 인간 희망의 투영으로 취급될 수 있다.

그러나 가장 심각한 문제는 포이에르바하의 분석 논리에 있는 것 같다. 포이에르바하의 무신론의 핵심에는 하나님은 투영된 갈망에 불과하다는 생각이 깔려 있다. 이 말대로라면 우리가 '희망' 하는 것은 존재할 수 없다. 희망하기 때문에 존재하지 않게 된다는 것은 말도 안 되는 소리다. 그러나 이것이 바로 포이에르바하의 분석 논리다. 이미 한 세기 전에 하르트만(Eduard von Hartmann)은 문제점을 이렇게 지적한다: "우리가 희망하는 대상이 꼭 존재하리라는 생각은 항상 맞을 수 없다. 그러나 우리가 희망하는 것은 존재할 리 없다는 생각은 분명히 틀리다. 포이에르바하의 종교 비판과 무신론의 증거는 불행히도 이런 단순한 논리—논리적인 오류—에서 나온다."[5]

포이에르바하가 기를 쓰고 무시했던 기독교의 창조론은 문제에 매우 중요한 열쇠를 제공한다. 만일 우리가 하나님의 형상대로 창조되었다면(창 1:26~27) 하나님과 만나고 싶어 하는 것은 당연한 본능이 아닐까? 인간이 하나님을 원하는 현상은 하나님이 우리를 창조했으며 이를 통해 그와 교통할 수 있는 잠재적 능력에서 나온 것이 아닐까?[6]

포이에르바하의 핵심은 이후 정신분석학자 프로이드의 글을 통해 원군을 얻게 된다.[7] 사실 오늘날 알려진 '투영' 이나 '희망 충족' 의 이론은 포이에르바하의 원작이 아니라, 일종의 프로이드적 응용에서 나왔다고 말하는 편이 맞다. 프로이드의 연구 중 종교에 가장 많은 영향력을 끼쳤던 내용은

「환상의 미래」(The Future of an Illusion, 1927)에 있다. 여기서 프로이드는 종교를 매우 단순화시켜 설명한다.[8] 프로이드는 종교적 개념에 대해 "인류의 가장 오래되고 영향력 있는 가장 간절한 종류의 희망사항이자 착각이다"라고 말한다.[9]

프로이드를 바로 이해하려면 그의 우울증 이론을 분석할 필요가 있다. 우울증 이론은 「꿈의 해석」(The Interpretation of Dreams, 1900)을 통해 널리 알려져 있다: 이 책의 초판은 비평가나 일반 독자들의 주의를 거의 끌지 못했다. 여기서 프로이드는 꿈이란 의식(ego)에 의해 억눌려져 있고 무의식 속에 잠재되어 있는 욕구를 충족시켜 주는 한 형식이라고 주장한다. 프로이드는 「일상생활의 정신병리학」(The Psychopathology of Everyday Life, 1904)에서 이렇게 설명한다: "억압되어 있던 욕구는 여러 가지 방법을 통해 일상생활 속에 표현된다." 노이로제적 증상이나 꿈 혹은 헛 나온 말 한마디나 낙서조차—이른바 '프로이드적 실언'—무의식을 표현하는 방법이라는 것이다.

정신과 의사의 임무는 삶에 부정적 영향을 끼치는 억압된 의식을 찾아내는 것이다. 정신분석학은 프로이드가 만들어 낸 단어로서, 환자의 무의식 속에 치료되지 않은 채 남아 있는 끔찍한 기억을 의식 위로 끄집어내어 있는 그대로 표현시키는 일을 돕는 데 목적을 둔다. 분석자는 환자에게 질문을 계속 던져서 나쁜 영향의 원인, 말하자면 억눌려 있던 충격의 기억을 찾아 공개함으로써 환자 자신이 문제를 해결할 수 있도록 만든다.

프로이드의 마지막 저작이 출판되었을 즈음 정신분석학은 억압되어 있던 고통이 주는 숨은 횡포로부터 환자를 벗어나게 해 주는 하나의 치료법으로 취급되지 않게 되었다. 이 이론은 계몽기적 분위기에 휩쓸려 거의 만병통치약처럼 모든 문제를 다 풀어 주는 만능열쇠로 쓰이기 시작했다.[10] 오이디푸스 콤플렉스와 본능 이론, 그리고 자기 도취증 등을 중심으로 보다 충실한 교리적 체계가 발전되기 시작했다. 프로이드가 이 새로운 이론이 종교도 설명할 수 있다고 주장한 것은 갑자기 나타난 현상이 아니었던 것이었다.[11]

프로이드는 종교의 기원을 심리학적으로 다루었다. 종교의 기원에 대한 프로이드적 해석의 첫 번째 요점은 「토템과 타부」(Totem and Taboo, 1913)에서 찾을 수 있다. 프로이드는 일찍이 정신병 환자의 강박관념과 종교적 의식 간에 비슷한 점이 있다고 주장했으며, 이를 발전시켜 종교는 본질적으로 강박관념에 사로잡힌 노이로제의 변형된 형태라고 주장한다.

종교의 기원에 대한 프로이드의 해석은 두 단계로 검토해 볼 필요가 있다. 첫째로 인간의 보편적 역사 발전에 있어서의 종교의 기원, 둘째로 각 개인이 종교를 받아들이게 되는 원인이다. 우리는 「토템과 타부」에서 설명하는 인류사 속 종교의 정신적 기원으로부터 시작해 보도록 하자.

프로이드는 모든 종교의 핵심은 부성숭배(父性崇拜)와 영혼의 힘에 대한 믿음, 그리고 적절한 의식(儀式)에 대한 관심이라고 말한다. 그는 종교의 기원을 오이디푸스 콤플렉스에서 찾아낸다. 프로이드에 따르면 종족 안에서 부권은 모든 여성에 대한 성적 독점권을 가진다. 이런 상태에 불만을 가지게 된 아들은 부권을 뒤집고 아버지를 죽인다. 이후 그는 이 사실을 숨기고 죄책감으로 고통당한다. 종교는 이러한 옛 사건에서 나온 것으로, 죄책감이 주 동기가 되어 여러 가지 의식들을 통해 여기서 벗어나려고 애쓰는 몸부림인 것이다. 이런 해석은 대다수의 독자들에겐 신빙성이 없게 느껴질 것이다. 아마도 바로 이 이유 때문에 프로이드를 인용하는 대부분의 무신론자들은—이제 우리가 돌아보려고 하는—개인의 종교 기원에 대한 설명에 집중한다.

프로이드는 「레오나르도 다 빈치의 유년의 기억」(1910)에서 개인 종교성
에 대한 자신의 이론을 이렇게 달고 있다.

> 정신분석학을 통해 우리는 부성 콤플렉스와 하나님에 대한 신
> 앙 간에 밀접한 관계가 있음을 알 수 있다. 정신분석학적으로
> 말해서 인격적인 하나님이란 실은 부성숭배에 불과하며, 이
> 점은 아버지의 권위에서 벗어난 젊은이들이 흔히 종교를 버리
> 는 것을 보면 쉽게 알 수 있다. 종교가 필요하다고 느끼는 것
> 은 바로 부모에 대한 콤플렉스에서 나온 것이다.[12]

부성숭배는 유년기에 생겨난다. 아이들이 먼저 오이디푸스적 단계를 거
치고 나면 아버지에게 처벌을 받을 수 있다는 공포를 이겨내게 된다고 프
로이드는 주장한다. 아이들은 아버지를 존경하고, 그와 일치감을 찾아서
초자아(super ego)의 형태로 아버지의 의지를 투영하는 힘으로써 이 공포의
해결점을 찾는 것이다.

이러한 이상적 부상투영(父像投影)의 기원은 프로이드의 「환상의 미래」
에서 설명된다. 종교는 성인기에도 아동적 행동의 잔재가 남아 있음을 보
여 주는 증거다. 종교는 단순히 속수무책의 느낌에 대한 성숙하지 못한 반
응으로, 부모님이 보살펴 주던 유년기의 경험으로 돌아가려는 몸부림이다:
"우리 아버지는 모든 것을 알고 있으니까 나를 보호해 줄 거야." 인격적인
하나님을 믿는 것은 아동적 환상에 불과하다. 종교는 희망사항인 것이다.

우리는 종교에 대한 이런 생각에 대해 어떻게 답해야 할까? 우리는 프로

이드가 로버트슨 스미스(W. Robertson Smith)의 「셈족의 종교」(Lectures on the Religion of the Semites, 1898)의 강한 영향을 받았다는 점을 강조할 필요가 있다. 이 책은 종교의 본질이 교리나 신조가 아닌 신성한 의식이나 예배 행위에 있다고 주장한다. 프로이드가 글을 쓰던 당시는 종교를 민속학적으로 설명하면 확실히 증명할 수 있는 과학적 논리라고 생각하던 시대였다. 그러나 상황은 완전히 변했다. 이런 식의 극단적으로 단순화된 이론은 보편적으로 적용할 수 없음이 드러났으며, 프로이드의 해석도 비판에서 제외될 수 없다. 프로이드의 시대엔 그런 주장이 쉽게 인정되었다. 그러나 그의 이론이 그가 살던 시대에는 의미가 있었는지 몰라도, 지금은 시빗거리도 되지 못하는 그런 학문 이론에 바탕하고 있었던 것이다.

둘째로, 프로이드는 종교를 연구해 보기도 전에 종교의 정신분석학적 기원에 관한 이론을 만들었다는 사실이다. 실제로 그는 관계된 영역의 문헌을 연구해 보지도 않고 결론부터 내리고 있었던 것이다. 가장 깊은 통찰력을 가진 프로이드 전기 작가 중 하나인 어네스트 존스(Ernest Jones)는 프로이드가 어떤 편지에서 종교를 연구하기 위해 엄청난 수의 두꺼운 책들과 지루한 씨름을 해야만 했다고 투덜대고 있었음을 알려 준다. 그는 종교의 기원에 대해 이미 본능적으로 답을 내리고 있었기 때문에 연구 자체가 무의미하다고 말했다: "나는 흥미도 없는 책들을 내가 이미 알고 있는 결론을 내리기 위해 읽고 있다. 그러나 직감은 내게 이미 결론을 말해 주고 있다." [13] 프로이드의 무신론적 종교 기원론은 그의 종교 연구의 결과가 아니라 그 전에 나온 것이다.

셋째로, 개인 차원의 종교 기원에 관한 프로이드의 이론은 포이에르바하의 이론처럼 평가할 수 있는 내용이 아니다. '가정' 일 뿐이지 사실이 아닌 것이다. 프로이드가 포이에르바하에게 정신분석학적인 증거를 보냈다고 말할 수는 있을지 몰라도, 그 가정을 사실로 바꾸어 줄 최종적인 실험 자료를 주지는 못했다. 프로이드의 가정은 간혹 실험적으로 증명되기도 했지만, 결국 대부분 틀리다고 밝혀졌다. 예를 들어, '하나님'이 '아버지' 상으로부터 나온다는 이론은 아버지를 어머니보다 좋아하는 사람한테나 적용되며, 실제로 사람들 대다수는 하나님의 모델을 어머니에게서 찾는다.[14] 포이에르바하의 투영 이론처럼 프로이드의 정신분석학적 무신론은 증명되지도, 증명할 수도 없는 가정에 불과하다는 점을 인식해야 한다. 변증가는 매우 불안한 기초로부터 나온 프로이드 유의 종교 해석을 그대로 믿는 것을 반박해야 할 이유가 많이 있다.

당신은 이 점에서 자신감을 가지라. 이런 난제를 당당히 상대해 보라. 프로이드의 이론은 어디서 나왔는가? 분명한 실험 결과인가? 아니면 개인의 무신론적 선입견인가? 기독교가 부성 콤플렉스에 기원하고 있다는 역사적 증거는 어디에 있으며, 어떻게 이런 유의 성차별주의적 종교관을 우리가 용납할 수 있다는 말인가? 포이에르바하의 투영 이론이 논리적으로 모순된 가정으로 드러났음에도 불구하고, 왜 그리스도인들은 그런 가정 때문에 신앙을 버려야 한다는 소리를 들어야 하는가?

2. 고난

기독교가 씨름하는 수수께끼 중에는 고난이 포함되어 있다. 한편으로, 신학자들은 고난이라는 현실이 기독교를 부정하지 않는다고 보여 주어야 한다. 그런데 고난을 논리적, 철학적 혹은 신학적 문제로 다루면 문제의 핵심을 놓치기 쉽다. 왜냐하면 고난 받는 당사자와 그들을 돌보는 사람들에겐 정서적·목회적 문제가 결부되기 때문이다. 그러나 우리는 정서적·목회적 중요성을 과장시켜선 안 된다. 고난은 기독교 변증이 가진 숙제이자 이 책의 주제이기도 하다. 이 문제는 기독교가 논리적으로 모순이라고 증명하는 데 흔히 쓰인다. 그러므로 고난 문제에 대한 검토는 기독교 신앙의 비판자들이 제기하는 문제점에 대해 답하는 방향으로 주어져야 한다.

악이나 고난의 현실 때문에 변증가들에게 제기되는 문제는 주로 세 가지 명제로 정리된다.

1) 하나님은 전지전능하시다.
2) 하나님은 완벽한 선이시다.
3) 이 세상에는 고난과 악이 존재한다.

흔히 위의 세 명제는 서로 모순이라고 말한다. 다른 식으로 말하면, 하나님의 전지함과 선은 세상에 존재하는 고난과 악과는 조화될 수 없다는 말이다. 세 명제가 동시에 다 맞을 수는 없다. 고난과 악의 실재는 부정될 수 없다. 눈으로 바로 확인할 수 있기 때문이다. 그렇다면 하나님은 전능하시지 않든지, 선하시지 않다는 말이 된다. 그렇다면 기독교의 논리적 일관성은 사라지게 되어 버린다. 매우 치명적인 논리적 한계가 드러난다. 그러나 정말 그럴까?

이 문제를 다루기 위해 이 문제의 역사를 생각하면서 시작해 보자. 플라톤 시대 이래로 세상의 고통과 고난, 악의 존재는 심각한 이슈였다. 기독교 신학은 고통과 악의 현실을 감당해 내는 법을 오랫동안 익혀 왔다. 말하자면, 고난이 모두가 쉬쉬하는 비밀이거나, 열심히 존재하지 않는다고 믿었던 것이 갑자기 나타난 경우가 아니었다는 말이다. 그러나 17세기 이전까지 기독교 신학자들은 고난이 기독교에 심각한 위협이 된다고 생각하지 않았다. 신학 연구를 하느라 수년 동안 12~16세기 사이의 주요 문헌들을 연구하는 데 시간을 쏟았던 내 관찰에 비추어 보건대, 그 시기에 누구도 고난의 현실을 기독교의 심각한 장애물로 취급했던 사람은 없다.

그러나 17세기에 들어 현대 무신론의 바탕을 마련해 준 급격한 변화가 일어난다.[15] 레시우스(Leonard Lessius)나 메르센(Marin Mersenne) 같은 수많은 기독교 변증가들은 기독교를 변증하는 최선의 방법은 철학을 통해서라고 주장했다. 하나님의 존재나 인격을 묻는 질문에 대한 설명은 예수 그리스도의 중요성보다는 이성에게만 직접 호소되는 데 힘을 모아야 한다고 말했다. 그 증거를 그리스도인의 성령 체험에 호소하기보다는 자연 세계에서 찾았던 것이다. 이성과 자연 세계는 기독교의 신뢰 정도가 판명되는 시험장이 되었다. 결국 피할 수 없는 결과가 나타난다. "기독교는 기독교적이 아닌 것으로 기독교의 하나님 존재를 변호하기 시작했다."[16]

데카르트의 영향을 받은 이런 식의 변증은 끔찍한 결과를 가져왔다. 데카르트에 의해 엄청나게 강조되기 시작한 하나님의 무오성은 악과 고난이라는 부정할 수 없는 현실 앞에서 무색해졌다. 완벽한 존재가 어떻게 이런 잘못된 현실을 허락할 수 있는가? 그러나 데카르트의 하나님은 기독교의 하나님이 아니라, 단순히 하나의 철학적 개념이었다. 이러한 '철학자의 하나님'은 인간의 좋은 점만 골라서 만든 이상적으로 완벽한 본질만을 갖춘 추상적인 존재 이상이 아니다. 이러한 하나님은 전지전능과 선함으로 특징지어진다. 그러나 고난의 현실은 이러한 하나님에 대하여 의문을 제기한다. "우리 주 예수 그리스도의 아버지 하나님"(벧전 1:3)에게 제기된 문제가 아닌 것이다. 매킨타이어가 말했듯이 "19, 20세기가 믿던 하나님은 17세기의 발명품일 뿐"[17]이다. 철학적 신학의 하나님은 인간의 발명품이며, 인간 이성의 작품이다. 기독교 신학이 말하는 하나님은 그리스도와 성경, 그리고 고난을 포함한 각자의 경험을 통해 우리에게 자신을 계시하신 살아 계신 사랑의 하나님이신 것이다.

그렇다면 어디서부터 잘못되기 시작했을까? 17세기 이전에는 '불신의 이유가 아니라 탐구를 위한 하나의 자극'이었던 고난은, 이제 '기독교를 의심하고 부정하게까지 만드는 분명한 증거'로 바뀌어 버린 상황이 바로 문제의 원인이다.[18] 이러한 변화는 보편적 합리성을 바탕으로 신과 종교를 해석하려 했던 계몽기 이후에나 나타난다. 그러나 우리가 뒷장에서 보게 되듯이(6장 1편), 계몽기적 합리주의는 사라져 가고 있다. 그런 의미에서 우리가 관심을 가져야 할 대상은 아마도 전성기의 계몽사상이 말하는 고난의 의미가 아닐까 싶다.

둘째로, 고난이 제기하는 논리적 문제점을 생각해 보자. 먼저 본 세 가지 명제로 돌아가 보자.

1) 하나님은 전지전능하시다.
2) 하나님은 완벽한 선이시다.
3) 이 세상에는 고난과 악이 존재한다.

위의 명제만으로는 서로 모순된다고 말할 수 없지만, 여기에 다음과 같

은 명제 중 하나가 더해지면 모순이 될 수도 있다.[19)]

　4) 하나님의 선하심과 전능하심은 고난을 완전히 없앨 수 있다.
　5) 하나님이 고난을 허락하시는 것은 윤리적으로 정당화될 수 없다.

　만일 둘 중 하나라도 맞게 된다면 기독교적 하나님 개념에 잠재적 치명타를 날릴 수도 있게 된다. 실제로는 둘 다 맞지 않다. 변증가는 이런 문제를 제기하는 기독교 비판자에게 여유 있게 답해 줄 수 있다. 하나님이 고난을 허락하시는 것이 윤리적으로 정당화될 수 없다는 근거는 도대체 어디서 나온 것인가? 이렇게 말하는 사람들은 "우리가 경험한 세계보다 더 좋은 세계가 존재할 수 있다"고 주장했던 흄의 강력한 비판의 대상이 될 것 같다.[20)]

　위의 문제를 좀 더 검토해 보기 위해 루이스의 유명한 글, 「고통의 문제」(The Problem of Pain)의 요지를 생각해 보자. 루이스는 문제의 핵심을 다음과 같이 정리한다.

　　하나님이 선하시다면 자신의 창조물을 가장 행복하게 만들어 주려고 할 것이다. 하나님이 전능하시다면 자기가 원하는 대로 무엇이든 할 수 있을 것이다. 그러나 창조물은 행복하지 않다. 그러므로 하나님의 선함에 무엇인가가 부족하든지, 능력이 없든지, 혹은 둘 다일 것이다. 이것이 단순하게 정리된 고통의 문제다.[21)]

그러나 루이스는 기독교 비판자들을 우리보다 논리적으로 유리한 위치에서 우리를 공격하도록 남겨 두지 않는다. 그는 먼저 비판자들이 '전능'과 '선함' 같은 단어가 의미하는 바를 분명히 하라고 요구한다. 루이스는 공격자들이 단어의 의미를 제대로 알아보지도 않은 채 너무 쉽게 뒤죽박죽으로 처리한다고 지적한다.

하나님이 전능하시다는 말은 무슨 뜻인가? 루이스는 하나님의 전능이 자기 멋대로 하는 능력을 의미하는 것이 아님을 지혜롭게 설명한다. 하나님이 어떤 것을 이루기 위해 일정한 방향으로 움직이시면 다른 가능성은 배제되게 된다.

> "하나님은 피조물에게 자유 의지를 부여하거나 억제할 수 있다"는 말은 실제로 하나님에 대해 아무런 설명이 되지 못한다. 무의미한 단어의 조합이 '하나님은 할 수 있다'는 틀 속에 들어감으로써 무슨 설명을 하고 있는 것처럼 둔갑하는 것이다. 하나님에게는 불가능한 일이 없다. 그러나 본질적으로 불가능한 일은 여기에 포함되지 않는다. 왜냐하면 그런 것은 처음부터 존재하지 않기 때문이다. 하나님이 그의 가장 약한 피조물로 하여금 양립할 수 없는 대안(자유 의지와 전능) 속에서 살도록 한 이유를 다른 방식으로 설명해 보자. 하나님이 어디에 방해를 받아서 그렇게 할 수 없었다는 설명은 우리가 하나님을 다 이해할 수 없다고 말하는 것보다 설득력이 없다. 물론 이것은 하나님에 대해서도 적용된다.[22]

그러므로 고난이 신의 전능함에 어딘가 문제가 있어서 생긴 일처럼 생각해선 곤란하다고 루이스는 말한다. 루이스는 문제를 제대로 지적한 것 같다. 만일 하나님이 세상을 만드시고 창조물에게 행동의 자유를 누릴 수 있게 해 주셨다면, 고난은 당연히 따라오게 된다. 우주를 창조하시고 창조물에게 자유를 허락하신 그의 능력(전능하심)을 행사하기 위해선, 하나님은 구속되지 않은 우주의 결과—고난—를 막을 수 없다: "자연의 질서와 자유 의지의 존재에 포함된 고난이 있을 수 없다고 가정해 보자. 그러면 결국 (자유 의지가 존재하는) 삶 자체도 있을 수 없다는 사실을 알게 될 것이다."[23]

이어 루이스는 사람들이 단순하게 이해하는 '선' 이란 단어를 검토한다. 사람들은 종종 문제가 되는 단어에 대해 자세히 연구해 보지도 않은 채 자명한 것처럼 취급한다. 루이스에게 있어 '선' 은 하나님의 사랑의 자연스런 결과이자 표현이다. 그렇다면 하나님의 사랑은 고난과 모순될까? 루이스는 '사랑' 을 인간 감정에 좌지우지되는 사소한 대상으로 잘못 해석하지 말라고 경고한다. 우리는 인간의 사랑과 하나님의 사랑을 멋대로 뒤섞지 않기 위해 하나님의 사랑이 정말 어떤 것인지 제대로 찾아 평가할 수 있어야 한다. 하나님은 우리에게 그의 사랑이 어떤 것인지를 직접 말씀해 주셨다. 우리는 이 문제에 대해 추측할 필요가 없다. 루이스에 따르면 하나님의 사랑은 다음과 같다.

> … 손자가 원하는 대로 즐겁게 해 주고 싶은 할머니의 마음도, 따지기 좋아하는 정부 관리의 차가운 자선도, 손님을 편하게 해 줄 책임감을 가진 여관 주인의 관심도 아니다. 이것은 그 자체로 엄청난 능력이 포함된, 바로 세상을 창조해 낸 사랑으로, 자신의 작품에 쏟는 예술가의 사랑처럼 불변하고, 애완견

에게 가진 인간의 애정같이 전제적이긴 해도 아들에 대한 아버지의 사랑같이 숭앙(崇仰)할 만한 지혜의 내용을 가진, 동시에 이성 사이의 사랑만큼이나 질투와 굴레와 쓰라림을 지닌 그런 사랑이다.[24]

하나님의 사랑은 쾌락을 목적으로 삼는 '좋은 게 좋은' 식으로 나가지 않는다. 이 사랑은 하나님으로부터 나와 다시 돌아가는 신성한 사랑이며, 이 사랑이 준 삶과 자유함이라는 선물의 결과 중에 고난이 포함되어 있다. 현실의 삶은 고난을 의미한다. 하나님이 우리에게서 고난을 거두어 가셨다면, 삶의 귀중한 다른 선물들도 같이 거두어 가셨을 것이다: "인간의 고난과 우리를 사랑하시는 하나님의 존재를 조화시키는 문제는 우리가 사랑이란 단어에 매우 조잡한 정의를 붙이고 인간이 그 중심에 있는 한 풀 수 없다."[25]

그렇다면 고난은 무엇을 위해 존재할까? 루이스는 고난이 하나님의 섭리 속에서 다 이해할 수 없지만 매우 창조적인 역할을 하고 있으며, 우리가 이미 앞에서 살펴본 루터의 '하나님의 기이한 역사'(opus alienum Dei)란 개념과 비슷한 점이 많다는 사실을 발견한다. 고난은 죽음이라고 하는 끔찍하지만 잊고 살기 쉬운 현실을 준비시킨다. 고난은 죽음을 만나게 될 인간의 약함과 교훈을 기억하며 살도록 도와준다: "(고난은) 우리의 가로막혀 있던 시야를 열어 준다. 고난은 반항하는 영혼이 자기를 숨기고 있는 성을 진리로 정복시키는 것이다."[26] 간단히 말해서, 고난은 하나님을 잊고 살기 쉬운 우리가 자연스럽게 하나님께로 향할 수 있도록 주변을 만든다: "하나님은 우리의 기쁨 속에서 속삭이시고, 우리의 의식 속에 말하시며, 우리의 고통 속에서 소리치신다. 고난은 귀먹은 세상을 정신 차리게 하는 확성기 같은 것이다."[27] 고난이 필요한 것처럼 말하는 루이스의 지적은 좀 거북스럽게 들리긴 하지만 곰곰이 생각해 볼 만한 내용이다. 인간이면 누구도 피할 수 없는 죽음을 제대로 이해하지 못하는 세계관은 심각한 문제가 있다. 고난은 우리의 의식을 살짝 자극해서 다가올 죽음이라는 내키지 않는 현실을 보게 하며, 이런 냉정한 현실을 통해 우리가 나아갈 삶의 방향을 깊이 생각해 보도록 만든다. 고난은 이미 있는 생각에 의심의 씨앗을 뿌리기도 하지만, 새로운 생각과 삶과 희망의 길에 기초를 놓아 줄 수도 있다.

그러나 변증가는 항상 수동적으로만 변호해서는 곤란하다. 우리는 그리스도의 고난과 부활이 가진 의미를 철학적으로 생각하길 좋아하는 기독교 비평가들에게 그런 측면도 설명할 수 있어야 한다.[28] 그리스도의 고난을 말하지 않고 고난을 논한다는 것은 신학적으로나 영적으로 모순이다. 하나님은 그리스도 안에서 고난 받으셨다. 그분은 고통이 어떤 것인지 알고 계신다. 그분은 고통과 소외, 고난과 죽음의 길을 모두 거치셨다. 우리는 그 길을 갈보리의 길이라고 부른다. 하나님은 자수성가한 사람들이 흔히 그렇듯이 자신이 이미 빠져나온 고통의 세계를 다른 사람도 다 거쳐야 한다고 고집하지 않으신다. 그분은 직접 고난 속을 거치셨다. 그리스도인이 믿고 소망하는 하나님은 바로 자신이 직접 고난 받으시고, 그렇게 하심으로써 그의 백성들의 고난을 거룩하게 하신 분이다.

혹자는 현재의 고난을 제대로 보상받을 수 있는 길은 없다고 말한다. 그러나 그렇다는 것을 어떻게 알 수 있는가? 그렇게 말하는 사람 중에 고난받은 후 영광 속에 부활한 분을 만나 본 사람이 있는가? 우리 시대의 인간의 고난을 다루는 많은 글 속에서 발견되는 가장 큰 비극은 조잡한 말장난에 있다. 우리는 많은 글들이 "고난을 보상해 줄 수 있는 것은 아무것도 없다"라고 하는 말을 쉽게 들을 수 있다. 그냥 들어도 설득력이 있는 이 말은 유능한 웅변가의 입을 통할 때 더 호소력을 가지고, 청중들은 진실 여부를 따져 볼 엄두조차 내지 못하게 된다. 그러나 어떻게 그렇게 단정할 수 있을까? 사도 바울은 자신도 오랫동안 견뎌 왔던 현실의 고난이 다가올 영광과 비교될 수 없다고 힘주어 말한다(롬 8:18). 그렇다면 바울은 틀리고 그들이 맞았다는 것을 어떻게 알 수 있다는 말인가?

여기서 그리스도의 부활은 핵심 문제가 된다. 부활은 그리스도를 불멸의 관점에서 볼 수 있게 만든다. 고난은 무의미한 과정이 아니라 영광으로 인도하는 길이다. 그리스도가 거쳤던 고난을 겪었던 사람은 그리스도의 부활을 통해 역사의 끝에서 무엇이 기다리고 있는지를 안다. 이런 이점 때문에 바울은 "생각하건대 현재의 고난은 장차 우리에게 나타날 영광과 비교할 수 없도다"(롬 8:18)라고 확실히 선포할 수 있었던 것이다. 이것은 근거 없는 희망이나 자기가 만든 염원이 아니라, 매우 실제적인 현실주의인 것이다. 왜냐하면 이것은 그리스도의 고난/부활이라는 역사적 사실과 믿음에 의해 신자는 그리스도와 하나가 되어 그가 남긴 유업을 이어 가게 된다는 분명한 성경의 약속에서 비롯된 것이기 때문이다.

기독교는 이 점에서 분명하게 말하고 있으며, 우리에게 귀를 기울이도록 요구한다. 이 땅에서 고난은 실재한다. 이것은 고통스러운 경험이다. 우리가 가족이나 친구의 고통을 들을 때 같이 충격 받고 슬퍼하고 고통스러워하는 것처럼, 하나님은 우리의 고통을 보시고 굉장히 아파하신다. 그러나 이것은 반쪽 이야기에 불과하다. 나머지 반쪽을 들을 필요가 있다. 우리는 당장 느끼고 경험하는 것에 자동적으로 초점을 맞추게 된다. 그러나 신앙은 우리의 시야를 높여서 더 먼 앞에 놓인 것을 보도록 요구한다. 우리는 삶의 여정 속에서 고난을 경험할 수 있다. 그렇다면 우리가 향하는 곳은 어디인가? 어디로 향해 가고 있는가?

신앙의 최종 목표를 '천국'이라는 단어만 가지고는 충분히 표현할 수 없는 것 같다. 아마도 영생의 희망이라고 넓게 표현하는 편이 나을 것이다. 말하자면 그리스도의 영광된 부활에서 보는 것 같은 우리의 죽을 수밖에 없는 약한 육체가 구원받아 새롭게 되어 하나님 앞에 서게 될 것이라는 희망 말이다. 새 생명으로 변화될 소망과 고난 뒤에 올 영광스런 성화에 대한 약속은 표현의 차이가 있을 뿐 모든 기독교 전통이 가진 필수적 요소다. 이 영광의 미래는 우리 신앙과 깊이 결합되어 있다.

여기서 '상급'과 '보상' 같은 단어가 유용하게 쓰인다. 이 단어들은 우리가 경주를 끝내야 승리자의 관을 받을 수 있다는 사실과(딤후 4:7~8), 필요한 힘을 기르기 위해 기독교 생활의 단련과 연단이 필요하다는 점을 가르쳐 준다. 그러나 고난과 천국을 이렇게 연결하면 자칫 오해가 생길 수 있다. 마치 고난과 천국이 어떤 목적을 위해 억지로 관련되게 된 것처럼 이해할 수 있다. 말하자면, 천국은 일종의 위로 차원으로 이 땅에서 (신자들을) 격리하기 위해 특별히 만들어진 것 같은 인상을 준다. 그러나 고난과 천국이 상징하는 영광의 밀접한 관계에 보다 깊은 주의를 기울여 보면 이런 위험한 오해는 피할 수 있게 된다.

하나의 씨앗이 땅에 뿌려지고 자라기 시작하면 결국엔 열매를 맺게 된다. 이러한 열매가 성장에 대한 상급이라고 할 수 있을까? 물론 아니다. 전자와 후자 사이에는 보다 본질적인 유기적 관계가 있다고 말할 수 있다. 전자는 후자로 자연스럽게 이어진다. 씨앗이 성장하게 되면 열매를 상으로 받게 된다는 말은 우리 멋대로 달아 놓은 정의가 될 수 있다. 오히려 성장의 시작, 성장과 열매 맺음은 모두 같은 전반적인 과정의 부분이다. 그것들은 모두 성장과 발전의 자연스런 순환 단계들이다. 하나는 자연히 다른 것으로부터 따라온다.

신약성경은 명백하게 말한다. 고난과 영광은 그리스도인 인생의 같은 성장 과정 안에 있는 다른 단계들을 나타내는 일부분들이다. 우리는 하나님의 가족으로 입양되어 고난과 영광을 함께 받는다(롬 8:14).

이것은 우연한 관계가 아니다. 고난과 영광은 모두 그리스도인의 성장과 그리스도인 인생의 궁극적인 목표를 향한 과정의 전체적인 패턴 안에 친밀하게 연결되어 있다: 최종적인 목표는 하나님과 연합되어 그와 함께 영원히 사는 것이다.

우리는 이와 같이 새로운 존재 영역의 영광스런 비전과 함께 나타내어진다. 그곳은 고난이 패배하게 되는 영역이다. 그곳은 새롭게 하시는 하나님의 임재가 퍼져 있는 영역으로, 죄의 힘이 배제되어져 온 영역이다. 우리는 앞에 놓인 그 영역에 아직 들어가진 않았지만, 우리는 그 향기를 통해 암시를 받을 수 있고, 멀리서도 그 음악을 들을 수 있다. 곧 천국은 우리를 죽음으로 끝나야만 하는 슬픈 인생에서 계속 나아가게 하는 이 같은 소망이다.

그러나 이러한 천국이 실제인가? 이런 소망이 사람들이 지금 알고 사는 것보다 더 나은 세계를 갈망하는 인간의 희망사항이나 측은한 염원보다 더 나은 어떤 것인가? 우리는 모두 '그림의 떡'을 믿는 지루한 비웃음에 친숙하다. 그 결과 그리스도인들의 삶은 비그리스도인들에게 있어 아주 비현실적인 것처럼 보일 것이다. 비그리스도인들의 삶은 누군가의 도움 없이 인생의 냉혹한 현실에 대처해 가는 삶이지만, 그리스도인들은 그들을 계속 나아가게 하기 위한 그러한 허구적인 조각들이 필요한 삶이기 대문이다.

칼 마르크스는 이런 생각을 메스꺼운 감상주의로 간주했다.[29] 우리의 보상이 특정한 미래(천국)에만 있다고 믿게 되면 현재와 씨름할 의욕을 마비시킬 수 있다. 이러한 이해는 마르크스의 말대로 '민중의 아편'이 되어 버리기 쉽다. 말하자면 우리의 감각을 마비시키는 일종의 마약이나 마취제 역할을 하여 세상을 보다 개선하는 노력을 안 하도록 만든다.

여기서 마르크스는 바른말을 하고 있다. 기독교가 말하는 천국은 종종 사람들의 생각을 온통 여기에만 빠지게 할 만큼 매력적인 내용이다. 하늘에만 정신을 쏟고 있는 사람은 이 땅에서 쓸모없이 되기 쉽다. 마르크스의 이러한 비판은 우리가 사는 세상 속에서 할 수 있는 한 고난을 제거하여 사회를 개선할 의무가 그리스도인들에게 있음을 가르쳐 주는 좋은 교훈이 된다. 우리는 하늘의 평화를 혼돈한 이 땅에서도 실현시키는 비전을 가지고 산다. 천국에 대한 소망은 자극이어야지, 마취여선 안 된다. 우리를 세상속에서 행동하도록 자극해야지, 소홀하게 만들어선 안 되는 것이다.

마르크스의 지적은 기독교적 소망의 호소력과 중요성을 강조해 줄 뿐이다. 이 소망은 우리가 실제 삶의 고난을 감당할 수 있도록 **도와준다**. 전쟁터에 있는 병사는 언젠가 올 평화와 가족과 친구와 재 상봉할 생각에 마지막 순간까지 싸울 힘을 얻게 된다. 그리스도인도 그들을 기다리고 있는 행복에 힘을 얻어 신앙의 여정을 계속해 나갈 수 있게 되는 것이다. 마르크스는 부정적인 투이긴 하지만 이 점을 훌륭하게 설명한다. 기독교의 천국 소망의 힘은 인간이 삶의 어두운 부분을 이겨낼 수 있도록 해 준다.

그러나 그는 기독교적 소망의 핵심 문제를 피해 간다. 기독교의 주장은 사실인가? 만일 그렇다면, 이런 소망을 가진 그리스도인은 욕먹을 이유가 전혀 없게 되며, 도리어 비그리스도인들이야말로 현실을 외면하고 있다고 말해야 한다. 기독교 메시지는 사실이 아니면 거짓이다. 과연 어느 쪽일까? 여기에서 이 점을 확실히 짚고 넘어가자. 만일 기독교의 천국 소망이 한낫 엉터리 환상에 불과하다면, 우리는 이러한 거짓을 버릴 준비가 되어 있어야 한다. 그러나 만일 사실이라면, 우리는 그 사실을 받아들이고, 이 사실을 통해 삶에서 고난이 차지하는 자리를 이해해야 한다.

고난이 사실인 것처럼, 하나님의 약속과 영생의 소망도 사실이다. 이러한 소망은 우리가 살아 있는 동안 삶의 고통을 단순히 넘길 수 있게 해 주는 영적 마취제 같은 것이 아니다. 그리스도의 죽음과 부활은 보혜사 성령을 통하여 영화(靈化)가 완전히 실현될 것이라는 약속을 확실히 보증한다. 우리는 잠시 동안 방황 속에 씨름하며, 고통 속에서 싸워 나가는 아픔을 맛본다. 결국 약속한 때가 오면 하나님의 백성을 위해 모든 것이 변하게 된다.

> "내가 들으니 보좌에서 큰 음성이 나서 이르되 보라 하나님의
> 장막이 사람들과 함께 있으매 하나님이 그들과 함께 계시리니
> 그들은 하나님의 백성이 되고 하나님은 친히 그들과 함께 계
> 셔서 모든 눈물을 그 눈에서 닦아 주시니 다시는 사망이 없고
> 애통하는 것이나 곡하는 것이나 아픈 것이 다시 있지 아니하
> 리니 처음 것들이 다 지나갔음이러라"(계 21:3~4).

우리는 이 소망 안에서 신앙의 삶을 계속해 나갈 수 있다. 우리가 이 신앙에 이끌려 어디로 갈지는 잘 모를 수 있다. 그러나 어디로 가든 **분명한 사**

실은, 우리를 사랑하시는 하나님이 우리를 이끄시고 동행하시면서 계속 위로하고 확신을 주신다는 점이다. 그리고 이러한 여정은 하나님이 우리를 알고 있듯이 우리가 그를 알 수 있게 될 그날, 얼굴과 얼굴을 맞대게 될 그날까지 계속될 것이다.

3. 종교의 다원주의

레슬리 뉴비긴(Lesslie Newbigin)은 다원주의가 기독교에 미친 영향을 연구하는 가장 날카로운 분석가 중 하나다. 그는 자신이 인도에서 선교사로 살면서 직접 체험한 것과 비교하여 다원주의가 현대 기독교에 끼친 영향과 끼칠 수 없는 면을 검토한다. 뉴비긴은 '다원주의적 사회에 있어서 복음'이란 주제를 다루면서 이렇게 말한다.

> 우리는 흔히 다원주의 사회에 살고 있다고 말한다─여기서는
> 단순히 다양한 문화와 종교, 그리고 이들을 포함하는 삶의 양
> 식들이 공존하고 있다는 뜻으로만 아니라, 이러한 다양성은
> 인정되고 높이 평가되어 잘 양성해야 할 내용으로서의 다원주
> 의를 말한다.[30]

여기서 뉴비긴은 삶의 현상으로서의 다원주의와 이데올로기로서의 다원주의─진리의 기준을 찾는 것은 독선적이고 분열을 조장하는 태도라고 비난하면서 다원주의를 권장하고 추구하는 이데올로기─를 구분한다. 전

자에 대해선 더 이상 할 말이 없다. 기독교는 항상 다른 종교와 사상들과 씨름해 왔으며, 이러한 다원적 환경에서 복음을 선포해 왔다.

고대 이스라엘은 이웃 민족들이 자기와 같은 종교를 믿고 있지 않는다는 사실을 잘 알고 있었다. 이스라엘에게 타종교는 단순히 현실 문제였다. 이스라엘의 이러한 현실은 자신의 종교는 맞고 다른 것은 그렇지 않다는 점에 그리 큰 어려움을 만들지 않았다. 신약성경에서도 같은 상황이 나타난다. 기독교는 탄생 첫날부터 타종교의 존재와 위협을 잘 알고 있었다. 기독교는 첫 번째로 유대교의 도전을 만나게 된다. 이것이 물러가자마자 로마의 국가 종교, 여러 형식의 고대 그리스 종교, 영지주의 그리고 다양한 신비주의 종교들의 도전이 그 자리를 대신한다. 이 문제는 전혀 새로운 것이 아니다. 이러한 문제로부터 오랫동안 보호되어 왔던 서구 사회 역시 최근 들어 인도 대륙에서부터 영국으로, 아프리카의 전 프랑스 식민지로부터 프랑스로, 그리고 아시아로부터 호주와 북미 서부에 밀려온 많은 이민자들에 의해 다원성의 문제가 새롭게 부각되고 있다. 기독교는 종교적 다원주의를 배경으로 태어났다. 이 다원주의가 이제 다시 사회 현상이자 신학적 문제로 드러나고 있는 것이다. 타종교의 존재는 많은 질문을 제기하며, 이것만 다루어도 여러 권의 책을 쓸 수 있다. 이 장에서는 보다 중요한 문제점만 골라서 돌아보려고 한다.

(이데올로기로서) 종교적 다원주의의 탄생은 기독교 자체의 문제점 때문이기보다는 보편적 지식에 관한 계몽기적 관점의 붕괴와 바로 연관되어 있다. 혹자는 종교 다원주의를 기독교가 답할 수 없는 새로운 도전처럼 묘사하면서 계몽기적 영향의 붕괴라는 실제 원인으로부터 관심을 흩으려고 시도한다. 물론 이것은 매우 떳떳하지 못한 행동이다. 프린스턴의 철학자

알렌(Diogenes Allen)은 이러한 주장의 모순을 분명히 지적한다.

> 많은 이들이 이성의 힘이 여러 분야에서 하는 진리를 찾으려
> 는 인간의 노력에 답을 줄 수 있을 것이라는 계몽주의적 자신
> 감을 잃어버렸기 때문에 '상대주의'로 쏠리게 되었다. 오늘날
> 우리가 흔히 듣는 다원주의, 상대주의는 이러한 (계몽주의적) 현
> 대 서구 문화 사고방식의 위기이지, 기독교 내의 위기에서 나
> 온 문제가 아니다.[31]

그러나 사람들은 흔히 상대주의가 기독교를 위기로 몰아가고 있다고 생
각하며, 이러한 관점은 일반 사회 속에 깊이 뿌리를 내리고 있다.

변증가에게 가장 중요한 문제는 이것이다: 우리가 수많은 종교를 접할
수 있는데도 불구하고 기독교만이 진리라고 주장할 수 있는 이유는 무엇
인가? 여기에 답하기 전에 다음 문제를 먼저 살펴보자. 우리는 '종교'라는
단어를 좀 더 검토할 필요가 있다. 프레이저 경(Sir James Frazer)은 이젠 고전
이 되어 버렸지만 아직도 문제작으로 기억되는 「황금 가지」(The Golden
Bough, 1890)란 글을 통해 문제의 핵심을 간파하고 있다: "이 세상에는 종교
의 본질에 관한 의견보다 더 가지각색인 것은 없다. 더욱이 모든 사람이 만
족할 만한 종교의 정의를 만든다는 것은 절대적으로 불가능한 일이다." 그
러나 현대 자유주의는 종교를 '일률화'시켜, 말하자면 모든 종교를 근본
적으로 같은 현상으로 해석하려고 무단히 애써 왔다.

여기엔 '지적 권위'의 문제가 결부되어 있다. 무엇이 종교인지 결정할
기준은 누가 정한다는 말인가? 이러한 게임의 규칙은 결론을 먼저 정해 버

린다. 그렇다면 누가 결정을 내려야 하는가? 종교에 관한 근대 서구 자유주의적 연구의 바탕에는 '모든 종교는 같은 범주에 속한다' 라는 단순한 전제가 깔려 있다. 이것은 사실이 아니다. 밀뱅크(John Milbank)의 권위 있는 연구에 의하면, '종교의 유형 연구' 는 다음과 같은 전제에서 출발한다.

> … 현대의 종교 연구는 '대화' (dialogue)와 같은 새로운 접근방식을 주로 사용하지만, 이것이 모든 참석자들이 어떤 명백한 진리에 동의해서 자연스럽게 나타난 현상이라고 생각하는 것은 착각이다. 기독교 사상가들은 유럽적 상식으로 종교적 사상과 활동을 구성하는 요소를 정의하고, 타종교가 다양하게 표현은 돼도 근본적으로 이 정의에 포함되는 문화 현상에 불과하다고 생각한다. 이런 맥락에서 이들은 '종교의 일종' 으로 취급되게 되는 것이다. 이러한 잘못된 유형화는 흔히 서구식 교육을 받은 타종교 지도자들에게도 수용되고, 이를 통해 이들은 정치적으로 오염된 서구 사상의 설득력에 저항할 힘을 상실한다.[32]

그러므로 '종교' 가 객관적으로 정의된 양식이라고 생각하는 것은 착각에 불과할 수 있으며, 우리는 '문화' 라는 전체로부터 '종교' 를 조심히 분리시키는 수술을 먼저 해야 한다.

우리는 여기에 '성향' 문제가 결부되어 있음을 기억할 필요가 있다. 우리가 기독교를 변호하면 비기독교를 낮게 평가하는 것은 피할 수 없다. 이러한 태도는 다문화 사회에서는 거부된다. 특별히 정치적 자유주의자들은 다문화주의는 '종교적 패권주의의 위험을 피하기 위해 어떤 종교든 진리라고 주장하지 못하게 해야 한다'고 믿는다. 더욱이 종교적 다원주의를 부정하는 사람은 '비관용적', '배타적' 같은 부정적인 인물이라고 쉽게 취급된다. 자유주의적 정치론은 모든 종교를 같이 취급해야 한다고 주장한다. 이러한 정치적인 입장은 모든 종교는 신학적으로도 같다는 결론으로 쉽게 이어져 나간다. 타종교를 존중해야 한다는 말은 충분히 동의할 수 있는 건전한 요구다. 그러나 과연 이러한 요구로부터 모든 종교가 같거나 나름대로 다 적절한 '불변하는 삶의 영적 차원'을 표현한다는 결론이 나올 필요가 있을까?

가장 극단적인 사람들은 모든 종교가 하나님께로 인도해 준다고 주장한다. 그러나 어떤 종교는 매우 '무신론'적이라는 사실은 이러한 주장이 모순임을 보여 준다. 어떤 종교가 신의 존재를 분명히 부정한다면, 그 종교는 우리를 하나님께로 인도해 줄 수도 없을 것이다. 이 점을 고려해서 신을 '궁극적인 실체'나 '진리' 같은 단어로 바꾸어 다시 생각해 보자. 이것은 다음과 같이 정리될 수 있다. 종교는 종종 인간의 탄생 환경에 의해 결정된다. 인도인은 대개 힌두교도가 되며, 아랍인은 이슬람교도가 된다. 이런 점에서 볼 때, 모든 종교는 같은 진리로 향하는 길이라고 말할 수 있다.

이 말은 출생지의 영향을 설명하는 것으로는 맞다. 내가 태어난 곳이 나치 독일이었다면 나 역시 나치주의자가 되었을지도 모른다. 그렇다고 해서 나치가 진리라고 말할 수 있을까? 내가 태어난 곳이 고대 로마였다면 나는 동시대 사람들처럼 다신론을 믿고 있었을지 모른다. 내가 태어난 곳이 지금의 사우디아라비아였다면 (알라를 믿는) 유일신론자가 되어 있을지도 모른다. 그렇다고 해서 둘 다 모두 옳다는 말인가? 다른 학문도 현실을 이렇게 엉성하게 꿰맞추지는 않는다. 그렇다면 여기선 왜 그렇게 해야 하는가? 다원주의가 모든 사람이 옳다고 쳐 주고 싶은 갸륵한 소망에서 나왔다 하더라도, 결국엔 진리 자체를 파괴하고 만다. 다음 두 명제를 생각해 보자.

1) 민족마다 다른 종교관을 가진다.
2) 모든 종교는 똑같이 옳다.

2)의 전제가 어떤 면에서 1)을 의미하고 있는가? 이 둘이 같다고 생각하는 자유주의적 입장은, 다른 말로 하면 어떤 것이든 종교적 개념만 가졌다 싶으면 진리라고 취급하고 있는 것이다! 이미 사라져 버린 고대의 다신론 같은 종교가 정말 진리라고 옹호하는 사람은 우리 주위에서 거의 찾을 수 없다. 그 이유야 그런 종교를 믿는 현대인이 없어서이기 때문일 것이다. 그러나 다문화적 상황에서는 이런 것조차도 존중되어야 하지 않을까?

종교 다원주의의 가장 치명적인 약점은 인간의 관점은 시간에 따라 사라지기도 하고, 변형된 새 형태로 바뀌기도 한다는 점이다. 그래서 사람들은 흔히 이렇게 말한다. "당신이 무엇인가를 진심으로 믿고 있다면 그것이 바로 진리라고 할 수 있다"고 말이다. 내가 나치주의자나 스탈린주의자 혹은 지구가 평평하다고 정말 열심히 믿는 사람이라면 어땠을까? 나의 '진짜로 믿는 태도'가 그 대상이 진리임을 보증한다고 하자. 같은 맥락에서, 만일 어떤 사람이 600만 유대인을 가스실에 잡아넣으면 현대 유럽은 보다 살기 좋은 곳이 될 거라고 '진심으로' 믿는다고 하자. 이 사람이 진심으로 확신하고 있는 태도가 이 생각을 진리로 증명해 준다고 하자. 영국의 종교철학자 힉(John Hick)은 이런 관점이 가진 모순을 이렇게 요약한다: "진심으로 믿고 하는 것을 무엇이든지 진리라고 정의한다면, 이것은 지적으로나 윤리

적으로 모든 비판적인 선별을 불가능하게 만든다." [33]

더욱이 위의 힉이 바로 '모든 종교는 진리' 라고 하는 다원주의적 접근을 주도하는 가장 영향력 있는 학자라는 점은—그는 "모든 종교의 경험적 뿌리에는 본질적으로 같은 막연한 신적 존재가 놓여 있다"라고 말했다—문제가 가진 아이러니의 정도를 증명해 준다. 사람들은 신의 존재를 다른 식으로 경험하고 표현한다. 왜 그럴까? "사람들이 가진 상이한 신의 존재에 대한 경험은 수 세기에 걸쳐 상이한 사고방식을 가진 다른 문화와 상호 작용을 통해 세밀한 부분에까지 더욱 다양해지고 서로 차이가 나게 된다" (비슷한 관점을 17세기 말 영국의 이신론 속에서도 찾을 수 있다. 이 사상에 의하면 최초에 존재했던 보편적이고 유일한 이성 종교는 점차 다른 종류의 여러 종교로 타락되어 갔다는 것이다. 이런 식의 독단적 가정을 지지할 증거는 전혀 없다). [34]

이들에 의하면 모든 종교는 상호 간에 보충 역할을 하고 있다. 다른 말로 하면, 진리는 '이것 아니면 저것' 이 아니라 '모두' 라는 성격을 가진다. 종교 간의 차이는 '이해의 차이지 본질적 차이가 아니다'. 여기서부터 각 종교의 한계를 다른 종교로 보충시키는 종교 간의 대화를 통해 진리가 완성될 수 있다는 논리는 쉽게 이어지게 된다. 모든 종교는 같은 본질로 연결되어 있으며, '대화' 는 진리의 길로 향하게 하는 가장 훌륭한 방법이 된다.

힉의 일률적 접근법에 따르면, 근본적으로 진리 문제 자체 때문에 생기는 분쟁이란 있을 수 없다. 그런 것은 '전제' 에서부터 열외의 대상이 된다. 왜냐하면 종교란 서로 보충될 뿐이지 모순되지 않는다고 정의되어 있기 때문이다. 그러나 실제로 힉 자신은 그의 주장과—종교를 독점적인 것으로 해석하는 것은 잘못된 것이라는 말—모순을 보일 때가 많다. 예를 들어, 힉은 1960년에 열린 세계종교대회의 표어인 '그리스도만을 통한 구원' 같은 전통 교리는 말도 안 되는 것으로 처리해 버린다. 힉은 이 대회가 그의 기준과 '이해상의 차이'를 보이고 있다는 이유로 신랄한 비판을 던진다. 그렇다면 다른 종교를 판단하길 싫어하는 힉의 말과는 본질적으로 모순이 된다. 힉은 자신의 사상을 숫자상의 압력과 비관용적 태도로 위협하는 종류의 기독교에 대해 매우 열심히 '비관용적'인 태도를 취함으로써 자신의 입장을 먹칠한다.

문화적·학문적 진전에 가져다준 다른 표현을 아무리 빌려 써도, 힉의 세계 종교에 대한 천편일률적이고 호전적인 접근은 비판받아 마땅하다. 하나님이 있다고 주장하는 종교가 하나님이 없다고 똑같은 열심으로 주장하는 다른 종교를 보충한다는 말은 모순이다(물론 두 가지 모두 지금 존재하는 종교들이다).[35] 만일 종교인들이 실제로 무엇인가를 믿고 있다면, 불일치는 피할 수 없다. 이것은 자명한 진리다. 뛰어난 미국의 철학자 로티는 "복잡하게 생각하지 않고 그냥 가끔 서로 돕는 농부들을 제외하고는 어떤 중요한 문제에 대해 양립할 수 없는 두 가지 답이 똑같이 옳다고 믿는 사람은 아무도 없다"고 말한다.[36]

힉은 종교 간 차이는 없다고 먼저 결론을 내린다. 그가 보기엔 문제가 거기 있기 때문이다. 힉은 자기 이론에서 모순을 만날 때마다 특별한 경우에 불과하다고 항변하든지, 혹은 수많은 이유를 대면서 묵살해 버리는 경향이 있다. 동시에 힉은 자신의 주장을 관철하기 위해 갈수록 납득할 수 없는 가정들을 부수적으로 더해서 원래 관점을 변형시키지만, 결국 그런 과정을 통해 그의 원래 관점은 실제로 무의미하게 되어 버린다. 모든 종교는 같은 핵심을 가진다고 독단적으로 결론을 내린 후 모든 종교를 무자비하게 같은 틀 속에다 쑤셔 넣는다. 그 틀은 여러 종교의 내용에서부터 나온 것이 아니라 힉의 이론을 탄생시킨 자유주의적 문화관으로부터 나온 것이다.

모든 종교가 같다는 힉의 주장 뒤에는 아무리 종교 간의 차이가 분명히 나타난다 해도 '본질적으로 심각한 차이는 아니다' 라는 생각이 깔려 있다. 그러나 힌두의 '박티' (bhakti)의 예를 보자. 이 의식은 신들이 가질 수 있는 노여움을 어떤 예식을 사용하여 풀거나 호감을 사려는 의도를 가진다. 그러나 이 의식을 기독교의 '예배' 와 같거나 비슷하다고 할 수는 없다.

'대화를 통해 진리에 닿을 수 있다' 는 생각도 문제가 있다. 사람들이 같은 내용을 가지고 대화에 참여했을 때만 그렇게 될 수 있는 것이다. 소크라테스 이래로 '대화' 란 방식은 참가자가 같은 주제에 대해 어떤 진리를 합의할 수 있다는 전제에서 출발한다. 참가자들은 대화의 과정을 통해 타인의 관점을 보다 긍정적으로 이해할 수 있게 된다. 이를 통해 주제 영역에 대한 보다 깊은 이해를 갖게 되는 것이다. 혹자는 세계의 종교들이 같은 주제를 가졌다고 말할지 모르지만, 실상은 그렇지 않다. 실제의 종교와 자유주의적 문화관이 말하는 종교를 객관적으로 비교해 보면 전혀 다른 세계가 나타나게 된다.

힉의 모델이 가진 가장 심각한 문제는 다음의 사실과 관련되어 있다. 힉의 관점에서 보면, 모든 종교가 진리에 이르는 길과 통해 있지는 않다. 도리어 모든 종교는 다른 종교와 비교해서 봐야만 한다고 주장하는 서구 자유주의적 다원주의자만이 진리의 답을 알고 있다는 말이 된다. 이 말은 서구 자유주의적 사상은 모든 종교를 평가할 수 있는 유일한 기준이란 뜻이며, 이것은 많은 이들에 의해 비판의 대상이 된다. 힉은 그의 종교관의 핵심으로 '영원의 존재' (the Eternal One)라는 매우 모호한 개념을 세워 둔다. 그러나 이 개념은 막연한 자유주의적 신관에 불과한 것 같으며, 더 구체적으로 정의했을 때 따라올 문제를 피하기 위해 일부러 자세히 정의해 놓고 있지 않은 것 같다. 여기엔 힉이 가치 있다고 고른 주요 세계 종교의 내용이 포함되어 있다.

이러한 접근의 문제성을 더 살펴보기 위해 종교 간 관계에 대해 흔히 쓰이는 비유를 하나 생각해 보자. 뉴비긴의 설명을 빌려서 살펴보면 다음과 같다.

> 우리는 잘 알려진 '장님과 코끼리 이야기'의 핵심을 계속 놓치고 있다. 장님이 코끼리 전체가 아니라 겨우 한 부분만 쥐고 있다는 사실은 '볼' 수 있었던 왕과 그의 궁정 신하들의 관점에서 파악된 것이다. 그들은 장님이 아니었던 것이다. 이 이야기는 모든 종교는 진리의 한쪽 이상을 가지고 있지 못하다는 점을 깨닫고 겸손을 서로에게 배워야 한다는 것을 말해 주며, 이런 맥락에서 고등 종교들의 (독점주의적) 주장을 무력화하는 데 흔히 이용된다. 그러나 이 이야기의 진짜 핵심은 정확히 그 반대에 있다. 만일 왕 역시 장님이었다면 이야기는 말이 안 되어 버린다. 이 이야기의 화자는 볼 수 있는 왕이었던 것이다. 누군가가 모든 세계 종교를 정리할 수 있는 '완전한 진리'를 알고 있다고 생각한다면 그는 대단히 교만한 사람이다. 이러한 주장은 종교는 모든 주장을 상대화시킬 수 있는 '전말'(顚末)을 알고 있다고 말하는 것과 같다.[37]

뉴비긴은 자유주의자들이 완전한 진리를 아는 사람처럼 모든 종교를 판단하는 교만함을 보인다고 지적한다. 자유주의적 다원주의자들은 왕이 된다. 다원주의에 따르면 복음주의는 불행히도 눈먼 거지가 되어 버렸다. 다원주의자들을 포함한 우리 모두가 장님 거지라고 말하는 편이 보다 설득력 있게—훨씬 덜 교만스럽게—보인다. 하나님은 그런 우리에게 그를 알 수 있도록 은혜를 베풀어 주셨다.

그렇다면 어떤 방법으로 종교를 이해할 수 있을까? 이 점에서 코끼리는 제한적이나마 이용 가치가 있다. 힉이나 스미스(Wilfrid Cantwell Smith) 같은 학자들은 기독교의 관점에서 다른 종교의 입장과 내용을 해석할 수 없다고 주장한다. 불행히도 자신들 또한 특정 관점을 통하지 않고서는 아무것도 해석할 수 없다는 사실을 잊고 있는 것 같다. 그들이 기독교의 관점을 제외하기로 원칙을 정했다면, 비기독교의 관점을 도입할 수밖에 없게 된다. 여기서 힉은 기독교가 선입견투성이며, 이를 대신하는 자유주의적 관점은 중립적이고 공평하다는 착각 속에서 작업을 하고 있다. 그러나 최근에 발전된 지식 사회학에 따르면, 종교나 문화를 중립적으로 평가할 수 있는 관점은 없다고 한다. 힉과 스미스는 자신의 자유주의적 다원주의가 '삼자적 입장에서 보는' 혹은 '중립적/객관적' 관점이라고 상상하는 순진함을 보여주고 있다. 실제로 그런 것은 없는데 말이다.

"비교종교학은 종교를 평가할 수 있는 보편적/객관적 기준을 만들어 주지 못한다"라고 말했던 크래머(Hendrik Kraemer)는 이 점을 자세히 설명한다. 비교종교학의 기준은 평가 대상이 되고 있는 종교에서 나온 것이 아니다. 이러한 기준은 비평가의 선입견이 강요된다는 점에서 억지가 된다. 힉은 신빙성이 부족한 다원주의를 통해 자신의 결론과 잘 맞아떨어지는 기준을 찾았던 것이다.

힉은 모든 종교에 공통되는 중심 체계를 제시함으로써 자기 이론의 학문적 신빙성을 높이려고 시도한다. 모든 종교는 다 같이 '타당하며', '실제적인' 경험과 '하나의 신적 존재'에 대한 인간의 이해를 보여 준다(여기서 힉은 특별한 증거도 제시하지 않은 채 '하나의 신적 존재'를 전제하는 데서 이야기를 시작하는 사실에 주목할 필요가 있다. 학문적으로 다신론 역시 이런 식으로 간단히 무시할 수는 없다). 이런 전제 위에서 힉은 모든 종교는 "어떤 구원론적 체계를 가진다는 점에서 근본적으로 같다"라고 선언한다. 말하자면 모든 종교가 구원/해방/해탈/완성에 관심을 가진다고 말한다.[38] 그러나 여러 종교가 말하는 구원의 개념을 주의 깊게 관찰해 보면 전혀 다른 뜻으로 이해되고 있다. 이러한 다양한 개념들을 학문적으로 다 포괄할 수 있는 틀에 넣어 다룬다는 것은 근본적으로 불가능하다. 물론 누가 뭐라 그러든 그렇다고 고집하는 사람은 말릴 수 없을 것이다. 기독교와 사탄교가 구원에 대해 정말 같은 이해를 가지고 있을까? 힉은 아마도 사탄교는 종교가 아니라고 답할지도 모른다. 그는 다원주의 틀에 맞는 정도에 따라 '참된 종교'를 선택한 뒤, 이 종교들이 자신의 이론에 어떻게 적용되든 열심히 설교한다.

모든 종교가 근본적으로 같다는 압력에서 벗어나 보다 중립적인 입장에서 문제를 생각해 보면, 이들 종교는 구원에 이르는 여러 다른 방법들을 제공하고 있다는 훨씬 설득력 있는 주장을 한다. 이들은 전혀 다른 구원관을 제공한다. 래스터패리언식의 천국에선 백인들이 흑인에게 봉사한다. 오래된 스칸디나비아인들의 '발할라'(Valhalla), '열반'(Nirvana)이라는 불교도들의 천국, 영생하는 부활을 기대하는 그리스도인들—이들은 서로 분명한 차이를 보여 준다. 이렇게 구원의 귀착점이 전혀 다른 내용을 보면서 모두가 똑같이 '타당하다'(자유주의자들의 유행어)고 할 수 있을까?

모든 종교는 같거나 같은 하나님께로 인도한다는 생각은 근거 없는 강

변 이상이 아니며, 종교들은 실제로 중요한 차이점을 가진다는 사실을 부
정하는 태도다. 그 나름대로의 원리주의(fundamentalism)인 것이다. 이런 생
각은 서구 자유주의자들 사이에서나 심각하게 받아들여진다(내가 접해 본 어
떤 회교도도 이런 생각을 이해할 수 없었다). 그렇다면 여러 종교들 틈에서 기독교
의 위치를 설명해 주어야 하는 기독교 변증가들은 무엇을 말해 줄 수 있을
까?

전도자로서 유명한 마이클 그린은 자신의 상당한 경험과 기독교와 타종
교 간의 관계에 대한 최근 저작을 인용하여 다음과 같은 지적—절실히 필
요한 지적—을 한다.

> 어떤 종교도 사실이 어느 정도 이상 포함되어 있지 않다면 폭
> 넓은 인정을 받지는 못할 것이다. 그런 점에서 타종교들은 복
> 음의 준비 과정이 될 수 있으며, 그리스도를 영접함으로써 이
> 것의 파괴보다는 완성을 이룬다고 말할 수 있다. 개종자는 자
> 신의 배경을 실종한 것이 아니라, 도리어 그 배경이 가르치고
> 있는 최선을 찾았다고 받아들여야 한다. 이런 태도는 힌두교,
> 회교, 불교 등에서 그리스도에게로 돌아온 내 친구들 사이에
> 서 흔히 발견할 수 있다. 이들은 자신의 문화에서 배운 바에
> 크게 감사하고 있지만, 나사렛의 한 사람으로 자신을 낮추신
> 하나님을 발견했다는 점, 바로 그분이 그의 십자가와 부활을
> 통해 죄 속에 빠져 소외된 이들을 구하신 점에 말할 수 없는
> 흥분을 느낀다고 말한다.[39]

타종교에 대한 기독교의 태도는 창조와 구원론 위에 세워진다. 세상을

창조하신 이가 하나님이란 사실은 그의 창조 속에서 하나님의 흔적을 기대할 수 있도록 허락한다. 하나님은 그리스도를 통해 세상을 구원하셨으며, 우리는 기독교 복음이 약속하는 구원의 그리스도를 기대할 수 있게 된다. 로잔 언약(Lausanne Covenant, 1974)은 자유주의적 입장을 거부하고 그리스도의 유일성에 대한 근본적 확신을 분명히 한다.

> 그리스도가 모든 종교와 신학을 통해 다루어질 수 있다고 주장하는 어떤 유의 혼합주의와 대화도 그리스도와 복음을 손상시킨다. 예수 그리스도는 홀로 하나님-인간이 되셔서 자신을 죄인의 유일한 속죄물로 바치신 하나님과 인간 사이의 유일한 중개자시다. 우리가 구원받을 수 있는 다른 이름은 없다.

기독교가 주장하는 대로 하나님이 세상을 창조하셨다면, 우리는 창조 속에서 그런 사건의 흔적이나 증거를 남겨 놓으셨다는 점에 놀랄 이유가 전혀 없다. 칼빈은 '창조자 하나님에 대한 지식' (그리스도인을 포함한 모든 사람이 알 수 있는 보편적 지식)과 '구원자 하나님에 대한 지식' (특별히 기독교적 하나님관)을 분명히 구분한다. 로잔 언약도 이렇게 말한다.

> 우리는 모든 인간이 하나님의 자연 속 일반 계시를 통해 하나님의 지식을 가질 수 있다는 점을 인식한다. 그러나 우리는 이 지식이 우리를 구원할 수 있음을 부정한다.

그러므로 문제는 "우리는 어떻게 구원을 받을 수 있는가?"가 된다. 누가 우리의 구원자란 말일까? 여기엔 부활에 기초한 그리스도의 신성이 매우 큰 중요성을 가지게 된다. 어느 누구도 죽음에서 부활하여 죽음을 정복한 적이 없다. 어느 누구도 그 속에서 하나님이 성육신되지 않으셨다. 문제의 중요성을 놓고 볼 때 다음에 이어지는 두 장에서 살펴볼 부활과 성육신의 의미는 매우 중요하다.

더 나가기 전에 짚고 넘어가야 할 점이 있다. 다원주의는 신학적으로나 변증적으로 주의해야 할 상황을 가져왔다. 전통적 기독교 신학 자체는 종교 다원주의의 '일률화 경향'에 잘 대처할 수 없다. 모든 종교가 거의 비슷한 이야기를 하고 있다는 생각은 기독교만의 사상적 특징에 의해 부정된다. 무엇보다도 삼위일체와 성육신의 교리에서 이 점은 두드러진다. 이러한 특별한 교리는 '기독교가 유일하다고 믿는 신화'를 부정하고 싶어 하는 사람들을 곤란하게 만든다. 이것은 매우 엉성한 증거만으로 우리가 이 교리를 포기하고 다원주의적 관점을 받아들여야 한다는 쓸데없는 참견에 불과하다.

이러한 압력은 최근 기독론의 발전을 주목해 보면 답할 거리를 찾을 수 있다. 자세한 내용을 다루기 전에 두 가지만 간단히 살펴보도록 하자. 첫째로, 그동안 예수 그리스도와 하나님이 하나임을 의미하는 성육신 교리는 자유주의의 '일률화 프로그램'에 맞추어 다른 기독론으로 대체되어 왔다. 둘째로, 하나님이 예수님 속에서 나타나셔서 예수님으로서 정의된다는 개념은 예수 그리스도의 정체와 중요성에 엄청난 신학적 의미를 가진다. 이 점을 염두에 두면 자유주의적 다원주의는 할 말을 잃게 된다. 이 두 가지 점을 생각해 보도록 하자.

어떤 사람들은 성육신이란 개념을 경멸조로 신화라고 정의하면서 무시한다. 존 힉과 그의 동료들은 논리적·상식적 이유를 들어 성육신을 부인한다. 그러나 이들은 왜 기독교가 처음부터 이 교리를 발전시켜야만 했는지를 제대로 이해하고 있지 못하다. 이들이 성육신을 부인하는 뒤에는 다른 목적이 있으며, 이 목적의 핵심은 바로 기독교의 '특수성'을 제거하려는 것이다. 여기서 역사적 인물로서 예수 그리스도와 그가 남긴 교훈은 분명히 구분된다. 폴 니터(Paul Knitter)는 '예수 사건'(기독교에만 유일하게 일어난 사건)과 '예수 교훈'(모든 종교의 각각 독특한, 그러나 똑같이 유효한 표현을 통해서 접근 가능한 성격)을 분명히 구분한다. 니터와 함께 하늘의 별만큼이나 많은 다원주의론들이 그렇게 주장한다.

다원주의자들이 자신의 필요에 따라 이단적인 예수관을 조장한다는 사실은 매우 위험하다. 예수님을 '인류의 위대한 종교적 교훈자'로 짜 맞추는 노력은 에비온주의적 이단을 의미한다. 우리가 가진 상식 수준으로 예수를 짜 맞추는 것이다. 여기서 예수님은 수많은 종교적 교훈자 중에서 우리가 선택할 수 있는 종교적 옵션 중 하나일 뿐이다.

둘째로, 하나님은 그리스도를 통해 자신을 알리셨다는 개념을 부정해 보자. 다원주의자들은 신학에 있어서도 '코페르니쿠스적 혁명'(이 단어는 최근 신학계 서적에서 가장 과용되고 오용된 단어 중 하나일 것이다)이 일어나야 하며, 기독교는 그리스도에서 하나님으로 논점을 옮겨 가야 한다고 주장한다. 그러나 이들은 '그리스도인의 하나님'(터툴리안)의 삼위일체의 교리를 통해 표현되는 다른 신들과의 분명한 차이점을 제대로 인식하지 못하고 있는 것 같다. 다원주의자들이 희미하게 정의하는 '하나님'이나 '존재'란 개념은 단순히 신학적인 혼돈이나 실수가 아니다. 이들은 기독교가 말하는 삼위일체는 보다 구체적인 하나님(일반적으로 말하는 신이 아닌)을 의미하고 있음을 잘 알고 있기에 보이는 반응인 것이다. 바로 그 하나님은 자신을 예수 그리스도 안에서, 또 그를 통해서 알리시기로 하셨다. 다원주의자들의 의도는 그리스도인들의 참된 그리고 특별한 하나님관을 고의적으로 부정하고, 존 톨런드(John Toland)의 말을 약간 고쳐서 인용하면, 기독교는 단순히 자연 종교의 재판에 불과하다고 주장하는 것이다.

그러나 인간의 종교사는 신의 본질, 성격 등에 대한 인간의 자연적인 인식이 얼마나 엉망이고 모호한지를 증명해 준다. 기독교는 일반적인 신들(여기서 가나안 종교에 대한 이스라엘의 금기는 특별히 주목할 필요가 있다)이 아니라, 자신을 알리시기로 하신 하나님을 예배할 필요가 있음을 강조한다. 삼위일체론은 이렇게 '그리스도인의 하나님'의 특징을 정의하고 변호한다. 실제로 그이상으로 기독교의 유일성을 변호한다. 신약성경은 "하나님 우리 아버지 … 주 예수 그리스도"라는 말로 이러한 맥락에 약간의 첨가를 한다. 여기서 하나님은 예수 그리스도의 사역과 고난과 하나가 된다. 보다 어렵게 말해서, 하나님은 그리스도론적으로 드러난 것이다.

이 점은 「기독교 유일론의 신화」(The Myth of Christian Uniqueness)에 나오는 다원주의자들의 잘못된 주장—특별히 남성/여성 신의 본질과 정체를 다룬 부분에 나타나는 착각—에 의해 더욱 중요하게 부각된다. 다원주의는 당사자의 말로 표현해서, '다원주의 다원화'를 통해서 자기 파괴로 나아가고 있는 것 같다. 예를 하나 들어 보자. 위의 책에서 우리는 '다원주의'를 열심히 변호하는 내용을 볼 수 있다(아마 다원주의란 단어를 가장 많이 사용한 책인 것 같다). 이 책의 저자들은 기독교가 "세계의 대종교 중 하나이며, 그리스도인이 하늘에 계신 아버지라고 알고 있는 '궁극적인 실제'와 인간을 구원할 삶의 한 흐름으로 다원주의적 관점으로 이해해야 한다"고 주장한다. 그러나 이 책의 다원주의자들은 기독교가 하나님에 대한 절대적으로 우월한 답을 주지 않는다고 생각하며, 결국 이들이 말하는 신의 성격은 너무 다양해서 도저히 같은 내용을 말하는 것으로 보기 어렵게 되어 버린다.

그러나 보다 심각한 문제가 여기 있다. 다원주의는 전통적으로 기독교를 규정하고 유지시켰던 특징들을 의도적으로 부정하며, 기독교와 다른 종교를 일률적으로 취급하는 오류를 범한다(물론 다른 종교도 제멋대로 단순화시킨다). 다른 '고등종교'들과 평준화되어 버린 '기독교'는 기독교를 믿는 이들이 알아볼 수 없을 만큼 다른 내용을 가진다. 이러한 기독교는 신학적으로—기독론과 구원론을 포함해서—사실을 단순화해 버린 것에 불과하다. 여기서 다른 세계 종교와 비교되는 것은 진짜 기독교가 아니다. 하나님은 자신을 계시하신 분이라기보다는 서구 자유주의의 목적과 전제에 기초한 진짜 기독교—살아 숨 쉬는 종교—의 풍자나 모방 이상이 아닌 것이다. '대화'는 기독교의 본질을 희생시키도록 만든다. 기독교는 그리스도의 유일성과 떼려야 뗄 수 없는 관계이며, 그런 의미에서 기독교는 부활과 성육신에 기초하게 된다. 이제 부활과 성육신을 자세히 생각해 보도록 하자.

4. 부활

만일 예수 그리스도가 죽음에서 부활하여 다시 죽지 않았다면, 역사에서 다른 사람과 즉시 구분될 수 있게 된다. 그는 독특한 예가 될 것이다. 그에 관해선 특별한 무언가가 있을 것이다. 여기서 우리가 할 수 있는 질문은 그의 독특성의 내용에 관한 것이다—기독교 신학은 성육신론으로 답해 준다. 그러나 변증가는 그리스도의 부활이 많은 사람들에게 중요한 걸림돌이 된다는 사실을 인식해야만 한다.[40] 그 이유는 세 가지 문제에 집중되어 있다. 1) 사건의 불가능성, 2) 사건을 보도한 신약성경을 신뢰하지 못함, 3) 실제 삶과 무관함. 이 장에서 우리는 몇 가지 문제만 골라서 생각해 보려고 한다.

나사렛 예수의 부활 사건은 신약 전체에 깊은 영향을 끼치고 있다. 신약성경 저자들의 관심은 온통 부활 사건의 결과에 집중된다. 다시 말하면, 초대 그리스도인들이 예수님의 실체와 중요성을 경험하고 이해한 결과에 초점이 맞추어져 있는 것이다. 예수님의 위상과 정체를 깨닫게 되는 놀라운 과정은 바로 그 고난 받던 예수가 하나님에 의해 다시 살아났다는 믿음에서 나온 것이다. 십자가는 부활의 관점에서 이해되며, 예수님의 가르침은 부활이 보여 준 그의 정체로 인해 위엄을 가지게 된다. 예수는 살아 계시고 다시 오실 분으로 예배되고 숭앙된다. 단순히 돌아가신 위대한 선생을 존경하는 것 이상으로 말이다. '예수 그리스도를 하나님으로 생각하는' 경향은 이미 신약성경에서도 분명히 나타난다. 기독교의 예수관은 그리스 형이상학의 의심스런 영향력 속에 있던 교부 시대가 아니라, 바로 '예수님의 고난 후 20년 내' 에 나타난 것이었다.

물론 부활을 부정하는 현대 비판자들은 초대 그리스도인들이 예수님이 부활했다고 착각하기 쉬운 상황에 있었다고 주장한다. 무엇보다도 부활의 믿음은 당시 유행이었다. 실제로 전혀 다른 일이 터졌다 해도, 초대 그리스도인들은 예수님이 죽음에서 부활하셨다고 고집할 이유가 많이 있었다. 과거에는 제자들이 무덤에서 예수님의 시체를 훔쳤다거나 대중적 히스테리의 피해자들이었다는 등의 조잡한 의심을 받아 왔다. 현재에 와서 달라진 것이라고는 좀 더 복잡한 비판으로 바뀌었다는 것뿐이다. 이 중 가장 중요한 비판은 부활이 실제로 '상징적' 사건이었음에도 불구하고 초대 그리스도인들은 그들의 무비판적 사고 때문에 '역사적' 사건과 혼돈했던 것이었다.

이런 생각을 반박하기 위해서는 먼저 당시 가장 대표적인 종교(유대교와 그리스정교)는 모두 예수님의 부활과 비슷한 내용을 가지고 있지 않다는 점을 지적할 수 있을 것이다. 대다수의 사람들이 역사의 마지막이 오면 부활이 있을 것이라고 기대했지만, 부활 자체를 부인했던 사두개인들도 있었다(이 점은 바로 위기에 처한 바울이 이용했던 내용이기도 하다, 행 23:6~8). 예수님이 인간 역사의 특정 시간과 장소를 통해 부활했다는 기독교의 선포는 당시엔 매우 '이상한' 주장이었으며, 이 점을 현대의 비판자들은 쉽게 지나친다. 상상조차 할 수 없는 일이 터졌을 때는 깊은 주의를 하지 않고는 이해하기가 힘들다. 더욱이 예수의 부활은 당시 유행했던 부활의 기대와 같기는커녕, 전혀 반대였던 것이다. 기독교가 당시에 신기하게 취급되었다는 사실은 이후 2천 년간 그리스도인들의 뇌리에서 잊혀 갔다. 그러나 그 당시 기독교는 매우 이단적이며 급진적으로 평가되었다.

예수의 부활이 당시의 기대와 비슷하다는 이유로 이 사건을 부정하는 것은 확실히 말도 되지 않는다. 더욱이 예수의 부활이 제자들이 만든 일종의 자기 최면이라고 말하는 것은 더 설득력이 없는 것 같다. 왜 제자들이 예수의 죽음이란 재앙 속에서 그가 부활했다는 전례 없는 생각을 만들어 내야 했을까? 이스라엘의 역사는 수많은 순교자를 가지고 있지만, 그중 누구도 이런 식으로 다시 살아나리라고 생각되지 않았다.

예수 부활이 역사적 사실이 아니라고 공격하는 두 번째 이유는 부활에 있어서 이방 종교 신화와 기독교가 비슷한 점이 많다는 데서 찾아진다. 20세기 초기는 고대 종교와 영지주의 신화에 대해 상당수의 연구가 쏟아져 나오게 된다. 이 중에는 영어 문화권에서 유명한 프레이저의 「황금 가지」가 포함된다. 프레이저는 신약의 저자들이 예수 부활 사건을 단순히 고대 문명의 지적인 유산이었던 전설들을 재구성하여 만든 것이라고 주장한다. 루돌프 불트만(Rudolf Bultmann)은 이런 메데 문화의 영향 아래서 부활에 관한 신약성경의 기사와 믿음이 나타났다고 주장했던 당시 수많은 학자 중에 하나였다. 이들은 비교종교학을 통해 예수 부활의 역사성은 무시되어야 한다는 위험한 결론의 단계까지 나아간다.

그러나 이후 학계도 상당히 변하게 된다. 이제 학자들은 부활하는 신에 관한 고대 종교 신화와 예수 부활을 전하는 신약성경 사이에는 거의 비슷한 점이 없거나 거리가 멀다고 말한다.[41] 예를 들어, 신약성경을 주의 깊게 관찰하면 예수님의 죽음과 부활이 일어난 장소와 시간은 물론, 여러 명의 증인들까지 제시한다. 이것을 신화적 형식의 비역사적 이야기와 비교하는 것은 말이 되지 않는다. 더욱이 고대 종교 문학에 있어서 신화가 특정 역사적 인물에 적용되는 경우는 없다. 신약성경을 이 범주에 집어넣는다면, 성경 기자들은 굉장한 창작인 신화를 첨가한 것이 된다. 여기서 나타나는 문제점을 보기 위해 우리는 루이스의 지혜를—신화에 대한 전문가 중에 하나인—빌릴 필요가 있다. 루이스는 몇몇 자기 분야에 저명한 신학자들의 주장에도 불구하고 신약성경이 말하는 예수의 부활은 신화가 아니라는 사실을 깨닫게 되었다. 여기에 루이스가 가졌던 보다 확실한 증거는 영지주의적 구원 신화—신약성경의 기자들이 빼다가 예수님한테 적용했다고 주장되는—가 신약성경보다 나중에 나왔다는 사실이다. 누구나 생각을 빌려오길 좋아한다면, 영지주의자들이 기독교 개념을 빌릴 확률이 더 높은 것 같다.

부활의 역사성에 대한 여러 이론의 도전은 사상사 교과서들 속에서도 찾아볼 수 있다. 이 문제를 더 다루기 전에 짚고 넘어가야 할 문제가 있다. 우리는 일반적으로 높이 인정받는 학자들이 기독교의 핵심 사상에 이의를 제기해 왔음을 잘 알고 있다. 이런 도전은 신학자들과 대중 작가들에 의해 진지하게 다루어진다. 그러나 이들은 학문이 가진 '임시성'을 잊고 있는 것 같다. 학문은 가정과 증거를 평가하면서 발전되며, 이 과정은 수십 년이 걸리기까지 한다. 한 시대에 의심조차 할 수 없었던 것이 나중에 부정되기도 한다. 부활 신화의 운명도 이런 경우의 하나다. 1920년경에는 무게 있는 학자들이 이 이론을 거의 증명된 사실처럼 취급했다. 이 이론은 75년이 지난 지금 부정되어 재미있는 상상 정도로나 취급된다.

한때 기독교 신앙에 도전하던 수많은 그럴듯한 이론들은 50년도 안 돼서 말도 안 되는 내용이 되어 버리기도 한다. 기독교는 이러한 엉성한 공격에 의해 부활하신 그리스도가 구세주이자 주님이심을 선포하는 것을 포기할 수 없다. 사상사를 연구해 본 사람들은 잘 알고 있듯이, 한때 확실한 것 같았던 사상들이 얼마나 빨리 다른 이론에 밀려나는지를 보면 놀랍기까지 하다! 기독교는 미래에 올 것(심판)만 선포해선 부족하다. 과거 2천 년 역사 동안 기독교가 견뎌 낸 기록을 보여 주고, 현대사조의 압력에 맞서 단명할 운명을 가진 이 편견들을 거부해야 한다.

부활의 역사성을 비판하는 세 번째 논리는, 죽은 사람은 다시 살아날 수 없기 때문에 예수도 다시 살아났을 리가 없다고 주장한 독일의 사회학자 트뢸치(Ernst Troeltsch)에서 나온다. 이런 비판은 흄에게서 비롯된 것으로, 역사적 사건을 확인하기 위해서는 현재에 비교할 수 있는 확인 대상이 있어야 한다고 생각한다. 과거 사건은 현재에도 일어나고 있다고 확인될 때만이 설득력을 가진다. 트뢸치는 죽은 인간이 부활한 것을 눈으로 본 적이 없기 때문에, 예수가 부활했음을 믿을 이유는 없다고 주장한다.

물론 기독교는 예수의 부활이 역사적으로 유일한 사건이라고 주장하며, 현재에 비슷한 사건을 목격할 수 없는 것은 당연하다고 말한다. 사람들이 정기적으로 부활한다면, 예수 그리스도의 부활은 쉽게 믿을 수 있는 내용일 것이다. 그러나 그럴 경우 전혀 특별한 사건도 아니게 된다. 그런 사건을 가지고는 예수님의 정체나 예수를 부활시키신 하나님에 대해서도 특별히 알 수 있는 것이 없을 것이다. 부활은 우리의 기대를 초월한 방법으로 터진 유일한 사건이기 때문에, 사람들은 이 사건을 심각하게 받아들이는 것이다.

이 정도 설명이면 충분할 수도 있지만, 이 문제에 대한 논리적 비판에 보다 수준 높은 답을 줄 필요가 있다. 트뢸치의 비판은 판넨베르크(Wolfhart Pannenberg)에 의해 맹렬히 비판된다. 판넨베르크는 트뢸치를 이렇게 비판한다. 트뢸치는 설득력이 희박한 형이상학적 전제에 기초해서 현상을 독단적으로 해석하고, 이 선입견적 관점에 기초해서 역사에서 일어날 수 있는 일과 없는 일을 미리 결정해 버리는 결과를 낳았다고 비판된다. 판넨베르크는 트뢸치가 부활은 있을 수 없다고 미리 정해 버렸다고 지적한다. 그의 논리는 다음과 같다.

1) 죽은 사람은 다시 살아날 수 없다.
2) 그러므로 예수 그리스도는 다시 살아날 수 없다.

3) 더 이상 할 말 없음.

이것은 너무 심할 정도로 피상적인 논리다. 앞에서도 보았듯이, 답을 유추하기도 전에 전제가 결론을 미리 정해 버리는 경우, 우리의 탐구는 의미를 상실한다. 관찰을 통해 만들어진 이론은 미래에 일어날 일을 정해 주기보다는 과거에 일어난 사건을 설명하는 데 불과하다. 이론은 어떤 사건의 개연성을 증명할 수 있을 뿐이다.

판넨베르크는 첫 부활절의 진상을 밝혀내는 결정적 근거는 현상의 본질에 대한 교리적 이론이 아니라 신약성경에 포함된 증거여야 한다고 말한다. 이러한 이론은 임시적인 학문적 가설 이상이 아닌 것이다. 판넨베르크는 "신약성경의 증거를 믿을 수 있는 근거는 무엇인가?"라고 질문한다. 최선의 설명이 무엇이겠는가? 역사에서 어떤 사건이 일어날 수 있는지의 여부를 먼저 전제하고 있는 형이상학적 이론들은 역사적 증거로부터 우리가 내릴 결론을 고정시킬 수 없다. 부활에 대한 트뢸치의 비판은 이러한 잘못된 전제가 깔려 있다. 우리가 가진 증거들은 역사적 예수를 바로 볼 수 있도록 만들어 준다. 판넨베르크는 이 증거를 가장 설득력과 개연성 있게 설명하는 것이 예수의 부활이라고 말한다. 이것은 형이상학에 있어 근본주의자들이 요구하는 절대적 확실성은 부족하지만, 개연성은 충분하다. 버틀러 주교가 그의 「종교의 유비」에서 매우 자세히 보여 준 것처럼, 개연성은—정통 기독교나 다른 종교 모두—종교적 삶의 원리다.

5. 예수의 신성

모더니즘은 성육신으로 표현되는 그리스도의 신성에 대해 근본적으로
두 방향에서 공격한다. 첫째로, 성육신은 있을 수 없다는 비판이다. 신약성
경의 배경과 기독교 교리의 발전 과정의 작위적인 실체가 드러나고 과학적
세계관 등이 보편화되었기 때문에, 예수가 하나님이란 생각은 이제 무의미
해졌으며 폐기처분해야 할 것이 되었다는 것이다. 둘째로, 성육신은 전혀
필요하지 않다는 지적이다. 예수의 부활에 기초하고 전통적으로 성육신으
로 표현되어 왔던 '하나님이 인간으로 오심' 이란 개념은 실제로 쓰일 데가
없는 군더더기 같은 것으로, 기독교는 그런 것이 없이도 존재할 수 있다는
것이다. 기독교가 21세기에도 남아 있길 원한다면 이런 시대착오적이고 무
의미한 개념은 버려야만 한다.

성육신에 대한 가장 최근의 비판은 「성육신하신 하나님의 신화」에서 찾
을 수 있으며, 여기서 우리는 비판의 초점이 '어디서 성육화라는 개념이 시
작되었는가' 보다는 '성육화가 가능한가' 에 쏠려 있는 경향을 볼 수 있다.
하나님이 역사 속에 인간의 몸으로 오셨다는 생각은 기독교가 탄생한 1세
기의 유대 상황에서는 매우 충격적인 내용이었다. 이 점에서 이후 교부 시
대에 유행했던 (철학적) 분위기와는 상당한 차이를 보여 준다. 우리는 1세기
의 유대인들이 이 개념을 대했을 때 물었던 질문을 생각해 볼 필요가 있다.
여기서 핵심 질문은 부활에 관한 것인데, 불행히도 「성육신하신 하나님의
신화」의 대부분의 저자들은 이 점을 무시하려고 애쓰는 것처럼 보인다(오해
가 없어야 할 것은, 이 책이 판넨베르크, 몰트만 그리고 카스퍼 등에게 '긍정적인' 공헌도 같
이 포함하고 있다는 점이다).

성육신은 단어 자체가 모순이라고 비판받을 수 있다. 이러한 비판은 성육신을 진심으로 믿는 사람들도 알고 있는 내용이다. 혹자는 성육신은 불합리하고 거북스런 억지 주장이며, 이것을 믿는 사람들은 지적으로 편협하거나 전통에 매여서 혼자서 사고할 수 없는 족속이라 비판한다. 그러나 이렇게 말한다고 답이 될 수는 없다. 나사렛 예수의 삶을 과연 성육신으로 볼 수 있을까?

어떤 사건이 모순적 요소를 가진다고 단번에 무시될 수는 없다. 과학계에서 일해 본 사람이라면 자연 현상이 가진 엄청난 복잡성과 난해함을 잘 알고 있을 것이다. 양자 이론의 탄생 뒤에 있었던 사건, 과학적 설명을 위한 모델 사용의 문제 등은—이 둘은 내가 과학자였을 때 가장 뚜렷하게 드러났던 문제였다—현실에 있어서 모순과 역설을 피할 수 없음을 보여 준다. 물론 피상적인 관찰자는 그렇지 않다고 우길 수도 있지만 말이다.[42] 우리는 자연 세계나 하나님이나 무엇을 대상으로 하든 부분적이고 단편적인 관점에서 벗어날 수 없다. 계몽기적 세계관은 모든 현상을 이성적으로 다 해석할 수 있다고 생각했지만, 오늘날에 와서는 몇몇 신학자들을 제외하고는 모든 사람들이 부정하는 비현실적인 생각일 뿐이다. 많은 현대 신학자들이 너무 쉽게 '모순'이라고 판단하고, 여기에 해당되면 무엇이든 버려야 한다고 생각한다. 그러나 현실은 그렇게 간단하지 않다.

존 힉은 예수님이 하나님이자 인간이란 개념은 논리적으로 모순이라고 강변(논증했다고 말하기엔 문제가 있다)하면서 이유를 이렇게 제시한다.[43] 힉은 스피노자를 인용해서 "한 인간을 하나님이자 인간이라고 말하는 것은 사각원을 말하는 것과 같다"고 주장한다. 여기서 힉의 논리는 모순을 드러낸다. 이미 그는 모든 종교의 신은—신이 인격적이든 비인격적이든, 내재적

이든 초월적이든 상관없이—서로 공존할 수 있다고 결론을 내리고 있으며, 실제로 여러 종교의 신관이 가진 차이점을 애써 무시함으로써 자기 이론의 모순을 숨기려고 한다. 이런 힉이 성육화에 시빗거리를 잡고는 모순이라고 주장하는 것이다. 우리는 하나님과 인간이 논리적으로 양립될 수 없다는 그의 강변을 그냥 넘어갈 수 없다. 힉은 기독론에 대해 제대로 파악하고 있지 못하며, 이 점은 그의 중세 기독론 이해에서 확실히 드러난다. 하나님과 인간이 '논리적'으로 양립할 수 있다는 사실은 영국의 위대한 신학자 오컴 (William of Ockham)에 의해 논리적으로 증명되어 신학적으로 사용되어 왔다.[44] 오컴의 논리는 매우 치밀하고 설득력이 있어서 현재까지도 귀를 기울일 필요가 있다. 이 점은 철학계에서 상당한 찬사를 받았던 토머스 모리스 (Thomas V. Morris)의 최근 걸작인 「성육화의 논리」(The Logic of God Incarnate)에서 재확인된다.[45]

이제 몇 가지 문제점을 잠시 보도록 하자. 어떤 조건에서 예수 그리스도가 하나님이자 사람, 인간이자 신이라는 개념이 논리적으로 모순이 될까? 힉이 신학적 의미를 부여한 사각원이라는 스피노자의 예를 가지고 답을 찾아보자. 왜 사각원이라는 개념이 모순일까? 그것은 '사각'과 '원'이 논리적 지도 위에 같은 공간을 차지하고 있기 때문이다. 이것은 둘 다 기하학적 모양이다. 하나의 모양은 두 개의 모순되는 형태로 정의할 수 없게 된다. 이것(사각)이나 저것(원) 혹은 다른 어떤 것이다(말하자면 삼각이나 아무 모양이나 말이다). '원'과 '사각형'은 서로 배타적으로 정의되는 모양이다. 한 모양이 동시에 두 모양이 될 수는 없다.

그러면 예수 그리스도가 하나님이자 사람이란 개념을 검토해 보자. 하나님과 사람 사이에는 어떤 논리적 공통분모가 있는가? 예를 한번 찾아보기 바란다. 실제로 이 둘 사이엔 공통분모가 없다: 하나님은 창조자시고, 인간은 피조물이다. 토마스 아퀴나스가 강조했던 것처럼 신성과 인성에는 같은 논리가 적용되지 않는다. 그의 유명한 '본질'과 '존재'의 구분이 분명히 보여 주는 것처럼 존재론적으로 공통분모가 없는 것이다. 이들은 완전히 구별된다. 안을 들여다보면 사각원과 성육신은 논리적으로 전혀 비교할 수 있는 내용이 아니다.

'신성'과 '인성'이 양립할 수 없다는 힉의 주장을 순전히 논리적 차원에서 반박해 보는 것은 재미있는 작업이다.[46] 이 둘은 완전히 다르다—그렇다면 공존할 수 없는 이유가 있을까? 사각원은 단순히 사각과 원이 서로 배타적인 모양이기 때문에 공존할 수 없다. 그러나 신성과 인성은 서로 보완적으로 공존할 수 있지 않을까? 어떤 논리적 기준에서 그런 가능성이 배제된다는 말인가? 영국과 스위스 시민권을 동시에 가진 내 동료의 경우를 보면 이해하기가 쉽다. 유럽에서는 이중 국적이 이제 흔한 일이 되어 버려서, 사람들에게 신학을 쉽게 설명하는 데 쓸 수도 있게 되었다. 힉은 엉성하게 성육신의 논리를 분석하여 다음의 내용이 논리적으로 양립할 수 없다고 주장한다.

1) 예수는 신이다
2) 예수는 인간이다.

그러나 이중 국적의 행운을 누리고 있는 내 친구 프란시스를 생각해 보자. 우리는 그가 처한 상황을 다음과 같이 요약할 수 있다.

1) 프란시스는 영국인이다.
2) 프란시스는 스위스인이다.

여기서 논리적 모순이 생기려면, 영국 시민이 되면 스위스 시민이 될 수 없어야만 한다. 그러나 다 알고 있듯이 실제는 그렇지 않다. 그렇다면 논리적 차원에서 예수님이 인간이라면 신이 될 수 없다고 생각할 필요가 있을까? 예수님은 천국의 시민인 동시에 이 땅의 시민은 될 수 없었을까?

성육신이 논리적으로 말이 안 된다는 비판은 설득력이 없게 들린다. 물론 성육신을 반대하기로 작정한 사람들은 전혀 말릴 수가 없다. 힉이 성육화를 부정하는 이유는 여러 모로 그의 종교 이론 자체에 있는 것 같다. 그가 성육화를 비판하고 즐기는 이면에는 다른 의도, 아마도 모든 종교를 같게 보려는 의지가 숨겨져 있는 것 같다는 말이다. 왜냐하면 그리스도의 신성은 그의 이론에 심각한 장애물이 되기 때문이다.

힉이 가진 보다 심각한 문제는 자기가 이미 하나님의 실체를 정확히 알고 있다고 생각하며, 그 지식을 기준으로 성육화의 논리적 가능성을 따지고 있다는 점이다. 이건 확실히 말도 되지 않는다(우리 중 누구도 이런 식으로 하나님과 특별 채널을 가지고 있지 않다. 우리의 하나님에 대한 지식은 항상 한계가 있으며, 바로 이 점 때문에 하나님이 자신을 드러내셨다는 소식이 '기쁜 소식'이 되는 것이다. 우리가 하나님을 알기 위해서는 **다른 방법**을 찾아야 할 필요가 있다. 우리의 방법만으로는 혼돈과 무질서에 잡아먹히고 말 것이다). 힉은 성육신을 포함한 전통적 기독교 유신론(하나의 철학 이론으로) 전체가 논리적 모순이라고 변명할 수도 있다. 그러나 전통적 유신론이란 철학이 기독교를 의미하는 것은 아니다. 이러한 사실은 최근 몰트만이나 융겔 같은 신학자들에 의해 더 넓은 공감대를 얻어 가고 있다. 그러므로 유신론의 모순이 성육신을 무효로 만들지는 못한다. 힉은 하나님의 본질을 볼 때 성육신으로 인간 중에 오신다는 것은 있을 수 없다는 입장일지도 모른다. 만일 그렇다면 힉은 우리는 모르는 완벽하고 비밀한 하나님에 대한 정보통을 가진 것 같다. 여기서 우리는 '인간' 이라는 흔한 단어를 바로 이해하고 있는지 자문해 봐야 한다. 만일 바로 이해하지 못하고 있다면 우리가 정의한 신성과 인성의 개념을 기준으로 성육신을 설명하는 것은 문제가 있다. 도리어 성육신을 통해 드러난 신성과 인성으로 인간과 신의 참다운 본질을 찾아보는 것이 나을 것이다.

성육신을 비판하는 사람들은 자신들이 보다 합리적이고 설득력 있는 신판(新版) 기독교를 제시하는 척한다. 그러나 이들이 정말 말하고 있는 것은 무엇일까? 이들의 '신판' 이라는 의미 속에는 여러 의도가 담겨 있다. 지금까지 기독교는 부활과 성육신을 자기 이해의 핵심으로 생각해 왔다. 이 점을 완전히 바꾸거나 제거해야 한다고 주장한 사람들의 머릿속엔 역사를 통해 전해진 기독교는 인간 멋대로의 창작품이라는 생각이 들어 있다. 성육신이라는 전통적 개념을 없애거나 바꾸면 어떤 결과가 생기는지 보도록 하자.

예수가 실제로 하나님이 아니었다고 가정해 보자. 예수님이 모든 면에 필자와 같은(혹은 약간 나은) 인간이지만 종교적, 윤리적으로 훨씬 훌륭한 위인이라고 가정해 보자. 성육신을 뺀 채 기독교가 강조하고 가르쳐 온 예수님의 중요성을 가지고 예수를 그려 보자. 그리고 이제 무슨 일이 생기는지 보자.

먼저 유명한 미국의 플라톤주의 철학자이며 이후 그리스도인이 된 폴무어의 경우를 생각해 보자. 그는 '주님이 없는 이상 세계의 고독' 을 호소력 있게 표현한다(2장 1편을 보라). 그는 플라톤주의적 이상 세계를 직접 경험하고 싶었다. 인격적인 만남을 원했던 것이다. 성육신이 없이는 개념의 세계만이 남는다. 우리는 하나님에게서 인간적인 모습을 찾아볼 수 없게 되어 버린다. 우리는 개념과 이상만이 존재하는 세계에 남겨지게 되는 것이다. 따뜻한 사랑 같은 것은 찾아볼 수 없는, 아무런 인기척도 없는 차가운 세계에 남게 된다는 말이다. 성육신은 하나님을 인격으로 만날 수 있도록 해 준다. 이렇게 하나님이 우리의 역사 속에 들어오셨다는 사실 때문에, 우리는 차디찬 이상의 세계를 거부하고 하나님의 흥미진진한 인격적 동행이 있는 세계로 눈을 돌릴 수 있는 것이다. 성육신은 큰 차이를 만들어 준다.

이제 이 점을 약간 다른 방향으로 발전시켜 보자. 계몽기적 모더니즘을 반영하는 주요 출판물들을 보면, 하나님의 사랑이 예수님을 통해 우리에게 드러났다는 사실 자체는 모더니즘과 잘 어울린다. 현대 사상가들은 예수님의 죽음에 대한 (사탄에 대한 승리나 속죄 값을 치르셨다는 등의) 미신을 제거하고 신약성경의 알짜만 골라낼 수 있다고 주장한다. 그렇게 해서 기독교는 탕자의 비유에서 감동적으로 표현된 것 같은 인류에 대한 하나님의 사랑을 가르칠 뿐이라고 말한다. 그러나 내 생각에는 부활과 성육신을 빼고 나면 이런 하나님의 다감함을 찾을 수 있을까 하는 의문이 생긴다.

물론 내 말이 좀 지나친 비약처럼 들릴 수도 있다. 그러나 나로선 다른 결론이 나오질 않는다. 예수님의 갈보리 십자가가 인류에 대한 하나님의 사랑을 보여 준다고 말할 수 있는 이유는 무엇인가? 모더니즘이 예수님이 바로 하나님이라는 성육신의 개념을 제거하면, 십자가를 설명하는 다음과 같은 대안들을 갖게 된다.

1) 십자가는 예수님의 사역이 기대 밖으로 끔찍하게 끝났다는 사실을

보여 주며, 그의 제자들은 이러한 처절한 실패를 숨기기 위해 부활이
라는 생각을 만들어 내었다.

2) 예수님이 모세의 법에 의해 저주되었다는 사실(십자가에 못 박힌 것)과
구약이 말하는 메시아적 자격을 채우지 못했다는 사실을 볼 때, 십자
가는 예수의 사역에 대한 하나님의 심판을 보여 준다.

3) 십자가는 하나님께 복종하는 삶을 살려는 이들의 피할 수 없는 운명
을 보여 준다.

4) 십자가는 인간이 이웃에게 줄 수 있는 가장 큰 사랑을 보여 주며(요
15:13), 이 점이 예수의 추종자들이 자기 이웃에게 같은 사랑을 베풀도
록 이끌었다.

5) 십자가는 하나님이 사디스트적인(남의 고통을 즐기는) 독재자라는 것을
보여 준다.

6) 십자가는 아무 의미도 없다.

모더니즘적 관점에서 볼 때 위의 대안들은 다 그럴듯하다. 그러나 이 중
에는 십자가가 인간에 대한 하나님의 사랑을 보여 준다는 생각은 낄 자리
가 없다. 여기서 자기 백성들을 위해 자신을 거저 주시고 십자가에서 돌아
가신 분은 '하나님'이 아니다. 십자가에 달린 이는 바로 사랑하는 대상을
위해 큰 희생을 치렀던 한 위대한 역사적 위인─특별히 훌륭한 사람─이었
던 것이다. 현대에 와서도 부패한 지배자의 손에 죽임을 당하는 무죄한 사
람들은 쉽게 찾아볼 수 있다. 만일 예수가 우리와 본질적으로 똑같다면, 특
별히 생각해 볼 필요도 없게 된다.

물론 혹자는 인간 속에서 찾을 수 있는 가장 고귀한 영감과 교훈이 예수

님에게 있다는 것만으로도 특별하다고 반박할 수 있다. 이런 의미에서 예수님 같은 엄청난 위인의 죽음은 특별히 중요하다는 것이다. 그러나 이것만 가지고 예수님이 매우 특별한 존재라고 말하는 것은 매우 독단적으로 들린다. 「성육신하신 하나님의 신화」가 가진 이해하기 어려운 점은 저자들이 '신화'라고 명명한 하나님이 인간 속에서 성육화 되었다는 사건을 부정하면서도, 동시에 예수님이 다른 종교적 위인보다 특별하다고 강변하는 것이다. 이것은 자가당착을 보여 주는 증거다. 여기에 대해 날카로운 미국 신학자 하나는 이렇게 논평한다.

> 이들은 … 최고의 종교적 가치와 고귀한 가르침, 변화시키는 능력, 활력에 가득한 불가항력적인 하나님-의식, 그리고 사람들을 도전하고 변화시키는 예수의 엄청난 흡입력과 영성을 호들갑스러울 만큼 설명하고 있다. 이와 같은 환상적인 말장난을 듣고 난 사람들은 예수가 핍박받아야 했던 이유를 이해할 수 없게 된다. 이런 예수관은 기독교의 탄생을 십자가와 부활이라는 충격적인 사건과 분리시켜 설명하려고 한다. 결국 이들은 '인간' 예수에 매우 과장된 설명을 다는 밖에는 다른 도리가 없는 것이다.[47]

예수님의 부활은 예수님이 바로 우리 곁에 계신 하나님이었다는 결론을 내리게 해 주며, 이를 통해 신약 기자들은 예수님의 유일성을 설명한다. 그러나 이러한 관점은 현대사조가 용납할 수 없는 개념에 의해 지탱된다. 모더니스트들은 부활과 성육신이라는 전통적인 틀의 결과는 취하고 싶어 하면서도 틀 자체는 효력을 다했다고 선언하는 것이다.

이것은 가장 좋게 표현해서 이상하게 들린다. 만일 전통적인 이해의 틀이 잘못되었다면, 그 결과인 기독교 신학 전체도 다시 검토해야 할 것이다. 부활과 성육신을 포기하든지 딴 것으로 바꿔야 한다면, 예수의 '유일성'과 '우월성' 역시 근거 없는 독단이 된다. 인본주의적 생각을 가진 이들은 전혀 용납할 수 없는 주장이다. 왜 다른 위인들로부터 예수에게서처럼 감동받을 수 없단 말인가? 소크라테스나 간디 같은 사람도 기독교 윤리의 결정체를 보여 주고 있지 않은가?

우리가 예수의 죽음이 '자기를 바치신' 신의 역사며 인류에 대한 하나님의 사랑을 보여 주는 행동이라는 사실을 이해하면, 성육신을 부정하는 태도는 더 심각한 문제가 된다. 십자가에 달린 이는 하나님이 아니라 한 인간이었다. 이 사실은 성육신을 부정하는 이들도 동의할 것이다. 그렇다면 예수의 죽음을 통해 하나님의 사랑은 간접적으로만 나타난 것이 된다(이 경우 우리는 분명하지 않은 방법으로 하나님의 사랑을 확인하게 된다). 그 대신 하나님 당신이 십자가를 통해 우리에 대한 사랑을 보여 주셨다는 측면을 영원히 잃어버리게 되는 것이다.

이들 주장대로라면 무엇보다도 십자가는 이웃에게 바친 인간의 완벽한 사랑을 보여 준다. 인간의 사랑을 통해 하나님의 사랑을 이해할 수 있다는 점에서 십자가는 하나님의 사랑을 간접적으로 보여 주는 예가 될 수 있다. 그러나 역사적으로 이런 사랑은 친구나 가족을 구하기 위해 자기의 생명을 바친 수많은 위인들에게서도 발견할 수 있다. 그런데 예수님은 누구를 위해 목숨을 버렸는지 아는가? 아무도 없었다. 이를 통해 강도 바라바가 목숨을 건졌을지는 모르지만, 직접 득을 본 사람은 없었다. 현대 사회는 예수의 죽음에서 일종의 영적 생활을 풍성하게 할 종교적 가르침을 골라내려고 노력하는 것 같다. 그러나 신약성경은 예수의 죽음을 그렇게 이해하고 있지 않다(이들은 모더니스트들이 납득할 수 없는 순서에 따라, 예수의 죽음은 부활을 통해서 이해해야 한다고 주장한다). 만일 그랬다면 기독교가 초창기부터 싸워야 했던 적대적 환경 속에서 살아남아, 난관을 이기고 전파해 나갈 수 있을지 궁금해진다.

만일 예수가 현재 유럽의 어떤 곳에서 죽임을 당했다면, 모더니스트들의 해석은 설득력이 있을지도 모른다. 그러나 예수님의 죽음의 의미는 바로 역사적 조건에 의해 결정된다. 현대 문화의 관점으로 예수님의 죽음을 해석하려고 하면, 우리는 비극적으로 끝났던 19세기의 '역사적 예수의 탐구' 같은 역사적 실수를 반복하게 되는 것이다. 모더니즘은 역사 속의 예수님으로부터 그의 죽음을 해석하지 않고, 반대로 서구의 문화적·사회적·개인주의적 가치를 억지로 꿰맞추고 있는 것이다.

그리스도의 죽음 속에 나타나는 하나님의 사랑은 전통적으로 다음과 같이 이해되었다. 하나님은 자신을 낮추셔서 인간의 약함과 죽음의 운명으로부터 우리를 구원하시기 위해 바로 우리와 같은 인간으로 우리 중에 오셨다. 십자가에서 외로이 죽어 간 분이 하나님이었음을 부인하는 것은 이러한 초점을 집어내지 못하고, 초대 교회가 이미 극복했던 원래 자리로 후퇴하는 것을 의미한다— "하나님은 그의 초월성을 통해서만 우리와 함께하신다"(Don Cupitt). 이 세상과 씨름했던 이가 하나님 당신이 아니라 그의 대리자라고 하자. 이것은 말 그대로 대리자의 사랑이지 하나님의 사랑이 아니다. 몰트만과 융겔은 하나님이 죽어 가는 그리스도와 동일시하도록 했음을 발전시키면 이 문제를 해결할 수 있다고 지적한다. 이러한 관점은 단순히 성육화뿐 아니라 **삼위일체**의 신학으로 인도한다는 사실에 주시할 필요가 있다. 예수님을 그의 역할로만 평가해서는 그리스도인이 예수 그리스도를 통해 경험하는 하나님을 제대로 설명할 수 없다. 여기서 필요한 것은 기능만이 아니라 전체인 것이다. 예수님은 바로 하나님이었기 때문에 하나님을 위해 하나님으로서 사셨던 것이다.

고난의 문제에도 비슷한 딜레마가 나타난다. 우리가 앞에서 보았듯이, 하나님이 이 땅의 고통을 겪으실 수 없다고 주장하는 어떤 신학도 우리의 필요를 채울 수 없는 자격 미달의 신학임을 인식해야 한다. 20세기는 제1차 세계대전의 처참한 참호전, 나치 독일의 집단 학살장 그리고 나치와 크메르루주의 대량 학살 속에서 인간이 역사적으로 상상할 수조차 없었던 비극적 고통을 목격했다. 아마도 현대 신학이 당면한 강력한 '반발적 무신론'의 등장은 위에서 말한 비극을 경험한 인간의 강한 윤리적 반발을 보여 준다. 자기보다 약한 적만 상대하길 좋아하는 반동적 무신론은 '비-성육신적 신학'보다 더 손쉬운 공격 대상을 찾기가 어려울 것이다.

성육신의 신학은 하나님이 갈보리의 비극 속에서 세상의 가장 끔찍한 고통과 죄악 앞에 자신을 바치셨다고 가르친다. 하나님은 그리스도 안에서 자신이 창조한 세계의 고통을 직접 경험하셨다. 반면 비-성육신적 신학은 하나님이 대리자를 통해 유감을 표시했을지는 몰라도, 자기 백성의 고통에 직접 참여하지는 않으셨다고(혹은 논리적 모순이라고 몰릴까 봐 겁이 나서 그렇게는 할 수 없었다고) 말하는 것 같다. 구원의 '대속적' 성격을 부정하는 모더니스트들이 보기엔, 그런 하나님은 당연히 인류의 죄를 벌할 자격이 없는 것이다.

1963년 영국의 일요신문인 〈업저버〉(The Observer)는 로빈슨 감독(Bishop

John Robinson)의 책 「신에게 솔직히」(Honest to God)를 인용하여 머리기사로 "이제 하나님에 대한 이미지는 바뀌어야 한다"고 적고 있다. 로빈슨 감독이 생각했던 하나님은 하늘에 있는 노인의 이미지였다. 그러나 반발적 무신론이 쏟아 붓는 윤리적 비판을 통해 우리는 '바꾸어야 할 하나님의 이미지'에서 도리어 인간의 고통을 직접적으로 경험하길 거부하는 하나님의 모습을 발견한다—줄여서 말하면 비-성육신적 하나님의 이미지를 가리키는 것이다. 성육신의 비판자들도 이러한 문제점을 알지만 지적 모순을 감수하고서라도 자기주장을 굽히지 않는 것 같다. 비-성육신적 신학은 치명적인 문제가 있다. 결국 비-성육신적 신학은 정통 교리의 반발 때문이 아니라, 이런 신학의 근본적 약점을 잘 알고 있는 반발적 무신론에 의해서 거세당할 것 같다.

마지막으로 예수 그리스도의 영원한 의미를 생각해 보자. 예수님이 죽은 지 20세기가 지나는 지금까지 그가 우리 신앙에 중요한 자리를 차지하고 있는 이유는 무엇인가? 전통적인 답은 예수님이 바로 성육화 된 하나님이기 때문이라고 가르친다. 하나님은 인간의 본질을 취하셔서 역사 속의 인물로 오셨다. 나머지 설명은 예수 부활의 의미를 생각해 보면 알 수 있는 부대적 내용이다. 예수는 유대인 남자였다. 그의 가르침은 하나님이 인간의 몸을 취하셨다는 사실에 따라오는 내용에 불과하지만, 이 사실에 의해 그의 가르침 자체가 새로운 의미와 무게를 가진다.

예수님이 성육화한 하나님이 아니라면, 그는 기독교가 역사적으로 2차적 도구(아리스토텔레스의 개념 같은)로 평가해야 한다. 그렇게 할 때 우리는 바로 역사적 환경의 문제를 만나게 된다. 1세기 유대인 남자의 이야기와 행적이 문화적으로 전혀 다른 오늘날의 우리에게 무슨 상관이 있다는 말인가? 그리스도가 남자란 사실은 급진적 페미니스트들을 불쾌하게 만든다. 당시의 가부장적 가치와 성적 선입견에 오염되어 있을 수 있는 남자 선생의 말에 귀를 기울일 필요가 있을까? 1세기 팔레스타인과 20세기 사이에 존재하는 극복하기 어려운 문화적 차이를 생각해 볼 때, 현대에 사는 우리가 다른 문화적 조건을 가진 사람의 설교에 관심을 기울일 필요가 과연 있겠는가 말이다. 요즘 들어 문화적 인식이 많이 바뀌고, 신약 학자들도 여기에 발맞춰 예수님의 '영적 요소'(문화적 배경을 초월한 종교적 의미)를 너무 무시한다. 이런 이유들을 볼 때, 비-성육신적 기독교는 기독교의 핵심에 예수 그리스도를 세워 놓을 능력이 없다. 기독교의 역사적 출발점은 예수였지만, 이후 기독교는 사회적 기대에 맞추기 위해 예수님의 역사적 중요성을 소홀히 해 왔던 것이 사실이다. 예수님은 우리와 다른 식으로 대화했다는 사실을 강조하면서, 1세기 팔레스타인 상황에서 적합한 방법은 우리가 활동하고 살아가는 현대 문화에는 적용되지 않는다고 주장한다. 예수는 이런 식으로 상대화되고 소외되었다. 비-성육신적 기독교는 쌍수를 들고 이러한 관점을 받아들였다. 그러나 다른 쪽의 사람들은 이러한 주장 속에서 문제점을 발견하고는, '성육신의 기독교'를 강조함으로써 핵심으로 직감한 요소들을 지켜 왔던 것이다.

　그리스도의 신성을 부정하는 이유는 대부분 두 가지의 전제에서 나온다. 첫째는, 우리는 신앙의 어떤 요소에 대해 나머지 부분에 전혀 영향을 끼치지 않고 일종의 편도선 수술을 할 수 있다고 생각한다. 둘째로 신학에서 형이상학적, 논리적 문제를 제거하면 보다 설득력 있고 쉽게 수긍할 수 있는 기독교를 만들어 낼 수 있다고 상상한다. 우리는 여기에 숨어 있는 문제점을 지적할 필요가 있다.

'수술' 비유를 다시 사용한다면, 우리는 지금 '맹장 수술'(전혀 도움이 되지 않는 퇴화조직의 절단)이 아니라, 기독교 신앙의 생명 펌프인 심장의 절단을 말하고 있는 것이다. 루이스가 날카롭게 지적하듯이, "그리스도의 신성은 나에게 있어선 불필요한 군더더기가 아니라 전체를 풀어 헤치지 않고는 제거할 수 없을 만큼 온데로 엉켜 있는 그런 것"[48]이다. 성육신으로 표현되는 그리스도의 신성은 여분의 첨가물이 아니라 기독교적으로 현실을 제대로 이해하는 데 있어 핵심이자 필수불가결한 부분인 것이다.

부활과 성육신의 신앙은 기독교를 성장시켰고, 계속 성장시켜 가고 있는 원인이다. 기독교 신앙의 생명력과 깊이, 그리고 기쁨은 궁극적으로 이 교리에서 나온다. 기독교는 존폐 여부에 달린 싸움을 하면서도, 당시의 인기 있는 문화적 유행에 반대하는 성육신을 가지고 개종자를 만들어 냈다. 부활이 빠진 신학은 무용지물에 불과하다. 부활과 성육신을 비판하는 사람들조차 자신들이 지금 비판하고 있는 이 신학을 통해 기독교에 끌렸던 사람들이었다. 우리는 성육신이 없는 기독교가 **개종자를 만들** 힘이 있을까 하고 심각하게 생각해 볼 필요가 있다.

교회의 역사는 이런 유의 기독교는 결국 영적으로 죽는다는 사실을 증명해 준다. 여기서 토마스 카릴(Thomas Carlyle)의 말이 생각난다: "만일 (니케아 종교 회의에서) 아리안주의자들이 이겼다면 기독교는 한낱 전설로 전락되어 버렸을 것이다." 비-성육신의 기독교를 비판하는 사람들이 보기엔, 이런 기독교는 따뜻한 정 같은 것은 느낄 수 없는, 책에서나 볼 수 있을 법한 종교다. 더욱이 이런 기독교는 다른 사상들의 위협 앞에서 도전하여 정복하는 데 필요한 살아 있는 내적 역동성 같은 것은 없는, '학자들의 머릿속에나 존재하는 종교' 같이 보인다. 최종 판단은 역사에 맡기도록 하자. 확실히 구별할 수 있고, 확실하여 뭔가 끌리는 진리로서 세상을 변화시키기 위해 세상과 대화하는 데 적절한 그런 기독교만이 살아남을 것이다.

6. 죄와 구원

기독교의 비판자들은 죄와 구원이란 개념을 같이든 따로든 한물간 구시대적 기독교가 가르쳐 오던 패배주의의 상징처럼 취급한다. 이제 올 시대는 이런 종교적 암흑 시대의 잔재를 치워 버려도 잘 살 수 있다는 것이다. 이러한 비판은 부분적으로 기독교 자체에서 원인을 찾을 수 있다. 왜냐하면 최근까지 기독교는 죄에 대해 제대로 가르치는 데 소홀했으며, 아직도 많은 교회가 이런 입장을 신학적으로 합리화시키고 있기 때문이다. 우리는 죄를 주요 신학적 관심사로 '하루 속히' 제자리에 돌려놓아야 할 필요가 있다. 토마스 오덴(Thomas C. Oden)은 지금 분위기를 이렇게 요약한다.

> 우리는 신학적으로 현대사조와 가급적이면 잡음을 덜 일으키고 공통점을 강조하기 위해 성육신, 속죄, 부활 같은 교리에 대해 입을 다무는 유행을 따라 왔다. 현대사조는 예수가 (신비한 요소가 거의 제거된) 존경할 만한 선생에 불과하며, 하나님은 선을 의미하므로 우리의 죄를 심판하실 리가 없다고 전제한다. 역사적으로 우리가 윤리적인 면에 집중해서 예수를 연구한 것은 한 세기밖에 안 되었지만, 벌써 예수 그리스도를 이 땅의 구원자이자 하나님의 아들로 고백하고 기도하는 법조차

잊어버리고 말았다. 우리는 기독교를 현대 사회가 보다 받아들이기 쉬운 말로 전달하려고 애쓰다가, 기독교의 껍질을 너무 벗겨 버린 나머지 알맹이마저 남지 않게 되어 버린 것이다. 기독교는 인간의 죄에 대한 신의 구원이라는 고통스럽지만 들어야만 할 메시지를 전한다. 우리는 다음 세대가 이러한 메시지를 그대로 들을 기회를 빼앗아 버린 셈이다.[49]

이제 죄는 신학의 중심 주제로의 원대복귀가 긴급하게 요청된다.

변증가는 이 문제에 대해 전혀 손 쓸 방법이 없는 것은 아니다. 우리는 죄와 구원 개념을 설명하고, 관련된 오해를 풀어 주어야 한다. 다음의 문제점에 좀 더 특별한 주의가 필요하다.

1) 죄란 무엇인가?
2) 원죄란 무엇인가?
3) 왜 그리스도인은 계속 죄를 짓는가?
4) 모든 이들이 구원될 것인가?

1) 죄란 무엇인가?

'죄'는 이해하기가 쉽지 않은 개념이다. 우리는 눈에 띄는 특정 죄에만 신경 쓰기 때문에, 결과적으로 모든 죄가 바탕하고 있는 근본 성격을 놓치기 쉽다. 기독교에서 말하는 엄밀한 의미의 '죄'란 태만(우리가 해야 한다고 알고 있는 것을 하지 못한 것)이나 범죄(우리가 해서는 안 된다고 알고 있는 것을 한 것)를 말하는 것이 아니다. 죄는 어떤 내적 상태를 가리킨다. 병에 걸리면 증상이 눈에 띄듯이, '죄의 상태'는 죄를 만들어 낸다. 유능한 의사는 근본 원인이 아닌 증상만 치료해서는 무의미하다는 사실을 안다. 같은 맥락에서 기독교는 개별의 범죄 행위 정도가 아니라 우리의 죄의 상태를 해결하지 않으면 안 된다고 말한다. 개별 범죄 행위에만 관심을 쏟는 세계관은 펠라기우스주의와 같은 종류의 청교도적 윤리에 불과하다. 기독교는 전혀 그런 것이 아님을 강조할 필요가 있다.

죄는 '하나님으로부터의 소외'라는 근본적인 문제를 가리킨다. 이것은 인간 본성의 결함 같은 것으로, 하나님이 만드신 흠이 아니라 인류의 타락이 자초한 위기다. 죄는 그 자체로 인격적·사회적·구조적 차원을 포함한 인간의 모든 면에서 본질적으로 드러난다. 인격적 차원에서 경험할 수 있는 것만도 다양하다.

- 죽음에 대한 실존적인 불안
- 피조물인 인간이 가진 정의할 수 없는 존재에 대한 영원히 풀리지 않는 동경
- 윤리적 죄의식
- 우리가 영원히 극복할 수 없는 최고의 이상 앞에서 느끼는 좌절감
- 하나님의 존재와 그의 요구를 무시하고 그에게서부터 완전히 독립하고 싶은 욕구

사회적·구조적 차원에서 죄는 인류를 특징짓는 근본적 이기주의에서 드러난다. 때때로 너무 드러나는 이기주의 속에서 인간 본성의 가장 어두운 면이 나타난다. 박애주의적 철학은 인간 본성 앞에서 좌초하고 만다. 인

간 본성에는 높은 이상을 이루는 데 근본적인 결함이 있는 것 같다. 사람들은 좋은 뜻을 가지고 높은 이상을 세우지만, 결국 비현실적인 것으로 증명되어 버린다. 위대한 자유주의적 이상은 교육을 통해 이러한 상태를 180도로 돌릴 수 있으며, 책임감 있고 윤리적으로 깨어서 보다 좋은 세상을 만들기 위해 노력하는 세대를 만들 수 있다고 믿었다. 슬프게도 역사는 이러한 이상주의의 편이 아닌 것 같다. 실제로 교육은 인간을 머리에 든 것만 많은 자기중심적으로 만들어 내기 일쑤다.

우리는 문제를 더 확대시켜 볼 수도 있지만, 여기서는 그럴 필요가 없는 것 같다. 변증가가 강조해야 할 핵심은 바로 이것이다. 인간은 전적으로 잘못되어 있다. 인간의 병이 사회 때문이라고 말하는 것은 무의미하다. 사회라는 것이 다른 인간들을 말하는 것이 아니면 도대체 무엇인가? '사회가 인간을 타락시켰다'는 '다른 사람들이 우리를 타락시켰다'란 말을 살짝 피해서 표현한 것에 불과하다. 죄성은 개별적인 죄의 결과가 아니라 인간 본성에 자리한 본질적인 결점이며, 이러한 이해는 기독교적 죄 개념의 핵심을 이룬다. 그리스도인들은 죄란 윤리적 개념에 제한할 수 없다고 주장한다. 이것은 신학적인 개념이다. 인간 문제는 하나님과의 상처 난 관계로부터 비롯된다. 죄의 심장부에는 하나님으로부터의 소외가 자리하고 있는 것이다. 이러한 소외의 상태는 모든 인간 딜레마의 원인이다. 이런 상황을 바꾸려면 근본적인 문제와 부딪힐 수밖에 없다.

지금까지 우리는 기독교가 말하는 죄의 전체적인 윤곽을 보았다. 이제 좀 더 자세하게 생각해 볼 차례다. 지금까지는 죄를 보다 추상적이고 보편적인 개념으로 말해 왔다. 이젠 기독교 신학에서 애용되어 왔던 모델을 이용해서 좀 더 구체적으로 설명할 시간이다.[50] 우리가 변증을 할 때, 죄와 구원 개념을 설명하는 다음의 네 가지 모델은 상당히 유용하게 쓰일 수 있다. 당신은 상대방이 죄의 상태를 이해할 수 있도록 이 중에서 한두 가지를 이용하여 구체적인 도움을 줄 수 있을 것이다.

① 질병: 만성적인 질병은 매우 호소력 있는 모델이 될 수 있다. 이것은 건강을 잃은 상태나 원래보다 상당히 악화된 상태, 말하자면 허약해진 상태를 가리킨다. '구원하다'에 쓰이는 헬라어 동사는 '회복시키다', '치료하다'에서 나온 단어다. 여기서 우리는 구원과 치유 간의 의미상 밀접한 관계를 볼 수 있다. 히포의 어거스틴은 교회는 '병원'과 같다고 말했다. 병이 들어 도움이 필요하다고 느끼는 사람들이 모여서, 의사 되신 그리스도의 보살핌에 자신을 맡기는 곳이란 말이다. 죄란 선천적인 장애 같은 것이다. 우리는 이 모델을 통해 어떻게 죄가 신자에게 계속되는지 이해할 수 있다. 이 주제는 뒤에서 '원죄의 문제'를 다룰 때 좀 더 자세히 알아볼 것이다.

② 윤리적 죄의식: 죄는 우리를 하나님과 잘못된 관계에 집어넣었다. 하나님은 거룩하시지만 우리는 전혀 그렇지 못하다. 하나님은 의로우시지만 우리는 그의 의 근처에도 갈 수 없다. 여기서 문제의 핵심은 우리가 어떤 목표를 향해 가는 데 실패하고 있다는 점이다. 죄는 윤리적인 요소를 가진다. 다른 식으로 표현하면, 우리는 하나님의 기대에 전혀 부응하지 못하고 있는 것이다. 구원의 가장 중요한 요소 중 하나는 죄에서 용서되었다는 사실이며, 이를 통해 우리는 죄의식으로부터 해방된다. 그리스도의 죽음이 우리를 죄의식으로부터 벗어나게 해 주는 것이다.

"그는 실로 우리의 질고를 지고 우리의 슬픔을 당하였거늘 우리는 생각하기를 그는 징벌을 받아 하나님께 맞으며 고난을 당한다 하였노라 그가 찔림은 우리의 허물 때문이요 그가 상함은 우리의 죄악 때문이라 그가 징계를 받으므로 우리는 평화를 누리고 그가 채찍에 맞으므로 우리는 나음을 받았도다" (사 53:4~5).

③ 노예화: 죄는 우리를 구속한다. 죄는 마치 진흙탕 같이 한 번 빠지면 벗어날 수 없게 된다. 여기서 나오기 위해서는 다른 사람의 도움이 필요하다. 죄는 전자력 같이 쇠막대기 같은 우리를 잡아당긴다. 우리가 자유롭게 되기 위해선 누군가가 전류를 끊어 주어야만 한다. 사과가 나무에서 자연스럽게 떨어지듯 인간은 죄에 빠지게 된다. 이것은 마치 마약 중독 같은 것이다. 우리는 이 습관을 끊을 수 없다는 것을 알게 된다. 사도 바울은 죄가 우리를 구속하고 있는 방법을 매우 날카롭게 설명하고 있다(롬 7:13~23). 바울은 내부의 정복할 수 없는 죄의 힘 때문에 자신의 좋은 뜻이 좌절되는 것을 경험한다. 그의 결론은 매우 중요하다: "오호라 나는 곤고한 사람이로다 이 사망의 몸에서 누가 나를 건져내랴"(롬 7:23~24). 우리는 그리스도의 죽음과 부활을 통해 죄의 사슬에서 해방되고, 그 영향력에서 벗어날 수 있게 된다.

④ 실존적 소외: 우리가 앞에서 본 것 같이(2장 5편) 실존주의적 분석은 변증학의 새로운 도구다. 실존주의는 마틴 루터(1483~1546)까지 거슬러 올라갈 수 있지만, 1930년대에 와서야 구체적으로 발전되기 시작했다.[51] 실존주의 철학자 하이데거는 인간 존재의 구조에 대한 심도 있는 분석을 통해

인간의 존재 방식을 '실존' 과 '비실존' 이라는 두 가지로 구별한다. 전자는 존재의 타락된 상태를 의미하며, 삶의 거친 현실을 무시한 채 세상 속으로 자신을 함몰시켜서 사는 상태를 말한다. 여기서 인간은 자기만의 독특성을 상실하고 잠재력을 현실화하는 데 실패한다. 후자는 존재 완성의 길을 말한다. 이 길은 삶의 능력과 잠재력을 완성시킨다. 하이데거의 사상 속에서 하나님을 찾기는 힘들지만, 변증가는 하이데거의 존재 분석을 기독교적 틀 안에서 재구성하여 죄의 해결책을 쉽게 제시할 수 있다.

신약성경도 생명과 죽음(롬 6:3~8), 빛과 어두움(요 1:5, 벧전 2:9), 그리고 죄와 은혜(롬 5:20~6:1), 잃어버림과 찾음(눅 15장의 세 가지 비유) 같은 멋진 이미지들의 이분법을 사용한다. 여기서 존재는 두 갈래의 길로 나누어져서 설명된다. 하나는 어두움과 상실, 죄와 죽음의 길이다. 이것은 구원 받지 못한 이기심만으로 가득한 외로운 삶을 가리킨다. 다른 하나는 우리에게 '선물' 로 주어지고, 예수의 죽음과 부활을 통해 나타난 '생명' 의 길이다.

죄를 설명하는 모델은 기독교 사상이나 설교, 찬양 속에서도 찾을 수 있다. 예를 들어, 죄의 윤리의식과 노예성을 잘 종합한 두 개의 유명한 찬양을 생각해 보자. "만세 반석 열리니"(Rock of Ages)의 작시자 아우구스투스 토플에이디는 이렇게 노래한다.

> 창에 허리 상하여 물과 피를 흘린 것
> 내게 효험 되어서 정결하게 하소서(새찬송가 494장)

그리스도의 죽음은 죄인을 윤리적 죄의식과 영적 구속으로부터 해방시킨다. "만입이 내게 있으면"(O for a Thousand Tongues to Sing)의 작시자 찰스 웨슬리는 다음과 같은 가사로 노래한다.

(예수님께서) 내 죄의 권세 깨뜨려 그 결박 푸시고(새찬송가 23장)

그리스도가 죽음을 통해 이루신 구원을 통해 죄의 권세는 깨졌으며, 윤리적 죄의식도 사라졌다. 이 찬송들은 죄의 전체적 상황을 설명하여 변증을 위한 좋은 예를 제공해 줄 수 있다. 이러한 단계를 거쳐야만 하나님께서 그리스도를 통해 죄를 처리하신 목적과 능력을 이해할 수 있게 된다.

2) 원죄란 무엇인가?

'원죄'란 단어는 히포의 어거스틴의 입에서 처음 나온 것 같다. 그러나 개념 자체는 기독교의 선포에 깊이 자리하는 철저히 성경적인 것이다. 배경을 이루는 기본 개념은 다음과 같다. 우리는 죄를 지었기 때문에 죄인이 된 것이 아니다. 반대로 죄를 짓는 것을 통해 죄인임을 증명하고 있을 뿐이다. 다른 말로, 죄는 **근본적으로**(from origin) 자리하고 있다[그런 의미에서 원죄(original sin)라고 말할 수 있다]. 인간 본성은 누구 때문에 문제가 생긴 것이 아니라, 원래부터 그랬던 것이다.

타락한 세상에 오염되지 않은 어린아이조차 죄와 무관하지 않다. 아이들이 태어나는 세상이 타락했다는 사실은, 아이들도 탄생의 순간부터 세상의 타락을 공유하게 됨을 의미한다. 그리스도인들은 그리스도가 만인의 구원자라고 주장한다. 이 말은 만인이 누군가에 의해 구원될 이유를—다른 말로 죄를—가졌다는 뜻이다. 그러므로 논리적으로 어린이도 구원받아야 할 상황에 속해 있다고 말할 수 있다. 그리스도는 모든 사람과 마찬가지로 어린이들의 구원자가 되신다.

이 점을 다른 식으로 설명하면 변증에 보다 유용하게 쓸 수 있다. 죄는 구원의 반대다. 죄가 '이전'이라면, 구원은 '이후'가 된다. 태어날 때부터 그리스도인은 아무도 없다. 우리는 그리스도인으로 변해야 한다. 원죄는 우리의 태어난 상태—불신이나 믿음이 결여된 상태—를 말한다. '중생'이란 개념은 그 이전의 상태를 보여 준다(요 3:3, 7, '중생'과 '위로부터 남' 사이에는 어근상 강한 연계가 있다). 원죄는 자연 상태의 우리는 하나님으로부터 소외되어 있다는 점을 보여 주기 때문에, 이를 통해 우리가 근본적으로 다시 태어날 필요가 있음을 확인해 준다. 하나님은 구원자로 우리 삶 속에 오셔야 한다. 그러나 저절로 그렇게 되는 것은 아니다. 우리는 어둠의 권세 속에서 태어났다. 우리는 그의 눈부신 영광 속으로 돌어오라는 하나님의 부름에 응답할 필요가 있다(벧전 2:9).

변증적인 관점에서 볼 때, 원죄 개념은 우리를 율법주의적 족쇄에서 해방시켜, 죄를 이해할 때 흔히 나타나는 혼란을 막아 준다. 원죄는 어떤 윤리적 개념이 아니다. 아기가 비윤리적인 행동을 했다고 말할 수는 없기 때문이다. 원죄는 신학적인 개념으로서 하나님으로부터 멀어진 상태를 가리키며, 인간의 본질적 상태를 보여 주는 데 이용된다. 복음은 우리가 예수 그리스도를 통해 하나님과 화해할 수 있다고 말한다. 이를 통해 원죄는 더 이상 심각한 문제가 아니게 된다. 구원은 원죄의 상태에서 벗어나는 데서 시작된다. 인류 모두가 구원받아야 할 이유는 바로 죄가 모두에게 적용되기 때문인 것이다.

3) 왜 그리스도인은 계속 죄를 짓는가?

비그리스도인들은 그리스도인의 위선을 끊임없이 욕한다. 이 점은 기독교 변증가에게 목에 계속 걸리는 생선 가시 같은 것이다. 어떻게 하면 이 문제를 풀 수 있을까? 그리스도인이라면 서로들 죄에 빠지지 않으려고 노력하게 된다. 그러나 변증가는 여기에 상관없이 '그리스도인들이 용서받은 죄란 무엇인가'를 설명해 줄 필요가 있다. 그리스도인들은 구원받았음에도 불구하고 죄인으로 남아 있다[여기서 우리는 칼 바르트의 '죄인' (Sündermensch)이란 신조어를 참고해 볼 필요가 있다. 이 단어는 어떤 인간(Mensch)이든 죄 (Sünde)와 분리될 수 없다는 바르트의 생각을 잘 표현하고 있다]. 그리스도인은 흔히 이렇게 정의되어진다.

1) 죄의 '징벌'로부터 면한 사람(과거)
2) 죄의 '영향력'으로부터 면해 있는 사람(현재)
3) 죄의 '실제'로부터 면하게 될 사람(미래)

기독교는 구원과 죄 사이에는 과거적, 현재적, 미래적 요소가 있다고 가르친다.[52] 죄는 그리스도인의 삶에도 실제로 남아 있다(요일 1:8~10).

기독교는 인간 본성을 완벽하다고 말하지 않으며, 도리어 죄의 현실을 선포한다. 전자를 선포하는 자유주의 같은 세속적 이데올로기들도 있긴 하지만, 니부어(Reinhold Niebuhr)가 강조했듯이 실제로 이러한 사상들은 삶의 거친 현실과 모순 앞에서 처절하게 무너진다. 영국의 소설가며 변증가인 체스터턴(G. K. Chesterton) 역시 이러한 현실을 강조한다. 그는 죄의 실상과 삶에 끼치는 영향력을 강조했다. 예를 들어, 그는 영국 교회가 제1차 세계대전 이후 전쟁 방지에 실패했다는 비판에 주목한다. 그러나 체스터턴은 이 비판이 세속주의가 자기의 실패와 약점을 기독교에 전가하려는 예에 불과하다고 말한다.

> 반교권주의와 불가지론으로 대표되는 자유주의적 사상은 세계적 평화가 도래할 것이라고 예언했다. 세계 전쟁(제1차 세계대전)이 터졌을 때 이들은 얼굴을 들 수 없었거나, 적어도 잠깐이나마 그랬어야 정상이었다. 그러나 도리어 사람들은 전쟁으로 인해 교회를 신뢰할 수 없게 되었다고 말한다. 이것은 마치 홍수로 인해 방주를 신용할 수 없게 되었다고 말하는 것과 같다. 실제로는 이와 반대로 세상이 잘못되자 교회가 옳다는 것이 증명되었다. 교회는 소속원들이 죄를 안 지어서가 아니라, 바로 죄를 짓기 때문에 존재해야 할 이유를 확인할 수 있게 된다.[53]

여기서 제1차 세계대전으로 상징되는 죄의 실상과 죄를 제어할 수 없는 무능력을 볼 때, 구원은 인간 밖에서 올 수밖에 없음을 보여 준다. 분명히 말해서, 우리는 자신을 구원할 수 없다. 로마의 역사가 리비(Livy)가 로마를 멸망시킨 당시의 윤리적 혼란을 전하면서 붙인 설명은 우리에게도 적용된다: "지금 우리는 죄의 상태뿐만 아니라 치료책조차도 감당할 수 없는 처지에 이르렀다."

그렇다면 구원받은 사람들의 삶에서조차 계속 나타나는 죄의 현실을 어떻게 설명할 수 있을까? 왜 신자들은 계속 죄를 짓고 사는 것일까? 죄인을 마치 의인처럼 다루시는 하나님은 왜 우리가 죄에 전혀 빠지지 않도록 만드시지 않으실까? 하나님이 죄인을 그 모습대로가 아니라 다른 자격으로 대하신다는 말은 일종의 법적 허구(실제로 가지고 있지 않지만 법적으로 있다고 인정되는 자격이나 권리)처럼 들린다. 여기에 대한 답은 마틴 루터를 통해서 들을 수 있다.[54]

루터는 하나님은 죄인을 용서하신다고 약속하셨다는 점을 강조한다. 이렇게 약속하신 하나님의 은혜와 자비로 인해 우리는 칭의(稱義)를 받을 수 있게 된 것이다. 우리는 죄를 용서받았음에도 불구하고 죄인으로 남는다. 그러나 때가 오면 당신의 약속을 꼭 지키시는 하나님에 의해 완전히 의롭게 될 것을 확신할 수 있다. 이런 의미에서 우리는 실제로 죄인이지만 소망 속에서 의로운 사람이 된다. 루터는 이와 같은 상황을 유명한 'simul iustus et peccator'(동시에 의인이자 죄인)란 구절로 요약한다. 루터는 이 구절을 의학의 예를 들어 설명한다.

> 이것은 마치 아픈 사람이 자신의 병을 완전히 치료할 수 있다고 말하는 의사를 신뢰하는 것과 같다. 그동안 환자는 약속된 회복에 희망을 걸고 의사의 명령에 따라야 한다. 환자는 의사가 금지한 것을 멀리하여 어떤 식으로든 약속된 회복을 막지 않아야 한다 … 그렇다면 병자는 당장 다 회복된 셈인가? 그는 병자인 동시에 회복된 상태라고 할 수 있다. 실제로 그는 병자다. 그러나 그가 신뢰하는 의사는 확실히 완쾌된다고 말하고, 별 문제가 없는 사람처럼 그를 다루기 때문에 그런 점에서 이미 완쾌된 사람이 된 것이다.

우리는 아직 건강하지 않다는 의미에서 아픈 사람이며, 회복의 과정에 있다는 점에서 건강한 것이다. 우리가 회복 중에 있는 사람을 병엔 들었지만 문제가 없다고 생각하는 것처럼, 용서된 신자를 죄인인 동시에 의롭다고 생각할 수 있는 것이다. 루터는 앞의 의학적 비유를 신학적으로 다음과 같이 해석한다.

> 그래서 인간은 죄인인 동시에 의인이 된다. 실제로 인간은 죄인이지만, 하나님께서 우리를 계속 죄에서 구해 주셔서 의로 덧입혀 주시고, 결국 완쾌시켜 주실 것이라는 약속에 의지해서 의인이라고 불리게 되는 것이다.

그래서 칭의 받은 죄인은 '실제로 죄인이기는 하지만, 하나님께서 우리를 계속 죄에서 구해 주셔서 의로 덧입혀 주시고, 결국 완쾌시켜 주실 것이라는 약속에 의해 의인이라고 일컬음을 얻게' 되는 것이다. 다른 식으로 표현하면, 우리의 의는 하나님의 약속에 바탕을 둔 것이지, 당장의 상태에서 나온 것이 아니라는 말이다. 그런 의미에서 우리에게 약속된 의란 선물은 종말론/미래지향적이자, 현실적/체험 가능한 사실인 것이다. 하나님은 죄인이 경험할 마지막 칭의의 결과를 바탕으로 '지금의 죄인'을 다루시게 된다.

우리는 이 상황을 〈그림 5.1〉의 도식으로 설명할 수 있다. 신자의 현재 상황은 A로 표시할 수 있다. 치료하시고 용서하시는 하나님의 약속이 최종적으로 성취되는 마지막 때의 상황은 B로 표시된다. 그러나 신자는 죄인으로 남아 있음에도 불구하고 칭의의 마지막 결과를 '이미' 알고 있다. A에 계속 남아 있게 됨에도 불구하고 실제로 A와 C에 동시에 있게 된다. 루터의 칭의, 구원, 용서의 사상에는 '지금'과 '이제 올 것/마지막 때' 같은 종말론적 요소가 잘 나타난다.

그래서 칭의는 법적 허구나 하나님의 자기기만이 아니게 된다. '의롭다고 선언된다'는 뜻인 칭의는 은혜의 역사가 회복시켜 만들어 낼 최종 결과에 기초하게 된다. 구약의 선지자들이 미래를 마치 현재의 사건처럼 선포했던 것처럼(이것을 우리는 '예언적 실제'라고 말한다), 하나님은 신자들이 거칠 칭의의 최종 결과를 이미 아시기 때문에, 그들이 이미 '의인'의 자격을 가진다고 말씀하실 수 있게 된다. 이것은 마지막 때에 우리도 완전한 '의인'이 될 것이라는 사실의 바탕이 된다.

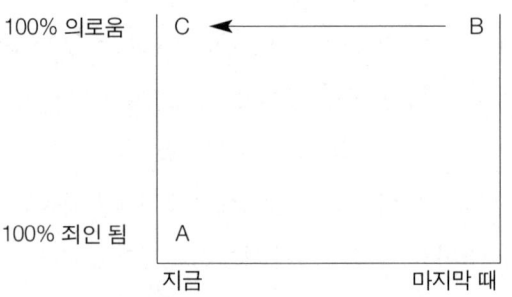

〈그림 5.1〉 칭의에 있어서 의로움과 죄와의 관계

4) 모든 이들이 구원될 것인가?

변증가는 종종 '만인 구원'의 문제에 부딪힌다. 만일 모든 사람이 구원받게 된다면, 복음에 응답할 이유는 고사하고, 복음을 들어야 할 필요가 있을까? 체스터턴은 문제를 명료하게 정리한다: "우리는 누구나 구원받기를 원한다. 그러나 동시에 그런 일은 생기지 않을 것 같은 느낌을 지워 버릴 수 없다."

신약성경은 하나님은 누구든 구원하시길 원하신다는 사실을 선포한다. 하나님은 모두가 구원되길 바라신다: "누구든지 주의 이름을 부르는 자는 구원을 받으리라"(롬 10:13). 그러나 이것은 전체 이야기의 반 토막에 불과하다. 나머지 반도 매우 중요하다. 기독교 신학은 핵심을 전체적으로 설명하지 않는 습관 때문에 기독교를 불구로 만들어 놓기 일쑤다. 예를 들어, 학자들은 예수님이 하나님이자 인간이라고 설명할 때 따라오는 골칫거리를 피하기 위해, "예수는 인간일 뿐이다"나 "하나님일 뿐이다"라고 말해 버리기 쉽다. 그러나 바른 신학은 이해하기 힘들다고 하더라도 전체 이야기를 전해 주어야 한다. 전체 이야기란 다음과 같다.

1) 하나님은 누구나 구원하시길 원하신다.
2) 우리가 그리스도에게 응답할 때만이 구원을 얻을 수 있다(롬 10:7~17은 이 점을 매우 분명하게 전한다).

그렇다면 어떻게 이 점들을 변호할 수 있을까? 이 점에서 기독교의 합리성을 보여 줄 수 있는 비유를 하나 들어 보자. 십자가는 우리에 대한 하나님의 사랑을 보여 주며, 세상에 대한 그의 관심과 애정의 깊이를 느낄 수 있게 해 준다. 하나님은 모든 피조물들이 그의 사랑에 응답하길 간절히 원하신다. 세상이 말하는 왜곡된 '사랑'의 의미와 거리를 둘 수 있다면, 하나님의 사랑은 인간의 사랑과도 비교할 수 있다. 사랑은 '주고받고'의 관계가 아니다. 청소년들은 누굴 사랑한다는 것이 자동적으로 그로부터 사랑을 받게 되지 않음을 쉽게 배운다. 사랑은 남에게 강제할 수 있는 것이 아니다. 하나님은 우리를 사랑하신다. 그러나 우리가 그를 강제로 사랑하도록 만드신 것은 아니다.

'만인 구원'은 처음엔 매우 매력적으로 들린다. 누구나 구원된다는 소식은 매우 좋은 뉴스다. 그러나 만인 구원을 좀 더 자세히 생각해 보면, 일종의 영적 권위주의적 강요임이 드러난다. 각자의 희망에 상관없이 누구든 구원된다고 하자. 인간의 자유는 무시된다. 변증가는 하나님과 영원히 같이하는 생활에 별로 '끌리지' 않는 사람들을 만난다. 자신의 생각과 상관없이 하나님이 강제하는 것을 '기쁜 소식'으로 들을 리는 없을 것이다!

이렇게 생각해 보라. 어떤 사람이 구원받기를 원하지 않는다고 하자. 그는 하나님의 제안을 감사하게 생각하지만, 최대한 정중하게 거절하고 싶어 한다고 하자. 그렇다면 하나님이 구원을 강제하실 것 같은가? 그것은 사랑이 아니다. 만일 그렇다면 하나님은 거의 독재자에 가깝다. 하나님은 그런 분이 아니시다. 하나님은 우리에게 허락하신 자유를 존중하신다. 구원으로의 초대는 실제 상황이다. 우리가 그것을 받아들이길 원하시는 하나님의 바람 역시 실제 상황이다. 그러나 공은 이제 우리 쪽으로 넘어왔다. 우리가 답할 차례다. 답은 먼저 정해져 있지 않다. 바로 우리의 결정이다. 예수님께서는 베데스다 연못가에 있던 병자에게 이렇게 물으셨다: "네가 낫고자 하느냐"(요 5:6). 치료의 제안에 답할 차례는 이제 병자에게 있다. 이와 같이 복음을 통해 우리에게 제공된 회복케 하시는 은혜를 받아들일지 여부의 결정은 이제 우리에게 달려 있다.

여기서 말하는 기본 논리는 다음과 같다.

1) 하나님은 우리를 사랑하신다.
2) 사랑은 타인에게 하는 자기의 자발적인 반응이다.
3) 그러므로 하나님은 그의 사랑을 우리에게 강요하실 수 없다. 단지 제안하실 뿐이다.
4) 이 사랑에 응답하길 원하는 사람만 구원받을 것이다.
5) 하나님에게 사랑받기를 원하지 않는 사람은 받을 필요가 없다.

이것은 구원에 대한 인간과 신의 역할 문제를 다루는 신학자들의 논쟁을 쉽게 설명해 준다. 여기서 우리가 하나님께 나아갈 수 있게 해 주는 은혜의 역할이 부각된다. 우리는 복잡한 알미니안-칼빈주의 논쟁에 끼어들 처지가 안 된다. 내가 말하려고 하는 것은 만인 구원의 개념이 그냥 보기에는 그럴듯하게 끌리지만, 실제로는 씁쓸한 맛을 포함하고 있음을 보여 주려는 것이다.

여기서 변증가가 신앙을 변호하는 과정에서 거쳐야 할 문제가 드러난다. 이 문제들은 따로 구분해서 다룰 수 있다. 그러나 모든 문제가 이렇지만은 않다. 경우에 따라 여러 모순되는 사상들은 한데 뭉쳐서 기독교에 대항하는 논리를 만들기도 한다. 이렇게 한곳에 묶여 있는 개념들은 문제 하나에 대한 답으로는 해결될 수 없다. 이러한 묶인 개념을 독일어 'Weltan-schauung'에서 따서 '세계관'이라고 부른다. 기독교 변증가의 전투장은 종종 세계관들의 충돌에서 비롯된다. 다음 장은 변증가가 부딪힐 수 있는 주요 세계관을 다루어 본다.

6장

· · ·

세계관의 충돌:
현대 사회에 있어서 기독교의 경쟁자들

"기독교는 구시대의 유물이다." 이것은 오랫동안 현대인의 생각에 중요한 자리를 차지했던, 어디서든 쉽게 들을 수 있는 말이었다. 지난 3세기 동안 기독교는 방어하는 쪽으로 몰려서, 기독교를 현대 이전이나 있을 법한 구식이라고 무시하는 반종교적 세계관의 공격을 당해야 했다. 기독교는 현대사조(모더니즘)가 멋대로 세운 기준에 맞추지 못했다는 이유로 무시당했던 것이다. 이성은 현대 사회를 다스리는 절대 권력이었다. 기독교는 과거사가 되어 버렸다.

정말 그럴까? 지난 10년간 일어난 가장 중요한 발전 중 하나는 모더니즘적 세계관이 매우 의심스런 기초 위에 서 있음을 깨닫게 되었다는 점이다. 알렌은 의미심장하게 "모더니즘은 이성의 좁은 관점과 자연과학에 대한 믿음으로 특징지어진다"라고 말한다.[1] 여기에 더해서 그는 모더니즘은 죽었다고 말한다. 우리는 이제 '현대 사회 이후' (포스트모던)에 살고 있다는 것이다.

우리 주위에서는 현대 사회를 중세와 구별 지었던 변화만큼이
나 중요한 대규모의 지적 혁명이 일어나고 있다. 우리는 이제
현대 사회의 기초들이 붕괴되어 가고 있는 현대 사회 이후로
들어가고 있는 것이다. 현대사조의 기초를 만들어 준 계몽기
(1600~1780)의 지배 원칙들이 이제 무너져 가고 있다.

기독교 변증은 이러한 포스트모던적 현실—이 장의 마지막 편에서 자세
히 다루게 될 것이다—을 주목해야 한다.

그러나 보다 시급한 임무가 변증가를 기다리고 있다. 변증은 모더니즘
이 기독교를 완전히 묵사발로 만들었다는 주장에 맞서, 모더니즘은 이미
생명을 다했다고 선포할 용기를 가져야만 한다. 변증가는 "신은 죽었다, 우
리가 죽였다"고 소리치며 다녔던 니체의 광인처럼 소리칠 준비를 갖추어
야 한다. 이제 지적은 자기 약속을 지키지 못하고 멸종되어 가는 '이 시대
의 세계관'에 향해진다. 이 장에서 우리는 왜 모더니즘의 미래가 끝났는지
자세히 알아보기 위해 현대 사회의 세계관 중 가장 중요한 세 가지—더 정
확하게 말해선, 모더니즘에서 나온 세 가지 변종들—를 살펴볼 것이다. 동
시에 이 세 변종들의 해부 작업도 진행할 것이다. 아직까지 혹자는 이 세계
관들을 따를 만한 가치가 있다고 주장한다. 그러나 대다수 사람들이 보기
에 이 세계관들은 한때 왕성했지만 이제 수명이 다한, 사상가들의 해부 실
험대 위에 올려진 시체 같은 처지가 되어 버렸다.

현대 사회를 지배하고 변화시켜 왔던 모더니즘적 세계관의 주요 성격은
무엇일까?[2] 우리는 현대의 반기독교적 세계관이 자신감의 위기로 떨어져
가는 과정을 네 개의 주요 단계로 생각할 수 있다.

1) 현대 사회를 지배해 온 보편적 합리성의 이상은 막바지에 다다랐다고 지적된다. 이제는 이성적과 비이성적을 나누는 단순한 사고는 존재하지 않는다. 매킨타이어 같은 철학자는 인간의 생각은 여러 방법으로 가능하며, 각각 나름대로의 합리성에 대한 내적 기준과 '증거'를 가진다고 강조한다.[3]

2) 기독교적 계시가 아니라 이성으로부터 보편적 윤리를 찾으려는 시도는 이제 파산 선고를 받고 생명력을 잃어버린 듯하다.[4] 이런 결론은 보편적 합리주의의 붕괴로부터 나오는 논리적 결과다. 매킨타이어는 그의 책 제목을 통해 계몽주의가 만든 개념들에 대해 치명타를 날린다: 「누구의 정의? 어떤 합리성?」(Whose Justice? Which Rationality?) 이 제목은 역사적으로 합리성이란 관념과 정의에는 엄청난 이견(異見)이 있었다는 부정할 수 없는 사실을 깨닫게 한다. 누구든 동의하는 보편적 윤리는 존재하지 않는다. 현대 사회에서 기독교적 대안은 앞에서 합리성의 문제에서도 보았듯이 윤리 문제에서도 주목받을 만한 자격이 있다. 이것은 인간 본성에 대한 현실적인 비판 때문만은 아니다.

3) 질적으로 인간은 선하고 진보는 불가피하다고 말하는 계몽주의의 달콤한 신앙은 이제 고통스럽게 물러가고 있다. 이제 사람들은 자유주의적 교육과 과학의 적용이 세계의 문제를 없애 줄 것이라는 신앙에 대해 노골적으로 반발한다. 지식은 항상 도움이 된다는 생각은 더 이상 받아들여지지 않게 되었다. 과학이 충격적인 방법으로 사용된 예들—히로시마에 원폭 투하, 인구 밀집 지역에 사용되기 위해 만들어진 화학 무기 등—은 지식이 선을

위해서뿐만 아니라 악을 위해서도 쓰인다는 것을 깨닫도록 도와주었다.

인간의 본성은 악에 의해 더럽혀져 있다. 이 사실을 무시하는 세계관은 문제가 많다. 나치주의의 끔찍한 등장(그리고 스탈린과 그 후계자들의 소련에서 있었던 비슷한 예처럼)은 모더니스트들에게 어려운 질문을 던진다. 합리적인 미래란 이런 모습을 말하는 것인가? 전통적인 기독교 가치를 내동댕이치면서 기대했던 것이 과연 이런 것인가? 여기서 제기되는 윤리적 문제는 그냥 지나칠 수 없게 된다.

4) 이제 누구도 하나님을 믿는다는 것은 더 이상 구식이나 괴상한 짓으로 생각하지 않는다. 한때 자연과학이 하나님을 부정했다고 떠들기도 했지만, 이제는 반대로 간접적으로나마 하나님을 인정할 가능성을 열어 준다. 알렌은 "하나님 존재의 가능성을 금지하는 조치는 이제 해제되었다"라고 말한다. 자연과학이 우주의 질서와 존재에 대해 새로 제기하는 질문은 하나님의 존재 가능성을 높여 가고 있다. 새로운 질문들이 그리스도인들의 대안을 기다리고 있으며, 이 답을 분명하게 만드는 것은 기독교 변증가들에게 달려 있다.[5]

우리는 지금까지 서구 문화의 영향 아래서 기독교 변증가가 만나는 새로운 상황을 간단히 요약하여 소개했다. 이 상황은 굉장히 흥미진진하게 여러 방향으로 전개되고 있다. 구시대가 설교하던 확실성 같은 것은 이제 사라졌다. 이성은 우리의 삶과 희망과 죽음을 이해하는 데 필요한 지혜를 더 이상 줄 수 없는 것 같다. 과학 역시 혼자서 움직이는 우주를 설명할 능력이 더 이상 없는 것 같다. 여기에 잘 이용해야 할 기회가 있는 것이다.

그러나 구시대는 좀처럼 사라지지 않는다. 더욱이 모더니티는 어떤 시대와도 잘 어울리는, 결코 '한물간 것'이 될 수 없다고 믿는 것 같다. 이 점을 토마스 오덴은 이렇게 설명한다.

> 모더니티는 미래 역시 근본적으로는 모더니즘을 반영하게 될 것이라고 주장한다. 이 생각은 모더니티의 기본 전제 중 하나다. 모더니티의 추종자들은 그들의 전제가 다른 것에 계속 추월당하고 있다는 것을 눈치 채지 못하고 있다. 그래서 이들은 전적인 상대주의가 영원할 것이며, 모더니티는 영원한 자기 변화(적응)를 해 나갈 것이라는 이상한 생각을 하게 되었다.[6]

우리는 아직도 주위에 남아 있는 세계관의 기본 내용과 문제점을 알아보기 위해 세 가지의 모더니즘 세계관을 관찰해 볼 것이다. 이 세계관들이 현대 사회와 점점 멀어져 가고는 있지만, 사람 중심의 변증은 이들을 무시하고 넘어갈 수 없다. 아직도 우리 주위에 그들이 남아 있는 한, 우리는 이들이 던지는 도전을 고려해서 좀 더 내용 있는 답을 주어야 한다.

그러나 모더니티의 죽음과 함께 새로운 도전이 일어나고 있다. 이들은 기독교 변증가들이면 반드시 다룰 능력을 갖추어야 할 문제다. 그중 두 가지가 특별히 중요하다. 하나는 포스트모더니즘으로, 특별히 대학 등의 교육기관과 밀접하게 관련되어 있다. 다른 하나는 우리가 흔히 뉴에이지 운동이라고 부르는 새로운 종교적 유행인데, 이것은 비교적 비판받지 않은 채 현대 서구 사회에서 추종자의 층을 넓혀 가고 있다. 학자나 전문가들은 뉴에이지 운동을 웃어넘기고 말지만, 실제로 이 운동은 미국과 호주에서 상당한 열성 추종자들을 만들어 내고 있다. 이러한 뉴에이지 시대의 기독교에게 던져진 새로운 기회를 잘 이용하기 위해서 변증가는 우리와 같이 경쟁하고 있는 세계관을 다룰 수 있어야 한다.

이제 한편으로 이미 생명은 끊어졌지만, 다른 한편으로 아직도 왕성한 세 가지 세계관을 살펴보도록 하자.

1. 계몽주의적 합리주의

합리주의자들의 복음이 말하는 내용은 기본적으로 다음과 같다: "이성은 세상과 인간 그리고 (만에 하나라도 있거나 하다면) 하나님을 이해하기 위해 필요한 모든 것을 가르쳐 줄 수 있다." 이런 대단한 자신감은 18세기의 대표적인 합리주의 철학자인 볼프(Christian Wolff)의 야심만만한 표제의 책, 「하나님, 세계 인간 영혼, 그리고 그 밖의 모든 것들에 관한 이성적 사상」 (Reasonable Thoughts about God, the world, the human soul, and just about everything else, 1720)에서 잘 묘사되고 있다. 거기서 다루는 문제는 어두움으로 덮여 있는 세상, 그러니까 미신과 전통, 신앙 등으로 상징되는 '구시대'에서 비롯된 문제들이다. 그러나 어두운 부분을 깨고 빛이 들어와, 언덕과 계곡을 비추고 그늘 속에 사는 이들에게 웃음을 찾아 준다. 이것이 말하려는 내용은 분명하다. 이성은 기독교라는 안개와 어두움을 걷어 주고, 인간 이성의 환상적인 빛으로 인도해 주는 일종의 '개명적'(開明的) 역할을 한다.

여기서 우리는 흔히 같이 취급하는 이성(reason)과 합리주의(rationalism)의 차이점을 강조할 필요가 있다. '이성'은 논리와 증거를 바탕으로 생각하는 데 쓰이는 가장 기본적인 도구다. 이성은 하나님에 대한 지식을 공급하는 유일한 길로 취급되지 않는 한, 신학적으로 신앙에 전혀 위협을 주지 않는 중립적인 것이다. 그러나 이성에서 '합리주의'로 옮겨 가게 되면, 신으로부터의 계시는 무시되고 이성에만 전적으로 의지하게 된다.

기독교 신학과 신뢰할 만한 복음주의적 신학적 전통은 이성을 사용한다. 하나님의 '자기 계시'를 예로 들어 보자. 말하자면 (하나님의 자기 계시로서 나타난) 그리스도의 역할과 존재의 관계를 연구하는 데 있어 이성의 기능을 생각해 보자. 만일 우리를 구원할 수 있는 분은 하나님밖에 없으며, 예수가 우리의 구주라면, 논리적으로 '예수는 하나님이 틀림없다, 혹은 그래야만 한다'는 결론이 나온다. 여기서 이성은 계시를 반영하여, 보다 깊은 의미를 찾을 수 있도록 도와준다. 그러나 합리주의는 하나님의 관여나 우리 쪽의 혼란 같은 것은 걱정할 필요가 없기 때문에, 하나님에 대한 탐구는 인간의 이성에서 출발해야 한다고 주장한다.

어떻게 이런 엄청난, 실제로 완전히 잘못된 이성에 대한 자신감이 나올 수 있게 되었을까? 여기엔 서로 이어지는 세 단계의 발전 과정이 나타난다.

1) 첫째로, 복음은 이성적이라고 주장되었다. 이성적 합리성의 반대는 비합리성이라고 생각한 토마스 아퀴나스 같은 많은 중세 학자들은, 바로 이 점이 기독교가 합리적임을 보여 주는 증거라고 생각했다. 이 생각 자체는 대체로 믿을 만한 내용이다. 예를 들어, 아퀴나스는 기독교는 지적 자살을 의미하지 않는다고 말하면서, 신앙이 완전히 이성적임을 증명하는 다섯 가지 설명을 제시했다. 그런데 아퀴나스와 그가 대표하는 전통은 기독교가 이성의 검증에 의해 제한될 것이란 생각을 상상조차 해 본 적이 없었다. 이

들은 신앙이 이성 너머로 진리와 계시를 알 수 있도록 해 준다고 생각했다. 여기서 이성이 신앙의 도움 없이도 계시를 찾아낼 수 있다는 생각은 상상조차 할 수 없었다.

중세의 저명한 기독교 사상 역사가 질송(Etienne Gilson)은 중세의 신학 체계와 당시 유럽 전역에 세워진 대성당을 재미있게 비교한다. 그에 따르면 중세 유럽 신학은 마음의 대성당이라는 것이다. 기독교는 인간 이성이라는 기초 위에 서 있는 대성당으로 비유될 수 있지만, 성당의 상부 측은 순수 이성의 영역 너머로 올라가게 된다. 말하자면, 신학은 이성적 기초 위에 서 있지만, 그 기초 위에 올라간 건물은 이성이 알 수 있는 시야 밖에 있다는 뜻이다. 이러한 접근은 또 다른 뛰어난 해설가인 칼빈에게서 찾아볼 수 있다. 그는 이성이 창조자이신 하나님에 대한 지식에 닿을 수 있는 능력을 가졌다고 말한다. 그러나 하나님에 대한 진짜 지식, 말하자면 하나님께서 우리를 구원하시는 지식은 계시를 통해서만이 가능하다. 구원자이신 하나님을 아는 것은 계시에 달렸지, 이성에 달린 것이 아니다. 이러한 지식은 창조자이신 하나님에 대한 지식과 모순되지 않는다. 도리어 세상을 창조하신 하나님이 동시에 구원자이심을 증거함으로써 하나님에 대한 지식을 완성시킨다.

2) 17세기 중반까지 특별히 영국과 독일에서는 새로운 사상 하나가 발전하기 시작한다. 이들에 의하면 기독교는 이성적인 것이다. 그러나 새로운 사상은 토마스 아퀴나스가 신앙은 이성적 기초 위에 굳건히 서 있다고 말할 때 전제했던 것과는 다른 생각을 가지고 있었다. 그들은 만일 믿음이 이성적이라면 순전히 이성을 통해 규명될 수 있어야 한다고 주장했다. 믿

음의 요소들, 기독교의 전 내용이 인간 이성에서 나왔다는 것을 보여 주어야만 했던 것이다.

이러한 접근의 좋은 예가 허버트 경의 글에서 나타난다. 그의 「참다운 종교」(De veritatis religionis) 속에서 저자는 우리 속에 내재된 하나님에 대한 인식과 윤리적 의무감에 기초한 이성적 기독교를 제창한다. 이러한 사상은 두 가지의 심각한 결과를 만들어 낸다. 첫째로, 기독교는 이성에 의해 증명될 수 있는 개념들로 격하된다. 만일 기독교를 이성적이라고 정의하면, 이 체계 속에서 이성으로 증명될 수 없는 부분, '이성적'이라고 말할 수 없는 부분은 제거되어야 했다. 둘째로, 이성은 기독교보다 우선적인 기준이 되어 버렸다. 기독교는 이성 뒤에 따라오게 된 것이다. 이성은 계시의 도움이 없이도 무엇이 맞고 그른지를 정할 수 있게 된다. 기독교는 이성이 말하는 것에 귀를 기울이고 그의 충고에 따라가야만 했으며, 독자적인 방향을 모색하는 것은 억제되었다. 우리가 하나님, 세상, 우리 자신에 대해 알고 싶을 때마다 모든 것을 답해 주는 것이 이성이라고 한다면 왜 우리가 계시와 씨름해야 하는가? 여기엔 인간 이성의 완벽한 능력에 대한 절대적 확신과 함께, 성경과 예수 그리스도를 통한 계시라는 기독교 교리에 대한 이성주의적 경멸이 깔려 있다. 기독교에 대한 이런 접근은(보다 정확하게 말해서 하나님 빛깔만 어렴풋이 나타내고 있는 이런 이신론적 사상은) 하나님을 인간 정신이 만들어 낸 개념 정도로 취급한다. 하나님이란 우리가 머릿속에서 만들어 낸 하나의 가정으로, '하나님'이라고 이름 붙인 개념인 것이다. 이 개념을 만들어 낸 것은 우리다. 바로 우리 두뇌의 작품인 것이다. 그러나 전통 기독교는 이런 유의 단순한 이성적 방법으로는 하나님을 제대로 정의할 수 없다고 말한다. 하나님은 경험되어야만 한다. 우리는 그분을 직접 만나야 한다.

그분은 이러한 직접적인 관계를 통해 우리의 생각을 재검토하도록 만드신다. 그러나 순수 이성이 말하는 하나님은 인간 두뇌의 한계 속에 갇혀 있다. 생각이 짧은 사람은 조그만 하나님이나 만들게 될 것이다.

3) 마지막으로 이성주의는 자신이 만들어 내는 논리적 결론으로 이어지게 된다. 사실 기독교는 이성과 조화할 수 없는 믿음을 포함하고 있다. 이성이 기독교를 지배하면 어떤 문제가 생길지는 쉽게 상상할 수 있을 것이다! 하나님은 인간 이성에 의해 정의되어 피조물 인간에 의해 갇혀 버리고 만다. 우리는 이신칭의(以信稱義) 속에서 이성적으로 기독교를 비판할 수 있는 한계를 볼 수 있다. 이신칭의 교리는 하나님이 각자의 공헌과 상관없이 우리를 의인으로 취급하셔서(稱義, 칭의) 하나님의 자녀로 받아 주신다고 가르친다. 이성은 우리가 칭의를 살 만한 공헌을 할 수 있다고 말한다. 그렇지 않다면 하나님은 완전히 비이성적인 셈이다. 그런 의미에서 이신칭의라는 복음의 교리는 잘못된 것이다. 이들에 의하면 복음이 정말 말하는 것은 우리의 공헌으로 칭의를 살 수 있다는 것이다. 이들이 이단들 중에서 펠라기우스주의가 가장 합리적이라고 말하는 데는 충분한 이유가 있다.

이들은 다른 교리도 비합리주의적이라고 비판한다. 예를 들어, 그리스도의 신성(어떻게 예수가 동시에 하나님일 수 있는가?)이나 삼위일체(어떻게 이성적 모순에 빠지지 않고도 하나님이 세 개의 인격이 될 수 있는가?) 같은 것 말이다. 프랑스 합리주의에 깊이 영향을 받은 초기 미국의 대통령 토마스 제퍼슨은(그는 프랑스 요리에도 깊이 빠져 있었다. 물론 관계없는 이야기지만…) 삼위일체를 이렇게 빗대어 비판한다.

우리가 삼위일체라는 하나가 셋이고 셋이 하나라는 말도 안 되는 산수를 떨쳐 버릴 때, 우리가 단순한 예수님의 가르침과 거리가 먼 인위적 체계(신학)를 부숴 버릴 때, 더 간단히 말하면, 예수의 시대 이후에 생겨난 내용을 모두 잊어버리고 예수 자신이 전했던 순수하고 간단한 교리로 돌아갈 때, 우리는 그 예수의 참된 제자가 될 수 있다.

그에 의하면 예수는 실제로 하나님에 대해 매우 단순하고 합리적인 내용의 복음을 전했던 랍비(선생)였다. 기독교는 기회가 생길 때마다 필요 이상으로 모든 것을 복잡하게 만들려고 애써 왔다.

이런 관점의 직접적인 결과는 '역사적 예수 연구' 라고 알려진 신약신학의 지류(支流)에서 나타난다. 18세기 후반부터 시작된 이 연구는 신약성경이 예수님을 잘못 묘사하고 있다는 전제에서 출발한다.[7] 실제 예수, 그러니까 역사적 예수는 전적으로 합리적인 사상을 가르쳤던 갈릴리 태생의 선생일 뿐이라는 것이다. 신약성경은 예수님을 매우 오해하여 죄인 된 인간의 부활한 구세주로 표현한다. 이런 유의 생각은 이미 오래전에 학문적으로 거의 부정되어 버렸지만, 아직도 우리는 「예수에 대한 진실」 같은 흥미 위주의 출판물을 통해 때때로 마주치게 된다.

역사적 예수에 대한 연구는 많은 문제점을 가지고 있다. 무엇보다도 인간이 절대적으로 '객관적' 으로 판단할 수 있다는 순진한 믿음에 출발하여 역사를 매우 비현실적으로 다룬다는 점은 가장 심각한 문제다. 여기에 속한 신학자들은 진짜 예수를 찾아내고 있다고 확신했다. 그러나 실제로 그들이 한 일이라고는 자신의 인생관으로 예수를 그렸을 뿐이다. 관찰력 있는 한 영어권 비평가는 독일의 신학 교수들은 예수를 독일의 한 신학 교수처럼 말하고 움직이듯이 그린다고 지적한다. 이들은 예수를 재발견한 것이 아니라 단순히 자신의 사고와 가치, 희망사항을 그대로 복제해 놓은 예수를 만들어 냈다는 것이다.

이 꺼림칙한 현상의 가장 유명한 예는 알버트 슈바이처 박사에게서 찾을 수 있다. 슈바이처의 「역사적 예수의 연구」(1906)는 이러한 연구의 금자탑이자 동시에 이 연구의 종말을 선언한다. 셰익스피어의 「줄리어스 시저」 중 안토니우스의 장례사처럼 슈바이처의 책은 「역사적 예수의 연구」의 중요한 공헌과 동시에 조사(弔辭)가 되어 버렸다. 그는 날카로운 분석을 통해 역사적 예수를 찾아내려는 19세기의 엄청난 노력이 헛수고에 불과했다는 사실을 증명한다. 그들이 한 일이라고는 예수를 자신들의 생각으로 입힌 것이었다.[8] 칸트 철학을 따르는 신학자는 칸트 철학자처럼 말하는 예수를 그려 낸다. 자유주의 신학자는 자유주의 신학자처럼, 이성주의자는 이성주의자처럼 예수를 만들어 놓은 것이다. 결과적으로 마치 안데르센 동화에 나오는 벌거벗은 왕 이야기 같은 현상이 일어난다. 한 사람이 용기를 가지고 진상을 밝히자, 모든 사람들이 여기에 합류해서 왕을 조롱하기 시작했다. 이제 신학계에서는 기독교회가 예수님을 완전히 오해하고 있다는 생각을 일종의 농담거리로 취급한다. 그러나 이 농담은 아직도 종종 들리며, 횟수가 반복될수록 비웃는 사람들의 수는 점점 줄어 가고 있다.

이 상황은 매우 중요한 문제점을 포함한다. 사람들은 그리스도를 이성으로 판단할 수 있다고 생각했었다. 임마누엘 칸트는 「이성의 한계 안에서의 종교」(Religion within the Limits of Reason Alone)라는 유명한 책 속에서 이성은 만물의 기준이며, 예수 그리스도보다 '양심'이 더 권위를 가진다고 강력하게 주장한다. 예수와 이성의 가르침이 같을 때 예수는 존중되지만, 예수가 반이성 혹은 이성을 초월한 것을 말하면 부정된다.

그렇게 해서 나온 결과는 무엇일까? 간단히 말하면, 이성은 인간이 필요한 모든 것의 답이라는 믿음이었다. 이성으로 판단한 결과라면 다른 소리는 들을 필요도 없어지는 것이다. 이러한 인간은 머독(Iris Murdoch)에 조소했던 '그리스도를 뒤로한 채 양심의 판단과 이성의 소리에만 따르는' 합리적 인간의 모습이다.[9] 그리스도인은 신비하고 합리적이라고 정의된 것을 동시에 가질 수 없다. 신비한 것은 이성과 거리를 두기 때문에 사실로 인정할 수 없게 된다. 간단히 말하면, 자기와 다르면 틀리다고 생각하는 것이다.

지금까지 우리는 계몽기 합리주의의 발전을 정리해 보고, 기독교에 끼친 영향을 보았다. 그렇다면 현재 21세기의 상황은 어떤가? 이 장에서는 조금밖에 말할 수 없었지만, 이후 역사는 합리주의의·신뢰성에 상처를 입혀 왔다. 계몽주의적 방법은 이성의 '확인 능력'이라는 전제에 의존해 왔다. 바로 인식될 수 있는 자명한 사실이든 외부 세계와의 접촉을 통해 얻어진 직접 경험이든 모든 지식은 이성적으로 즉시 판단할 수 있다. 그러나 그런 것은 실제로 존재하는 것 같지 않다.

우리는 이성을 사용한다. 확실히 이성은 자명한 사실을 찾아낼 수 있으며, 여기서부터 논리적으로 추적해 가면 완전한 체계를 찾을지도 모른다. 이 방법을 선호하는 대부분의 사람들은 결국 유클리드 기하학의 5원칙에 의지하고 있다. 이 원칙에 기초해서 유클리드는 기하학의 체계를 만들 수 있었다. 스피노자 같은 철학자들은 여기에 매혹되어 버렸다. 그는 철학적으로도 이 방법을 사용할 수 있으리라 생각했으며, 이러한 확실한 전제로부터 안정된 철학과 윤리학의 체계를 세우려고 시도했다. 그러나 결국 이

시도는 좌절된다. 19세기에 들어 비유클리드 기하학이 발견되자 이러한 유추는 설득력을 상실한다. 이때 발견된 다른 기하학 방식은 내적으로 유클리드의 방법만큼이나 합리적이다. 그렇다면 무엇이 옳다는 말인가? 대답을 찾을 수는 없다. 각각은 다르지만 자신만의 특별한 장점과 한계를 가진다.[10]

같은 문제가 합리주의에서도 나타난다. 한때 사람들은 세상에는 유일한 합리적 원칙이 존재한다고 믿었지만, 이제는 합리성이 다양한 형태로서 역사적으로 존재해 왔다고 생각한다. 이러한 현실 앞에서 계몽주의자들은 모든 학문이 역사적 한계를 가질 수밖에 없다고 자기를 변호한다. 물론 서구 사상을 보건대 이런 한계는 항상 있었다. 그러나 분명한 것은 이러한 환상은 이제 무너졌다는 사실이다. 매킨타이어는 이성에 대한 합리주의적 접근을 연구하면서 이렇게 결론 내린다.

> 계몽주의 사상가와 후계자들은 모든 이성적 인간이 부정할 수 없는 원칙이 정확히 무엇인지 합의하는 데 실패했다. 여러 대안들이 '백과사전'과 루소와 벤담과 칸트를 통해, 그리고 상식을 중요시하는 스코틀랜드의 철학자들과 프랑스와 미국의 제자들을 통해 제시되었다. 그러나 이후 역사는 그들이 주장하던 논거를 무너뜨렸다. 결국 계몽주의는 자기가 할 수 없는 일을 이성적으로 이루어 보려는 한때의 꿈으로 남게 되었다.[11]

이성은 많은 것을 약속했지만, 자신이 자랑해 왔던 장점을 전해 주는 데는 실패했다. 그래서 가다머(Hans-Georg Gadamer)는 이성을 통렬하게 비판한

다: "로빈슨 크루소가 역사적 계몽기의 완성을 꿈꾼다. 그러나 그 꿈은 자신만큼이나 상상일 뿐이다."[12] 보편적·범우주적인 합리성은 환상에 불과하다.

그러면 경험은 어떤가? 감각을 통해 경험된 직접적인 정보는 보편적이자 확실한 지식의 바탕이 될 수 있지 않을까? 이러한 생각은 고전적 계몽주의에서도 추구된 것이다. 이 사상을 한때 열렬히 따랐던 오스트리아의 논리실증주의 거장 카르나프(Rudolf Carnap)는 최근 회고록 속에서 경험 중심적 계몽주의를 알기 쉽게 요약한다.

> 우리는 확실히 반석 위에 세워진 지식이 존재한다고 생각한다. 우리는 누구에게든 분명한 정보, 의심할 수 없는 정보가 존재한다고 생각한다. 다른 지식들은 모두 기초로부터 절대적 확실성을 보장받고 유지하는 것이다.[13]

그러나 지금은 '보편적으로 확실한 지식은 없다'라고 일반적으로 받아들인다. 사람들은 이 점을 '누구도 의심할 수 없는 것은 없다'라든지, '과학적 관찰은 전제(前提)에 지배된다' 등으로 표현한다. 이제 사람들은 과학 지식이 자연을 그대로 읽는 것이 아니며, 도리어 특정한 관점을 통해 자연을 해석하는 방법이라는 점을 인정한다. 우리의 관찰은 "가설에 의해 주장되는, 말하자면 우리의 정신적 유도와 계획에 의해 충분히 영향 받을 수 있게 된다".[14] 우리는 이런 현실을 가장 단순한 실험에서도 찾을 수 있다. 이를 위해 셀라스(Wilfrid Sellars)의 「과학, 인식과 실제」(Science, Perception and Reality)라는 저작에서 출발해 보자.[15] 셀라스는 여기서 다음과 같은 가정을

한다: "내가 빨간 공을 보았을 때, 나는 빨간 공을 보고 있는 것이다." 이것은 가장 기초적인 경험이며, 어떤 이론과도 무관하다. 다른 말로 하면, 관찰로 얻어진 지식은 혼자서 충분히 증명될 수 있다는 말이다. 그러나 셀라스는 이러한 사실조차 실제로 어떤 이해의 틀을 통해 관찰한 결과라고 지적한다. 우리는 이미 빨간색이나 공의 정의를 내리고 있었던 것이다. 실제로 관찰은 어떤 생각의 틀에서 이루어진다.

같은 문제가 실험물리학에서도 발견된다. 핸슨(Norwood Hanson)의 글 「개념과 발견」(Perception and Discovery)은 이 문제를 치밀하고 깊게 분석한다. 핸슨의 요지는 '가정이 지배하는 관찰의 실상'이라고 정의한 내용에 있다. 그는 안경의 예를 든다. 안경은 우리 눈앞에서 보고 이해하는 데 영향을 끼친다. 우리는 단순히 사물을 보고 있는 것이 아니다. 우리는 그것을 '어떤 것'으로 받아들인다. 그는 다른 예를 통해 좀 더 효과적으로 설명한다. 13세기와 20세기에 사는 두 사람이 각각 새벽하늘을 보고 있다고 하자. 둘 다 같은 시각적 경험을 하고 있다. 그들의 망막 위에는 같은 상이 비추어진다. 그러나 어떤 면에서 이들이 같은 것을 보고 있는 것은 아니다.

태양이 지구를 중심으로 돈다고 믿었던 13세기 사람은 해가 머리 위로 움직이고 있다고 생각했을 것이다. 그러나 20세기 사람은 우리가 해를 볼 수 있는 자리로 움직여 간다고 생각한다. 이 점은 사회적 인식을 들어 설명해 볼 필요가 있다. 예를 들어, 프랑스 신문 〈피가로〉(Le Figaro)의 조사에 따르면 몇 년 전만 하더라도 프랑스인의 30퍼센트가 태양이 지구 주위를 돈다고 생각했다. 아마 이들에겐 13세기와 20세기의 새벽하늘은 같지 않다고 말한 핸슨의 말이 좀 이상하게 들렸을 것이다. 어쨌든 우리는 핸슨이 말하려고 하는 핵심을 이해할 수 있다: '인식'은 수동적으로 얻어지는 것이 아니라 정보와 상호작용 속에서 생긴다. '인식'이란 이미 알고 있던 내용을 바탕으로 접하는 정보의 중요성과 합리성을 판단하는 작업이다.[16]

핸슨의 이야기는 과학계에서는 다 알고 있는 생각을 반복하고 있을 뿐이다. 우리는 엔트로피에 대한 연구로 유명한 과학자, 루트비히 볼츠만(Ludwig Boltzmann)을 인용할 수도 있다: "내 생각엔 순수한 경험적 정보라고 주장될 수 있는 것은 아무것도 없다." 닐 보어(Niels Bohr)의 말을 빌려 볼 수도 있다: "어떤 경험이든 우리의 기존 관점과 개념 안에서 이루어진다." 어쨌든 핸슨은 우리가 경험주의라고 부르는 사상을 파헤치는 데 매우 독창적인 공헌을 한다. 그에 따르면 해석을 통하지 않은 인간의 경험은 존재하지 않는다. 왜냐하면 우리는 '선입견'이라는, 바꿀 수는 있어도 없앨 수는 없는 안경을 통해 시각 정보를 얻기 때문이다.

핸슨은 자연의 물질과 현상은 '사실'이지만, 현상을 논리적/조직적으로 설명하는 체계는 '이론'에 불과하다는 생각은 문제가 있다고 지적한다. 우리는 단순히 본 뒤에 해석하지 않는다.[17] 해석은 단순히 인식된 시각 정보에다 다른 것을 덧붙이는 작업이 아닌 것이다. 2차 작업이 아니라는 말이다. 이 점을 보다 분명히 말한다면 다음과 같다. 핸슨에 따르면 "어떤 관점을 통해 이해되지 않는 것은 정보가 될 수가 없다"는 것이다.[18] 그는 빛의 파장성을 증명하는 과정을 통해 예를 보여 준다. 그는 파장의 상호 간섭 원리를 설명해 준 뒤 실험의 결과를 예상해 보라고 묻는다. 핸슨은 우리가 간섭작용의 패턴에 관심을 쏟도록 만들다가, 갑자기 중요한 질문 하나를 던진다: "파장의 간섭작용이라는 '현상'은 어떻게 이해할 수 있었는가?"

핸슨은 여기서 더 설명을 달지 않으며, 나도 그럴 생각은 없다. 그러나 그가 말하는 내용의 핵심은 분명하다. 관찰자는 이론적 지식을 통해 주의해서 찾아야 할 대상을 이미 알고 있으며, 그렇게 해서 발견된 결과만이 의미를 가지게 된다. 실험의 논리와 목적을 이해하는 관찰자만이 그 결과를 이해할 수 있게 된다. 관찰자는 단순히 빛의 패턴을 보고 있는 것이 아니다. 그는 나타난 현상이 빛의 성질인 파장을 보여 준다고 생각한다. 이 분야에 문외한인 관찰자가 같은 결과를 본다고 하자. 물론 그는 위의 관찰자와 같은 결과를 찾아낼 수 없을 것이다. 그래서 핸슨은 다음과 같이 결론을 내린다.

> 어떤 논리적 이해를 기초하지 않고 단순히 관찰하는 것은 과학적 관점에서 전혀 무의미한 짓이다. 그래서 과학자들이 자연을 관찰하여 주로 '사실'만을 수집한다고 생각하는 철학자들은 공상을 하고 있을 뿐이다.[19]

그렇다면 이 이야기와 우리의 주제는 무슨 상관이 있을까? 잘라서 말하면, 앞의 이야기는 '인간의 지식은 선입견에 전혀 영향을 받지 않고 경험으로부터 직접 얻어진다고 생각하는 사람들'에게 나쁜 뉴스를 전하고 있는 것이다. 말하자면 계몽주의적 세계관의 또 다른 버팀목 하나가 부러진 셈이다. 이 세계관에 부여된 이론적 문제를 감당할 수 없는 비틀거리는 뼈대만 남은 꼴인 것이다.

계몽주의적 이상은 실패했다. 계몽주의적 이상은 인간 지식의 확실한 출발점도, 그런 출발점에서 나오는 확실한 지식의 틀도 만드는 데 실패했음이 드러났다. 계몽주의는 기독교가 영원하고 보편적이며 흔들리지 않는 이성보다는 예수 그리스도에 의지한다고 비판해 왔다. 그러나 이제 우리는 보편적이며 의심할 수 없는 기초란 존재하지 않는다고 인정하게 되었다. 사람들은 인간이 의심할 수 없이 세워 나갈 수 있는 그런 틀과 기초를 만드는 것은 불가능하다고 인정한다. 인간의 거의 모든 지식은 일종의 **불확실성**에 바탕을 둔다. 이것은 기독교에게 매우 희소식이기도 하다.

　우리가 기독교를 과학적 사실로 증명할 수 없는 것은 그 전에 생각되었던 것처럼 더 이상 치명적인 약점이 아니다(잘해 봐야 학문이 얼마나 유행을 타는지를 보여 줄 뿐이다). 그러나 이 사실은 단지 기독교를 다룰 만한 가치 있는 학문의 하나로 허락해 주는 데서 끝난다. 삶의 중요 문제들이 확실하게 증명될 수 있다고 생각하는 순진하기 짝이 없는 사람들은 기독교를 계속 무시할 것이다. 정신적으로 미숙한 사람들은 아마도 확실성이란 환상에 매달려 살 필요가 있을 것이다. 그렇지 않은 우리는 중요하지 않은 것은 확실하고, 확실하지 않은 것은 중요한 그런 세상에서 사는 법을 익히려고 노력해야 할 것이다.

　이런 식으로 합리주의를 비판한다고 해서 기독교 변증에 이성을 사용할 수 없다는 말은 아니다. 우리는 이성의 능력에 대해 불쌍할 만큼 순진하게 기대하는 것을 부정할 뿐이다. 우리는 계속 이성을 통해 자연과 하나님을 전체적으로 이해할 수 있다. 이성은 출발점에 불과하다. 그것은 매우 유용한, 확실히 쓸 만한 출발점이다. 그러나 이것은 '겨우' 출발점에 불과하다. 합리주의는 이성이 하나님 나라로 인도할 수 있다고 믿었기 때문에 실패했다. 실제로 합리주의는 우리를 바른 길 앞에 세워 줄 뿐이다.

2. 마르크스주의

최근까지 마르크스주의는 세계 수많은 곳의 학생 사이에서 기독교와 경쟁했던 주요 도전자 중 하나였다. 세계 여러 나라, 특별히 공산주의 정권이 선 지역에서는 기독교를 끊임없이 없애려는 많은 위협이 있었다. 그러나 이제 이런 이야기는 과거사가 되어 버렸다. 1989년 베를린 장벽의 붕괴는 이 운동의 대중적 매력을 빼앗아 가 버렸다. 이와 비슷한 무게의 사건이래야 프랑스의 구시대를 마감하고 새 혁명의 시대를 연 1789년 바스티유 함락 정도가 있을 것이다(마르크스주의가 역사적으로 프랑스 혁명의 유산을 이어받았다는 사실은 아이러니가 아닐 수 없다).

그러나 유행이 지난 여러 사상들이 그렇듯이, 마르크스주의도 대학가에선 아직도 살아 있다. 더 나아가 많은 사람들에게 계속 영향을 끼치고 있는 것이다. 이들의 기독교 비판은, 위협 정도는 떨어졌지만 계속 우리 주위에 남아 있다. 여기서 우리는 마르크스주의에 대한 약간의 설명, 그의 매력과 문제점을 지적해 보려고 한다.[20]

첫째로, 마르크스주의의 기독교 비판을 보기에 앞서 이 사상의 세 가지 전제를 생각해 볼 필요가 있다. 마르크스주의의 기초에는 물질주의가 있다. 이 개념은 세상이 물질로만 이루어져 있다는 형이상학적 혹은 철학적 사상에 국한된 것은 아니다. 이들은 인간에 대한 바른 이해는 반드시 물질적 생산 관계를 통해 봐야 한다고 주장한다. 인간이 물질적 필요에 반응하는 방식은 모든 현상을 결정한다. 종교적 생각을 포함한 모든 사고는 이런 물질적 현실을 따라간다.

이 첫째 개념은 자연스럽게 둘째로 이어진다. 물질적 진보와 함께 많은 요소들이 '소외'를 만들어 낸다. 물질적 진보의 가장 중요한 두 요소는 노동의 분담과 사유재산의 존재다. 전자는 노동자가 자신의 생산으로부터 소외되기 때문에 생기고, 후자는 개인의 이익이 사회 전체의 이익과 더 이상 같지 않다는 상황 때문에 나타난다. 생산 기반이 소수에 의해 독점되면서 사회는 계급에 따라 나누어지고, 정치적·경제적 영향력은 지배 계급의 손에 집중된다.

이러한 분석에 따라 마르크스는 세 번째 개념이 당연히 따라온다고 믿었다. 위에서 나타난 경제적 질서가 바로 자본주의이며, 자본주의는 생산 주체 간에 늘어 가는 모순 관계 때문에 본질적으로 불안정하게 된다. 결국 자본주의는 무너질 운명에 처한다. 마르크스주의의 한 분파는 이 붕괴가 어떤 인위적 도움이 없이도 터진다고 말한다. 다른 파는 노동자 계급에 의해 지도된 사회혁명이 이런 결과를 이끌어 내야 한다고 말한다. 「공산당 선언」(Communist Manifesto, 1848)의 마지막 구절은 후자를 말하고 있는 듯하다: "노동자들이 잃을 것이라고는 그들을 채우던 사슬밖에 없다. 우리에겐 쟁취할 세계가 있을 뿐이다. 세계의 노동자들이여, 연합하라!"

실제로 제1차 세계대전까지 마르크스주의는 정치에 거의 영향력을 끼치지 못했다. 그 이유는 부분적으로 마르크스주의의 내부 분열과 정치적 참여 기회가 적었던 탓에 있다. 특별히 내부 문제는 흥미로운 부분이다. 노동자 계급이 그들을 억압하는 것으로부터 자신을 해방시키고 정치적 혁명을 이룰 수 있다는 주장은 여기서 환상이 되어 버린다. 마르크스주의자 중에는 정치적으로 의식 있는 노동 계급 출신이 거의 없었으며, 실제로 출신이 분명치 않은 중산층이 대부분을 차지하고 있었다(마르크스도 이 중에 하나였다). 이 문제를 의식한 레닌은 '전위당'이라는 개념을 발전시켰다. 노동자들은 정치적으로 무능력하기 때문에 전문적으로 혁명을 이끌 수 있는 사람들이 필요하다. 이들만이 세계 혁명을 이루고 유지할 수 있는 전체적인 이상과 현실적인 지침을 만들 수 있다는 것이다.

러시아 혁명을 통해 마르크스주의는 약간 변형된 모습으로 소련연방공화국에 뿌리를 내리고, 이를 통해 마르크스주의자들은 필요한 시간적 여유를 가질 수 있었다(우리는 이것을 마르크스-레닌주의라고 한다). 그러나 다른 곳에서는 별로 성공적이지 못했다. 제2차 세계대전 이후의 동유럽 공산 정권들은 주로 소련의 군사력과 내부 정치적 불안 때문에 생겨난 현상이다. 아프리카에서의 성공은 레닌이 정성껏 만든 '반제국주의'란 이념의 매력 때문에 생긴 것이다. 제국주의는 아프리카와 아시아의 여러 나라들을 많은 분야에서 후퇴하도록 만들었다. 이들의 경제·사회적 후진 상태는 내부 문제보다는 외부 서구 자본주의의 첨병들에 의해 철저하고 조직적으로 착취당했기 때문이었다. 이들 나라의 경제적 실패와 따라오는 정치적 혼란은 70~80년대에 걸쳐 공산주의를 실험해 보도록 이끌었지만, 이들은 곧 이 새로운 사상에도 환멸을 느끼게 된다.

유럽에서도 마르크스주의는 자신이 계속 몰락하고 있다는 사실을 발견하게 된다. 마르크스주의에서 가장 잘 알려진 추종자들은 점점 추상적인 이론가로 변해서, 노동 계급의 뿌리와 멀어지고 정치적 경험을 전혀 갖지 못한 채 남아 버린다. 사회주의 혁명이란 생각은 점차 그 매력과 신빙성을 잃어버리게 된다. 최근까지 출판계의 관심 밖에 있었던 1932년판 마르크스의 「독일 관념론」(German Ideology)은 미래의 공산주의 사회에 대한 마르크스의 뒤엉킨 이해를 보여 주었다. 이것은 마르크스 이론을 실천하는 데 실패하여 이미 낙심할 만큼 한 현대 공산주의자들에겐 전혀 도움이 되지 못했다.

세계관으로서의 마르크스주의는 베를린 장벽의 붕괴가 공식적으로 확인되기도 전에 생명을 다했다. 그러나 세계관으로는 실패했을지라도, 그의 비판적 권위를 잃지는 않았다. 이제는 소수만이 이것의 거창한 주장을 심각하게 받아들인다. 그러나 이것의 비판적 관점들은 아직도 중요하게 남아 있다. 이 중에는 우리가 이제 보게 될 마르크스주의의 기독교 비판이 포함된다.

마르크스는 19세기 초 유행했던 '진보적인 과학적 미래관'을 후기 저작에 사용한다. 이 관점에 따르면 모든 종교는 구시대적 미신이다. 기독교도 하나의 종교이므로 대략 이 부류에 포함된다. 그러나 이런 미신의 문제는 정작 노동 계급이 지배 계급에 대항하여 사회를 뒤집을 수 있는 능력을 둔하게 만든다는 사실이다. 노동자들이 그들에게 씌워진 고통의 사슬을 벗어야만 할 시점에서, 종교는 고통을 견디도록 만드는 '민중의 아편'과 같은 역할을 한다. 이런 살벌한 묘사는 많은 마르크스주의 추종자들, 특히 레닌과 볼셰비키 당에 의해 채택된다. 레닌은 그의 종교관을 확실히 표현한다.

> 종교는 민중의 아편이다. 종교는 일종의 정신적 독약으로서,
> 그 속에서 자본의 노예는 자신의 인간성을 상실하고 정상적인
> 삶을 살 의욕을 잃어버린다 … 계급의식이 투철한 오늘날의
> 노동자들은 … 하늘나라는 성직자와 부르주아 위선자들에게
> 줘 버려야 한다. 우리는 보다 나은 자신의 생활을 위해, 바로
> 이 땅에서 싸워야 한다.[21]

종교에 대한 좀 더 발전된(동시에 흥미로운) 접근이 마르크스의 초기 저작

들인 1844년 판 정치와 경제에 관한 글 등에서 발견된다. 여기에 따르면 종교는 독자적으로 존재하는 실제가 아니다. 이것은 물질세계의 반영일 뿐이다: "종교의 세계는 실제 세계의 단순한 반영일 뿐이다."[22] 여기서 앞서 보았던(5장 1편) 포이에르바하의 종교 비판이 반복되고 있으며, 이 점은 매우 중요하다. 마르크스는 "종교는 인간 자신이 자기 혁명의 중심임을 알기 전까지 인간 주위에서 돌고 있는 공상적인 태양 같은 것이다"라고 말한다.[23] 다른 말로 하면, 하나님은 단순히 인간이 가진 관심의 투영에 불과하다는 것이다. 인간은 "환상적인 하늘나라에서 사는 초인적 인간을 찾지만, 결국 자신의 상상 이외의 어떤 것도 찾아낼 수 없다".[24]

그렇다면 어떻게 종교가 존재할 수 있을까? 만일 마르크스가 옳다면 사람들이 계속 이런 공상 속에 빠져 있는 이유는 무엇일까? 마르크스의 대답은 '소외'라는 개념에 집중되어 있다:[25] "종교가 인간을 만들지 않았다. 도리어 인간이 종교를 만들었다. 종교는 자신을 찾는 데 실패하거나 자신을 잃어버린 사람들의 의식적 자기 반영, 혹 자존심 같은 것이다."[26] 종교는 사회적, 경제적 소외의 산물이다. 소외가 만들어 낸 종교는 소외를 조장하기까지 한다. 왜냐하면 종교가 대중이 자신의 상태를 파악하여 필요한 행동을 할 수 없도록 만드는 정신적 중독 상태를 만들기 때문이다. 종교는 사람들이 경제적 소외를 견디어 내도록 만들어 주는 일종의 '위로'다. 만일 이런 소외가 없다면 종교 또한 필요 없을 것이다. 노동의 분할과 사유재산의 존재는 이런 소외를 경제적·사회적 질서에다 확고히 심어 놓는다.

물질주의에 따르면, 물질세계에서 일어난 사건은 정신세계도 변화하게 만든다. 그러므로 종교 역시 어떤 경제적·사회적 상태의 결과로 나타난다. 이 상태를 변화시키면 경제적 소외 역시 사라지고 종교도 없어지게 될 것이다. 그때부터 종교는 유용성을 상실할 것이다. 사회의 불의한 상태는 종교를 만들어 냈지만, 이후엔 도리어 종교에 의해 유지된다. 따라서 "종교에 대한 투쟁은 간접적으로 종교가 정신적 마취제로 이용되는 세계에 대한 투쟁이 된다".[27]

마르크스에 따르면 종교는 소외된 인생에 필요를 채워 주는 한 계속해서 존재할 것이다: "일상생활의 관계를 본질적으로 이해하고, 사람과 자연을 합리적으로 관계시킬 때만 현실을 종교적으로 해석하는 습관도 사라지게 될 것이다."[28] 다른 말로 하면, 공산주의 사회를 통해 경제적·사회적 소외가 사라지면 종교를 만들었던 이유도 사라지게 될 것이다. 물질적 필요가 사라지면 정신적 굶주림 역시 사라지게 될 것이라는 말이다.

포이에르바하는 종교가 인간 소망의 투영이며 '영혼이 말하고 있는 슬픔'의 표현이라고 말했다. 마르크스 역시 이런 해석에 생각을 같이한다. 그러나 그의 생각은 포이에르바하보다 더 급진적이다. 그는 슬픔과 부조리 속에서 종교가 나타난 이유를 설명하는 것만으로는 충분하지 않다고 말한다. 우리는 이 세계를 변화시킴으로써 종교를 뿌리째 없앨 수 있다. 마르크스는 포이에르바하가 종교의 기원에 대한 이해를 통해 종교를 제거하는 방법까지는 생각하지 못했지만, 종교에 대한 해석만큼은 정확하다고 생각했다. 이 점은 주의해야 할 부분이다. 이 관점은 사람들이 흔히 인용하는 마르크스의 「포이에르바하에 관한 테제」의 11번째 논의에 바탕이 깔려 있다: "철학자들은 이 세계를 여러 가지 방법으로 해석할 뿐이다. 그러나 우리가 정말 해야 할 일은 이 세계를 변화시키는 일이다."[29]

이것이 마르크스주의들의 기독교 비판의 대략이다. 수긍할 만하다고 생각하는가? 정당화될 수 있는가 말이다. 이제는 우리가 마르크스주의를 정리하여 비판해 보자. 다음은 비마르크스주의자들이나 (정도는 느리지만) 공산주의자들이나 다 인정하는 문제의 핵심이다.

1) 마르크스의 무신론은 궁극적으로는 증명될 수 없는 가정이다(이 점은 5장 1편에서 이미 살펴보았다).

2) 종교에 대한 마르크스의 비판은 실제로 19세기 독일 사회에서 종교의 역할에 대한 판단에서 비롯된 것으로, 현재에는 적용될 수 없다.

3) 세계 여러 지역에 걸쳐 공산주의 국가가 등장했음에도 불구하고 종교는 살아남아 있을 뿐 아니라, 이론과 실제를 맞추기 위하여 총력을 기울여 종교를 없애려고 했던 국가에서도 종교는 도리어 부흥하기까지 했다.

4) 마르크스는 일반적 의미의 종교를 비판하는 것이 특정 종교에도 적용될 수 있다고 생각했다. 마르크스는 종교 일반의 특징을 대강 알고 있었을 뿐, 기독교의 특징은 잘 모르고 있었다.[30]

실제로 마르크스의 기독교 비판은 19세기 독일 사회 속에서 제도화 된 국가교회에 대한 비판이었다. 그러나 교회나 성직자의 문제점이 기독교 자체의 신뢰도와 직결되는 것은 아니다. 대부분의 현대 그리스도인들은 마르크스 시대의 독일 국가교회에 대하여 거의 같은 비판을 할 수 있다. 마르크스는 여러 모로 복음과 비슷한 이야기를 하면서 잘못된 형태의 기독교를 지적한다. 기독교 복음의 핵심은 마르크스의 집중포화에 거의 피해를 입지 않고 남아 있다. 마르크스는 복음을 인간에게 필요하게 만든 예수 그리스도에 대해 뭐라고 말하고 있는가? 아무것도 없다! 그는 핵심을 비껴갔던 것이다. 한때 서구 사회에서 기독교를 대신할 가장 확실한 대안으로 여겨졌던 마르크스주의는 이제 역사의 뒤안길로 사라지고 말았다.

3. 과학적 세계관

논리실증주의 철학자 에이어(A. J. Ayer)는 "나는 과학을 믿는다"라고 말했다. 이 말은 '세상을 설명하는 어떤 이론도 증거 없이는 믿을 수 없으며, 관찰에 의한 경험만이 진실을 밝히는 유일한 방법이라고 믿는다' 는 뜻이다.[31] 아직도 수많은 사람들이 이 같은 관점을 가지고 '과학은 하나님을 믿을 필요를 없게 한다' 라고 생각한다. 일반적으로 과학은 우주에 대한 완벽한 객관적 정보를 줄 수 있다고 인식되는 반면, 기독교는 증명될 수 없는 생각에 바탕을 둔 확실하지 않은 내용이라고 생각한다.

그러나 과학과 기독교의 관계를 이렇게 보는 것은 별로 신빙성 있는 이야기가 아니다. 기독교 사상과 자연과학은 생각보다 복잡한 관계를 가지고 있으며, 자연과학의 방법과 전제 속에 있는 기독교 신학의 요소를 찾아보면 이 점은 보다 확실해진다. 많은 사람들은 둘 사이에 공통분모가 있다는 말조차 의심스럽게 들릴 것이다. 19세기의 책[32] 속에서나 찾을 수 있는 실증주의적 세계관에 묶여 사는 사람들은 이렇게 말하는 경향이 있다. 신학과 자연과학은 잘 어울려 보려고 해도 방법이 없는, 싸움만 해 대는 '이혼 직전의 부부' 관계 같은 것이라고 말이다. 여기에 조화의 가능성은 없다.

그러나 실제로 학계는 여기에 동의하지 않는다. 예를 들어, 사람들이 흔히 생각하는 '다윈의 진화론은 과학적으로 완벽한 논리며, 기독교를 근본적으로 부정한다'는 주장을 따져 보자. 다윈의 책들을 자세히 연구해 보면, 사람들이 「종의 기원」(The Origins of Species)의 저자에게 가지는 일반적인 호의는 문제가 많다.[33] 다윈주의가 당시 영국인들 사이에서 인기를 얻은 이유는 과학적으로 더 신빙성이 있거나 전통 기독교에 대체할 수 있었기 때문이 아니었다. 실제로 다윈의 사상은 자유 경쟁과 자유 무역을 주장하는 자유주의적 사회 유행에 발맞춰 영국의 중산층과 그들의 윤리관을 근본적으로 우월한 것처럼 만들어 주었다. 다윈의 과학은 빅토리아기의 자유주의에 이론적 기초를 제공하고 그것의 가치와 미래를 선전하고 있었다. 다윈은 시대가 만들어 낸 천재나 사실만 쫓아다녔던 과학자라기보다는, 당시 사회적 선입견에 깊이 빠져 있는 사람이었던 것이다(그 당시는 여자나 비유럽인은 인간으로 취급하지도 않았던 끔찍한 때였다). 다윈의 과학 이론 역시 그의 사회사상과 깊게 관련되어 있다. 다윈을 팔아먹고 사는 그의 추종자들은 다윈을 종교적 편협에 맞서 진실을 위해 싸워 나갔던 일종의 고독한 영웅으로 그리려고 애써 왔다. 그러나 최근에 출판된 다윈의 엄청난 양의 편지, 일기 그리고 노트 등을 통해서 '진짜 다윈'이 드러나고 있다.

이렇게 말하기는 좀 거북스럽지만—불행히도 사실이다—생각이 좀 덜 깊은 그리스도인이나 과학자들은 기독교는 자연과학과 완전히 상극이라고 생각한다. 그러나 지난 30년 동안 실제로 이 생각은 근본적으로 바뀌었으며, 이제 신학과 과학 간의 실질적인 대화는 양자 간 교류의 좋은 결과를 기대할 수 있도록 만들어 주었다. 이러한 대화는 과학과 과학적 물질주의를 분명히 가르는 데서 출발한다. 전자는 하나의 학문으로서 물질세계의 구조를 관찰하는 방법이다. 후자는 하나의 세계관으로서 관찰 가능한 것만이 진짜라고 주장한다. 물론 여기선 하나님이 근본적으로 제외된다.

과학과 기독교의 관계를 이해하기 위해서는 신앙의 실증적 기초를 돌아보면 도움이 된다. 기독교 신학은 항상 신앙의 실증적 기초를 찾아 왔다. 기독교 신학은 여러 가지 방법으로 분명한 일관성을 가진 학문이라고 증명할 수 있다. 슐라이어마허(18세기) 때까지만 하더라도 서구 사람들은 보통 하나님, 그리스도, 인간에 대한 기독교의 설명이 일관성을 가졌음을 학문적으로 증명할 수 있다고 생각했다.[34] 만일 내용상 모순이 없는 것을 진실이라고 한다면, 전통적 기독교 신학은 매우 높은 점수를 받을 수 있다.[35]

그러나 외부와의 관계는 어떨까? 어떤 이론이 내용상 모순이 없다고 드러날 때, 이론과 이론이 묘사하는 실제 세계는 어떤 관계일까? 여기서 심각한 문제가 나타난다. 어떻게 하나님이 정말 존재한다고 확신할 수 있는가? 혹은 19세기 역사 기술학이 항상 질문했던 것처럼, 실제의 예수가 우리가 믿는 예수와 같다고 어떻게 확신할 수 있다는 말인가? 물론 이 질문의 답은 이미 앞에서 보았다(말하자면 과학적 연구가 밝혔다는 예수의 허상을 염두에 두고 던지는 속보이는 질문인 셈이다). 그러나 이 질문의 내용을 직접 표현하면 다음과 같다: 신학이 학문이라면 증명되지 않은 가정에 기초하고 있어선 곤란하다. 가정은 근본적으로 증명할 수 없을지도 모른다. 신학은 상식선의 설득력 정도를 유지시킬 뿐, 완전히 의심을 없앨 수 있는 증거를 제시할 수는 없다.

전설적인 논쟁 하나를 참고로 해서 이 문제를 살펴보도록 하자. 전설적인 논쟁이란 뉴먼(John Henry Newman)의 초기 강연 중 하나인 '기독교와 과학적 탐구'를 가리킨다.[36] 뉴먼은 이렇게 질문한다: "만일 신앙과 경험이 모순되는 것 같거나 사실이라고 알려진 어떤 내용이 기독교와 모순된다면 도대체 어떻게 된 것인가?" 뉴먼의 대답은 다음과 같다. 신앙과 경험 혹은 종교적 관점과 세상적 관점이라는 두 가지 관점은 조화할 수 없는 것 같다.

그러나 진실은 모순될 수는 없어도 모순처럼 보일 수는 있다. 따라서 '우리는 모순처럼 보이는 현상을 인내심을 가지고 다룰 필요가 있으며, 서둘러서 굉장한 사실처럼 떠들어 대서는 안 된다'. 왜냐하면 절대적인 진실이라고 알려진 것이 실은 판단이나 관찰의 실수에서 나온 것일 수도 있기 때문이다. 모순이라고 생각하던 문제가 지금은 알려지지 않은 방법을 통해 조화될 수도 있다. 줄여서 말한다면 다음과 같다: 심각하게 보이는 모순도 이론과 관찰을 개선하고 새로 고안하면 해결할 수도 있다.

마지막 문장이 자연과학의 논리처럼 들리지는 않는가? 그렇다면 내가 원했던 대로 기독교와 자연과학의 비슷한 점이 제대로 강조되고 있는 것이다. 자연과학 역시 신학과 비슷한 문제를 만나지만 솔직하게 문제점을 고백하고 다루는 경우는 드물다. 14세기의 윌리엄 오컴을 포함한 많은 이들이 자연과학과 신학의 공통분모를 깨닫고 있었다. 우리가 흔히 말하는 과학은 '과학적 지식은 실제의 객관적 세계를 보여 준다'라는 19세기 사상적 유행에서 나온 실증주의적 과학이다. 여기서 실제의 객관적 세계란 일정하며 계속되고 규칙적인 그런 세계를 말한다. 과학은 자연세계에 나타나는 현상과 형식을 찾고 연구하는 데 주안점을 둔다. 철학과 신학은 개념적 사색을 통해서 작업을 하지만, 자연과학은 자연세계를 바로 상대한다. 자연과학은 이 우주의 구조와 형식을 직접적이고 보이는 그대로 찾아낼 수 있다.

그러나 자연이 일정한 질서를 가진다는 사실을 어떻게 알 수 있었을까? 자연 전체의 질서에 일정한 틀과 형식이 있다는 사실을 어떻게 알게 되었을까 말이다. 과학적 연구의 결과로? 아니면 하나의 가정으로 이 연구의 바탕을 이루고 있는 핵심으로? 핸슨은 「개념과 발견」이란 책에서 이 문제를 진지하게 풀어 나간다.[37] 핸슨은 이렇게 말한다.

실험과 관찰에 의해 어떤 법칙을 찾아내는 작업은 찾고 있는 것이 있다고 생각하는 데서 출발한다. 이러한 생각은 본질적으로 모든 경험적 관찰이 전제하고 있는 내용이기 때문에, 그 자체가 사실인지 아닌지는 경험적으로 알아낼 수 없다.[38]

다른 말로 하면, 우리는 자연의 질서를 전제하고 있었기 때문에 그 점을 발견할 수 있었다는 것이다.

혹자는 즉시 반발할 수도 있다. 실제로 자연에 질서가 없다면, 이 점 역시 눈으로 관찰해서 발견할 수 있지 않겠는가? 다른 말로 하면, 자연의 질서라는 가설은 실험의 결과에 의해 얼마든지 바뀔 수 있다는 것이다. 자연 질서는 자연스럽게 확인할 수 있는 참다운 결론에 이르는 임시적인 가정에 불과하지 절대적이 아니라고 주장한다.

그러나 핸슨은 이러한 주장이 엉터리임을 몇 가지 예를 통해 보여 준다. 그가 내린 결론을 정리하면 다음과 같다. 만일 자연은 일정하게 움직이지 않는다는 관찰의 결과가 나오면, 우리에겐 다른 몇 가지 가능성이 있을 것이다.

1) 실험이 잘못됐다. 사실은 이후의 연구를 통해 밝혀질 것이다.
2) 관찰은 세상이 돌아가는 방법에 대한 기존의 이해를 재 정의하면 설명될 수 있다.
3) 자연은 일정 법칙에 따라 움직이지 않는다.

핸슨은 3)의 가능성은 다룰 가치도 없다고 말한다. 우리는 연구 결과가 없어도 자연의 질서를 신뢰한다. 이 부분은 부정할 수 없는 영역인 것이다. 핸슨은 자연의 무질서를 보여 주는 어떤 실험적 증거도 현재의 과학적 기술과 개념의 한계 때문이라고 설명할 수밖에 없다고 말한다.

재미있는 것은 과학자들이 자연 법칙에 집착하는 것과 그리스도인들이 하나님을 믿는 것 사이에는 비슷한 데가 많다는 사실이다. 우리는 여기서 많은 것을 배울 수 있다. 사람들은 둘 다 '근본적인 전제/믿음'이라고 생각한다. 이 둘 사이의 깊은 관계는 기독교가 자연 질서를 강조하는 어거스틴적 전통과 칼빈주의적 해석에서 두드러진다. 여기서 조심해야 할 것은 이 두 영역이 특히 '관찰의 문제'에서 불협화음을 일으킨다는 사실이다. 그러나 과학자나 신앙인 모두 이렇게 믿는다. 이론과 관찰의 결과가 확실히 다르게 나타나면 기존의 현상에 대한 해석은 문제가 있다. 그것이 (핸슨이 제시한 예처럼) 중력의 법칙이든, (전통적으로 신학자들의 숙제였던) 악의 존재든 모두 마찬가지다. 여기서 위스덤(John Wisdom)의 정원 비유는 의미심장하다. 궁금증이 심한 정원사가 정원 손질을 한다. 그 지루한 시간을 끝도 없는 질문을 계속하다가, 마치 곁가지를 너무 치다가 나무 자체를 없애 버리듯이, 결국 하나님을 부정하는 데 이르게 된다.[39] 자연과학자들은 수많은 부연과 설명으로 자연의 질서를 옹호하지만, 사실 그 위태한 정도는 하나님에 대한 믿음과 매한가지다. 그러나 이런 믿음을 부정할 수가 있을까?

'검증'(falsification)을 말할 때 우리는 자연히 칼 포퍼의 공헌을 떠올리게 된다. 청년 시절 칼 포퍼는 과학에서 혼란과 불분명함을 제거할 기준을 만들어 마르크스나 프로이드를 부정해 보려고 굉장히 씨름했다. 그는 알버트 아인슈타인의 말에서 답을 찾았다고 생각했다. 아인슈타인이 이렇게 말했다고 한다: "만일 중력장의 힘이 심하게 전위를 변화시키지 않는다면, 일반적 상대성 이론은 증명할 방법이 없다." 포퍼는 이렇게 말한다.

> 여기엔 마르크스, 아들러, 프로이드나 제자들의 지독한 독단
> 과는 전혀 다른 태도가 나타난다. 아인슈타인은 예상에 답하
> 는 결정적 실험 결과를 구하지만, 이것만으로는 이론을 확립
> 시키기에 모자란다고 말한다. 물론 예측과 결과가 맞지 않는
> 다면 이론은 틀리다고 인정하면서 말이다. 내가 생각하기엔
> 이것이야말로 바른 과학적 태도라고 생각한다.[40]

그래서 포퍼는 어떤 생각도 부정될 수 있는 형식으로 표현하지 않으면
안 된다고 주장한다. 그렇다면 자연의 질서라는 전제는 포퍼가 주장하는
'검증'을 견딜 수 있을까? 모든 실험적 관찰과 이 전제가 불가분의 관계라
는 사실은 어떻게 설명할 수 있을까?

포퍼는 문제의 핵심을 매우 솔직히 인정한다. 「과학적 발견의 논리」라
는 책에서 그는 이렇게 말한다.

> 우리는 사실 어떤 가설이든 완벽하게 반박할 수 있는 증거를
> 댈 수가 없다. 만에 하나 그런 증거가 있어도, 우리는 실험 결
> 과를 믿을 수 없다거나 실험 결과와 이론 간에서 나타난 차이
> 는 우리의 지혜가 더 발전되면 해결될 것이라고 말할 수 있기
> 때문이다.[41]

이 말은 자연의 질서에 대한 믿음이 실제로 '검증'의 영역 밖에 있다는
뜻이다. 만일 실험 결과가 이 믿음을 부정한다고 해도 자연이 질서가 없다

고 생각하지는 않는다. 실험이 잘못되었거나, 미래에 보다 진보된 실험이 이 현상을 설명해 줄 수 있을 것이라고 생각하는 편이 더 설득력 있게 들린다. 물론 여기서 자연세계의 질서는 조금도 의심하지 않는다.

여기서 내 목적은 포퍼를 평가하려는 것이 아니다. 내가 말하려는 것은 현대 자연과학이 전제하는 핵심—혹은 기반—을 증명하거나 부정하는 것이 얼마나 어려운가 하는 것이다. 이 점에서 현대 과학은 종교의 전제와 매우 비슷하다(하이데거가 1995년 마르부르크대학 동창회 때 위와 같은 생각을 지지하던 독일의 의학자 바이제커를 비난하자, 바이제커는 이렇게 대답했다: "종교적 신앙이 종교라는 체계 속에 바탕을 둔 것처럼, 과학 역시 자연의 법칙성을 믿으며 그 믿음 위에 뿌리 내려 있다"). 비트켄슈타인은 철학에서도 이와 비슷한 패러독스가 흔히 발견된다고 지적한다: "철학에서도 전제는 경험이 검증하는 대상인 동시에 검증의 기준으로 다루어지고 있다."[42] 그 믿음이 기초인지 체계의 내용인지가 분명하지 않다. 물론 믿음이 증명된 것인지 증명해 주는 근거인지도 확실하지 않다.

여기에서 우리는 기독교와 과학의 중요한 공통점을 발견한다. 예를 들어, 기독교의 근본인 하나님에 대한 믿음을 생각해 보자. 이 믿음은 자연세계를 설명하기 위한 하나의 시도, 특별히 자연의 질서 속에서 우리의 위치를 찾으려는 시도라고 말할 수 있다. 이것은 경험만 가지고는 증명하거나 부정할 수 없다. 자연과학자가 실험 결과 하나에 자연의 법칙성을 포기하지 않고 결국 다른 각도에서 이 실험을 설명할 수 있으리라 믿는 것처럼, 신학자들도 불협화음이 가끔 발견되는 것만으로는 하나님을 포기하지 않는다. 고통의 문제 같은 경우가 그렇다. 신학자들은 역사가 끝에 이르러 모든 것을 영원한 세계에서 보면 전혀 새로운 해답이 있을 거라고 생각한다.

그렇다면 과학자와 신학자가 이 점에서 정말 다르다고 할 수 있을까?

어떻게 하면 과학이 하나님을 부정한다고 생각하는 이들에게 답할 수 있을까? 과학이 발달되면 기독교 변증가들이 하나님을 끼워서 설명하는 문제 속에서 하나님을 밀어내야 될까? 그러나 주위를 살펴보라! 전혀 반대 현상이 일어나고 있지 않은가? 이 장을 통해 우리는 접촉점으로서 자연의 질서를 함께 보았다.

4. 페미니즘

페미니즘은 현대 서구 문화에 매우 중요한 요소 중 하나다. 페미니즘 자체는 남자 위주의 세계관에 대한 비판의 엉성한 집합 같은 것으로, 하나의 완벽한 세계관이라고 말하기는 힘들다. 그러나 여기서는 편의상 그 자체로 하나의 통일성을 가진 세계관으로 다루어 보자. 페미니즘은 내용적으로는 여성 해방을 위한 전 세계적 운동이다. 이 운동에 대한 보다 오래된 명칭은 말 그대로 '여성 해방 운동'이다. 우리는 명칭 자체로부터 이 운동이 현대 여성의 평등을 이루기 위해 애쓰고, 특별히 이러한 과정을 방해하는 모든 장애물―믿음이든, 가치든, 태도든―을 없애려고 노력하는 해방 운동이란 점을 알 수 있다.

페미니즘은 기독교와 많은 갈등을 겪어 왔다. 갈등의 바탕에는 기독교가 여성을 이등 인간으로 취급한다는 불평이 깔려 있다. 교회는 여자의 역할을 낮게 평가하며, 하나님이 여자를 부차적으로 창조했다고 가르쳐 왔다. 시몬 드 보부아르(Simone de Beauvoir)의 「제2의 성」(The Second Sex)같은 책들은 이러한 생각을 자세히 다룬다. 데일리(Mary Daly)나 햄슨(Daphne Hampson) 같은 기독교 이후적 페미니즘(post-Christian feminism)에 따르면, 기독교는 남성적 상징의 남성적 구세주, 하나님과 남자 지도자, 사상가들의 오랜 영향으로 만들어진 편견 때문에 여성 문제를 자체 해결할 수 없는 단계에까지 떨어져 버렸다는 것이다.[43] 그들에 따르면 여자는 이러한 억압을 떨쳐내야 한다. 크라이스트(Carol Christ)나 골든버그(Naomi Ruth Goldenberg) 같은 이들은 여성은 고대의 여성 신을 섬기던 종교(혹은 새롭게 창조된 종교)를 회복할 때만 종교적 해방을 이룰 수 있다고 주장한다.[44]

그러나 페미니스트들의 기독교 평가는 근거 없는 경우가 허다하다. 기독교는 이들이 주장하는 것처럼 항상 여성에 대해 적대적이지 않았다. 페미니스트들은 기독교 전통의 형성과 발전에 있어서 여성의 공헌을 강조한다.[45] 더욱이 보다 사려 깊은 페미니스트들은 역사 속의 여자 신앙인의 위치를 재발견하여, 이를 통해 기독교의 과거를 재평가해야 한다고 말한다. 사실 여성 신앙인들의 삶은 오랫동안 교회와 남자가 주류였던 역사가들에게서 제대로 평가받지 못해 왔다.

여기서 우리는 창조와 구원의 기독교 교리가 주는 의미를 바탕으로 페미니즘의 기독교 비판을 생각해 보려고 한다. 남자와 여자는 하나님의 형상대로 만들어졌다. 남자와 여자의 관계는 타락 때문에 정상에서 벗어나, 죄가 인도하는 잘못된 길로 가게 되었다. 말하자면 원래 모습을 벗어난 것이다. 그러므로 이렇게 죄로 오도되기 쉬운 경험에 의지해서 성경이 말하는 내용을 멋대로 해석해서는 기독교 신학을 바로 이해할 수 없다. 우리가 자연신학의 접근에서 보았듯이, 타락된 인간 본성은 타락된 창조 세계에 반영되어 있다. 이 점에서 인간은 아무리 논리적이라도 믿을 수 없는 결론에 다다를 수 있다는 사실을 인정해야 한다. 페미니스트들의 오랜 연구 대상이었던 여성에 대한 남성의 억압과 지배는 우리가 경험해 온 현실이며, 창조가 원래 의도된 모습으로부터 얼마나 멀어져 갔는지를 잘 보여 준다. 그러나 바로 예수 안에서 이 과정은 방향을 180도 바꾸어 갱신이 시작되게 된다.

이런 관찰을 염두에 두고 교회가 오랫동안 여성을 억압했다는 비판에 눈을 돌려 보자. 먼저 죄가 개인의 생활뿐 아니라 교회의 구조에도 영향을 끼쳤다는 사실을 기억하면서 이야기를 시작해 보자. 기독교회는 또 하나의 인간 조직으로서 사회 조직만큼이나 쉽게 유혹의 대상이 되어 타락할 수 있는 근본적 약점을 가진다. 우리는 스코틀랜드 국가교회를 질타하는 글을 썼던 할로웨이의 사려 깊은 지적에 귀를 기울여 볼 필요가 있다(그의 표현 자체는 페미니스트의 귀를 거슬리게 하고, 표현상 여자를 타락한 욕정의 존재로 암시적으로나마 이해한다고 비난받을 수 있다. 어쨌든…).

> 교회가 그리스도의 순결한 신부라고 말한 바울의 단어 선택에
> 는 분명한 모순이 있다. 우리는 교회의 하얀 결혼 예복에도 불
> 구하고 실제로 속으론 무슨 짓을 하는지 잘 알고 있으며, 그러
> 기에 교회는 우리가 믿는 것 같지 않다는 사실을 알고 있다 …
> 교회는 자신의 명성과 명백한 불완전성으로 뒤범벅된, 혼란스
> 럽게 엉킨 여러 위험을 그대로 지니고 산다.[46]

하나의 조직인 교회는 이러한 혼란 속에 쉽게 빠져서 세속사회의 생각과 가치 속으로 타락해 버린다. 예를 들어, 교회의 수장들은 금장식 모자와

왕자들의 두루마기 같은 것을 쓰고 다닌다. 고대 사회에서는 이런 것이 재력과 권력의 상징이었다. 교회도 이러한 세속적 상징들을 자신의 용도에 맞춰 쉽게 써 버리고 말았다. 많은 사람들이 교회 안에서 서로 묻는다. "저 금관이 예수님의 가시 면류관과 무슨 상관이 있지요?" 혹은 "저 두루마기가 죽어 가는 예수를 감싸던 피 묻은 세마포와 무슨 관계가 있다는 말입니까?"라고 말이다.

교회가 세속 가치를 따라가는 현상은 여성 문제에도 나타난다. 예수님은 해방자적인 모습으로 자유롭게 여성을 대하셨지만, (남성 위주의) 주위 환경에 동화되어 버린 교회는 예수님의 가르침을 오도했던 것이다. 우리는 여성에 대한 예수님의 태도를 먼저 살펴봐야 한다. 예수님을 제대로 이해하는 사람이라면 예수님의 여성에 대한 태도는 소홀히 취급할 수 없는 기독교의 한 유산임을 잘 알고 있을 것이다.[47]

1) 예수께서는 독신으로 사셨고, 이를 통해 소명 받은 사람은 정당한 독신 생활을 할 수 있다는 것을 보여 주셨다. 이것은 결혼해서 아이를 가져야만 사람의 의무를 다한다고 믿었던 팔레스타인 지역의 전통적 상식과는 큰 대조를 이루고 있다. 그런 면에서 예수를 따르기로 결정한 여성들은 어머니나 부인의 역할이 아닌 다른 역할을 담당할 수 있게 된다.

2) 예수님은 여성을 소유물이 아닌 인간으로 대하셨다. 예수님은 모든 사역 중에서 여성들을 만나시고 인정해 주셨다. 더욱이 예수님은 동시대 유대인 사회가 원죄(시리아, 페니키아, 사마리아의 경우)나 삶의 방식(창녀)을 이유로 거부했던 여성들에게 변함없이 대하신 것을 발견할 수 있다.

3) 예수님은 간통 같은 성관계의 문제에서 여성을 희생양으로 삼는 것

을 거절하셨다. 가부장적인 상식에서 남자는 타락한 여성에 의해 더럽혀진다고 생각되었지만, 예수님의 가르침과 태도에는 이런 이해가 나타나지 않으며, 이 점은 특히 창녀나 간통죄로 잡혀 온 여자를 대하시면서 가장 두드러지게 드러난다. 탈무드는 독자들에게(남자라고 전제하면서) 여자와 대화를 나누게 되면 결국 음행으로 빠지게 된다고 주의를 준다. 그러나 예수님께서는 이 점을 조심스럽게 무시하시고 여성들과 대화할 기회를 만들어 내신다(요한복음 4장은 특별히 잘 알려진 예다).

4) 예수께서는 월경 기간 중의 여자는 '깨끗하지 않다'는 전통적인 생각을 인정하지 않으시고, 사람을 더럽게 만드는 것은 윤리적인 불순밖에 없다는 점을 확실히 하셨다(막 7:1~23). 이런 전통적인 이유를 빌미로 여자들을 예배에서 제외시킬 수 없다는 것이다.

5) 여성들은 예수님 주위에서 중요한 역할을 감당했으며, 종종 바리새인이나 다른 종교인보다 높이 인정받았다. 여성들은 예수님의 고난을 지켜보았을 뿐 아니라, 부활에 있어서도 첫 증인이었다. 사복음서가 부활절에 대해 공통적으로 다루는 부분은 예수님의 무덤을 방문했던 여성들에 관한 이야기다. 유대교는 법적으로 여성들의 증언은 인정하지 않고 오직 남자의 증언만을 증거로 인정했다. 그러나 세상에서 가장 굉장한 소식이 바로 여자들을 통해 처음 알려졌던 것이다! 흥미롭게도 마가는 세 여자 증인들의 이름—막달라 마리아, 야고보의 어머니 마리아 그리고 살로메—을 세 번씩이나 적으면서도 주위에 있었던 다른 남자 제자들의 이름은 언급조차 안한다(예수를 배반했던 것도 남자였고, 핍박했던 것도 남자들의 모임이었다는 사실은 주목할 만하다!).

6) 복음서는 종종 여자를 남자보다 영적으로 깬 사람으로 묘사한다.

예를 들어, 마가는 남자 제자들은 믿음이 거의 없었던 사건을 묘사하지만(막 4:40, 6:52) 여자들은 믿음의 모델로 묘사한다. 믿음 있다고 칭찬받았던 여자 이야기(막 5:25~34), 예수께 대답한 이방 여자의 이야기(막 7:24~30), 과부의 예(막 12:41~44)와 같이 말이다.

7) 기독교의 세례는 남녀 모두를 위한 것이다. 당시 전통 유대교에서는 사내아이만이 안수와 하나님의 백성으로의 통과 의식인 할례를 받을 수 있었다. 그러나 기독교에서는 남녀 간에 구별을 두지 않았다.

이러한 태도가 당시에 얼마나 충격적이었는지 우리는 충분히 느낄 수가 없다. 어쨌든 예수님의 사역은 그 시대의 가부장적 구조를 개혁하려는 시도를 포함하며, 여자도 종교 문제에 새로운 종류의 권위를 가질 수 있도록 만들어 주셨다.

> 예수님의 여성관에서 가장 혁명적인 면은 여자들과 함께 자유롭게 활동하고, 여자를 하나의 완전한 인간으로 취급하고, 여자들을 친구로 삼고, 여자들도 그의 가르침을 들을 수 있도록 하신 것만은 아닌 것 같다. 도리어 예수님은 그들을 개인적으로 가르치시고, 신학적인 대화를 통해 대답을 기대하셨다는 점이야말로 가장 혁명적인 면이다.[48]

그래서 어떤 관찰자가 보았듯이, 초대 기독교가 여자들에게 매우 인기가 있었던 것은 예상 밖의 일이 아니었다.

예수님의 가르침이 여자들에게 끌리는 이유는 부분적으로 기독교 공동체 안에서 그들에게 주어진 새로운 역할과 공평한 위치 때문일 것이다. 그리스와 로마의 수많은 종교들은 남자들만 독점하거나 잘해 봐야 매우 제한된 방법으로만 여자들이 참여할 수 있도록 허락했다. 그러기에 같은 유대교 모임을 가도 끝자리나 차지해야 했던 여자들이 기독교로 개종해 버린 이유를 이해하기는 쉬운 일이다. 유대교에서는 여성의 종교적 활동의 참여를 제한하는 법을 가지고 있었기 때문에, 유대교를 믿기로 한 여성들에게는 잘해 봐야 제한된 구역을 내주었다. 여자들은 회당을 이룰 만큼의 숫자를 채워서 모여선 안 되며, 할례 같은 유대교의 개종 징표들을 받을 수도 없었다. 이러한 제한이 기독교 공동체에는 존재하지 않았다.[49]

불행히도 기독교는 세상의 상투적인 모습을 변화시키기보다는, 사회적 압력 아래서 점점 일그러져 갔다. 그러나 기독교의 역사를 통해 기독교의 원래 모습은 생명력을 회복하곤 했다. 16세기 종교개혁 시대에 모든 신자들의 사제 역할을 가르치는 교리에 따르면, 남녀 할 것 없이 모든 신자는 그리스도의 참된 사제다.[50] 당시 사회는 이러한 새로운 발전을 받아들이기엔 준비되어 있지 못했지만, 신학적 기초는 매우 굳건히 존재하고 있었던 것이다.

당시 많은 사람들이 여자의 역할을 새롭게 강조하는 생각에 대해 혐오감을 가지고 있었다. 당시 독일의 루터 문제를 다루었던 가톨릭교회의 책임자인 추기경 카제탄(Cajetan)은 "새로운 개혁 운동의 비극적인 운명은 결국 여자를 신학자로 인정할 수밖에 없게 될 것"이라고 말했다. 프랑스의 개혁자 에티엔 르 코트(Etienne Le Court)는 여자들도 복음을 선포할 수 있다고 가르쳤다는 이유로 노르망디의 루엥에서 산 채로 화형 당했다. 쟈크 르페브르 데타플르(Jacques Lefèvre d' Etaples)는 그의 신약성경 프랑스어 번역판을 '모든 그리스도인 남자와 여자들에게 바친다'고 썼다. 그에게 있어서 성경의 독자는 뒤편으로 소외되어 왔던 하나님의 백성인 여자들도 반드시 포함되어야 한다고 믿었던 것이다. 교회사가 베인튼(Roland Bainton)은 「종교 개혁기의 여성들」(Women of the Reformation)이란 글 속에서 16세기의 지도적인 여성들의 삶을 통해 이러한 중요한 변화를 보여 준다.[51] 실제로 종교개혁은 당시의 사회적 부담 때문에 여성의 역할에 대해 사회적으로 보수적인 입장을 받아들이는 경향이 있었다: 당시 사회는 실제로 이 점에 대해 신학이 무엇을 말하고 있든, 새롭고 급진적인 사회적 변화에 준비되어 있지 않았던 것 같다.

하나의 조직으로서 교회는 이러한 핵심을 잃어버리기 쉬운 입장에 있었다. 기독교는 여성을 해방할 수도 있었다. 그러나 정작 사회는 교회라는 조직을 통해 여성을 억압해 버리고 만다. 16세기의 종교개혁자들에 따르면 교회의 개혁 자체는 신약성경의 기초로 돌아가는 것이라고 생각했다. 종교개혁의 구호인 "교회는 항상 자신을 개혁시켜야 한다"(ecclesia semper reformanda)는 이러한 생각의 간결한 요약이다. 교회는 항상 자신을 재점검하고, 교회의 활동과 믿음의 양식이 예수 그리스도와 성경 안에서 하나님께서 주신 예에 따르고 있는지 확인해야 한다. 과거의 교회가 여자들을 억압했던 것은 역사의 문제다. 이제 기독교는 교회라는 조직을 극복해야 한다. 우리가 강조했듯이 죄는 단순히 개인적인 것이 아니라 구조적인 것이다. 교회 자체는 그리스도인 개인이 그러하듯 죄에 쉽게 빠진다. 여기서 교회의 과거가 현재 기독교의 거침돌이 되는 예를 발견한다. 우리는 이 실수를 피하여 우리 시대의 교회가 우리 세대에게 보다 효과적인 증언을 할 수 있도록 개혁해야 한다.

페미니스트들 중에는 이 문제를 좀 더 강조해서 기독교를 비판하기 원하는 이들이 있다. 단순히 교회만 아니라 기독교 자체가 하나님이란 남성적 개념을 바탕으로 여자를 크게 억압해 왔다는 것이다. 남성적 하나님을 믿는 종교는 결국 여자를 평가절하하게 된다는 말이다. 그러나 이런 비판은 신학 용어와 기독교의 상징주의에 대한 성격을 잘못 이해하고 있는 데서 나온 것이다. 우리는 이 점을 자세히 다룰 필요가 있다.

인간의 정신에는 개념보다도 이미지를 보다 쉽게 기억하게 만드는 무엇인가가 있다. 19세기 시인 알프레드 테니슨 경은 대부분의 영국인들이 하나님을 긴 수염을 가진 대단한 성직자로 상상한다고 말한 적이 있다. 그런 모습이 하나님을 이해하는 데 도움이 되는지는 모르겠지만, 어쨌든 여기서 발견하는 사실은 사람들은 어떤 방법으로든 하나님을 형상화시킬 필요가 있다는 점이다. 누구든 그림 한 장이 긴 설명보다 낫다는 사실을 잘 알고 있다. 교회의 초대 교부들은 하나님을 이해하는 것을 태양을 바로 보는 것과 비교하곤 했다. 인간의 시력은 태양의 엄청난 빛을 전혀 견딜 수 없다. 인간의 시력이 태양빛을 감당할 수 없듯이, 인간의 마음도 하나님의 전부를 감당할 수 없다.

그러나 아마추어 천문학자들도 잘 알고 있듯이, 이른 아침에 검은 안경의 작은 틈을 통하면 태양원의 빛은 볼 수 있을 만큼 줄어들어, 이렇게 해서 태양을 관찰하는 것은 가능하다. 이런 방법으로 인간은 우리의 능력이 전혀 닿지 않는 대상을 처리해 나간다. 성경이 말하는 하나님도 이런 식으로 이해하면 쉽다. 일종의 실제 대상을 간략하게 형상화시켜서 이해하는 것이다.

성경이 보여 주는 하나님의 예나 이미지는 우리가 이해할 수 있는 수준의 하나님을 가르쳐 준다. 칼빈이 말했듯이 "하나님은 자신을 우리의 약함에 맞추셨다". 성경이 묘사하는 하나님은—목자, 반석, 왕—우리의 이해를 돕는 매우 효과적인 시각 보조 도구다. 만일 이 도구가 없었다면 우리는 하나님을 피상적으로 파악, 무미건조하고 지루한 존재로밖에는 이해할 수 없을 것 같다. 이 도구는 하나님을 보다 생생하게, 그리고 동시에 깊이 있게 이해할 수 있도록 도와준다.[52]

이러한 하나님의 이미지는 실생활에서 따온 것이다. 예수님께서도 신학적 내용을 설명하기 위해 실생활을 예로 들어 가르치셨듯이, 성경의 저자들도 고대 팔레스타인 세계의 경험에서 따온 예를 이용, 하나님의 본질과 목적을 이해할 수 있도록 도와준다. 당시 사회가 남성 위주의 사회였기 때문에 하나님을 설명하는 예화 또한 남성적이 될 수밖에 없었던 것이다. 예를 들어, 하나님의 권위 같은 개념은 남성적 이미지(아버지, 재판관, 왕)로 표현하는 것이 더 쉽다.

그러나 성경엔 남성적 이미지만 있는 것은 아니다. 하나님은 종종 성별과 무관한 반석 등으로 하나님의 능력, 확고함, 영원성 등을 표현하신다. 여성적 이미지는 하나님의 그의 백성에 대한 사랑과 관심을 자식에 대한 어머니의 사랑과 관련시켜 설명하는 데서 흔히 쓰인다. 그러나 하나님이 이러한 이미지들과 똑같지는 않다. 이러한 이미지들은 하나님을 설명하는 데 매우 중요한 상징들인 것이다.

우리는 이 점에서 고등학교 때 과학을 공부했던 경험을 떠올려 볼 수 있다. 우리가 용기에 어떤 가스를 담고 압축시켰을 때, 압력이 증가함에 따라

가스가 차지하는 부피가 점점 줄어드는 것을 발견한다. 이런 관찰 결과는 보일의 법칙이라고 알려져 있다. 만일 우리가 가스의 분자를 당구공 같은 것이 서로를 향해 계속 튀고 있다고 상상해 보면 이 법칙을 쉽게 이해할 수 있다. 당구공이 움직일 수 있는 공간이 작을수록(다른 말로 하면 부피가 작을수록) 서로 간, 그리고 용기와의 충돌도 늘어 간다(다른 말로 하면 더 압력을 받는다). 이러한 예는 종종 가스의 **동력학 이론**이라고 알려져 있다.

그러나 이 이론이 말하는 것은 '가스의 분자들이 당구공이다' 가 아니다. 당구공은 두 가지 이유에서 가스의 분자를 설명하는 훌륭한 모델이다. 먼저 분자들의 움직임을 상상할 수 있도록 해 준다. 분자의 크기는 거의 없다시피 하기 때문에 우리 눈으로는 전혀 볼 수 없다. 그러나 모델은 분자를 시각화시켜 그 움직임을 상상할 수 있도록 도와준다. 이 방법이 아니면 우리는 상태를 전혀 상상할 수 없을 것이다.

둘째로, 모델은 분자 활동의 한 부분이라도 이해하고 연구할 수 있도록 도와준다. 분명한 것은 모델이 모든 분자 활동을 설명할 수 없다는 사실이다. 그러나 부분적으로 돌아가는 방식과 이 체계 속에 있는 다른 요소를 예상할 수 있을 정도는 도와준다. 말하자면 비유 같은 것이다. 모든 비유가 어느 점에서는 대상과 다르다는 점을 기억하는 한, 우리는 비유로부터 큰 도움을 받을 수 있다. 모델은 우리가 전혀 못 보는 것을 상상할 수 있도록 도와주고, 최소한 어떻게 돌아가는지 설명해 준다. 기체의 동력학 이론에서 보는 것처럼 복잡한 기체의 운동을 부분적으로나마 이해하기 위해서는 가스 기체를 마치 딱딱한 껍데기를 가진 당구공처럼 생각하면 도움이 된다.

그러나 여기서 심각한 문제가 나타날 수 있다. 우리는 모델과 대상을 같게 취급하는 실수를 할 수 있다. 동력학 이론으로 돌아가 본다면 어떤 면에서 기체 분자들은 당구공처럼 움직이지만 당구공과 같다고 이해하는 것은 잘못이다. 비슷한 예로, 우리가 하나님이 '아버지'의 이미지와 맞아떨어진다고 말한다면, 이것은 단지 어떤 면에서만 하나님이 아버지 같다는 뜻에 불과하다. 예를 들어, 자녀들을 엄하게 다스리는 모습 말이다. 어떤 면에서 하나님은—자녀에 대한 관심과 사랑의 측면에서 볼 때—어머니와도 비슷하시다. 그러나 하나님은 남자도 여자도 아니시다. 우리는 모델과 대상은 비슷한 면과 그렇지 않은 면이 같이 있다는 사실을 항상 기억해야 한다. 물론 비유를 할 때는 비슷한 점을 찾는 것이 핵심이지만 말이다. 하나님을 인간과의 관계에서 '아버지'로 그리는 것은 하나님이 남자라고 말하는 것이나 남자가 여자보다 우월하다는 것을 말하는 것이 아니다. 칼빈의 사상을 인용한다면, 우리가 사용하는 언어의 남성적 성격은 인간의 언어와 사고방식에 맞춘 표현이지 하나님의 진짜 모습은 아닌 것이다.

물론 몇몇 페미니스트들이 지적하듯이 많은 남성 신학자들은 하나님을 남자처럼 생각한다. 그러나 이 점은 그들의 성경 해석에 대한 문제에 국한되지, 성경 자체의 문제는 될 수 없다. 저명한 신약 신학자 케어드(George Caird)가 지적했듯이, 신학자가 자신의 믿음이나 연구 내용을 성경적 권위로 주장하는 바로 그때, 그는 보편적인 유혹—성경 저자의 해석을 가지고 성경 저자나 성경이 직접 말했던 것처럼 결론 내리는 위험—에 빠지고 만다.[53]

우리는 하나님을 인간 문화를 통해 이해하며, 이 점에서 페미니스트들의 비판에 확실히 할 말이 있게 된다. 물론 많은 급진 페미니스트들은 종교의 기원을 다양한 방식으로 설명해서 기독교의 근본부터 비판하기도 한다 (여기엔 포이에르바하, 마르크스, 프로이드 등 다양한 사상가들과 연결되어 있다). 그러나 이것은 하나의 가정에 불과하지 사실이 아니다. 전통 기독교 신학은 하나님을 말하고 생각할 때 하나님을 인간 문화를 통해 드러내신 분으로 생각하지, 문화 유형에 매여 있는 분으로 생각하지는 않는다. 하나님이 문화를 초월하시듯이, 성별 역시 초월하신다. "하나님은 문화의 부산물이다"라고 말하는 것과 "하나님은 문화를 통해 자신을 드러내신다"라고 말하는 것은 완전히 다른 이야기다.

성경은 하나님을 고대 이스라엘 사회의 아버지처럼 설명하는 것이 매우 어울린다는 점을 뒷받침해 준다. 그러나 하나님이 남자거나, 고대 이스라엘의 문화를 통해서만 하나님을 정의할 수 있다는 말은 아니다. 헤이터는 문제를 이렇게 설명한다.

> 고대 유대 사회에서는 어린아이를 키우고 돌보는 것이 어머니의 특권이라고 생각했으며, 하나님이 이스라엘을 그의 자녀로 대하시는 것에 어머니를 연상시켰다. 이와 비슷하게 아버지의 특권—아이를 벌주는 것 같은—으로 생각되던 여러 성격들이 하나님을 묘사하는 데 쓰인다. 그러나 여러 다른 문화와 시대에 따라 아버지와 어머니의 역할을 다른 식으로 기대한다.[54]

하나님을 아버지라고 말하는 이유는 고대 이스라엘의 아버지의 역할을 통해 하나님의 성격을 이해하기 위해서다. 이것은 하나님이 남자라고 말하는 것이 아니다. 하나님은 남성이라고도 여성이라고도 말할 수 없다. 더욱이 성별은 창조된 질서가 가진 성질이지, 창조자 하나님의 신체적 상태를 설명하는 것은 아니다.

이렇게 신학 용어의 성질을 분석해 보면 기독교식 하나님이 여성을 억압하는 것을 합리화시켜 준다고는 말할 수 없게 된다. 사람들은 신학적 설명과 언어의 성질을 더 이해할 필요가 있다.

> 궁극적으로 신학적 용어가 남성적인지 여성적인지는 별로 중요한 문제가 아니다. 남성적 단어가 남성 신을 가리키는 것은 아니다. 여성적 단어 역시 여성 신을 말하는 것이 아니다. 더구나 혼성적 용어가 양성 신을 의미하는 것도 결코 아니다. 도리어 성경의 하나님은 독특한 방법으로 성별을 이용하시고, 초월하고 계신 것을 보여 주실 뿐이다.[55]

더욱이 구약성경은 당시 우상들이 성적으로 깊이 연관되어 있었기 때문에, 하나님에게 성적 기능을 관련시키기를 애써 피한다. 당시 유행하던 가나안 문화의 농경 신은 여성 신과 남성 신의 성적 기능을 강조했다. 구약성경은 하나님의 성별이나 성에 중요성을 두기를 거부한다.

> 오늘날 많은 페미니스트들이 하나님은 남성과 여성의 성격을 동시에 가졌다고 가르친다. 그러나 하나님이 남성이라고 생각하는 사람이 빠지는 오류처럼, 하나님을 특정 성별로 말하는 사람은 비기독교에 빠지게 된다는 것을 기억해야 한다.[56]

우리가 하나님이 남성도 여성도 아님을 다시 발견하면서 남성 신이나 여성 신을 가르치는 이단에 빠져야 할 이유는 없다: 이 개념은 성경 속에 분명히 있다. 기독교가 새로운 변증 환경에 제대로 답해 가려면, 이러한 개념을 재발견하는 것처럼 사용 가능한 모든 수단으로 무장해야 한다.

페미니즘은 위에서 말한 방법으로 기독교를 강력하게 자극하고 있다. 마르크스주의가 힘없고 가난하고 소외된 자에 대한 기독교의 태도를 재검토하도록 자극했듯이, 페미니즘은 기독교의 여성관을 반성하고 그리스도 중심의 제자리로 돌아가도록 자극한다. 그러나 마르크스주의가 기독교 세계관을 대신할 대안을 만들려다가 실패한 것처럼, 페미니즘 역시 그렇다. 기독교의 비판자로서 페미니즘은 세심하게 경청해야 할 많은 지적을 해 주고 있다. 그러나 페미니즘은 자신의 한계를 파악하지 못하고 능력 이상으로 자신의 세속적 세계관으로 복음을 대신하려고 했던 까닭에 실패할 수밖에 없다. 페미니즘은 포스트모던 사회의 세계관들 중 하나의 목소리에 불과하지, 모든 것을 평가하는 기준이 되는 유일한 목소리는 아니다. 이렇게 보면 우리는 포스트모더니즘적 세계관을 좀 더 자세히 생각할 필요가 생긴다.

5. 포스트모더니즘

포스트모더니즘이라고 부르는 사상은 매우 광범위한 개념으로서, 모더니즘이 무너진 뒤 일어난 사상적 흐름이다.[57] 어떤 사람들은 모더니즘이 아직도 건재하다고 주장하지만, 이 주장은 설득력을 잃어 가고 있다. 여기서 우리는 모더니티가 광범위한 개념임을 기억할 필요가 있다. 포스트모더니즘이라는 사상 자체는 모더니티처럼 '이 시대는 궁극적인 의미를 말할 만한 체계를 제공한다'고 전제하는 것 같다.[58] 그러나 실제로 많은 동시대의 서구 사상들이 불협화음을 만든다. 어쨌든 나치의 아우슈비츠 학살은 모더니티가 주장하는 전통에 대한 증오와 개인의 이상화, 그리고 새로운 세계 창조라는 이상이 허상에 불과하다는 것을 충격적으로 보여 준다.[59] 본능적으로 모더니티는 특별히 스탈린의 숙청과 나치의 대학살을 만들어 냈던 과거와 완전히 단절하려고 애쓴다. 그러나 이제 이성은 보편적인 세계관의 기초를 제공할 능력이 없다는 사실과 이런 계몽기적 신앙에 대한 일반적인 자신감의 상실 때문에 모더니티는 의미를 잃어 가고 있다. 이성은 우리의 실제 삶에 맞는 윤리를 제공하는 데도 실패했다. 그리고 진리에 대한 보편적, 필연적 기준에 대한 자신감의 실종은 상대주의와 다원주의에 힘을 보태 주었다.

포스트모더니즘의 확실한 정의를 내리는 것은 거의 불가능하다.[60] 그러나 이 사상의 주요 내용—특별히 미국 대학가의 기독교 변증가들이 만나는 문제들—을 설명할 수는 있다. 진실에 대한 질문들은 상대주의나 다원주의를 전제한다. 다른 말로 포스트모더니즘을 설명하면, 방향과 가치의 핵심이 목적어에서 주어로 자리바꿈을 한 것이다. 소쉬르(Ferdinand de Saussure) 이후 야콥슨(Roman Jakobson) 등에 의해 발전된 언어구조학의 용어로 설명하면, 언어적 부호의 자의성과 다른 부호와의 상호의존성을 생각해 볼 때 고정되고 절대적인 의미란 존재하지 않는다. 데리다(Jacques Derrida)나 푸코(Michel Foucault), 보드리야르(Jean Baudrillard) 같은 저자들은 언어는 변덕스럽고 자기 멋대로여서 절대적인 언어 법칙 같은 틀을 반영하지 않는다고 말한다. 언어는 자의적이며, 그 자체만으로는 의미를 나타낼 수 없다는 것이다. 보드리야르는 한 발자국 더 나아가 현대 사회는 인공적 기호 체계라는 끝없는 늪에 빠져 있으며, 실제로 이 체계는 아무 의미도 없이 단순히 체계를 만들어 낸 사람들의 신조를 유지시킬 뿐이라고 말한다.

해체 이론(deconstruction)은 포스트모더니즘이 글과 언어에 쏟는 관심을 설명할 뿐만 아니라, 그 본질을 보여 주는 요소 중 하나다. 해체 이론은 절대적 의미란 없으며, 그런 의미에서 글의 해석과 필자의 성격과 의도는 아무 상관도 없다고 주장하는 비평 방법이다. 이것에 의하면 모든 해석도 (당신의 관점에 따라) 맞거나 무의미하다. 이런 방법론의 대표적 추종자인 미국의 폴 드 망(Paul de Man)은 의미라는 개념이야말로 독재적 국가 사회주의의 냄새를 풍긴다고 주장한다. 미국에서 해체 이론은 폴 드 망이나 하트먼(Geoffrey Hartman), 블룸(Harold Bloom), 밀러(J. Hillis Miller) 같은 학자들에 의해 체계가 세워지고, 베트남전 이후 크게 유행하게 된다.[61]

이 입장의 문제점은 폴 드 망이 쓴 글에서 분명히 드러난다. 1989년 12월 1일 〈뉴욕타임스〉는 폴 드 망이 벨기에의 나치주의적 신문 〈르 수아르〉(Le Soir)에 반유대적 나치주의를 지지하는 기사를 기고했던 적이 있었다고 보도했으며, 이로 인해 폴 드 망은 사회적 물의를 일으켰다. 그렇다면 혹시 폴 드 망의 해체주의는 자신의 이런 과거를 부인하기 위한 시도가 아니었을까? 폴 드 망의 나치주의 전적과 거기서 오는 죄의식에서 벗어나기 위한 노력은 아니었을까 말이다. 폴 드 망이 이 글을 통해 우리가 실제로 읽을 수 있는 것과는 전혀 다른 뜻을 의도한다는 것은 말도 안 된다. 해체주의에 따르면 결국 저자의 관점은 문제가 되지 않는다. 폴 드 망은 역사적 상황을 가지고는 자신의 전적을 정당화시킬 수 없었다. 그는 "비평에서 작가의 실제의 역사적 입장을 생각하는 것은 시간 낭비다"라고 썼다. 그러나 실제로 해체주의는 내적 모순으로 가득하게 보인다.

변증적 관점에서 다음과 같은 질문을 할 수 있다: "기독교와 여러 대안들이 같이 경쟁하는 상황에서, 어떻게 기독교만이 진리라고 설득할 수 있을까?" 누구도 진리를 독차지하고 있다고 주장할 수 없다. 이것은 관점의 문제일 뿐이다. 자신이 진리라고 주장하는 사상들은 모두 같은 정도의 타당성을 가진다. 아무도 자기 이외의 것을 맞거나 틀리다고 결정할 수 있는 보편적, 혹은 특권적 자리에 있지 않다. 이러한 상황은 기독교 변증가에게도 장점과 함께 심각한 단점이 된다. 계몽기적 세계관은 이성은 선입견이 없다는 환상에 답답하게 매여 있었지만, 이제는 이러한 지루한 틀에 머물러 있을 필요가 없게 되었다. 기독교는 더 이상 종교가 이성적이어야 한다는 뒤틀어진 기준 때문에 무시당하지 않게 되었다. 현대인의 정신 속에 자리한 이러한 한계는 지성사적 유물이 되었으며, 변증가는 더 이상 이 문제에 연연할 필요가 없다. 프린스턴의 철학자 알렌은 이런 변화를 잘 요약하고 있다.

> 포스트모던 사회에서는 기독교도 지적으로 타당성이 있다.
> "왜 이 세상이 존재하는가?" "왜 지금 존재하는 질서 대신 다른 것으로 나타나지 않게 되었는가?"와 같은 근본적 문제에도 타당한 답을 준다. 또한 특별히 인간의 중요성에 대해서도 설득력 있는 답을 준다. 기독교가 우리 사회에서 단순히 느낌뿐만 아니라 지적으로도 타당하다고 인정받게 된 것은 문화적 환경의 일대 변화라고 할 수 있다.[62]

인간 이성에 대한 무조건적 추종이라는 공룡이 이제 그의 시대가 지나가 버렸다는 사실도 느끼지 못한 채 대학가를 어슬렁거리고 있는 동안, 주위 환경은 이미 변했다. 이제 기독교는 다른 신조들과 마찬가지로 공정하게 평가받을 권리를 지니게 된 것이다.

그러나 이러한 변화에는 문제점이 따라온다. 모든 종교가 같은 정도로 타당하게 취급된다. 만일 나에게 진실이라면 그것은 진실이 된다. 기독교가 받아들여진 이유는 사실 기독교가 진실이어서라기보다는 어떤 이들에게 있어서 진실이라고 믿어지기 때문이다. 그러나 기독교는 무엇이 진리인지를 판단할 수 있는 관점을 가졌다고 주장할 만한 매우 설득력 있는 이유를 가지고 있으며, 바로 이 점이 변증가들이 강조하길 원하는 부분이다. 그렇다면 무엇이 진리인지를 물어보는 것조차 막아 버린 현재 상황에서, 대학가에 기독교를 설득할 수 있는 방법이 있을까?

이런 상황은 변증가가 전략적 우위를 위해 보다 전술적으로 접근해야 할 필요를 보여 주는 좋은 예다. 어떤 그리스도인도 진리에 대한 강렬한 믿음을 포기하려고 하지 않는다. 그러나 포스트모더니티 사회의 상황을 볼 때, 기독교가 유일한 진리임을 주장하는 것은 순전히 전술적 이유에서 잠시 뒤로 밀어 둘 필요가 있다. 이러한 방법을 사용하는 이유는, 포스트모던적 세계관에 보다 친밀하게 접근해서 결국엔 기독교로 끌어들이기 위한 것이다. 이런 식으로 포스트모던 사회라는 성체를 조금씩 공략해 들어가면, 사람들은 기독교에 내재된 진리를 느낄 수 있게 되고, 그 타당성도 점점 확실히 인식하게 된다. 그렇다면 이제 이 방법을 자세히 살펴보자.

기독교는 끌리는 데가 대단히 많은 종교다. "우리 주 예수 그리스도의 아버지 하나님"(벧전 1:3)이란 구절 속에는 세상이 제공할 수 있는 그 어떤 것보다도 나은 매력이 있다.[63] 이 구절은 교부 시대 이후 기독교 신학에 흔히 사용되던 주제였으며, 이후 조나단 에드워즈에 의해 가장 설득력 있게 표현된다. 세상이 매력적이라면, 그리스도인들은 창조자로서의 하나님은 세상보다 더 매력적임을 보여 주어야 한다. 태양의 빛이 달에 반영되듯 세상은 창조자의 매력을 반영한다.

여기서 그리스의 고대 신화에 나오는 두 가지 사건을 생각해 보자. 호머는 항해 중인 선원들의 주의를 홀리는 노래를 불러서 배를 난파시키는 사이렌(Siren)이라는 한 무리의 여자들을 소개한다. 율리시스는 사이렌 사이로 무사히 항해하기 위해 선원들의 귀를 막아 사이렌의 노래를 못 듣게 하는 간단한 방법을 쓴다. 한편 오르페우스는 하프의 고수였다. 이러한 종류의 위협을 다루는 그의 방법은 달랐다. 그는 하프 음악의 아름다움으로 다른 것에 신경 쓸 수 없도록 만들어 버린다.

기독교 변증가들은 하나님의 매력을 다 보여 줄 수 있어야 하며, 그럼으로써 경쟁자들의 빛이 바래도록 만들어야 한다. 그렇다면 하나님의 매력은 무엇일까? 소개할 만한 주요 요소로는 다음과 같은 것들이 있으며, 변증가들은 이 점을 필요에 따라 고치고 보충해야 한다.

1) 하나님의 능력은 인간의 가장 깊은 외로움을 채워 준다.
2) 하나님의 엄청난 사랑은 그리스도의 죽음 같은 상황을 통해 드러난다.
3) 상대주의는 어떤 것의 답도 내릴 수 없다. 하나님에 대한 신앙은 삶을 안정시키며 목적을 깨닫게 해 준다.

여기에 더해서 기독교와 일상생활과의 관련된 점을 분석할 필요가 있다. 기독교가 다음의 세 가지 핵심 요구사항을 채워 줄 수 있는지를 알아보는 작업도 여기에 포함된다.

1) 윤리적 기초의 필요성: 기독교는 윤리적으로 우리 존재의 의미와 가치를 판단할 수 있는 세계관을 만들어 준다.
2) 경험하는 대상을 이해하는 틀의 필요성: 이것은 모든 것을 이해를 거쳐 받아들이는 인간 본성과 관련되어 있다.
3) 사람들을 인도하고 감동시킬 비전의 필요성: 비전이 없는 삶이나 그저 반복되는 생활은 지루하고 답답하며 무의미하다.

이렇게 하나님의 매력과 타당성을 설명해 주고 나면, 진리에 대한 문제를 다룰 기회가 생길 것이다. 기독교를 매력적인 신앙으로 보여 줄 수 있다면, 그리고 그 매력이 인정되면, 다음 질문의 핵심은 "그게 사실인가?"(진리성의 문제)가 된다.

이것은 포스트모더니즘과 실제적으로 씨름하고 있는 변증가가 신경 써야 할 매우 중요한 점이다. 포스트모더니즘은 진실 여부를 묻는 것에 대해 병적 혐오증을 가지고 있다. 그러나 제기된 문제의 진실 여부를 밝혀야 할 필요성은 상대적으로 쉽게 증명할 수 있다. 이는 다음과 같은 방법으로 풀 수 있다. '나에게 진리인 것은 있어도 절대적 진리는 없다' 라는 포스트모더니즘의 사고방식에는 이렇게 답해 줄 수 있다: "파시즘이 민주주의만큼 정당화될 수 있을까? 진심으로 수백만의 유대인을 가스실에 집어넣는 것이 좋은 생각이라고 믿는 사람이 있다고 해 보자. 그에게는 이 생각이 분명히 정당한 것이다. 그러나 우리는 이 생각의 문제를 지적하지 않고 그냥 넘어갈 수 있는가? 이 생각이 유대인을 포함한 모든 이웃과 평화와 관용 속에서 살아야만 한다는 생각만큼이나 합당한 것일까?"

이 질문이 가진 윤리적 문제는 벽에 머리를 박아 대는 양의 행동 같은

'지적 자살행위'라고 표현할 수 있다. 이것은 모든 관점이 다 옳다고 할 수 없는 사실을 보여 준다. 어떤 판단의 기준이 있어야 하며, 이 기준은 용납될 수 없는 것들을 제외시켜 준다. 포스트모더니즘이 이 점을 부정한다면, 마치 어린아이의 억지 같은 소리일 뿐이다. 그리고 1930년대 나치제국을 탄생시켰던 윤리·정치적 자족의 분위기가 여기서 다시 살아나게 되는 것이다. 포스트모더니즘조차도 나치주의가 바른 생각이었다고 말하기를 주저한다. 사르트르가 남긴 유명한 말처럼, 바로 여기에 분명한 위험이 놓여 있다: "내가 죽은 다음 날, 사람들은 파시즘을 부활시키기로 결정할 수 있다. 그렇다면 다른 이들은 겁쟁이처럼 혹은 덩달아서 끔찍한 상황에 동참할 것이다. 그때가 되면 파시즘은 사람들에게 진리로 받아들여지게 될 것이다."

이것은 매우 심각한 문제며, 아마도 포스트모더니즘이 가진 가장 큰 약점을 가르쳐 주는 것 같다. 문제의 심각성에 대해 더 알아보기 위해 포스트모더니즘의 학문적 기초를 세운 사람 중 하나인 미셸 푸코의 윤리관을 생각해 볼 필요가 있다. 푸코의 독창적인 저작들에 의하면 진리라는 개념은 힘 있는 자의 필요에서 나왔다고 주장한다. 이른바 '진리'는 사람들이 따라야 할 기준을 만들어서 억압하는 사회적 체계를 만든다.[64] 말하자면 '미쳤다'나 '범죄자'란 판단은 객관적 기준에서 나온 것이 아니라 지배층의 이해와 기준이라는 것이다. 모든 사회는 정치적으로 '진리'를 정의하여 해당되는 이익을 위해 봉사한다. 그런 의미에서 '진리'는 어떤 이데올로기를 유지하고 이러한 지침의 반대자들을 제거, 구속할 '합리적' 이유를 제공한다. 철학 역시 억압자에게 현실을 정당화시키는 이성적 논리를 만들어서 이 작업에 동참한다. 철학자는 사회가 하는 처벌이 진리나 윤리라고 부르는 기준에서 벗어난 요소를 벌하는 것에 불과하다고 믿게 만든다. 윤리의 보편적 객관적 기준, 무엇이 맞고 틀린지의 문제는 실제로 특정 집단의 이익에서 판단되어지는 것이다.

그래서 푸코는 객관적 윤리나 진리라는 개념이야말로 쓸어 버려야 한다고 말한다. 이런 생각은 포스트모더니즘 속에 뿌리를 깊이 내리고 있다. 그러나 정말 그런가? 아이러니하게도 푸코의 비판은 실제로 무엇이 맞고 틀린지에 대한 확실한 기준에서 나온 것이다. 하나의 예를 들어 보자. 푸코의 책들은 하나같이 '억압은 잘못된 것' 이라는 매우 강력한 믿음을 찾아볼 수 있다. 푸코는 '자유는 억압보다 낫다' 는 하나의 객관적 윤리 기준을 따르고 있는 것이다. 전 장에서 프란시스 쉐퍼가 사르트르의 자기 중심주의적 윤리가 가지는 내적 모순을 보여 줄 때처럼, 우리도 푸코의 윤리를 비판할 수 있다. 실제로 푸코는 특정한 윤리 가치를 전제하고 있기 때문이다. 사회의 윤리 가치에 대한 푸코의 비판에 따르면, 푸코 자신의 윤리관도 낄 자리가 없어야 한다. 사회 가치에 대한 그의 비판은 자신의 특정한 윤리적 기준에서 나온 것이다. 더욱이 푸코는 독자들도 자기 생각에 공감하기를 분명히 바라고 있다. 왜 복종이 반항보다 나을까? 왜 억압보다는 선택된 자유가 바람직한가? 푸코의 생각이 합리화되기 위해선 이런 근본적 문제가 해결되어야 한다. 그러나 푸코는 보편적 원칙에서부터 방법론을 만들기를 강하게 거부한다. 실제로 그는 이성보다는 감성에 의지하고 있으며, 원칙보다는 느낌에 바탕을 둔다.[65] 푸코처럼 억압에 대한 본능적 거부감을 가진 사람들은 쉽게 동의할 수 있다. 그러나 보다 근본적 문제는 해결되지 않은 채 남아 있다. 왜 억압이 잘못된 것일까? 바로 여기에 푸코의 약점이 분명히 드러나며, 포스트모더니즘도 같은 문제를 가지고 있는 것이다.

미국의 뛰어난 철학자 리처드 로티는 푸코의 보편적 기준에 대한 혐오감을 지적하면서, 이러한 접근법은 다음의 사실에서 출발한다고 말한다.

> 우리의 가장 깊은 내부에는 우리 자신을 위해 우리가 넣어 둔 것밖에 없다. 말하자면, 한 행동을 하기까지의 과정 속에서 기준이 만들어지지 않는 경우란 없으며, 그 기준에 의지하고 있지 않는 합리적인 기준도, 우리 자신이 만든 것에 따르지 않는 '절대적인 논리' 도 존재하지 않는다.[66]

그러나 이러한 접근이 옳다면, 어떻게 반나치즘을 정당화시킬 수 있겠는가? 스탈린주의의 경우도 마찬가지다. 로티의 경우, 윤리·정치적으로 전체주의에 반대하는 것은 정당화시킬 수 없다고 말한다. 만일 그가 옳다면, 자신이 인정하는 대로, 로티는 아래와 같은 사실을 인정해야 한다.

> 들이닥친 비밀 경찰이 무죄한 사람을 고문할 때 우리는 이렇게 말할 수 없다. "당신이 배신하게 될 가치란 아무것도 없다. 당신은 전체주의적 사회의 관례를 따르게 될 것이며, 이 상황은 계속될 것이다. 여기선 당신을 정죄할 그런 관례 외에 어떤 것도 존재하지 않는다" 라고 말이다.[67]

로티는 이 같은 결론은 피할 수 없다고 지적한다. 윤리적 가치는 단순히 그 자체에 바탕을 둔다. 이 점에서 많은 포스트모던주의자들은 매우 꺼림칙한 입장에 처하게 된다. 여기에 무엇인가가 잘못되어 있는 것 같다.

만일 진리가 불분명한 문제가 계속된다면 다른 대안을 사용할 수도 있다. 포스트모더니스트들은 기독교의 진리 여부를 묻기보다는 신뢰성 여부를 물을 수 있다. 왜 기독교가 신뢰할 만하다고 믿어야 하는가? 기독교의 증거에 대한 질문은 이런 면에서 바로 가장 중요한 문제로 대두될 수 있다.

슬프게도 포스트모더니즘의 지적 빈약성은 변증가들로 하여금 수준을 낮추어서 상대하지 않으면 안 되도록 만든다. 다행히도 포스트모더니즘은 우리의 문화 속에서 중요한 부분으로 계속될 것 같지는 않다. 그러나 있는 동안 변증가는 그들의 주장에 답해 줄 수 있어야 한다. 이와 비슷한 문제가 뉴에이지 운동인데, 그것도 많이 나타난다. 이제 이 문제를 보도록 하자.

6. 뉴에이지 운동

현대 서구 사회에 가장 중요한 신앙적 대안 중에는 뉴에이지 운동이라고 알려진 종교 운동이 있다.[68] '뉴에이지 운동'은 20세기 후반 미국(캘리포니아라고 말하는 편이 나을지도 모른다)의 엄청나게 많은 종류의 영적 의식과 종교적 행위를 한데 모아서 미디어가 이름 붙인 것이다. 뉴에이지 운동은 '보편적 합리성'과 '보편적 세속 문화'의 이름으로 기독교의 초월적·신비적·초자연적 요소를 제거했던 지난 세대의 개신교 주류(자유주의적 기독교)에 대한 자연스런 반발이다. 자유주의적 종교가 되어 버린 기독교는 너무 무미건조해져 버렸기 때문에, 여기에 질린 사람들은 뉴에이지 운동을 대신 받아들이게 된다.[69]

이 운동은 상상할 수도 없을 만큼 다양하지만, '인간과 신은 근본적으로 같다' 라는 생각에서 한데 묶어 볼 수 있다. 많은 뉴에이지 운동가들이 주장하는 강조점을 그대로 사용한다면 "모든 인간 존재는 신이다". 잘 알려진 뉴에이지 운동가 셜리 맥클레인(Shirley MacLaine)은 청중들로부터 다음과 같은 질문을 받고 이 운동의 핵심을 강력하게 변호한다: "제가 이것저것 다 따져 봤을 때 당신은 신일 수 없다고 생각합니다." 그녀의 즉각적인 반응은 무엇이었을까?: "당신이 나를 신으로 보지 않는 이유는, 당신이 당신 자신을 신으로 보지 않기 때문입니다."[70] 이러한 생각은 대단히 매력적으로 들린다. 만일 당신이 신이라면 당신은 아무도 반박할 수 없는 자신만의 진리를 만들 수 있게 된다. 왜냐하면 진리를 정의하는 것이 신의 특권 중 하나이기 때문이다. 그래서 이들 운동은 기독교의 '십계명' 이나 '산상수훈' 같은 윤리적 지침을 가지고 있지 않다. 뉴에이지 운동가들은 자기 내부의 신으로부터 부담스러울 것 없는 편리한 '개인 완성' 의 윤리를 공급받을 수 있다(흥미로운 점은, 뉴에이지 운동가들이 힌두교 선생들의 종교적 가르침을 따르는 것처럼 보여도, 그 선생들의 가르침에 의무적으로 따르는 금욕과 자선에 대해서는 관심이 없는 듯하다). 그러나 이러한 생각의 기초에는 매우 자명한—그리고 치명적일 수도 있는—모순이 숨어 있다. 체스터턴이 지적했듯이 자기 안의 신을 예배하는 것은 자기 숭배 이상이 아니게 되어 버린다.

이것은 새로운 사상이 아니다. 실제로 뉴에이지 운동은 매우 오래 묵은 사상이 가진 모순을 그대로 반영하고 있다는 점에서도 문제를 드러낸다. 오래전에 사라진 고대 종교들이 전통 아메리카 인디언의 종교 개념과 함께 부활되고, 동양 종교의 범신주의적 사상에 의해 보충되어 다시 활기를 띠고 있다.[71] 문제의 심각성은 현대 그리스도인들이 이러한 고대 종교의 부활을 보면서, 고대 이방 종교와 상대했던 신약성경의 그리스도인들 이야기를 매우 쉽게 연관시킬 수 있다는 데서도 잘 나타난다. 클락(David. K. Clark)과 가이슬러(Norman. L. Geisler)는 바울의 아레오바고 설교(행 17:16)에 대해서 매우 깊이 있는 한마디를 더한다.

> 오늘날의 그리스도인들은 아레오바고에 다시 서게 된다. 1세기 사도 바울은 아레오바고라고 불리던 아테네의 한 장소에서 두 그룹의 그리스 철학자들과 논쟁을 했다. 오늘날 그리스도인들도 바울처럼 에피큐리언과 스토익 철학자와의 논쟁에 묶여 있다. 최근 덴버에서 미국의 무신론자들이 회합을 가졌을 때, 매덜린 머레이 오헤어(Madalyn Murray O' Hair)는 신은 없다고 선언했다. 이어 셜리 맥클레인은 그곳으로 와서 그녀와 모든 청중들은 신이라고 선언했다. 그로부터 얼마 되지 않아 빌리 그레이엄은 예수만이 하나님이라고 설교했다. 잘 알려진 이 세 가지 세계관들은 화성 언덕(아레오바고)의 토론의 불씨를 다시 살려 내고 있는 것이다.[72]

뉴에이지 운동은 매우 다양하기 때문에 '일정한 교리'를 찾는 것은 무의미한 일이다. 잘 정의된 '신' 개념 같은 것을 가지고 있지 않으며, 신을 정의하는 것은 자신을 제한시키는 것이라고 믿을 뿐이다. 아마도 이 운동은 틀을 갖춘 신앙 체계라기보다는 신앙적 주제나 자세 등이라고 말하는 것이 적절할 것이다. 이 점에서 뉴에이지 운동은 실망거리가 된다. 이 운동은 끊임없이 변해서 어떤 의미에서도 정확하게 정의할 수 없게 되어 버린다. 그렇기 때문에 변증가는 변형된 이 운동의 내용을 마주칠 때마다 '사안별' 접근으로 답해 나가야 한다. 그러기 위해서 어떤 방법을 쓸 수 있을까?

한 가지 방법은 범신주의, 다시 말해서 자기 속에 신이 있다는 이론의 논리적·철학적 약점을 공격하는 것이다. 뉴에이지 운동은 학문적으로 쉽게 지적할 수 있는 심각한 문제점이 많다.[73] 이렇게 하면 지적 세련미와 신학적 충실도에서 좋은 점수를 받을 것이다. 그러나 이러한 학문적 접근은 대상 청중들에게 거의 영향을 끼치지 못한다. 이런 접근과 생각은 훌륭하지만, 실제 대화를 할 때 이런 자세한 논쟁은 불가능하다. 범신주의는 반논리적인 경향이 있어서, 현상의 신비적 측면은 논리나 분석을 무의미하게 취급한다. 이들은 전통적으로 변증가가 사용하는 방법을 무의미하게 취급할 수 있다. 물론 전통적 변증은 나름대로 중요한 역할을 가지고 뉴에이지의 공격에 대하여 기독교의 일관성과 신뢰도를 재확인해 준다. 그러나 일반 대화에서 이러한 측면은 거의 호소력이 없으며, 뉴에이지 운동가들의 열린 마음과 비교되는 현학적이고 속 좁은 사람으로 변증가를 몰아 버리기가 쉽다.

뉴에이지 운동의 추종자들은 단순하고 소박한 주장을 더 쉽게 받아들이는 독선적이며 직접적인 사람들이다. 그들은 이렇게 말한다: "당신은 신이기 때문에 기뻐하지 않을 수 없다! 신에 따르는 특권을 누려라! 당신은 실업이나 고통 혹은 수난, 죽음으로도 얽매이지 않게 되었다!"

이들의 주장은 대학 세미나실이 아니라 일반인들 사이에서 소개된다. 일반인들은 세련된 정의나 매끄러운 기술적 논리에는 흥미가 없다. 금방 알 수 있고, 쉽게 이해되는 것에 더 흥미를 갖는다. 철학적으로 생각하는 변증가들은 개념이 의미하는 것을 발전시킬 여유가 필요하다. 그래서 한정된 시간도, 뉴에이지 청중의 회의적이고 제한된 관심도 변증가의 편이 아니다. 결국 뉴에이지 운동과의 논쟁은 철학을 통해서 이길 수 있는 것이 아니라, 그리스도를 선포함으로써만 가능하다. 신약성경은 우리가 이 점을 확실히 해야 한다고 가르친다. 이러한 방식은 매우 도전적이면서도 간단하고, 자신 있게 밀어붙일 만한 방법이다. 뉴에이지 운동의 사상적, 실제적 도전에 적합한 이상적인 내용인 것이다.

내가 보기에도 지독하게 따져 나가는 철학적 토론보다는 바울이 아테네에서 사용한 방법이 더 효과적이다. 이 접근법을 알아보기 전에 먼저 배경을 살펴보자. 핵심 문제는 이것이다: "우리는 하나님에 대해 어떻게 알 수 있을까?" 뉴에이지 운동가들은 하나님에게 이른다는 것을 좋아하지 않는다: "정의는 한계를 긋는 것이며, 하나님은 제약할 수 없다. 당신은 당신 마음속의 하나님을 알아 가는 과정에 있다. 판단하고 평가하려고 하지 말라. 생각하려고 하지 말라. 단지 하나님을 경험하라. 이 경험의 실제를 알아볼 길은 존재하지 않는다. 있는 그대로 두라. 당신에게 일어난 바로 그 경험이 하나님이다. 당신의 경험은 신적인 것이기 때문에 당신이야말로 하나님이다. 이성, 특히 다른 사람의 이성은 당신의 직접적 경험을 판단할 수 없다."

뉴에이지 운동의 이런 접근법은 사회학자들이 왜 뉴에이지 운동을 일종의 계몽주의적 합리주의 붕괴의 상징으로 보는지를 알려 준다. 전적인 비합리주의는 이 운동의 가장 충격적인 내용에 속한다. 여기서 뉴에이지 운동은 자신의 세계관에 틀어박혀서, 남이 판단이나 비판할 수 있는 틈을 주지 않는다. 그러나 고대 이방 종교들처럼 이 운동도 기독교의 하나님에 대해 반박하는 데에는 열심이다. 이해 반해 다른 종교에 대해서는 계몽주의적 합리주의의 차가운 접대와는 달리 대체적으로 우호적이며, 이것이 인간의 영적인 경험에 잠재적으로 가치가 있다고 인정한다.

변증가는 여러 가지 방법으로 반박할 수 있다. 가장 간단한 방법부터 시작해 보자. 먼저 죽었다가 살아난 사람들을 생각해 보자. 이것은 종종 뉴에이지 운동가들에 의해 초자연과 시공의 제한이 없는 세계, 초월적인 인식의 세계가 있다는 증거로 흔히 이용된다.[74] 이러한 이야기들은 죽음에 매우 가깝게 다가갔다고 생각하는 사람들이 주장하는 경험과 관계가 있다. 그러나 이러한 이야기 중 어느 누구도 죽음의 경험, 혹은 죽음 뒤에 존재하는 것에 대해 관심을 갖지 않는다. 그들은 단지 죽음을 눈앞에 둔 상황에서 일어난 일을 설명할 뿐이다.

그러나 만일 누군가가 죽었다면—정말로 죽었다면—그리고 죽음에서 돌아와 우리에게 죽었던 경험을 말해 주고, 그 뒤에 무엇이 있는지 말해 준다면 어떨까? 이 증언이야말로 1차적인 중요성을 가지지 않겠는가? 이 증언이야말로 다른 이들이 전혀 가지고 있지 못한 권위를 가지고 있지 않을까? 당신은 그 증언자가 누구인지 알고 싶지 않은가? 이렇게 되면 그리스도인은 즉시 그리스도와 복음의 내용에 대해 사람들이 관심을 가지도록—뉴에이지 운동가들의 생각 방식을 써서—만들어 내게 된다. 여기엔 신학적인 섬세함이 부족할 수 있다. 이런 식으로는 철학 세미나에서 전혀 받아들여지지 않을 것이다. 때문에 변증가는 청중에 맞는 논리와 감각을 사용하는 법을 배워야만 한다. 뉴에이지의 세계관에서조차도 신빙성을 가질 수 있는 방법을 익히라. 그렇지 않으면 아무도 당신에게 귀를 기울이지 않을 것이다.

보다 수준 높은 방법은 고대 아테네의 종교와 뉴에이지 운동 간의 비슷한 점을 보면서, 바울의 아레오바고 설교(행 17:16~34)를 모델로 사용하는 것이다(뉴에이지 운동에 퍼져 있는 생각과 24~28절까지가 어떻게 비슷한지 주목해 보라). 이제 마릴린 퍼거슨의 말을 생각해 보자: "경험하려고 노력할 뿐 설명하려고 해선 안 된다."[75] 그러나 왜 그래선 안 되는가? 왜 어떤 사람의 하나님에 대한 경험을 말로 설명할 수 없다는 말인가? 우리는 언어가 하나님을 설명하고 그와 대화할 수 있는 능력을 가졌음을 이미 보아 왔다. 그리스도는 이 하나님에다 이름과 얼굴을 주었다. 부활은 그리스도의 신뢰도를 더해 주었다. 뉴에이지 운동이 쓰는 어휘로는, 그리스도는 초월적인 인식의 세계를 초월하심을 통해 그 세계를 알 수 있고 이용할 수 있도록 된 것이다. 이와 같은 방법은 접촉점을 만들어 주며, 여기서 뉴에이지의 세계관을 긍정하지 않으면서도 그리스도의 권위—특히 그의 부활에 가장 큰 중요성을 두면서—를 공고히 하기 위한 연결이 있게 된다. 그리스도의 권위가 확립되면 변증가는 청중에게 복음의 다른 핵심을 소개할 수 있는 자리에 서게 된다.

우리는 다른 논리로도 이 운동을 반박할 수 있다. 그리스도의 부활은 그가 영적 세계를 경험했다는 면에서 누구보다도 우월하다는 것을 증명한다. 우리는 누구보다도 초월의 세계에 더 깊게 들어 본 예수님에게 귀를 기울여야만 한다. 다시금 부활의 강조에 주목하자. 그리스도는 셜리 맥클레인을 포함한 누구보다도 영적으로 권위가 있다고 말할 수 있다. 예수님께 배울 수 있는데 왜 맥클레인에게 귀를 기울이는가? 예수님의 경력은 셜리보다 훨씬 인상적이다! 셜리는 죽어 보지도, 부활해 보지도, 초월적인 영적 실제에 대한 직접적인 경험을 해 보지도 못했다. 뉴에이지 사상의 경계 안에서 움직이는 전략을 통해, 당신은 상대방에게 기독교 복음을 소개하고, 기존 세계관으로부터 해방될 수 있는 기회를 만들어 준 것이다.

뉴에이지 운동의 비조직적이며 반이성적인 성격은 변증가들에게 두통거리가 될 수 있다. 위에서 정리해 본 방법은 이 운동에 침투하는 방법 중 약간에 불과하다. 가야 할 길은 첩첩산중이다. 뉴에이지 운동의 가장 심각한 문제는 다른 성자들과 나란히 그리스도를 승천한 선생이라고 가르치는 등 상당히 혼합주의적이란 점에서 나온다. 이를 통해 그리스도의 유일성은 부정된다. 그런 경우 기독교 변증가는 그리스도와 다른 종교 위인들의 전적인 질적 차이를 강조해야만 한다. 그리스도는 우리를 가르쳤던 분이 아니다: 그는 우리를 직접 변화시키신다. 다른 사람들은 감히 그렇게 하려고도, 할 수도 없었다. 그리스도의 신성과 부활 사건이 증거하는 그의 유일성은 기독교 변증의 가장 튼튼한 기초가 된다. 이것은 타협될 수 없는 내용이다. 뉴에이지 운동은 자유주의적 기독교의 영적 무능에 대한 반발이라고도 볼 수 있다. 우리는 문제를 해결하는 가장 강력한 무기를 자유주의의 유산 때문에 빼앗겨서는 곤란하다. 자유주의는 교회를 엉망으로 만들어 놓았고, 해결책도 없다. 오직 전통적 기독교만이 잃어버린 영토를 재탈환할 수 있는 변증적 영적 수단을 가지고 있다. 확실하고 신뢰할 만한 전통 신학에 기초한 변증만이 제대로 효과를 발휘한다. 이 점은 전통적 기독교 변증의 가치를 뒷받침해 준다.

전통 기독교가 가진 최선의 신학적, 영적 논리와 이해는 우리의 게으른 소개 방식과 빈약한 적용에 의해 상처를 입는다. 결론에서 우리는 소개에서 적용으로 이어 감으로써, 이론이 반드시 눈을 돌려야 할 실제 상황으로 가 본다.

결론

BRIDGE BUILDING

변증의 적용: 이론에서 생활로

　변증이란 신학교 강의실에서만 쓰이는 기술이 아니다. 기독교 사역에 관계된 사람이면 누구나 필수적인 도구다. 이것은 보다 효과적인 전도를 위해서뿐 아니라, 교회 사역에 자신감을 불어넣어 주기 위해서도 중요한 도구다. 변증은 보다 효과적인 전도를 할 수 있도록 한다. 동시에 기존 그리스도인도 신앙의 질적 깊이를 더하고, 그들의 헌신 속에 적절한 이해와 확신이 갖춰질 수 있도록 도와준다. 마지막 장에서는 우리와 비슷한 주제를 다루는 책들이 흔히 놓치는 보다 실제적인 문제를 생각해 보고, 이런 경우에 사용할 수 있는 몇 가지 기초적 변증 방법을 알아볼 것이다.

　변증이 실생활에 제대로 답하길 원한다면 현실 문제를 다루는 과정은 필수가 된다. 물론 "성공적인 전도는 단순히 변증 기술을 개발한다고 되는 것이 아니다"라는 말도 나올 수 있다. 물론 우리는 변증이 이론과 실제적 요소를 다 가진다는 사실을 강조해야 한다. 그러나 내 경험에 의하면 이론이 완벽하다고 해서 실제에서도 그런 경우는 거의 없다. 마지막 장은 이론으로부터 실생활로 옮겨 가는 '필수불가결한' 과정을 살펴보는 것을 목적으로 한다. 우리 이웃 중에는 불신앙과 사상적으로 씨름했고 현재에는 삶에서 발견되는 비신앙적 요소를 해결하길 원하는 사람들이 많이 있다. 우리는 이들의 문제점에 대해 경험담을 나누어 봄으로써 이야기를 풀어 나가려고 한다.

1. 변증은 대화다

변증가는 여러 상황 속에서 일할 수 있어야 한다. 다음 편에서 우리는 많은 청중을 상대하는 설교자가 만나는 상황을 생각해 볼 것이다. 종종 변증가는 개인이나 작은 그룹과 따로 만나게 된다. '대화'라는 모델은 이 상황에서 최고의 효과를 내는 방법을 찾는 데 도움이 된다. 병원의 진료실을 생각해 보자. 여기서 일하는 의사는 의학을 공부한 사람이다. 의사는 환자들의 병, 고통, 증상의 진단과 치료를 위한 최신 방법을 잘 알고 있다. 이런 방법에 대한 지식이 바로 의학의 내용이며, 이 내용은 계속 새롭게 바뀐다. 그러므로 의사는 새로운 지식을 필수적으로 익혀 나가야 한다. 그렇지 않으면 그는 새로운 상황을 처리하는 데 무력하게 될 것이다.

그러나 여기엔 단순히 처방 이상의 지혜가 있어야 한다. 의사는 환자와 친해질 수 있어야 한다. 의사는 환자들이 진정한 문제를 털어 놓을 수 있도록 설득해야만 한다. 내 의사 친구들은 환자들이 종종 진정한 문제를 털어 놓지 않는다고 불평한다. 환자들은 자기 증상을 숨기고 싶어 한다. 아마도 그들은 증상이 가질 수 있는 의미에 지레 겁을 먹고 있을지도 모른다. 그러나 의사는 이러한 환자를 다룰 수 있어야 하며, 무엇이 정말 문제인지 찾아낼 수 있어야 한다. 환자의 신뢰를 얻어 문제를 다 털어 놓을 수 있도록 하기 위해서는 주의 깊게 잘 듣는 것 같은 '다독거리는 기술'이 필요하다.

의학은 문제점이 완전히 드러날 때만 제대로 적용된다. 사람 관계의 기술과 과학은 협력 관계를 이루며, 전자는 후자가 최고의 효과를 낼 수 있도록 만들어 준다. 변증가는 유능한 의사처럼 개인과 이야기할 준비를 갖추고 그의 말에 귀를 기울인 후 진짜 문제가 무엇인지 밝혀 낸 뒤, 가지고 있는 변증 방법 중 상황에 맞는 요소를 골라 사용한다. 이 작업의 핵심은 상대자의 신뢰를 얻는 일이다.

우리가 강조해 왔듯이, 사람들이 신앙에 접근하는 데 방해가 되는 것은 단순히 지적 문제가 아니다. 우리는 보다 깊은 개인적 장애물을 종종 발견한다. 만일 어떤 회사의 중역이 비서와 불륜의 관계를 가진 적이 있기 때문에 죄의식에 빠져서 하나님과 자신을 연결하는 데 불편해한다고 하자. 혹은 한 여성 교우가 목사의 개인적 소홀함 때문에, 혹은 어린 시절의 (교회에 대한) 불쾌한 기억이 아주 강하게 남아 있기 때문에 교회 밖에서 맴돈다고 생각해 보자. 변증가는 개개인의 신뢰를 얻을 수 있도록 들을 준비를 해야 하며, 이를 통해 온전한 복음의 풍성함이 대화 중 발견될 수 있도록 인도해 주어야 한다.

전통적으로 변증학 개론서는 보다 학문적 문제—그중 몇은 이 책에서도 다루어졌다—에 집중해 왔다. 이들은 독자들이 기독교 변증의 역사와 이론에 익숙해지는 데 초점을 맞추고 있었다. 그러나 이 점은 전체 변증의 일부분에 불과하다. 내연기관의 이론을 이해하는 것만으로는 운전대를 잡을 수 없으며, 피아노의 공명 구조를 설명해 주는 것만으로는 알프레드 브렌델 같은 유명한 피아니스트를 키워 낼 수 없다. 의학이 대인관계 기술의 도움을 받아야 하는 것처럼, 변증도 그렇다. 창조적인 변증가란 그리스도의 복음을 아직 발견하지 못한 사람들에 대한 뜨거운 관심으로 자기를 바치는 사람, 그들의 필요와 복음을 연결하는 사이에 놓인 장애를 자기 문제로 삼을 의지가 있는 사람을 의미한다. 만일 하나님이 우리를 구원하시기 위해 예수를 통해 인간이 되셔서 문제에 접근하셨다면, 변증가도 그리스도에게서 찾을 수 있는 훌륭한 예를 따라야 할 필요가 있다.

위에서 요약된 의학의 예는 또 다른 교훈을 준다. 칼 융(Carl Jung)은 다음과 같이 쓴 적이 있다: "상처가 있는 의사만이 치료자가 될 수 있다." 내 친구 중에는 천식을 가진 사람이 있었다. 그는 일부러 한 의사만을 찾아가는데, 그 이유를 이렇게 설명한다: "다른 의사들은 내가 마치 아무것도 아닌 일에 소란을 피우는 것처럼 대해 … 그러나 이 의사는 나를 이해해 주지." 왜 그럴까? 왜냐하면 이 의사 역시 천식에 시달리고 있었기 때문이다! 사람들은 이 의사에게서 공감대와 진심에서 우러나온 동정, 그리고 치료의 가능성을 좀 더 실제적으로 느낄 수 있게 된다. 우리가 어떤 문제를 가지고 있을 때, 같은 경험을 가지고 있는 사람들의 필요를 쉽게 이해할 수 있게 된다.

이것을 볼 때, 매우 실제적인 변증의 지혜를 발견할 수 있다. 효과적인 변증은 각 개인이 기독교와 부딪히는 문제를 이해할 수 있는 능력을 의미한다. 만일 당신이 그리스도인이 되기 전에 비슷한 문제와 씨름한 적이 있었다면, 이 경험은 변증에 큰 도움이 될 것이다. 경험의 가치는 문제를 해결한 선례를 보여 주는 것에서 끝나지 않는다. 이를 통해 (자신이 그랬듯이) 불확실한 상태에 있는 이들의 마음을 바로 이해할 수 있게 되는 것이다.

위에서 말한 경험이 없다면, 효율적인 변증을 위해서 나름대로의 씨름을 통해 신앙에 이른 사람들과 대화해 보는 것도 좋은 방법이다. 어떻게 그들이 신앙 장애를 극복했는지 물어보라. 기독교로 돌아서게 된 과정 속에서 각 단계마다 어떤 느낌이었는지 말해 달라고 부탁하라. 이러한 이야기는 신앙 주위에서 어떤 장애물로 인해 맴돌기만 하는 이들의 상황으로 들어가 보는 데 도움이 된다. 아마도 이들은 당신이 이 장애물을 치워 주길 바라고 있을지도 모른다.

1편에서는 변증가가 개인을 다루기 위해 필요한 조건들을 생각해 보았다. 우리는 교회와 같은 보다 넓은 대상에도 눈을 돌릴 필요가 있다. 다음 편에서는 교회 쪽에서 일어나는 몇 가지 문제들을 생각해 보고자 한다.

2. 변증과 설교

어떻게 하면 변증이 설교와 연계될 수 있을까? 특별 행사 시에 하는 '전도 설교'와 성도들을 대상으로 하는 '일반 설교'를 구분하는 것이 바람직하다. 변증가는 항상 필요하지만 각각의 두 경우에는 매우 다른 역할을 한다. 우리는 먼저 전도 설교에 있어서 변증의 역할을 생각하는 데서 시작해 보자.

전도를 위한 설교에서 효과적인 변증가의 역할은 다음과 같이 요약될 수 있다.

1) 복음과 연결점을 찾아 주는 것(2장에서 이미 다루었다)
2) 설교자가 청중의 경험 속에 복음을 잘 조준해서 선포할 수 있도록 돕는 것(1장 6편)

3) 청중이 경험하는 신앙적 장애물을 예상하고 여기에 답해 줄 수 있는 것(5장)

4) 청중들이 따르는 다른 비기독교적 세계관에 도전하는 것(6장)

5) 신앙에 대한 지적 상상력을 돋우는 것(3장 1~3편)

6) 기독교에 동의하는 것과 그리스도를 믿는 것이 같다는 점을 설명해 주는 것(3장 4~5편)

전도자란 기본적으로 청중들에게 효과적인 변증의 기술과 묘미를 이용해서 열정과 설득력을 가지고 말씀을 전하는 변증가다.

전도란 많은 사람들이 인정하듯이, 기독교회 미래의 열쇠를 쥐고 있다. 전도를 위한 설교에 있어서 변증의 중요성은 소홀히 할 수 없다. 그렇다면 변증은 다른 종류의 설교에서 어떤 가치를 가질까? 이미 신앙을 가진 사람들에겐 어떤 의미가 있을까? 신앙인들은 변증과 관계가 없을까? 물론 아니다. 변증은 성장하는 신앙에 항상 필요한 영양소다. 이런 의미에서 변증적 요소가 교회의 일반 설교 내용에도 포함되어야 한다. 설교자는 매주 하나님의 백성들이 가진 신앙을 도전하고 양육하는 기회를 가진다. 설교는 기독교 이해의 수준, 헌신의 새로운 깊이 그리고 그리스도인의 생활 속에서 항상 갱신되어야 할 이상을 자극한다(물론 어떤 때는 그저 지겨울 수 있다). 분명한 사실은 변증이 교회의 설교 프로그램의 일정한 자리를 차지해야 한다는 점이다. 이 점은 하나님 백성의 성장과 교회를 세우는 데 매우 필요하다. 그렇다면 설교에 있어서 변증의 역할은 무엇일까? 변증적 설교는 도대체 어떤 것일까?

과거에 변증적 설교는 매우 대단한 무게를 지닌 특별한 행사에 거창한 제목—"기독교 신앙에 관한 문제들" 같은—아래서 행해졌다. 내가 하려는 말은 교회 성도들이 가질 수 있는 문제를 다루는 설교를 무시하려는 것이 아니다. 반대로 변증적 요소는 규칙적인 설교 속에서도 작은 부분이나마 쉽게 포함될 수 있다는 점에 초점을 맞추는 것이다. 어떻게 그렇게 할 수 있을까? 변증을 일반 설교에 포함시키고, 변증을 통해 설교를 자극할 수 있는 세 가지 영역을 점검해 보도록 하자.

먼저 설교자는 그리스도인들이 경험할 수 있는 문제와 해결책을 예상하고 있어야 한다. 설교는 교회가 자신의 위치를 깊이 이해할 수 있도록 기독교의 기본적 개념과 내용을 설명할 수 있어야 한다. 마지막으로 설교는 그리스도인들에게 신앙이 믿을 만한 것이라는 것을 재확인시켜 주어야 한다. 이 세 가지를 좀 더 자세히 보도록 하자.

1) 예상: 매일 그리스도인들은 자신을 괴롭히고 혼란에 빠뜨리는 문제를 만난다. 이것은 비그리스도인들에 의해 제기된 문제일 수도 있으며, '하나님의 의로우심'에 대한 회의일 수도 있다. 설교자는 이와 같은 문제들을 예상하고 사전에 답을 준비해야 한다. 예상 혹은 실제 문제 목록을 만들어 오랫동안 그 문제를 해결하기 위해 노력해야 한다. 이러한 변증적 단계는 설교의 내용 속에 쉽게 포함될 수 있다. 다음의 예는 변증이 자연스럽게 설교 속에 포함될 수 있는 방법을 보여 준다.

부활절 설교는 보통 그리스도의 부활 사건의 의의와 신자들에게 던지는 의미에 집중되어 있다. 그러나 약간의 변증적 요소가 전체 설교 속에 삽입될 수 있다. "물론 부활은 없었던 일이라고 말하는 사람들이 있을 것입니다. 그러나…" 같이 말이다. 혹은 그리스도의 신성에 관한 설교는 다음과 같은 구절을 포함할 수도 있다: "물론 그리스도의 신성은 말도 안 되는 논리라고 말하는 사람들이 있습니다. 여기엔 일종의 오해가 있어요. 그렇게 말하는 사람들에게 답해 주기 위해서는…." 이런 방법으로 기독교회의 바깥뿐 아니라 안에서도 경험하는 실제 문제를 처리하고, 설교를 듣는 이들에게 적절한 해결책을 줄 수 있게 된다.

2) 설명: 기독교를 변호하는 최고의 방법은 설명에 있다. 복음의 설익은 풍자나 모방을 비판하는 사람들조차 자신이 같은 오류에 빠지기 쉽다. 복음에 대해 자기 맘대로 해석하는 경우를 제외하고, 복음을 설명하는 데 생기는 문제를 생각해 보자. 어거스틴이 아직 그리스도인이 아닐 때, 밀라노의 암부로스의 설교를 듣고 기독교에 대해 했던 말을 떠올려 본다: "나는 이것이 진실을 말하고 있는지 밝혀내야만 했다. 어쨌거나 분명한 점은 내가 전에 기독교에 대해 비판했던 내용 같은 것은 기독교에서 가르친 적이 없다는 사실이었다."

이 말은 기존 그리스도인에게도 적용된다. 우리는 신자들에게도 기독교의 핵심 사상을 설명해 줄 실제적 필요가 있다. 신자들은 핵심에 대한 잘못된 이해 때문에 실망하고 갈팡질팡하고 믿음을 잃기까지 한다. 문제에 대해 시간을 가지고 설명해 보기 바란다. 그리스도인들이 믿는 삼위일체나 예수님의 신성을 단순히 반복하지만 말고, 왜 믿어야 하는지도 설명해 주기 바란다. 그러면 이들의 신앙적 기초에 힘을 더해 줄 뿐 아니라, 신앙의 성격에 대해 다른 사람에게도 보다 잘 설명하고 변호할 수 있게 만들어 준다. 더욱이 그들 개인의 신앙생활에 새로운 깊이를 가지게 해 주는 것이다.[1]

3) 재확인: 변증은 교회 안에서 매우 다른 두 가지 차원에서 기능하며,

그것은 편의상 '객관적' 과 '주관적' 으로 표현될 수 있다. 객관적으로 변증가는 교회에 속한 사람들에게 기독교 신앙이 믿을 만하다는 사실을 다시한 번 확인시켜 준다. 이것은 신자들에게 복음의 역사적 신뢰성 여부와 그리스도의 죽음과 부활의 역사적 사실성, 그리고 그리스도의 신성과 같은 교리 이해를 재다짐시켜 준다. 변증은 개인이 신앙에 더 의지할 수 있는 분위기를 만들어 주어 신앙에 만족할 수 있게 해 준다. 이것은 신앙의 개인적 차원에서뿐만 아니라, 신앙 자체의 전체 구도에도 적용된다. 변증은 기독교 복음의 전체에 대한 신뢰를 더해 주며, 교회에 자신감을 선사한다. 이러한 분위기는 이어 전도와 교회 성장을 뒷받침한다.

성도들을 위한 보통 설교에 변증적 내용을 포함하면 설교는 상당한 잠재력을 가지게 된다. 이런 설교의 가치는 이제 우리가 볼 창조적 상상력에 호소하는 방법에 의해 더해진다.

3. 상상력에 호소

효과적인 변증은 사람들에게 기독교 진리를 강요하는 것이 아니다. 도리어 그들이 제대로 판단할 수 있고 즐길 수 있는 방법으로 진리 가까이에로 인도하는 것이다. 요즘 변증 개론서들은 이성에 주로 의지하여 인간의 상상력을 소홀히 취급하는 우려할 만한 경향을 보여 주고 있다. 실제로 상상력은 변증에 쓸 수 있는 가장 강력한 '협력자' 인데도 불구하고 말이다.

"한 폭의 그림은 천 마디의 말보다 낫다": 사람들은 매년 TV수상기와 비디오, 그리고 사진 도구에 엄청난 돈을 쓴다. 이들은 모두 영상을 전해 주는 도구들이다. TV의 뉴스 아나운서는 종종 이야기의 중요성을 설명 화면을 통해 전한다. 우리는 "언어가 설움 받는 시대"(자크 에눌)에 살고 있다. 상업 광고는 이미 오래전부터 철저한 합리적 설명만으로는 소비자가 물건을 사게 되지는 않는다는 사실을 깨달았다. 도리어 잘 다듬어진 영상을 통해 인간의 상상력에 직접적이고 강력하게 호소한다. 이러한 변화를 미처 눈치 채지 못한 고전적 변증은 현대 사회에서 변증과 상상력은 무관한 듯이 말한다. 한 폭의 영상 대신 수많은 말이 전해진다. 그러나 상상력을 자극하지 못하는 말은 지겨워질 수 있다.

논리적 설명은 기독교 변증에서 계속 중요한 역할을 감당하게 될 것이다. 그러나 상상력을 이용하여 보충할 필요가 긴급한 실정이다. 철학자 화이트헤드는 이렇게 말한다: "상상력은 사실과 상관없는 것이 아니다. 이것은 사실을 보여 주는 한 방법이다."[2] 논쟁은 정확도에 의지하고 있지만, 이미지는 연상적인 것이다. 우리는 사도 빌립을 방문한 헬라인들의 놀라운 지혜를 배울 필요가 있다: "선생이여 우리가 예수를 뵙고자 하나이다"(요 12:21). 여기에 우리가 할 일이 있다. 사람들이 예수 그리스도를 두 눈으로 볼 수 있도록 도와주는 것이다. 우리는 예수님이 "하나님의 나라는 …다" 같은 정의가 아니라, "하나님의 나라는 … **같다**" 같은 예화를 통해 이야기를 시작하셨던 점을 배울 필요가 있다. 예수님의 비유는 청중들을 이야기의 세계 속으로 초대한다. 비유는 이야기가 무엇을 말하고 있으며, 실제 인물들을 상상해 보는 데 매우 효과적인 방법이다. 이것은 흥미 있는 방법이다. 그러나 논쟁은 너무 쉽게 지겨운 것이 된다.

당신이 한 번도 맛 본 적이 없는 복숭아란 과일을 설명한다고 생각해 보자. 한 가지 설명 방법은 복숭아가 분홍빛의 껍데기와 노란색의 단 알맹이를 가졌다고 하는 것이다. 물론 이것은 설명을 안 해 주는 것보다 낫지만, 그리 좋은 방법 같지는 않다. 그렇다면 당신의 상상력에 호소해 보는 방법을 써 볼 수도 있다. 우리는 당신이 복숭아를 상상해 보도록 도와줄 수 있다. 자두를 떠올려 생각해 보자. 복숭아와 비슷하지만 훨씬 낫다. 어떻게 말인가? 음… 그렇다면 살구를 떠올려 보자. 이것과도 비슷하니까. 이 두 가지의 단단한 정도나 향기 및 맛을 상상해 보자: 마음속으로 맛을 보고, 그 달콤함을 느껴 보자. 좋은 변증가란 이와 같은 것이다. 우리가 이미 아는 사실을 통해 창조적인 상상력을 이용하여 청중의 관심과 흥미를 돋우고, 각자가 직접 실제를 발견하게 만드는 것이다.

논리적 정의는 어떤 틀 속에 사람을 가둔다. 이미지는 청중들이 상상 속에서 거침없이 흘러 나갈 수 있도록 초청하는 열린 둑 같은 것이다. 우리는 신학박사처럼 말하지 않도록 조심해야 하며, 우리가 상대하는 사람들의 상상력에 호소할 수 있도록 해야 한다. 잘 선택되어 갈고 닦여진 단어는 우리의 청중에게 이미지의 은총을 전할 수 있다. 우리는 추상적인 언어에서 구체적인 이미지로 옮겨 갈 필요가 있다. 어떻게 하면 그럴 수 있을까?

상상력에 호소하는 가장 강력한 방법 중 하나는 이야기를 통해서다. 이야기는 변증가가 사용할 수 있는, 그러나 가장 소홀히 평가되어 왔던 방법 중에 하나다. 이야기를 듣는 과정에서 우리는 상상의 세계 속에 끌려들어가, 이야기 자체의 힘에 의해 직접 인도된다. 이것은 논리적 논쟁과는 달라서, 상호 관계된 의미의 복잡한 체계를 매 단계마다 증명하고 부정할 필요가 없다. 논증의 흐름은 단계별로 나가며, 각각의 이어지는 단계는 이전의 단계를 이해하는 데 달려 있다. 이야기는 우리로 하여금 불신을 기꺼이 포기하도록 몰아간다. 무엇이 다음에 이어지는지를 알고 싶어 하는 우리의 본성은 이야기의 단계들이 방해 없이 이어지도록 만들어 준다. 우리는 어떻게 이야기가 끝나는지 알기 원하기 때문이다.

이런 의미의 자못 신비하기까지 한 궁금증은 그럴듯하게 우리를 이야기에 몰입시킨다. 아마도 우리가 듣는 전체적 의미를 생각해 보기 시작하는 것은 이야기가 끝난 이후나 가능할 것이다. 말하자면 우리는 이야기에 빠져 있던 것이다. 조셉 콘래드(Joseph Conrad)는 이러한 느낌을 잘 표현하고 있다: "음모와 그 문제 해결의 세계로 멀고도 험한 여행을 떠날 때마다 나는 자기 보호본능에 의해 주의를 받고 머뭇거린다. 그러나 나는 그 유혹을 뿌리칠 수 없다." 우리의 상상력은 이야기의 과정 속에 발휘되어 생각을 이어 나간다. 그 속에서 이미지들은 틈틈이 떠오르는 이의(異議)들을 잊게 하거나 힘을 빼 버리고 만다. 모든 것은 이야기의 과정 속에 녹아들어 간다.

아마도 이야기를 변증적 도구로 사용하는 가장 훌륭한 예는 루이스의 「나니아 연대기」(The Chronicles of Narnia) 속에서 발견되는 것 같다. 그냥 보기엔 한갓 재미있는 상상의 모험 이야기 같은 이 글은, 10대들을 대상으로 모두 일곱 권의 이어지는 이야기를 통해 매우 기막힌 변증 방법을 소개하고 있다. 「나니아 연대기」는 「천로역정」을 쓴 존 버니언의 매우 직접적인 우화 기법과는 다른 방식으로 전개된다[루이스의 초기 작품인 「순례자의 귀향」(The Pilgrim's regress)은 이 작품을 재구성한 것이다]. 여기서 우리는 이야기의 사건을 통해 기독교 교리의 문제를 발견하는 매우 미묘한 신학적 의미를 가진 모험 이야기를 듣는다. 저자 루이스의 뛰어난 영문학 배경은 변증을 매우 섬세한 터치로 사건과 성격 구성, 그리고 설득력 있게 이어지는 이야기 속에 잘 흡수시키고 있다. 이야기의 주인공은 「나니아 연대기」 1편인 「사자와 마녀와 옷장」(The Lion, the Witch, and the Wardrobe) 첫 장에 등장한다.

옛날에 피터, 수잔, 에드먼드와 루시라는 네 아이가 있었다. 이 이야기는 이 아이들이 전쟁 중 공습을 당하던 런던을 피해서 다른 곳에 대피해 있을 때 일어난 일이다. 아이들은 영국의 중부, 가장 가까운 기차역으로부터도 10마일, 그리고 가장 가까운 우체국으로부터도 2마일이나 떨어진 곳에 살고 있던 한 노교수의 집에 보내졌다.[3]

즉시 우리의 상상력은 발동되기 시작한다: '어떤 종류의 집일까?', '그 노교수는 어떻게 생겼을까?' 오래된 집을 뒤지는 일을 배경으로 시작되는 신나는 모험의 이야기는 곧 신학적 발견의 여행으로 변하고, 여기서 신학이 눈치 채지도 못하는 사이에 커져 가는 상상력 속으로 우리를 이끌어 준다.

종종 변증이 상대하는 신학적 난제들을 생각해 보자(5장 1편). 우리가 가진 하나님의 형상은 단순히 인간의 가치와 생각의 투영에 불과한가? 우리는 단순히 상상 속에서 자신을 모델로 하나님을 만들어 냈는가? 하나님께서 자신의 형상대로 인간을 만드셨다면 우리는 단지 그 증거물에 불과하지는 않은가?

우리가 5장 1편에서 말했듯이, 이러한 생각은 독일의 헤겔철학자 포이에르바하, 특히 그의 책 「기독교의 본질」(1841)과 특별히 관련되어 있다.[4] 포이에르바하에 따르면, 하나님의 개념은 본질적으로 인간의 필요와 생각이 상상 속에서 초월적인 어떤 것으로 투영된 것에 불과하다. 하나님이 계신 것이 아니라 바로 우리 자신이 표현된 것이다. 우리는 인간의 감정을 투영하고 객관화시켜서 자기처럼 하나님을 그려 낸다. 이후 프로이드나 마르크스가 말한 것 같은 투영주의적 종교론은 하나님을 이렇게 분석하는 데 학문적 뿌리를 두고 있다. 하나님에 대한 우리의 개념이 가진 내용은 모두 인간 경험으로부터 바로 나왔다는 것이다.

어떻게 이러한 분석에 답할 수 있을까? 한 가지 방법은 이 분석이 기초하는 '객관화'란 헤겔주의적 분석법에 이의를 제기해 나가는 것이다. 그와 같은 이의 제기는 이미 5장 1편에서 논리적 개념 설명의 형태로 제시되었다. 다른 말로 하면, 우리는 반박할 수 있다는 것이다. 우리는 수많은 말로써 포이에르바하를 구절구절 반박할 수 있다. 그러나 이 방법은 학문적으로는 설득력이 있어도 동시에 매우 지겨울 수 있다. 루이스는 이것과는 전혀 다른 방법, 동시에 금방 효과가 나타나는 방법을 사용한다. 그는 이야기를 사용하여 상상력 속에 있는 강력한 이미지들을 가꾸고 이용해서 신학적으로도 쓸 수 있도록 도와준다. 그의 「은의자」(Silver Chair: 이것은 플라톤의 '동굴 그림자' 이미지를 매우 창조적으로 재구성한 작품인 것 같다)에서 유스터스와 폴이라고 하는 어린이는 나니아 왕자와 함께 지하 왕국의 함정에 빠졌다는 사실을 발견하게 된다. 아이들은 갑자기 땅 위 세계에 대한 확실한 기억이 없어져 버렸다. 아이들은 곧 마녀와 만나게 되는데, 그 마녀가 원하는 것 중 하나는 아이들에게 바깥세계란 없다는 것을 확신시키는 것이었다. 이야기는 다음과 같이 이어진다.

"댁이 말하는 '해'라는 것이 어떤 것이지요? 뭔가를 제대로 알고나 말하는 것입니까?"라고 마녀는 말했다.

물론, 왕자는 매우 싸늘하지만 공손히 말했다: "당신은 저 등을 볼 수 있습니까? 둥글고 노란색의 것이 저 천장 위에 달려서 온 방 안에 빛을 비추고 있습니다. 우리가 말하는 해라는

것은 바로 저 등 같은 것인데, 단지 더 크고 밝을 뿐입니다. 이
것은 모든 하늘에 달려서 '위의 세상'을 밝혀 줍니다."

"뭐에 달려 있다는 말입니까, 왕자님?" 마녀는 물었다. 그리고
그들이 마녀에게 어떻게 대답할지를 궁리할 동안, 그녀는 기
가 막힌 듯한 웃음을 다시 지으며 부드럽게 말했다: "이봐, 댁
들이 해가 어떻게 생겼는지 생각하려고 해 봤자, 나에게 설명
할 방법은 없어. 너는 잘해 봤자 이것이 등 같다고 말할 수 있
을 뿐이지. 네 해는 꿈일 뿐이다. 그리고 그 꿈속에서는 실제
로 등을 본뜬 어떤 것도 없어! 등은 진짜 있는 것이지만, 해는
어린이 동화에나 나오는 만들어진 것에 불과해."[5]

이 방법은 어떻게 효과를 나타내는가? 독자나 저자는 마녀가 말도 안 되
는 이야기를 하고 있다는 사실을 잘 알고 있다. 사람들은 해에 대하여 잘
알고 있다. 그들은 루이스가 들려주는 이야기 속에 쉽게 하나가 되어, '위
의 세상'에 직접 가 본 사람이 아니고는 마녀를 반박하기가 곤란하다는 사
실을 깨닫게 된다. 그러나 그럴듯한 논리와 언변에도 불구하고 마녀는 분
명히 틀리다는 사실을 알 수 있게 된다. 해는 등 같이 보일 수도 있다. 확실
히 등이란 해를 대신하여 비춰 주는 편리한 도구로서, 어둠 속에서 그냥은
볼 수 없는 것을 비춰 준다. 그러나 등은 해가 아니다. 마녀의 모순은 헤겔
의 '객관화' 개념을 철저하게 반박한 결과가 아니라, 도리어 단순하면서도
반짝이는 어린이들의 세계를 통해 표현된다. 이 방법은 철학적 치밀성은
부족해도, 보통 사람들의 경험과 상상력에 호소함으로써 보다 훌륭히 목적
에 도달한다.

마녀의 이야기의 마지막 부분에 이르게 되면, 이야기는 우리에게 안도의 미소를 가져다준다. 인간의 본성에는 복잡한 것을 간단히 만들고자 하는 본성이 있는 듯하다. 독자는 마녀가 모르는 것을 알고 있다는 생각에서 약간이나마 우쭐거릴지도 모른다. 독자는 마녀의 주장이 피상적이고 엉터리라는 것을 안다. 그러나 어떻게 이런 판단을 할 수 있을까? 바로 이 이야기를 통해서 상상력에 호소함으로써 이루어진 것이다. 이제 우리는 변증가들이 생각에 쉽게 떠오르는 특정 이미지들을 어떻게 이용할 수 있는지 알아봄으로써 이 점을 좀 더 관찰해 보도록 하자.

예술과 문학에는 이미지가 풍성하다—그 이미지들은 상상력에 매우 자극적이고도 깊은 호소력을 가질 수 있다. 확실히 우리는 청중들을 이해할 필요가 있다. 당신이 피츠버그에서 온 철공 노동자들과 말한다면, 톨스토이나 프로스트를 인용하는 것은 전혀 먹히지 않는다. 여기서 가장 중요한 작업은 그들이 보통 보고 읽는 것을 확실히 파악하는 것이다. 만일 우리가 예술이나 문학을 이용해서 말하고 싶다면, 따라오는 위험도 감수해야만 한다. 다행히 그 결과는 위험을 훨씬 능가하기 때문에 감수해 볼 만한 가치가 있다. 그러나 이 작업은 느낌보다는 정확한 정보에서 시작되어야 한다. 이 점은 매우 중요한 사항이므로 좀 더 설명이 필요하다.

4. 변증과 문학적 형식: 하나님을 찾아내는 방법

대부분의 사람들이 독서를 한다. 사람마다 독서의 횟수, 부피, 수준, 진지함은 매우 다양하다. 문학은 단테의 「신곡」으로부터 신문 만화까지 모두를 포함한다. 읽는 행위는 타인의 정신세계와 접촉할 수 있도록 해 주기 때문에, 우리는 '독서'를 통해 사람들의 마음의 문을 열게 할 수 있다. 이것은 마치 기독교가 사람들을 새롭고 흥미 있는 삶의 길로 인도해 주는 것과 같다. 그렇다면 어떻게 이 점을 이용할 수 있을까? 평범한 이야기를 가지고 생각해 보기 시작하자.

우리가 앞 장에서 보았듯이, 이야기는 기독교에 반발하는 논리주의적 선입견이라고 하는 '문지기 용'(루이스)을 무력하게 만들 수 있다. 그러나 이어서 우리는 여러 단계를 거쳐서 기독교가 설득력 있고 이상적임을 설명해야만 한다. 이것은 야구에서 1, 2, 3루 모두를 거쳐 뛰어야 되는 것과 같다. 우리는 1루를 거치지 않고 2루로 바로 갈 수 없다. 이야기를 들려주는 것은 이러한 단계를 뛰어넘는 것이 아니다: 단순히 우리가 그것을 방해 없이 거쳐 가도록 해 주는 역할을 할 따름이다. 이것을 통해 우리는 부분만 아니라 전체 이야기를 할 수 있게 된다.

여기에 적용할 수 있는 이야기는 어떤 종류의 것일까? 우리는 루이스나 톨킨(J. R. R. Tolkien)의 상상의 세계가 변증에 상당한 가치가 있음을 알았다. 그러나 다른 종류의 문학은 어떨까? 다른 하나를 생각해 보도록 하자. 기독교 변증가들에게는 (소홀이 취급되어 왔지만) 실제로 엄청난 잠재력을 가진 범죄 소설, 특히 탐정 소설을 생각해 보려고 한다. 텔레비전 방송사들은 오래 전부터 미스터리 시리즈가 시청자들에게 가지는 엄청난 매력을 알고 있었다. 이제 기독교 변증가들도 이 장르가 우리에게 제공해 주는 잠재력에 눈을 떠야 할 때가 되었다. 변증은 하나님을 찾는 과정이라고 말할 수 있으며, 현대문학의 가장 인기 있는 장르를 이용하면 이 점은 더욱 확실히 부각될 수 있다. 이 문학 장르의 변증적 잠재력은 몇 년 전 다음 경우를 통해 확인되었다.

장소는 어느 뜨거운 여름 날 옥스퍼드대학의 세미나실이었다. 그때는 강의의 기나긴 하루 일정이 끝날 무렵이었고, 나는 지난 밤 시험 답안지를 채점하기 위에 밤늦도록 못 잤기 때문에 매우 피곤해 있었다. 세미나는 신약의 한 분야를 다루고 있었지만, 자세히 기억이 안 난다. 발표자는 그 분야에서 가장 뛰어난 학자 중에 하나였던 것 같았다. 그리고 (역시나) 끔찍하게 재미없는 학자였다. 만일 가장 지겹게 하는 강의에 노벨상이 주어졌더라면 이 사람도 즉시 수상 후보가 될 수 있었을 것이다.

발표자가 지겹게 이야기를 계속하자, 나는 그만 졸기 시작했다는 것을 고백해야 할 것 같다. 그건 전적으로 내 잘못은 아니었다. 나는 지쳤고, 날은 매우 후덥지근했다. 그러나 나는 발표자가 나를 깨워 놓거나 정신 나도록 하는 데 거의 도움을 주지 못했다는 점을 강조하고 싶다. 나는 겨우 반만 눈을 뜨고 있었고, 그의 강의 내용은 간혹가다 귀에 들어올 뿐이었다. 그중 몇 가지—' 구세주에 관한 비밀'과 '구세주의 신비' 같은—가 아직도 기억에 남는다. 내 정신이 강의보다 좀 더 재미있는 생각 거리를 찾아 한참 헤매고 있을 때 말도 안 되는 생각 하나가 떠올랐다. '저 사람은 저런 단어들을 써서 탐정 소설을 만들 수도 있겠지?' 라고 말이다. 이어서 나는 또 다른 쓸데없는 생각이 문득 들었다는 사실을 고백해야겠다—' 레이먼드 챈들러(Raymond Chandler)나 아가사 크리스티(Agatha Christie)라면 같은 내용이라도 저 사람보다 훨씬 더 괜찮게 만들 수 있을 거야' 라고 말이다. 나는 세미나를 듣는 나머지 청중을 돌아보면서 이런 결론을 재확인했다. 그들의 몇몇은 적어도 이와 비슷한 생각이 떠올랐을 거라고 말이다. 어쨌든 대다수는 아직도 깨어 있었다.

이런 못된 생각은 오후의 강의가 잊히고 난 뒤에도 오랫동안 내 마음에 남아 있었다. 복음과 탐정 소설 간에는 약간의 공통점이 있지 않을까? 복음의 탐정 소설적 성격이 같은 내용에 신선한 빛을 던지고 있지는 않은가? 그렇게 내 생각은 움직이기 시작했다.

탐정 소설은 이 세상에 질서가 있다는 우리의 기본 정서에 호소한다. 자연과학자는 범죄학자처럼 이 세계가 원인과 결과에 따라 움직인다고 생각한다. 성경의 저자들도 이 질서를 잘 파악하고 있었다. 구약성경의 주요 주제인 '지혜'는 이러한 이해를 잘 보여 준다. 모든 것은 우연히 생긴 것이 아니다. 세상은 어떤 우연한 사건이 아니다. 세상은 놀랄 만큼이나 치밀하게 연결되어 있으며, 그 자체로 하나님의 창조의 능력과 섭리를 증거한다. 세상만사는 창조주의 지혜를 반영하고 있다. 범죄 소설에 나오는 모든 사건이 서로 연관되어 있듯이, 우주의 놀라운 운행은 일정한 형식과 과정을 가지며, 여기서 우리는 창조자 하나님을 찾을 수 있다. 하나님의 창조자적 성격은 세상이 펼치는 놀라운 광경과 불과분의 관계인 것이다.

그렇다면 이러한 우주적 질서는 어떻게 찾을 수 있을까? 소설 속의 대탐정들은 어떻게 사건의 실상을 알게 되는가? 이 둘 모두가 일어난 과정을 어떻게 설명할 수 있게 되는가 말이다. 답은 한 단어—단서(clues)—로 정리된다. 이 단어는 영어에서는 매우 복잡한 전력을 가지고 있다. 이것은 먼저 clew라고 나타나는데, '양털, 실 뭉치'라는 뜻이다. 이 단어는 오래지 않아 새로운 철자와 보다 깊은 의미로 발전하게 된다. 사람들은 매우 복잡한 과정을 쉽게 인도해 줄 길, 혹은 수수께끼를 풀어 줄 수 있는 방법의 의미로 단어를 사용하게 된다. 단서는 미스터리를 이해할 수 있는 길을 열어 준다. 그러나 혼자서 단서를 찾을 수 있는가? 당신이 단서를 보고도 그것이 해결의 실마리가 될 수 있는지의 여부를 어떻게 알 수 있는가?

단서는 처음에 보기엔 전혀 중요하지 않게 보일 수도 있다. 쉽게 무시될 수도 있다. 이것은 반드시 눈에 번쩍 띄거나 특별하게 나타나는 것은 아니다. 그러나 무엇을 찾아야 할지 아는 사람은 그 가치를 알고 있다. 이것은 사건을 설명 가능하도록 도와준다. 이것은 상황을 볼 수 있는 방법을 말해 주고, 전혀 관계없게 보이는 잡다한 요소들을 선별할 수 있도록 도와준다. 단서는 교묘한 사건을 파악하여 해결책으로 인도하게 해 주어, 결국엔 살인자가 누구인지를 밝힌다.

좋은 탐정 소설의 핵심은 독자로 하여금 살인자를 찾는 탐정과 동행하도록 하는 데 있다. 독자는 마플(Miss Marple) 양이나 말로(Philip Marlowe) 씨와 함께 단서를 찾아내고 점차적으로 사건을 이해하게 된다. 이 단계에 이르러서야 독자들은 모든 단서를 찾아내고 그 중요성을 이해하게 된다.

당신의 친구들이 나름대로 복음을 읽는다고 생각해 보자. 그들이 마태복음을 '살해된 메시아의 비밀'로 생각한다고 치자. 그리고 그들에게 그것이 말이 되느냐고 물어보라. 어떤 면에서 보면 복음은 탐정 소설과 비교할 수 있다. 복음을 읽는 독자들은 제자들과 나란히 예수님의 설교를 듣고, 그의 행동을 관찰하고, 결국엔 그가 죽고 부활하시는 것을 목격하게 된다. 탐정 소설의 초점은 '누가 그것을 했냐?'에 있지만, 복음서는 '그는 누구인가?'에 관한 것이다.

복음서 저자들은 우리도 제자들과 함께 보고 듣고, 그들의 질문을 같이 해 보도록 만든다. 이 사람은 과연 누구인가? 탐정 소설의 작가가 우리는 소홀히 지나치는 중요한 단서를 가르쳐 주고 우리의 관심을 기울이게 만들듯, 복음서의 저자들도 같은 일을 한다. 어떻게 말인가? 약간의 힌트를 위해 마태복음과 마가복음을 보도록 하자.

마태는 처음부터 독자들이 예수는 구세주시며 이스라엘 역사에 새 시대를 열어 주는 오랫동안 기다렸던 다윗 왕의 자손이라고 결론 내리길 원한다고 말한다. 그의 복음서는 첫 장부터 그런 결론을 가르쳐 줄 단서로 채워져 있다. 복음서는 예수님의 가계도로 시작되어(마 1:1~17) 예수가 법적으로 다윗의 자손임을 증명한다. 즉시 우리는 한 가지 단서를 만나게 된다. '메시아는 다윗의 자손을 의미했었구나'라고 말이다. 이어서 우리는 예수 탄생의 이야기를 통하여 탄생 배경과 구약의 주요 예언 사이에는 놀랄 만한 일치점이 있음을 볼 수 있도록 도와주는 마태의 노력을 볼 수 있다. 마태는 처음 두 장을 통해 우리가 주의를 기울이도록 하기 위해 이 점을 다섯 번 이상 말하고 있다(마 1:22~23, 2:5~7, 2:16, 2:17~18, 2:23).

마가복음은 세례 요한을 믿을 만한 사람이라고 강조하면서 이야기를 시작한다. 요한은 주의 오심을 위하여 길을 예비하기 위해 오랫동안 기다려졌던 사자였다(막 1:2~3). 우리 속엔 즉시 의문이 생긴다. '그렇다면 주님께서 곧 오실 것인가?'라고 말이다. 이렇게 우리의 흥미를 일으켜 놓은 뒤, 마가는 보다 중요한 어떤 분이 자신 뒤에 오실 것이라는 요한의 증언을 기록한다(막 1:7~8). 우리는 여기서 더욱 궁금하게 된다. 마가가 이제 우리에게 소개할 사람은 과연 누구인가? 그럴 때 갑자기 나사렛 예수가 화면에 나타난다(막 1:9). 마가가 우리가 내리길 바라는 결론은 분명하다.

예수의 정체와 중요성에 대한 단서 중 몇은 저자에 의해 더 분명히 지적되지만, 나머지는 독자들이 알아서 찾도록 남겨진다. 예를 들어, 예수님은 그의 기도 속에서 하나님을 아버지라고 계속 부른다—이것은 당시의 상식으로 볼 때 매우 의미심장한 행동이었다. 마가는 우리에게 '아바'라고 하는 아버지의 아람어 기원을 설명해 준다. 이 단어는 '아빠'와 굉장히 엇비슷하면서도 현대어로 완벽하게 번역하기가 불가능한 어휘다. 복음서의 기자는 이 행동을 다 설명해 주지는 않는다. 그러나 이것은 예수님이 하나님과 매우 가까운 관계에 있다고 생각했음을 분명히 가르쳐 준다.

저자는 분명히 지적하거나 설명하지는 않지만, 이와 비슷하게 시편 22편에 나오는 '고난 받는 의인'과 예수님의 수난 이야기 사이에도 상당한 유사점이 발견된다. "나의 하나님, 나의 하나님, 어찌하여 나를 버리셨나이까"(마 27:46)라고 한 예수님의 말은—예수님은 여기에서만 하나님을 향해 아버지라고 하지 않는다—시편 22편에 나오는 것 같이 자신의 죽음을 구경하는 사람들에게 조롱을 받고 있는 상황(시 22:6-8)에서 나왔으며, 이를 통해 우리는 이 신비한 인물에게 주의를 돌리게 된다. '고난 받는 의인'은 손에 찔림을 당한다고 말하는데(시 22:16), 바로 예수님이 모든 십자가형의 희생자와 함께 그렇게 당하셨던 것이다. 고난 받는 의인이 박해자들에 의해 옷을 제비뽑기 당했던 것 같이(시 22:18) 예수님 또한 그렇게 당하셨다(마 27:35).

예수님의 고난과 이사야 53장에 나오는 '고난 받는 의인' 사이에 나오는 또 하나의 놀랄 만한 유사점은 누가에 의해서 지적된다(눅 22:37). 이 유명한 구약의 예언은 고난당하는 하나님의 종에 대해서 이야기한다. 이 종은 우리의 죄 때문에 상처입고 고난당한다고 설명된다(사 53:5). 이 예언의 가장 중요한 부분은 종이 죄인들과 같이 세워졌다는 사실과 관련되어 있으며(사 53:12), 복음서의 저자들은 이 점을 두 가지 관점에서 증언한다.

첫째로, 그리스도는 범죄자를 처형하는 데만 쓰였던 십자가에서 죽으셨다. 다른 말로 하면, 그리스도는 처형 방식에 의해 죄인 같이 취급되었다는 말이다. 둘째로, 그리스도는 혼자가 아니라, 양 편에 다른 두 죄인과 함께 십자가형을 당하셨다(마 27:38). 결국 예수는 죽는 순간에도 죄인들에 둘러싸여 있었던 것이다. 이 두 가지 방향에서 사람들은 그리스도의 죽음을 구약의 예언된 인물과 비슷하게 이해하게 된다. 실제로 초기 그리스도인들은 예수의 삶과 죽음과 구약의 주요 예언 간에 분명한 연관성을 무시할 수 없었으며, 성경을 읽는 사람들에게 이 점을 가르쳐 주고 발견할 수 있도록 돕는 것을 즐기고 있었던 것이 틀림없다.

우리는 이제 두 가지 면에서 단서라는 개념을 조금 더 발전시켜 보자. 첫째로, 어떤 사건의 단서는 항상 분명히 드러나지 않는다. 어떤 사건의 중요성은 다른 사건을 통해 이후에나 확실해질 수 있다. 일어난 당시에는 시시해 보였던 일도 사건의 전말이 확실해진 뒤엔 훨씬 중요하게 드러날 수도 있다. 코난 도일(Conan Doyle)의 소설 「실버 블레이즈」(Silver Blaze)에서 개가 밤새 안 짖던 사실의 의미는 나중이 되어서야 분명해진다. 그냥은 눈에 띄지 않는 이 현상의 중요성은, 셜록 홈즈가 말이 실종되었던 밤에 일어난 상관없이 보이는 일들의 관련성을 찾아내기 시작하면서 분명해진다. 작가는 사람들이 나중에나 전말을 알게 되기 때문에 그냥은 중요해 보이지 않는 이 사실을 지적해 주어야 한다(동시에 다른 중요하지 않은 사실들은 지나쳐 가야 한다). 작가는 선택적이어야 하며, 알고 있는 사실을 (뒤 전개에 비추어) 중요한 것만 거르고, 중요하지 않은 나머지는 뒤로 미루어 두어야 한다(일어난 그 당시에는 분명하지 않더라도 말이다).

복음에서도 비슷한 일이 터진다. 초대 그리스도인들은 예수님의 가르침의 의미를 부활 후에나 깨닫게 되었다고 드러난다. 말하자면, 그들은 갑자기 같은 일을 완전히 새로운 각도로 보게 된 것이다. 완전한 의미를 깨닫게 되자 미미했던 사건이 새로운 의미를 가지게 된 것이다. 물론 좀 늦었을지는 모르지만, 계속 모르는 것보다는 낫다. 우리는 요한복음에서도 이러한 과정을 분명히 보여 주는 내용을 찾을 수 있다. 예수님은 자신을 예루살렘 성전이라고 말씀하시는데, 제자들은 예수님의 부활 후에 가서야 그 주인공이 예수님 자신이었음을 깨닫게 된다(요 2:18~22). 예수님의 정체와 중요성에 관한 단서 중에는 그냥 지나치기가 불가능한 것도 있다. 가장 분명한 예는 부활 사건이다. 그러나 나머지는 보다 미묘하게 나타난다. 부활 후에야, 이미 제자들에게 임무가 맡겨진 후에야 그 사건이 정말 무엇을 위한 것인지 깨닫게 된다. 여기서 초대 그리스도인들에게 있어 부활은 신앙의 근본이었다는 점이 분명히 드러난다. 그런 면에서 우리도 복음을 부활의 신앙에 비추어서 봐야 한다는 점을 상기시켜 준다.

둘째로, 단서는 일어났던 일뿐만 아니라, 일어나지 않았던 일에 대해서도 말해 준다. 「실버 블레이즈」에 나오는 미스터리를 한 번 더 인용하도록 하자. 개는 말을 지키고 있었다. 그러나 경주마 실버 블레이즈를 도둑맞은 그날 밤, 의외로 개는 짖지 않았다. 이 사실을 안 홈즈는 그 중요성을 눈치챘다. 개는 도둑이 누구인지를 알고 있었다는 것이다. 그의 출현은 위협으로 느껴지지 않았던 것이다.

같은 종류의 단서가 복음서에서도 나타난다. 예를 들어, 마가는 예수님이 고소자들 앞에서 침묵을 지켰다는 점에 주목한다(막 14:61). 왜 그러셨을까? 분명히 사람들은 예수님이 자신을 변호하길 기대하고 있었을 것이다. 이 침묵의 중요성은 바로 고난 받는 종이 그의 고소자들 앞에서 침묵했다는 구약의 증언에 비추어서 이해할 수 있다(사 53:7). 마가는 우리가 이러한 단서를 찾아내길 원하는 것 같으며, 우리가 예수와 구약에 나타난 이 신비스런 인물과 유사성을 찾도록 인도한다.

탐정 소설이라는 문학 장르는 기독교 변증의 작업을 위해서 귀중한 가치를 가질 수 있다. 이렇게 복음은 새로운 각도에서 읽을 수 있다. 이런 식으로 발견된 이야기를 통해 우리는 새로운 발견을 하게 된다. 독자는 복음 속에 초대되어 신비한 성격을 찾을 수 있으며, 그 신비가 해결되는 놀라운 방법 앞에서 탄성하게 된다.

이것은 단순히 한 예에 불과하다. 이용할 수 있는 다른 문학 장르도 많다. 소설, 비극 혹은 일기 같은 것 말이다. 이 모두는 변증에 있어 굉장한 잠재력을 가진다. 나나 내 친구들은 탐정 소설을 좋아하기 때문에 그런 예를 들었을 뿐이다. 그리고 내 경험상 이것은 청중들의 상상력을 자극하여 적어도 기독교의 어떤 면들을 이해시키는 데 매우 효과가 있다고 증명되었기 때문이다. 이 작업은 청중을 잘 알고 그들에게 가장 도움이 되는 문학 양식이 무엇인지를 찾아내는 각 변증가들에게 전적으로 달려 있다.

5. 문화를 이용하는 변증

이 책이 "청중을 이해하십시오!"라고 지겹도록 반복하는 이유는 정말 중요한 문제이기 때문이다. 효과적인 변증가는 청중이 경험하는 세계를 이해하고 그 속으로 들어갈 수 있어야 한다. 우리는 이미 접촉점이 가진 중요성을 보았으며, 이것을 통해 변증가는 복음과 인간 경험을 연결해 줄 수 있었다. 그러나 다른 한편으로 접촉점은 현명하고 창조적인 변증가가 사용할 수 있는 엄청난 자원을 보여 주는 시작에 불과하다. 이 자원이란 청중의 문화 환경을 말한다. 만일 변증가가 '창조'를 가지고 상상력을 자극하고 지적으로도 돕고 싶다면, 그는 현대 문화가 공급하는 엄청난 자원을 감히 소홀하게 둘 수 없게 된다.

어떤 이들은 '문화'라는 단어만 나오면 일종의 '고상함', '우월감'을 연상하면서 껄끄럽게 생각한다. 여기서는 보다 넓은 의미에서 문학, 예술 그리고 사람들이 모두 공감하는 음악 같은 것을 의미한다. 변증가가 관심을 가지는 범위에서 문화란 청중들이 읽고, 보고, 듣기를 즐기는 모든 것을 가리키며, 좁은 의미의 '문화적'(혹은 고상한)이란 말이 풍기는 의미와는 관계가 없다. 대중가요의 가사, 많이 읽히는 현대소설의 대목들, 히트한 영화의 대사들—이 모두가 보다 센스 있고 현명한 변증가의 손을 통해서 엄청난 잠재력을 가지게 된다.

그러나 변증가는 문화가 복음을 변호하고 소개하는 '배경'에 불과하다는 사실을 기억해야 한다. 어떤 문화에 복음을 선포할 때, 그 문화의 이방인들이 복음을 가장 효과적으로 변호하고 설명할 수 있을 것 같지는 않다. 자기가 처한 상황에 익숙해져 있는 토착 변증가는 자신의 문화 환경이 던지는 이슈와 단서를 찾아내고 이용하는 데 최적의 자리에 있다. 사람들은 너무 간단히 복음은 문화와 이질적이라고 생각한다. 변증가는 복음은 문화의 친구로서 그 문화가 가진 인식과 가치에 연결될 수 있다는 점을 확인해 주어야 한다. 복음이 문화를 변화시키길 원한다면 먼저 문화 안에 뿌리를 내려야 한다.

그렇다면 어떻게 그렇게 할 수 있을까? 이런 경우에는 확실히 약간의 실용적 힌트가 이론적 분석보다 더 유용하다.

1) 상대하거나 상대하게 될 사람들과 계속 이야기를 나누라. 그들이 말하는 방식과 좋아하는 볼거리, 읽을거리들, 그리고 희망사항과 두려움의

대상을 파악하라. 그들의 문화에서도 복음이 낯설지 않은 것임을, 혹은 그렇게 될 수 있음을 보여 주려는 데 주력하라. 그 청중들과 자연스럽게 나눌 수 있는 언어를 조심스럽게 사용하고, 당신의 말하는 방식이나 내용이 낯설게 느껴지지 않도록 조심하라. 이러한 접근에 있어 가장 탁월한 전문가로 기니스(Os Guiness) 같은 분이 있으며, 그의 책은 이러한 힌트와 요점을 얻기 위해 읽을 만하다.

2) 대중가요의 가사는 변증의 대상이 되는 청중의 공통적 정서를 잘 표현하고 있다. 그것을 잘 들어 보든지, 그렇게 할 수 없을 땐 다른 이를 통해서라도 알아 두라. 이 가사들은 종종 복음으로 이어질 수 있는 감성적 필요들(예를 들어, 절망이나 무의미한 삶에 대한 공포 같은 것)을 보여 준다. 마이클 그린은 특별히 이러한 변증 기술에 숙련된 전문가다. 특히 학생들을 대상으로 하는 사람들은 그의 글을 잘 연구해 보라.

3) 문화가 가진 압력이나 쉽게 나타나는 문제들을 항상 염두에 두라. 당신은 세상을 변화시킬 수 없는 인간의 무능력에 대한 절망을 사람들 사이에서 읽어 낼 수 있는가? 프란시스 쉐퍼의 글은 문화적 발달을 통해 세속 세계관이 인간의 갈증을 채워 주는 데 거의 무능력하다는 것을 잘 보여 주며, 이 점을 다루는 훌륭한 예를 보여 준다. 서구 문화를 깊이 이해하는 비평가라면 세속 문화라는 무기의 허장성세를 찾아낼 수 있으며, 따라서 복음은 문화적으로 신뢰를 얻을 수 있게 된다.

6. 몇 가지의 질문을 위한 시간

나는 세계를 돌면서 설교와 강의를 반반씩 해 왔다. 때때로 사람들은 설교와 강의의 다른 점을 묻는다. 이론적으로는 모든 면에서 다르다고 할 수 있으며, 특히 설교 연구가들은 이 점을 끊임없이 강조한다. 그러나 실제적 차이란 매우 간단하다. 강의 후에 우리는 질문을 할 수 있다는 것이다. 그러나 이 경우엔 답변 역시 확실히 해야 할 필요가 생긴다. 당신은 1급 연설가일 수 있다. 그러나 당신이 한 질문이라도 잘못 다룬다면 즉시 신뢰를 잃을 수도 있게 된다. 이 점은 실제 변증에 있어서 매우 중요하면서도 흔히 소홀히 취급되어 왔던 부분이다. 현장의 문제들을 잘 파악하라. 나는 내 경험을 아홉 개로 정리할 수 있다.

1) 문제를 예상하라

우리는 답이 필요한 문제들을 예상할 수 있다. 사전에 문제의 답을 간단히 정리할 시간을 가지라. 작은 쪽지에 답을 대강 정리해 보면 좋을 것이다. 당신이 말할 기회가 늘어나 문제를 더 많이 상대해 보게 되면 그만큼 더 자신감을 가지게 될 것이다. 먼저 예상 답안지를 당신에게 보다 동정적인 청중—친구나 동료 같은—에게 시도해서 반응을 관찰하는 것은 도움이 될 것이다. 예상 문제와 답안지를 통해 사전에 강점과 약점을 찾아내라.

나는 최근 옥스퍼드 시에서 학생들과 함께 기독교 신앙에 대하여 흔히 제기되는 문제들—예를 들어, "하나님의 존재를 증명할 수 있는가?" 같은 것—을 사전 준비하는 '변증 워크숍'을 조직했다. 강의실 분위기를 자극하기 위해서 개인당 대답을 3~4분으로 제한했다. 모임은 그 대답의 내용과 효과에 대해 토론한 뒤 개선을 위한 제안을 한다. 모임에서 합쳐진 지혜는 종종 답의 내용을 대단히 향상시키는 결과를 낳는다.

2) 만일 근거 있는 문제를 듣게 되면, 그렇다고 말하라

질문자에게 긍정적으로 대하라. 좋은 대답보다 나은 답은 없지만, 긍정적인 반응은 대화의 분위기를 좋게 만드는 데 도움을 준다. 그리고 귀중한 틈을 낼 수 있도록 양해를 구해서 당신의 답을 보다 훌륭하게 정리할 수 있도록 하라.

3) 답하기 전에 잠깐 생각해 보라

약간의 사람들이 모여 있다고 상상해 보자. 아마도 7~8분 정도 연설가의 말을 듣고 있다. 강의는 끝났다. 연설가는 질문을 받기 위해 서 있다. 이제 어떤 사람이 질문하는 것을 들어 보자. 연설가는

① 질문이 나오자마자 1초도 안 되어서 즉시 대답한다.
② 3~4초의 여유를 두고 대답한다.

두 가지 대답 중 어떤 것이 더 좋은 인상을 남길까? 우리는 첫 번째 대답이 연설가의 유식을 보여 줌으로써 좋은 영향을 끼친다고 생각할 수도 있다. 그러나 실제로는 그렇지 않다. 이것은 부주의나 기계적 대답이란 인상을 남겨 준다. 질문자는 단순히 사전에 짜인 답을 강사로부터 듣는다고 생각할 수도 있다. 절대적으로 약간의 여운을 남겨서 대답을 신중하게 한다는 인상을 남겨 줄 필요가 있다. 별로 많이 생각할 필요가 없는 질문에 대

답을 할 때도 몇 초의 여유를 두라.

4) 질문이 어려울 때는 시간을 달라고 부탁하라

중요하거나 어렵거나 예상하지 못했던 질문은 신중한 대답이 필요하다. 이 말은 당신이 더 좋은 답을 생각해 볼 약간의 시간이 필요할 수 있다는 것을 의미한다. 그러나 당신이 답을 하는 데 4초 이상 걸린다면 청중은 더욱 궁금해지고, 당신을 석연치 않게 생각할 수도 있다. 그러므로 당신은 시간을 달라고 부탁할 수 있어야 한다. 전 소련의 외상인 셰바르드나제는 영어를 완벽하게 구사한다고 알려져 있었다. 그러나 외신기자 회견 석상에서 그는 제기된 문제가 러시아어로 통역될 때까지 기다렸다. 왜 그랬을까? 그렇게 하는 것이 그에게 답을 생각할 시간을 더 주기 때문이었다.

모든 연설가는 어려운 문제들에 더 좋은 답을 하기 위해 귀중한 시간을 벌 방법을 개발한다. 여기 그중 몇 가지가 있다.

① 질문 하나하나마다 앉아 있다가 일어나서 대답하라. 서서 대답하는 행동을 통해 당신은 3~4초의 여유를 얻을 수 있다.
② 질문자에게 질문을 해 준 것에 대해 감사를 표하라. 이것 역시 적어도 5초의 여유를 준다.
③ 질문을 듣지 못한 사람들을 위해 질문을 반복하라. 많은 청중을 대상으로 하고 마이크가 연설가 앞에만 있을 때 이것은 반드시 필요하다. 이것은 13~14초까지의 여유를 준다.

그러나 주의하라: 만일 당신이 혼자서 찾아낼 수 없는 답이라면, 시간을

버는 것은 비켜 갈 수 없는 것—빈 답안지를—을 계속 쥐고 있는 셈이다. 빨리 생각하는 법을 익히고, 말하고 싶은 요점을 마음이나 메모지 속에 요약하라. 그리고 분발하라. 대부분의 사람들은 경험과 자신감을 더함에 따라 대답하는 기술도 개발된다.

5) 애매하게 대답하지 말라

당신이 기독교 신앙에 대하여 강의하는 매우 유명한 연사의 말을 듣고 있는 청중 속에 묻혀 있다고 상황을 그려 보자. 강당의 모양을 생각해 보고(아주 큰? 조그만? 교회당? 강의실? 혹은 극장?), 청중들도 생각해 보고(얼마나 많이? 옷 색깔은? 연령층은?), 강사에 대해서도 생각해 보자(남자? 여자? 나이는? 어떤 목소리로? 입은 옷은?). 이제 청중 중 한 사람이 다음과 같은 질문을 하는 것을 듣는다: "당신은 예수 그리스도가 하나님의 아들이란 것을 정말로 믿습니까?" 이제 다음과 같은 대답을 상상해 보자. 그리고 이 대답이 청중들에게 줄 인상을 생각해 보자.

> ① 음… 당신이 말하는 '하나님의 아들'의 의미에 따라 답은 다릅니다(강사는 이어 여기에 대한 몇 가지 이론을 설명해 준 뒤, 이들 중 하나를 믿고 있다고 말한다).
> ② 예, 저는 정말로 믿습니다. 이해를 돕기 위해 이 구절이 무엇을 의미하는지 먼저 분명하게 하도록 합시다(이어 연사는 몇 가지 이론을 소개한 뒤, 그가 믿는 것이 그중 무엇인지를 분명히 한다. 물론 1과 같은 결론으로 말이다).

당신은 두 대답에 어떤 인상을 받는가? 첫 번째 대답은 불확실하고 주저하고 있는 듯한 인상을 남긴다. 두 번째는 보다 긍정적이다. 그러나 본론에 있어선 둘 다 같은 답을 준다. 둘 다 구절이 여러 가지를 의미할 수 있다고 인정한다: 둘 다 같은 의미에서 예수는 하나님의 아들임을 받아들인다. 그러나 첫째 대답은 '뭔가 애매' 하다. 이야기의 서두는 청중들로 하여금 강사가 예수가 하나님의 아들임을 믿지 않는다고 느끼도록 만든다. 물론 이것은 표현 형식의 문제지, 본론에 문제가 있는 것은 아니다.

만일 당신이 단어의 정의를 분명히 해야 할 문제를 질문 받았다면, "음… 그것은 당신이 의미하는 바에 달렸어요" 하는 유의 대답을 피하도록 하라. 이런 대답은 전혀 불필요하다. 당신은 먼저 보다 분명하고 긍정적인 답을 준 뒤, 대답 중에 설명과 보충을 더할 수 있다.

6) 옆길로 샐 틈을 주지 말라

당신의 답은 청중의 마음속에 보다 심각한 의혹을 만들어 낼 수 있다. 여기서 중요한 기술은, 청중의 관심을 돌릴 수 있는 새로운 이슈를 제시하기 위하여 간단한 질문을 던지는 것이다. 답을 별로 능란하지 못하게 하면 준비도 없이 지뢰밭에 들어간 셈이 된다. 다시 한 번 연사가 다음과 같은 질문에 대답하는 상황을 생각해 보자: "사람들이 기독교를 긍정적으로 받아들이는 경우, 그 이유는 무엇입니까?" 강사가 그의 대답에 다음과 같은 내용을 포함시킬 때 청중 사이에 있는 비그리스도인들이 어떻게 반응할지를 감지해 보자.

물론 여기엔 항상 '예정론'의 문제가 있습니다. 하나님은 사전에 복음에 보다 긍정적으로 반응할 사람과 그렇지 못한 사람을 예정해 놓으셨습니다. 어떤 이들이 보다 긍정적으로 반응하는 이유는 근본적으로 복음에 반응하는 것도 하나님이 이미 정해 놓으셨기 때문입니다. 이 이야기는 개혁신학에 있어서 충분히 기독교 신학의 중심 주제이기도 합니다.

이것은 옆길로 새는 전형적인 예다. 불필요하게 약점을 잡혀서 비판자들이 바로 써먹을 수 있게 만들어 준다. 말했던 내용은 확실히 맞다. 그러나 이를 통해 토론은 전혀 다른 영역으로 옮겨진다. 예정론은 신앙의 배경에서만 이해될 수 있다. 이것을 문제를 이해할 수 없는, 아마도 불쾌하게 느낄 비그리스도인들에게 설명하는 것은 무의미한 일이다.

여기서 법칙은 간단하다. 새로운 영역을 열어 보기 원한다면, 좋다. 그곳으로 이동하는 질문을 개발할 수 있다. 그러나 당신이 그 새 영역을 다룰 수 없다면 절대로 옆길로 새지 말라.

7) 상승무드를 타라

청중 사이에서 나온 질문에 대답할 때 그들이 원하는 것 이상을 답하는 데에는 아무런 부담을 가지지 말라. 그들은 당신이 한 문제에만 집중하기를 원할지도 모른다. 문제에 답하고 도움이 되는 약간의 부록을 더해 주라. 당신이 만드는 인상은 매우 달라지게 될 것이다. 당신이 위협적이거나 반발적이라고 느꼈다면, 이제 보다 능동적이고 긍정적으로 느껴질 것이다. 당신의 답에 의해 긍정적인 여운이 남게 되는 것이다.

다음과 같은 질문이 들어왔다고 상상해 보자: "하나님은 어떻게 고난을 허용하셨을까요?" 이것은 심각한 문제다. 이 문제를 답할 때, 당신은 자기 방어적으로 몰릴 수도 있다. 당신은 이 문제를 다루기를 원한다. 아마도 마지막에 가서는 세상에 고난이 존재하는 분명한 이유를 달 수 없다는 점을 인정할 필요가 있을지도 모른다. 만일 거기서 당신의 답이 끝난다면, 우리는 불확신과 애매모호함이란 여운을 남겨 놓게 될 것이다. 우리는 "나는 모르겠어"라고 말할 수도 있다. 이것은 이어지지 않는 일종의 매듭 같은 것이다. 잘 매라. 다음과 같은 결론이 어떻게 들리는지를 상상해 보기 바란다.

> 그래서 결국엔 우리는 왜 세상에 고난이 있는지 확실히 말할 수 없습니다. 누구도 할 수 없습니다. 그러나 제가 확신할 수 있는 것은 바로 이것입니다. 자신의 아들이 고통당하고 십자가에서 죽도록 보내 주신 그 하나님은 바로 사랑의 하나님이란 점입니다. 그는 돌보시는 하나님입니다. 그는 우리를 위하고 계십니다. 그분은 예수님 안에서 고난 받으셨습니다. 그래서 저는 우리가 보는 고난 뒤에는 어떤 사랑의 내용을 가진 목적이 있다고 믿을 준비가 되어 있습니다. 우리가 여기서 말하고 있는 하나님은 아무 이유 없이 고난을 허락하실 그런 하나님은 아닌 것입니다.

이런 내용은 당신의 답에 13초 정도를 더해 줄 것이다. 그러나 이것을 통해 당신의 답이 표현되는 형식은 완전히 변하게 될 것이다. 왜냐하면 긍정적인 확신 속에서 대답을 마쳤기 때문이다. 우리는 고난의 문제에 대해 말할 기회를 많이 가진다. 우리는 청중들에게 이 문제가 희망과 믿음과 공존할 수 있다는 사실을 확실히 해 줄 필요가 있다.

8) 문제 뒤에 놓인 전제의 문제점을 지적할 준비를 하라

종종 질문을 잘 살펴서 뒤에 숨겨진 전제를 알아보는 것은 도움이 된다. 사람들이 신앙에 대한 편견을 가지는 이유가 종종 겉으로는 표현되지 않은 전제에서 오기 때문이다. 질문의 전제를 파헤쳐서 지적하면 질문 자체는 힘을 잃게 되고, 청중들은 불신의 득실을 따져 볼 수 있게 된다. 다음과 같은 질문을 보자: "당신이 하나님이 존재한다고 절대적으로 확신할 수 없다면, 어떻게 우리더러 하나님을 믿으라고 할 수 있단 말입니까?" 여기에 대해 당신은 어떻게 대답하겠는가?

한 가지 방법은 질문자와 함께 토마스 아퀴나스의 "다섯 가지 신 존재 증명"을 잠시 살펴보는 것이다. 그러나 이것은 질문에 대한 진짜 대답은 아니다. 도리어 나머지 청중들을 하품이 나올 만큼 지겹게 만들 수도 있다. 보다 창조적인 접근은 질문 위에 놓인 전제에 주의를 기울이는 것이다. '우리는 절대적으로 확신을 가져야 한다' 라는 전제 말이다. 우리는 다음과 같은 방법으로 질문에 대하여 매우 효과적인 답을 줄 수 있다.

우리는 무리가 어떤 것을 받아들이기 위해선 절대적으로 확실한 것이어야 할 필요가 있다고 생각하는 것 같습니다. 그러나 이것이 정말 그런지 자문해 봅시다. 결국 우리는 실제로 아무것도 아닌 것에 대해서만 절대적으로 확신할 수 있습니다. 2 더하기 2가 확실히 4라는 것은 우리가 절대적으로 확신할 수 있습니다. 그러나 모든 것이 다 그렇습니까? 삶에 있어서 정말 중요한 주제들은 어떻습니까? 나는 민주주의가 독재보다 낫다는 것을 절대적으로 확신할 수 없습니다. 그러나 나는 언제라도 민주주의를 위해 싸울 것입니다. 한번 무신론자들에 대해서 잠시 생각해 봅시다. 그들 역시 하나님이 존재하지 않는다고 절대적으로 확신할 수 없습니다. 정말 아무도 모르는 것입니다. 그러나 내가 말할 수 있는 것은, 내 삶에서 하나님은 실제며… (그리고는 당신이 이 점에서 부활이나 개인적인 체험 같은 매우 분명한 증언들을 가지고 그 의미를 계속 파헤쳐 나갈 수 있을 것이다).

정말 문제가 되는 것은 질문 뒤에 전제지, 그 질문 자체가 아니다. 질문 너머를 파헤칠 준비를 하라.

9) 권위 있는 말을 인용하라

한번은 내가 마르크스주의와 기독교의 관계에 대하여 옥스퍼드에서 학생 그룹에게 강의를 한 적이 있다. 우리는 옥스퍼드의 모들린대학 강의실에 모여 있었다. 나는 강의를 잘 이어 나갔고, 이후 어떤 질문도 문제가 되지 않았다. 사회자는 시계를 보더니, "제가 생각하기엔 질문 하나만 더 받을 시간이 있는 것 같습니다"고 말했다. 그러자 한 젊은이가 일어났다. 그가 질문하자 다음과 같은 생각이 내 마음에 지나갔다: '여기에 어떻게 대답해 주어야 할지 전혀 모르겠군.' 좀 당황하기 시작했다. 그러나 이런 생각이 내 마음속에 떠올랐다: '여기 모들린대학에서 루이스가 교편을 잡았었지. 그였다면 이 질문에 대답할 수 있었을 거야.' 이어 좋은 생각이 떠올랐

다: '아, 맞아! 그는 이 문제에 답한 적이 있었지.' 나는 루이스가 했던 답의 내용이 대강 생각나자, 그 젊은이의 질문이 끝나기를 기다렸다. 나는 미소를 머금고 3초를 기다린 후에 대답했다: "이것은 매우 어려운 문제입니다만, 해답은 사실 매우 간단합니다. 루이스는 말하기를…."

위의 경우에서 내가 발견했듯이, 우리에게 사용 가능한 재료를 파악하는 것은 큰 도움이 된다. 그러나 저명인사들의 사상과 주장을 아는 것은 다른 이유에서도 중요하다. 바로 당신의 답에 무게와 권위를 실어 주기 때문이다. 권위자의 말을 이용하는 것은 효과가 크다. "옥스퍼드대학의 철학자 페러가 말하기를…" 이 "내가 생각하기엔…" 이라고 말하는 것보다 같은 내용을 말해도 훨씬 인상에 남고 확실하게 들린다. 당신을 권위자 속에 숨기라. 인용할 내용을 준비해서 기억해 두라. 믿을 수 있는 권위자를 사용하여 당신의 의견과 같이 말하라. '믿을 수 있는 권위자를 사용' 하라는 말은 바로 당신의 청중을 파악하라는 뜻이다. 그들이 심각하게 받아들이는 것, 존경하는 인물 등을 파악하라. 만일 잘 모르겠으면 물어보라.

현장에서 가장 설득력 있는 답은 그리스도인들 이외에서도 인용될 수 있다. 예를 들어, 당신이 다음과 같은 질문을 받았다고 상상해 보자: "문제의 핵심은 하나님으로부터 소외되었다는 느낌이지만, 이것은 매우 주관적인 느낌에 불과합니다. 그렇다면 가당치도 않은 십자가나 객관적 소외 같은 설명을 여기에 낄 필요가 없지 않습니까?" 이런 시각은 특별히 마르크스의 「경제학과 철학에 관한 수고」(1844)를 인용해서 처리할 수 있다. 마르크스는 인간의 상태는 소외에 의해 규정될 수 있다고 주장한다.[6] 그는 소외를 두 가지로 구분한다. 첫째는 우리의 권리와 재산으로부터 소외되어 있다. 일종의 객관적 소외다. 둘째는 보다 심리적·실존적 차원에서의 주관적 소외를 지적한다. 당신은 자신으로부터 소외되어 있다고 느낀다. 마르크스의 생각은 매우 간단하다. 당신이 소외되어 있다고 느끼는 이유는 당신이 실제로 소외되어 있기 때문이다. 당신의 사회적·경제적 환경이 끔찍할 때 그렇다고 느끼는 것과 같은 이유다.

이어 마르크스는 사회적·경제적 혁명의 이유를 주장한다. 그의 주장은 부분적으로 우리에게도 해당된다. 마르크스는 소외된 느낌을 적당히 때워 나가는 것으로는 문제를 풀 수가 없다고 주장한다. 이것은 감정적으로 때워서는 해결할 수 없는, 보다 깊은 중병의 증상이다. 만일 당신이 억압받고 착취당하고 있다면 당신은 소외를 느끼게 될 것이다. 이러한 소외감에서 벗어나는 유일한 방법은 사회적·경제적 상황을 변화시키는 것이다. 객관적인 변화는 주관적인 변화를 가져올 것이다. 그러나 우리는 바로 그렇기 때문에 십자가가 있다고 말한다. 우리가 하나님으로부터 소외되었다고 느끼는 것은 실제로 그렇기 때문이다. 그러므로 소외는 근원을 뿌리 뽑을 때만 해결할 수 있게 된다.

이렇게 당신 주장의 권위를 세우는 작업은 실제로 효과가 높다. 이를 위하여 폭넓게 읽고, 열심히 듣고, 사람들과 이야기하라.

7. 결론으로 한마디

고대 그리스의 격언 중에 대강 번역해서 "두꺼운 책은 지겨운 책이다"라는 말이 나온다. 이 책도 끝내야 할 때가 왔다. 이 책은 변증을 창조적으로 접근하는 방법을 보여 주는 데 목적이 있다. 이런 창조적인 변증은 현대 사회에 걸맞을 뿐 아니라, 창조와 구속이라는 기독교 사상에 단단히 기초하고, 이성적 문제에 훌륭히 답해 왔던 기독교 전통에 뿌리를 내리고 있다. 이러한 변증이 믿지 않는 사람을 위한 것만은 아니다.

우리는 변증이 기술이자 예술이라고 강조해 왔다. 변증은 기독교 신학에 기초한 학문이지만 진리에 대한 열정을 포함하고 있다. 동시에 변증은 인간 존재의 필요와 관심을 가능한 한 세심하게 파악하여, 복음을 가장 효과적으로 선포할 수 있게 도와주는 창조적인 기술이다. 기독교 변증은 타원의 두 중심점과 비교할 수 있다. 한 중심점은 기독교 계시의 신뢰도와 진실성에, 다른 중심점은 현실을 파악할 필요와 그 속에서 인간이 변화할 수 있는 가능성에 있는 것이다. 그래서 변증은 그리스도인이라면 누구나—특별히 설교나 전도하는 사람들에게—반드시 갖추어야 할 필수 장비인 것이다.

각주

서론

1. 헬라어 단어는 베드로전서 3장 15절에서 이러한 의미로 사용된다. 베드로는 그리스도에 대한 소망을 합리적으로 방어하기 위해 독자들을 초대한다.
2. R. C. Sproul, John Gerstner and Arthur Lindsley, *Classical Apologetics: A Rational Defense of the Christian Faith and a Critique of Presuppositional Aoplogetics* (Grand Rapids, MI: Zondervan, 1984)의 훌륭한 연구를 참고하라. 여기서 변증은 '기독교의 조리 정연한 방어'로 정의된다.
3. Francis Schaeffer, *Trilogy* (Leicester: Inter-Varsity Press, 1990), pp. 123-125.
4. Avery Dulles, *A History of Apologetics* (Philadelphia: Westminster Press, 1971).
5. R. C. Sproul, *If There is a God, Why are There Atheists?* (Minneapolis, MN: Bethany, 1974)는 예외다.
6. 학생들이 조사한 최근 자료에 따르면 기독교를 거부하는 두 가지 주요 이유는 다음과 같다: '그리스도인들은 위선적이다', '그리스도인들은 배타적이다'. 이 두 가지 이유들은 '학문적'이지도, '지적'이지도 않다. Robert M. Kachur, 'Why I'm Not a Christian', HIS (February 1986), pp. 7-10.

1장 | 접촉점: 효과적인 변증의 신학적 기초

1) David Cairns, *The Image of God in Man* (London: Collins, 1973).
2) J. Polkinghorne, *The Way the World Is* (London: SPCK, 1983), p. 33.
3) 어거스틴, 「고백록」(*Confessions*, I.i.1. (Oxford: Oxford University Press, 1991), p. 3.
4) 어거스틴, 「고백록」(*Confessions*) VII.xvii.23; "나는 아직 소화할 능력도 가지지 못했기에 먹고 싶은 것의 냄새에 대한 열망과 그리움(loving memory)을 지니고 다닐 뿐이다."
5) Jonathan Edwards, *Miscellanies*, 108; cited in Robert W. Jenson, *America's Theologian: A Recommendation of Jonathan Edwards* (New York: Oxford University Press, 1988), p. 19. The entire section at pp. 15-22 repays careful study.
6) Diana Butler의 뛰어난 연구인 "God's Visible Glory: The Beauty of Nature in the Thought of John Calvin and Jonathan Edwards", *Westminster Theological Journal* 52 (1990), pp. 13-26을 참조.
7) G. R. Evans의 *Augustine on Evil* (Cambridge: Cambridge University Press, 1982), pp. 29-90은 이 점을 이해하는 데 큰 도움이 된다.
8) Samuel Coleridge Taylor, *Aids to Reflection* (London: Bohn, 1930), p. 92.
9) John Calvin, *Institutes*, I.v.9.
10) Karl Barth, *Dogmatics in Outline* (London: SCM Press, 1949), p. 23.
11) 이 주제는 Barth의 *Church Dogmatics* (8 vols: Edinburgh: T. & T. Clark, 1956-75), IV/1, pp. 157-210에서도 나온다.

12) John. L. McKenzie, 'The Word of God in the Old Testament' , Theological Studies 21 (1960), p. 205.

13) Benoit Girardin, *Rhétorique et théologique: Calvin, le Commentaire de l' Epitre aux Romains* (Paris: Beauchesne, 1979).

14) Ford Lewis Battles, 'God was Accommodating Himself to Human Capacity' , *Interpretation* 31 (1977), 19-38.

15) 이 점은 A. N. Wilder, *Early Christian Rhetoric: The Language of the Gospel* (London: SCM Press, 1964)를 통해 잘 드러난다.

16) *Opera Calvini* (Corpus Reformatorum edition) 26. 387-388 'Dieu s' est fait quasi semblable une nourrice, qui ne parlera point à un petit enfant selon qu' elle feroit à un homme ··· nostre Seigneur s' est ainsi familièrement accommodé nous.'

17) e.g.OC 29.70, 356; 36.134; 43.161

18) OC 32.364-365.

19) *Institutes*, I. xiii.1.

20) 이 점은 W. Balke가 'The Word of God and Experientia according to Calvin' , in Neuser, W. H. (ed.), *Calvinus ecclesiae doctor* (Kampen: de Groot, 1978), pp. 19-31에 서 정말 멋지게 설명한다.

21) C. S. Lewis, *Surprised by joy* (London: Collins, 1959), p. 20.

22) C. S. Lewis, 'The Language of Religion' , *Christian Reflections* 중에서 (London: Collins, 1981), p. 169.

23) George Herbert, 'On Prayer I' , *Works* 중에서, ed. F. E. Hutchinson (Oxford: Oxford University Press, 1941), p. 51.

24) *Westminster Shorter Catechism*, 31문항.

25) 이 저작에 대한 자세한 내용은 Alister E. McGrath, *A Life of John Calvin* (Oxford/Cambridge, Mass., 1990), pp. 136-142를 참조.

26) 이 문제에 관하여 E. A. Dowey, *The Knowledge of God in Calvin' s Theology* (New York: Columbia University Press, 1952); T. H. L. Parker, *Calvin' s Doctrine of the Knowledge of God* (Edinburgh: Oliver & Boyd, rev. edn, 1969).

27) Egli Grislis, 'Calvin' s Use of Cicero in the Institutes I:1-5—A Case Study in Theological Method' , *Archiv für Reformationsgeschichte* 62 (1971), pp. 5-37.

28) 자세한 사건의 전말은 Bradley J. Longfield, *The Presbyterian Controversy: Fundamentalists, Modernists and Moderates* (Oxford: Oxford University Press, 1991), pp. 28-53; 162-180.

29) 반 틸의 가장 대표적인 저서는 *The Defense of the Faith* (Nutley, NJ: Presbyterian and Reformed, 3rd edn, 1967). 그의 저작에 대한 유용한 분석과 비판은 R. C. Sproul, John Gerstner & Arthur Lindsley, *Classical Apologetics* (Grand Rapids, MI: Zondervan, 1984), pp. 183-338; E. R. Geehan (ed.), *Jerusalem and Athens* (Phillipsburg, NJ: Presbyterian and Reformed, 1971); Mark Hanna, *Crucial Questions in Apologetics* (Grand Rapids, MI: Baker, 1981).

30) van Til, *Defense of the Faith*, p. 260.

31) van Til, *Defense of the Faith*, p. 92.

32) van Til, *Defense of the Faith*, p. 92.

33) Benjamin B. Warfield, *The Inspiration and Authority of the Bible* (Philadelphia: Presbyterian and Reformed, 1948), p. 210. 더 자세한 내용은 K. R. Trembath, *Evangelical Theories of Biblical Inspiration* (Oxford: Oxford University Press, 1987), pp. 20-27; David H. Kelsey, *The Use of Scripture in Recent Theology* (Philadelphia: Fortress Press, 1975), pp. 17-24.

34) John Platt, *Reformed Thought and Scholasticism: The Arguments for the Existence of God in Dutch Theology*, 1575-1670 (Leiden: Brill, 1982).

35) Alister McGrath, *Making Sense of the Cross* (Leicester: Inter-Varsity Press, 1992), pp. 45-86.

36) Hendrik Kraemer, *The Christian Message in a Non-Christian World* (London: Edinburgh House Press, 1983), p. 303.

37) Basil Mitchell, 'Contemporary Challenges to Christian Apologetics', in *How to Play Theological Ping-Pong* (London: Hodder & Stoughton, 1990), pp. 25-41, 특별히 p. 25를 참조.

38) C. S. Lewis, *God in the Dock* (Grand Rapids, MI: Eerdmans, 1970), p. 96.

39) Orlando Costas, *Christ Outside the Gate: Mission Beyond Christendom* (Maryknoll, NY: Orbis Books, 1982), p. 82.

40) Kenneth E. Bailey, *Poet and Peasant* (Grand Rapids, MI: Eerdmans, 1976); Joachim Jeremias, *The Parables of Jesus* (London: SCM Press, 1963); David Wenham, *The Parables of Jesus* (London: Hodder & Stoughton, 1989).

41) Kenneth E. Bailey, *Through Peasant Eyes* (Grand Rapids, MI: Eerdmans, 1980), p. xv.

42) J. A. Baird, *Audience Criticism and the Historical Jesus* (Philadelphia: Westminster Press, 1969).

43) Paul Collart, *Philippes: ville de Macedoine depuis ses origines jusqu'à la fin de l'époque romaine* (Paris: Boccard, 1937)을 참조.

44) Bertil Gartner, *The Areopagus Speech and Natural Revelation* (Uppsala: Gleerup, 1955)을 참조.

45) F. F. Bruce, *The Defense of the Gospel in the New Testament* (Grand Rapids, MI: Eerdmans, 1959).

2장 | 접촉점: 그 성격과 잠재력

1) *Gorgias*, 493b-d.

2) Diogenes Allen, *The Traces of God* (Cambridge, MA: Cowley Publications, 1981), p. 19.

3) Paul Elmer Moore, *Pages from an Oxford Diary* (Princeton: Princeton University Press, 1937), section XVIII.

4) Augustine, *Confessions*, I.i.1; (translated by H. Chadwick, Oxford: Oxford University Press, 1991), p. 3.

5) 이런 어거스틴의 심적 긴장 상태를 잘 표현하고 있는 John Burnaby, *Amor Dei: A Study in the Religion of St Augustine* (London: Hodder & Stoughton, 1938), pp. 52-73을 참조.

6) *Confessions* XII. xvi.23; Chadwick, p. 257.

7) C. S. Lewis, *Surprised by Joy* (London: Collins, 1959), p. 20.

8) Lewis, *Surprised by Joy*, p. 19.

9) C. S. Lewis, *Screwtape Propses A Toast* (London: Collins, 1965), pp. 97-98.

10) Simone Weil, *Waiting for God* (New York: Putnam, 1951), p. 210.

11) Lewis, *Screwtape Proposes A Toast*, p. 99.

12) 이것은 내가 호주 멜버른대학 리들리신학교에서 했던 설교(1991.7.16)를 발췌한 것이다.

13) John Polkinghorne, *Science and Creation: The Search for Understanding* (London: SPCK, 1988), pp. 20-21.

14) C. S Lewis, *Miracles* (New York: Macmillan,1947), p. 26.

15) C. S. Lewis, *Mere Christianity* (New York: Macmillan,1952), pp. 31-32.

16) 여기에 대하여는 Colin Brown, *Philosophy and the Christian Faith* (Leicester: Inter-Varsity Press, 1986), pp. 20-32나 Keith E. Yandell, *Christianity and Philosophy* (Grand Rapids, MI: Eerdmans, 1984), pp. 48-97을 보라.

17) Francis Schaeffer, *Trilogy* (Leicester: Inter-Varsity Press, 1990), pp. 262-263.

18) Gerhard von Rad, *Wisdom in Israel* (London: SCM Press, 1975), pp. 3-5.

19) 그의 저서로는 *The Way the World Is* (London: SPCK, 1983); *One World* (London: SPCK, 1986); *Science and Creation* (London: SPCK, 1988); *Science and Providence* (London: SPCK, 1989) 등이 있으며, 현대 양자이론의 요점을 쉽게 설명해 주는 능력을 확인하고 싶다면 *The Particle Play* (Oxford/San Francisco: Freeman, 1979)와 *The Quantum World* (London: Longman, 1986)를 참조하라.

20) Polkinghorne, *The Way the World Is*, p. 12.

21) Jeffrey Stout, *Ethics After Babel* (Princeton: Princeton University Press, 1988), pp. 109-123.

22) Lewis, *Mere Christianity*, p. 16.

23) 이러한 구분에 대해서 Alister E. McGrath, *Luther's Theology of the Cross* (Oxford: Balckwell, 1985), pp. 164-169를 보라.

24) Austin Farrer, *Said or Sung* (London: Faith Press, 1960), p. 13.

25) 이 내용은 1991년 7월 24일, 호주 멜버른에 있는 대학생들과 한 토론으로부터 간추린 것이다.

3장 | 신앙의 단계 : 동의로부터 헌신까지

1) Ludwig Wittgenstein, *Philosophical Investigations* (Oxford: Basil Blackwell, 2nd edn,

1958), section 19, 23. 보다 일반적인 소개서로는 D. M. High, *Language, Persons and Belief: Studies in Wittgenstein's Philosophical Investigations* (Oxford: Oxford University Press, 1967); William Hodern, *Speaking of God: The Nature and Purposes of Theological Language* (London: Epworth Press, 1965).

2) Ferdinand de Saussure, *Cours de linguistique générale* (Wiesbaden: Harassowitz, 1967), pp. 146-157; S. Ullmann, *Semantics: An Introduction to the Science of Meaning* (Oxford: Basil Blackwell, 1962), pp. 80-115.

3) A. Grabner-Haider, *Semiotik und Theologie: religiose Rade zwischen analytischer und hermeneutischer Philosophie* (Munich: Kosel Verlag, 1973), pp. 51-143.

4) J. Trier, *Der deutsche Wortschaft im Sinnbesinn des Verstandes* (Heidelberg: Winter Verlag, 1931).

5) Melanchthon, *Loci Communes* (1521 edn), preface.

6) 이 개념을 칼빈의 사상과 비교한 매우 훌륭한 연구로 Edward A. Dowey, *The Knowledge of God in Calvin's Theology* (New York: Columbia University Press, 1952), pp. 197-204.

7) *Luther's Works* (54 vols: Augsburg Press, 1974-90), vol. 31, p. 351.

8) Raymond Aron, *Dimensions de la conscience historique* (Paris: Gallimard, 1961), p. 52; 사르트르도 이와 비슷한 말을 프랑스 혁명과 관련해서 말한다: "우리는 로비스 피에르의 일생을 일련의 증명된 사실들을 바탕으로 이미 잘 알고 있다. 이 중 몇몇 사건은 구체적으로 잘 알려져 있기도 하다. 그러나 이 사건들이 전체 맥락과 연결될 수 없을 때, 사건의 '실제적 영향력'은 사라지게 된다." Jean-Paul Sartre, *Critique de la raison dialectique* 2 vols (Paris: Gallimard, 1960), vol. 1, p. 86.

9) R. C. Sproul et al, *Classical Apologetics* (Grand Rapids, MI: Zondervan, 1984), pp. 243-252.

10) Sheldon Vanauken, *A Severe Mercy* (London: Hodder & Stoughton, 1977), pp. 75-100.

11) Vanauken, *A Severe Mercy*, pp. 98-99.

12) Vanauken, *A Severe Mercy*, p. 99.

4장 | 그리스도인이 되는 것을 막는 것은 무엇인가?: 신앙의 방해물을 파악해야 한다

1) Michael Green, *Evangelism Through the Local Church* (London: Hodder & Stoughton, 1990), pp. 144-145; 260-264.

2) E. E. Evans-Pritchard, *Theories of Primitive Religion* (Oxford: Clarendon Press, 1965), p. 100에서 인용.

3) Alister E. McGrath, *A Life of John Calvin* (Oxford/Cambridge, Mass., 1990), pp. 12-21.

4) D. R. Davies, *On to Orthodoxy* (London: Hodder & Stoughton, 1939).

5) Davies, *On to Orthodoxy*, p. 27.

6) Davies, *On to Orthodoxy*, p. 13.

7) Davies, *On to Orthodoxy*, p. 207.

8) Richard Holloway, *Another Country, Another King* (London: Collins, 1991), p. 112.

9) Holloway, *Another Country, Another King*, p. 113.

10) Basil Mitchell, *How to Play Theological Ping-Pong* (London: Hodder & Stoughton, 1990), p. 56; Alister E. McGrath, 'Doctrine and Ethics', *Journal of the Evangelical Theological Society* 34 (1991), pp. 145-156.

11) J. H. Harvey & C. Weary (eds), *Perspectives on Attributional Processes* (Iowa: University of Iowa Press, 1981).

12) 자세한 내용은 Peter Brown, *Augustine of Hippo* (London: Faber & Faber, 1967).

13) Augustine, *Confessions*, V.xiii.23-xiv.25.

14) Os Guinness, *Doubt: Faith in Two Minds* (Oxford/Batavia, IL: 1979); Alister E. McGrath, *Doubt: Handling it Honestly* (Leicester: Inter-Varsity Press, 1990).

15) M. J. Ferreira, *Scepticism and Reasonable Doubt* (Oxford: Clarendon Press, 1986).

16) Henry Krips, *The Metaphysics of Quantum Theory* (Oxford: Clarendon Press, 1990), pp. 24-38.

17) Nancy Cartwright, *How the Laws of Physics Lie* (Oxford: Clarendon Press, 1989).

18) Rom Harré, *The Philosophies of Science* (Oxford: Oxford University Press, 1974), pp. 42-43.

19) Harré, *Philosophies of Science*, p. 43ff.

20) 이 문제에 대해선 수많은 연구가 이루어져 왔는데, Wilfred Sellars, *Science, Perception and Reality* (New York: Humanities Press, 1963)는 매우 좋은 출발점을 제공한다.

21) Richard Rorty, *The Consequences of Pragmatism* (Minneapolis, MN: University of Minnesota Press, 1982), p. 168.

22) Willard van Orman Quine, *From a Logical Point of View* (New York: Harper & Row, 2nd edn, 1963), pp. 42-43.

23) Willard van Orman Quine, *Methods of Logic* (London: Routledge & Kegan Paul, 1952), p. xiii.

24) Karl Popper, *The Poverty of Historicism* (London: Routledge & Kegan Paul, 2nd corrected edn, 1961). 이 책의 유별난 제목은 마르크스의 「철학의 빈곤」(The Poverty of Philosophy)과 프루동(Proudhon)의 「빈곤의 철학」(Philosophy of Poverty)을 연상시킨다.

25) Francis Schaeffer, *Trilogy* (Leicester: Inter-Varsity Press, 1990), pp. 132-133.

26) Schaeffer, *Trilogy*, p. 110.

27) Schaeffer, *Trilogy*, p. 58.

28) Schaeffer, *Trilogy*, p. 134.

29) Schaeffer, *Trilogy*, p. 140.

30) Roger Fisher & William Ury, *Getting to Yes: Negotiating Agreement Without Giving In* (London: Hutchinson, 1984).

31) Roger Fisher & William Ury, *Getting to Yes*, pp. 29-30.

5장 | 신앙을 가로막는 지적 장애물

1) Max. W. Wartofsky, *Feuerbach* (Cambridge: Cambridge University Press, 1982), pp. 252-340.

2) 여기서 저자는 독일어 'Vergegenständigung'의 영역(英譯)으로 '투영'(projection)이란 단어를 사용한다. 사용되는 다른 영역으로는 'objectification'이 있다. Wartofsky, *Feuerbach*, pp. 206-210을 참고.

3) 여기에 대한 참고할 만한 소개서로는 Martin Redeker, *Schleiermacher: Life and Thought* (Philadelphia: Fortress Press, 1973).

4) J. Glasse, 'Barth on Feuerbach', *Harvard Theological Review* 57 (1964) pp. 69-96.

5) Eduard von Hartmann, *Geschichte der Logik* (2 vols: Leipzig, 1900), vol. 2, p. 444.

6) 우리는 이미 '접촉점'이란 개념의 신학적 기초와 의미를 알아보았으며(1, 2장), 이와 관련하여 윤리적 에우튀프론 문제에 대한 기독교적 해답도 검토해 보았다(2장 4편).

7) 그의 전기로는 Ernest Jones, *Sigmund Freud: Life and Work* 3 vols (London: Hogarth Press, 1953-7).

8) Fraser Watts & Mark Williams, *The Psychology of Religious Knowing* (Cambridge: Cambridge University Press, 1988), pp. 24-37.

9) Sigmund Freud, *The Future of an Illusion*, in *Complete Psychological Works* 24 vols (London: Hogarth Press, 1953), vol. 21, p. 30.

10) Paul Ricoeur, *Freud and Philosophy: An Essay on Interpretation* (New Haven: Yale University Press, 1970).

11) 이러한 주장은 A. M. Rizzuto, *The Birth of the Living God: A Psychoanalytical Study* (Chicago: University of Chicago Press, 1979); W. W. Meissner, *Psychoanalysis and Religious Experience* (New Haven: Yale University Press, 1984)에서 찾을 수 있다.

12) Sigmund Freud, 'Leonardo da Vinci and a Memory of his Childhood', in *Complete Psychological Works*, vol. 11, p. 123.

13) Jones, *Sigmund Freud*, vol. 2, p. 394.

14) B. Spilka, R. W. Hood & R. L. Gorsuch, *The Psychology of Religion: An Empirical Approach* (Englewood Cliffs, NJ: Prentice-Hall, 1985).

15) Michael J. Buckley, *At the Origins of Modern Atheism* (New Haven/London: Yale University Press, 1987).

16) Buckley, *At the Origins of Modern Atheism*, p. 67.

17) Alasdair MacIntyre & Paul Ricoeur, The Religious Significance of Atheism (New York: ColumbiaUP, 1969), p. 14.

18) Alasdair MacIntyre, 'Is Understanding Religion Compatible with Believing?', in B. R. Wilson (ed.), *Rationality* (Oxford: Blackwell, 1974), p. 73.

19) J. L. Mackie, 'Evil and Omnipotence', in B. Mitchell (ed.), *The Philosophy of Religion* (Oxford: Oxford University Press, 1970), pp. 92-104; Basil Mitchell, *The Justification of Religious Belief* (London: Macmillan, 1970), pp. 15-16.

20) 흄이 원래 말하려고 했던 것은, 이 세상만을 경험하고서 여기가 "있을 수 있는 가장 나

은 세계다"라고 말할 수는 없다는 것이다. 이와 똑같은 이유에서 우리는 이 세상이 "있을 수 있는 가장 나은 세계가 아니다"라고도 말할 수 없다. 이러한 판단은 우리가 가지지도, 가질 수도 없는 정보를 필요로 한다.

21) C. S. Lewis, *The Problem of Pain* (London: Geoffrey Bles, 1940), p. 14.
22) Lewis, *Problem of Pain*, p. 16.
23) Lewis, *Problem of Pain*, p. 22.
24) Lewis, *Problem of Pain*, p. 35.
25) Lewis, *Problem of Pain*, p. 36.
26) Lewis, *Problem of Pain*, p. 83.
27) Lewis, *Problem of Pain*, p. 81.
28) 이런 방향의 설명은 Alister McGrath, *Suffering* (London: Hodder & Stoughton, 1993)을 참조.
29) We explore and evaluate Marx' views on the nature of Christianity later: See pp. 201-206.
30) Lesslie Newbigin, *The Gospel in a Pluralist Society* (Grand Rapids: Eerdmans, 1989), p. 1; 더하여 이 문제에 대해서는 다음의 책들을 참고하기 바란다. Norman Anderson, *Christianity and Comparative Religion* (Leicester: Inter-Varsity Press, 1970); Gavin D' Costa, *Theology and Religious Pluralism* (Oxford: Blackwell, 1986); Stephen Neill, *Christian Faith and Other Faiths* (Oxford: Oxford University Press, 1970); Lesslie Newbigin, *The Finality of Christ* (London: SCM Press, 1969). 특별히 마지막 언급된 2권은 복잡한 인도 상황에서 저자들이 오랫동안 경험한 내용을 바탕으로 하고 있기 때문에 큰 도움이 될 것이다.
31) Diogenes Allen, *Christian Belief in a Postmodern World* (Louisville, KY: Westminster/John Knox Press, 1989), p. 9.
32) John Milbank, 'The End of Dialogue', in G. D' Costa (ed.), *Christian Uniqueness Reconsidered: The Myth of a Pluralistic Theology of Religions* (Orbis: Maryknoll, NY, 1990), pp. 174-191. 이 논문은 자세히 읽어 볼 만한 가치가 있다.
33) John Hick, *Truth and Dialogue* (London: Sheldon Press, 1974), p. 148.
34) John Hick, *God and the Universe of Faiths* (London: Collins, 1977), p. 146.
35) Hugo Meynell, 'On the Idea of a World Theology', *Modern Theology* 1 (1985), pp. 149-163.
36) Richard Rorty, *The Consequences of Pragmatism* (Minneapolis: University of Minnesota Press, 1982), p. 166.
37) Newbigin, *The Gospel in a Pluralist Society*, pp. 9-10.
38) John Hick, *The Second Christianity* (London: SCM Press, 1983), p. 86.
39) Michael Green, *Evangelism and the Local Church* (London: Hodder & Stoughton, 1990), p. 61.
40) 이 문제에 대한 자세한 연구/문헌 자료로는 Peter Carnley, *The Structure of Resurrection Belief* (Oxford: Clarendon Press, 1987)이 있다.

41) Gary R. Habermas, 'Resurrection Claims in Non-Christian Religions' , *Religious Studies* 25 (1989), pp. 167-177.

42) 이 패러독스가 전통 논리학과의 단절을 의미하는 것이 아닌 이유는 D. Elton Trueblood, *Philosophy of Religion* (New York: Harper & Row, 1957), pp. 25-26에서 찾아볼 수 있다.

43) John Hick (ed.), *The Myth of God Incarnate* (London: SCM Press, 1977), pp. 167-185.

44) Alister E. McGrath, 'Homo assumptus? A Study in the Christology of the *Via Moderna*, with Particular Reference to William of Ockham' , *Ephemerides Theologicae Lovanienses* 60 (1984), pp. 283-297. 보다 자세한 내용은 Alfred J. Fredoso, 'Human Nature, Potency and the Incarnation' , *Faith and Philosophy* 3 (1986), pp. 27-53; Richard Cross, 'Nature and Personality in the Incarnation' , *Downside Review* 107 (1989), pp. 237-254.

45) (Ithaca/London: Cornell University Press, 1986). 같은 저자가 쓴 뛰어난 초기 저작으로 는 R. T. Herbert, *Paradox and Identity in Theology* (Ithaca/London: Cornell University Press, 1979). 여기에 대한 경직되고 설득력이 부족한 비평은 J. Hick. 'The Logic of God Incarnate' , *Religious Studies* 25 (1989), pp. 409-423.

46) 스피노자 등의 관점에 대한 훌륭한 검토는 G. R. Lewis and B. A. Demarest, *Integrative Theology* 3 vols (Grand Rapids, MI: Zondervan, 1987-92), vol. 2, pp. 347-351.

47) Gerhard O. Forde, *Theology is For Proclamation* (Minneapolis, MN: Fortress Press, 1990), pp. 70-1.

48) C. S. Lewis, letter to Arthur Greeves, 11 December 1944, in W. Hooper (ed.), *They Stand Together* (London: Collins, 1979), p. 503.

49) Thoams C. Oden, *After Modernity ··· What? Agenda for Theology* (Grand Rapids, MI: Zondervan, 1989), pp. 168-169.

50) '모델' 개념에 대한 상세한 연구로는 Alister E. McGrath, *Understanding the Trinity* (Grand Rapids, MI: Zondervan, 1990), pp. 45-77.

51) 이러한 잠재력에 대한 자세한 설명으로는 Alister E. McGrath, *Justification by Faith* (Grand Rapids, MI: Zondervan, 1990), pp. 77-95.

52) Lesslie Newbigin, *Sin and Salvation* (London: SCM Press, 1956).

53) C. K. Chesterton, *The Everlasting Man* (London: Hodder & Stoughton, 1934), pp. 4-5.

54) 자세한 내용은 Alister E. McGrath, *Luther' s Theology of the Cross* (Oxford: Blackwell, 1985)를 참조.

6장 | 세계관의 충돌: 현대사회에 있어서 기독교의 경쟁자들

1) Diogenes Allen, *Christian Belief in a Postmodern World* (Louisville, KY: Westminster/John Knox Press, 1989), p. 2.

2) Allen, *Christian Belief in a Postmodern World*, pp. 1-19. 이 문제에 대한 뛰어난 한 비교 종교학자의 소개서. 보다 전문적인 연구로는 Frederick Ferré, *Shaping the Future:*

Resources for the Post-Modern World (New York: Harper & Row, 1976); David R. Griffin, *God and Religion in the Postmodern World* (Albany, NY: State University of New York, 1988); Houston Smith, *Beyond the Post-Modern Mind* (New York: Crossroad, 1982); Harvey Cox, *Religion in the Secular City: Towards a Postmodern Theology* (New York: Simon & Schuster, 1984).

3) 이 점은 Alister E. McGrath, *The Genesis of Doctrine* (Oxford/Cambridge, MA: Blackwell, 1990), pp. 172-200에서 자세히 검토된다.

4) Basil Mitchell, *Morality, Religious and Secular* (Oxford: Clarendon Press, 1980); Alasdair MacIntyre, *Whose Justice, Which Rationality?* (Notre Dame, IN: University of Notre Dame, 1988).

5) 이 문제는 이미 3장 3편에서 간단히 다루어 보았다.

6) Thomas C. Oden, *After Modernity ··· What? Agenda for Theology* (Grand Rapids, MI: Zondervan, 1989), p. 75.

7) Alister E. McGrath, *The Making of Modern German Christology* (Oxford: Blackwell, 1986).

8) Albert Schweitzer, *The Quest of the Historical Jesus* (London: Black, 1954).

9) Iris Murdoch, *The Sovereignty of the Good* (London: Collins, 1970), p. 80.

10) 이 부문에 대한 훌륭한 소개서로는 Gottfried Martin, *Kant's Metaphysics and Theory of Science* (Manchester: Manchester University Press, 1955), pp. 16-20.

11) MacIntyre, *Whose Justice? Which Rationality?*, p. 6.

12) Hans-Georg Gadamer, *Truth and Method* (London: Sheed & Ward, 1975), p. 271.

13) Rudolf Carnap, 'Intellectual Autobiography', in P. A. Schilpp (ed.), *The Philosophy of Rudolf Carnap* (La Salle, IL: Open Court, 1963), p. 57.

14) Allen, *Christian Belief in A Postmodern World*, p. 132.

15) Wilfrid Sellars, *Science, Perception and Reality* (New York: Humanities Press, 1963).

16) N. R. Hanson, *Perception and Discovery* (Cambridge: Cambridge University Press, 1961), p. 169.

17) Hanson, *Perception and Discovery*, pp. 246-7.

18) Hanson, *Perception and Discovery*, p. 216.

19) Hanson, *Perception and Discovery*, p. 234.

20) 이 문제에 대한 동정적인 쪽에서의 깊이 있는 신학적 연구로는 Nicholas Lash, *A Matter of Hope* (London: Darton, Longman & Todd, 1981); 보다 일반적인 연구로는 David McLellan, *Karl Marx: His Life and Thought* (London: Macmillan, 1973); Delos B. McKown, *The Classical Marxist Critiques of Religion* (The Hague: Nijhoff, 1975).

21) V. I. Lenin, *Religion* (London: Lawrence and Wishart, 1932), pp. 11-12.

22) Karl Marx, *Das Kapital* 3 vols (Moscow: Progress Publishers, 1958-59), vol. 1, p. 79.

23) Karl Marx, 'Zur Kritik der hegelschen Rechtsphilosophie', in *Werke* 4 vols (Berlin, 1959-61), vol. 1, p. 379.

24) Marx, 'Zur Kritik der hegelschen Rechtsphilosophie', in *Werke* vol. 1, p. 488.

25) 이 개념은 영어로 설명하기엔 매우 어려운 것이다. 왜냐하면 마르크스가 이 현상을 설명하기 위해서 사용한 두 개의 독일 단어(*Entäusserung* and *Entfremdung*) 사이에는 미묘한 상호작용이 설명되어야만 하기 때문이다. 독자들은 이 부분의 완전한 설명을 위해서 Bertell Ollman, *Alienation: Marx's Conception of Man in Capitalist Society* (Cambridge: Cambridge University Press, 1977)를 참고하라.

26) Marx, 'Zur Kritik der hegelschen Rechtsphilosophie', in *Werke* vol. 1, p. 488.

27) Marx, 'Zur Kritik der hegelschen Rechtsphilosophie', in *Werke* vol. 1, p. 488.

28) Marx, *Das Kapital*, vol. 1, p. 79.

29) Marx, 'Thesen Über Feuerbach', in *Werke* vol. 2, p. 4.

30) 우리는 종교에 대한 자유주의적 해석이 가진 단순한 천편일률식 방법을 보면서 '종교의 기원'의 연구에 대한 치명적인 문제점을 이미 살펴보았다(5장 3편). 이 문제는 보다 책임 있는 기독교적 접근의 가장 심각한 장애물 중 하나로 점차 인식되고 있다.

31) A. J. Ayer, 'What I Believe', in George Unwin (ed.), *What I Believe* (London: George, Allen & Unwin, 1966), p. 13.

32) 예를 들면, Andrew Dickson White's vigorously polemical, and at tiems grossly inaccurate, *History of the Warfare of Science with Theology in Christendom* (2 vols: New York: Appleton, 1896), 이 저작의 영향은 버트런드 러셀의 졸작 「서양 철학사」(History of Western Philosophy) 곳곳에 나타난다.

33) 여기에 대한 선구적인 연구는 Adrian Desmond and James Moore, *Darwin* (London: Michael Joseph, 1991).

34) Alister E. McGrath, *The Genesis of Doctrine* (Oxford/Cambridge, MA: Blackwell, 1990), pp. 77-79.

35) McGrath, *The Genesis of Doctrine*, pp. 72-80.

36) John Henry Newman, *The Idea of a University* (Oxford: Oxford University Press, 1960), pp. 343-361. 여기에 대한 훌륭한 분석: M. Jamie Ferreira, *Doubt and Religious Commitment* (Oxford: Clarendon Press, 1980), pp. 116-123.

37) Norwood Hanson, *Perception and Discovery* (San Francisco: Freeman and Cooper, 1969).

38) Hanson, *Perception and Discovery*, p. 408.

39) A. Flew and A. MacIntyre, *New Essays in Philosophical Theology* (London: SCM Press, 1955), pp. 96-99. 여기에 대한 Basil Mitchell의 반박은 pp. 103-105.

40) Karl Popper, 'Autobiography' in P. A. Schilpp (ed.), *The Philosophy of Karl Popper* (La Salle, IL: Open Court, 1974), pp. 28-29.

41) Karl Popper, *The Logic of Scientific Discovery* (New York: Basic Books, 1959), p. 50.

42) *On Certainty* (New York: Harper & Row, 1969), #94, p. 15.

43) Mary Daly, *Beyond God the Father: Towards a Philosophy of Womens' Liberation* (Boston: Beacon Press, 1973); Daphne Hampson, *Theology and Feminism* (Oxford: Blackwell, 1990).

44) Carol P. Christ, *Laughter of Aphrodite: Reflections on a Journey to the Goddess* (San

Francisco: Harper & Row, 1987): Naomi Ruth Goldenberg, *Changing of the Gods: Feminism and the End of Traditional Religions* (Boston: Beacon Press, 1979).

45) Rosemarry Radford Ruether & Eleanor McLaughlin (eds.), *Women of Spirit: Female Leadership in the Jewish and Christian Traditions* (New York: Simon and Schuster, 1979).

46) Richard Holloway, *Another Country, Another King* (London: Collins, 1991), p. 118.

47) Elizabeth Schüssler-Fiorenza, *In Memory of Her: A Feminist Reconstruction of Christian Origins* (New York: Crossroad, 1983). 보다 일반적인 소개서로는 Ben Witherington III, *Women in the Ministry of Jesus* (Cambridge: Cambridge University Press, 1984); *Women in the Earliest Churches* (Cambridge: Cambridge University Press, 1988).

48) Mary Evans, *Women in the Bible* (Exeter: Paternoster Press, 1983), p. 51.

49) Ben Witherington III, *Women and the Genesis of Christianity* (Cambridge: Cambridge University Press, 1990), p. 246: 유대교에서는 일정 수의 사람이 넘으면 회당을 따로 조직할 수 있는 권리를 인정해 주었다. 그러나 여자들의 경우 다수가 모이는 것을 금지하여 자치적인 회당의 조직을 처음부터 막아 버렸다(편집자주).

50) Alister McGrath, *Roots that Refresh: A Celebration of Reformation Spirituality* (London: Hodder & Stoughton, 1992), pp. 26-29.

51) Roland H. Bainton, *Women of the Reformation* 3 vols (Minneapolis: Augsburg Publishing House, 1971-77).

52) 보다 자세한 설명은 Alister McGrath, *Understanding the Trinity* (Grand Rapids, MI: Zondervan, 1990), pp. 45-77.

53) G. B. Caird, *The Language and Imagery of the Bible* (London: Duckworth, 1980), p. 80.

54) Mary Hayter, *The New Eve in Christ* (London: SPCK, 1983), p. 38.

55) Hayter, *New Eve in Christ*, p. 41.

56) Hayter, *New Eve in Christ*, p. 41.

57) 이 주제에 대하여는 Diogenes Allen, *Christian Belief in a Post-modern World;* Thomas C. Oden, *After Modernity ··· What? Agenda for Theology.*

58) David Kolb, *Critique of Pure Modernity;* Oden, *After Modernity,* p. 76에서 인용.

59) Oden, *After Modernity,* p. 77.

60) Matei Calinescu, *Five Faces of Modernity* (Durham, NC: Duke University Press, 1987); Terry Eagleton, *The Ideology of the Aesthetic* (Oxford: Blackwell, 1990); Kevin Hart, *The Trespass of the Sign* (Cambridge: Cambridge University Press, 1989); David Harvey, *The Condition of Postmodernity* (Oxford: Blackwell, 1989); Christopher Norris, *What's Wrong with Postmodernism?* (Baltimore, MD: Johns Hopkins Press, 1990)을 참조.

61) 이 문제에 대한 훌륭한 연구로 David Lehman, *Signs of the Times* (London: André Deutsch, 1991).

62) Allen, *Christian Belief in a Postmodern World,* pp. 5-6.

63) 이 점은 '쾌락주의의 모순' 과 '영적 갈급' 의 경험, '정의할 수 없는 것에 대한 끊임없는

추구' 같은 점을 통해 분명하게 드러난다. 2장 1편을 참고하기 바란다.

64) 그의 가장 중요한 저작으로는 *Order of Things: An Archaeology of the Human Sciences* (New York: Vintage Books, 1973); *Power/Knowledge: Selected Interviews and Other Writings, 1972-1977* (New York: Pantheon Books, 1980); *Histoire de la folie à l' âge classique* (Paris: Gallimard, 1972).

65) Stanley Rosen, *Hermeneutics as Politics* (Oxford: Oxford University Press, 1987), pp. 189-190.

66) Richard Rorty, *Consequences of Pragmatism* (Minneapolis, MN: University of Minneapolis Press, 1982), p. xlii..

67) Richard Rorty, *Consequences of Pragmatism*, p. xlii.

68) 이 부분에 대한 좋은 소개서로는 Russell Chandler, *Understanding the New Age* (Waco, TX: Word Publishing, 1988); Douglas Groothuis, *Unmasking the New Age* (Leicester: Inter-Varsity Press, 1992).

69) 이 점은 Ted Peters, *The Cosmic Self: A Penetrating Look at Today' s New Age Movement* (San Francisco: Harper Collins, 1991)에서 강조되고 있다.

70) *Time*, 7 Dec, 1987, p. 64.

71) 이런 경향에 대한 자료는 Harvey Cox, *Turning East: The Promise and Peril of the New Orientalism* (New York: Simon & Schuster, 1977)에서 분석된다.

72) David K. Clark & Norman L. Geisler, *Apologetics in the New Age* (Grand Rapids, MI: Baker Book House, 1990), p. 7.

73) Clark & Geisler, *Apologetics in the New Age*, pp. 117-221.

74) Marilyn Ferguson, *The Aquarian Conspiracy* (LA: Tarcher, 1981), p. 176.

75) Chandler, *Understanding the New Age*, p. 38에서 인용.

결론

1) 나는 이것을 나의 책 *Understanding Jesus* (Grand Rapids, MI: Zondervan, 1990), *Understanding the Trinity* (Grand Rapids, MI: Zondervan, 1990) and *Justification by Faith* (Grand Rapids, MI: Zondervan, 1990)에서 시도해 보려 한다.

2) A. N. Whitehead, *The Aims of Education* (New York: Macmillan, 1929), p. 139.

3) C. S. Lewis, *The Lion, The Witch and the Wardrobe* (New York: Collier Books, 1970), p. 1.

4) Max W. Wartofsky, *Feuerbach* (Cambridge: Cambridge University Press, 1982), pp. 293-386을 참조.

5) C. S. Lewis, *The Silver Chair* (New York: Macmillan, 1956), pp. 155-156.

6) Bertell Ollman, *Alienation* (Cambridge: Cambridge University Press, 1976).